懸吐新譯 附 按說 孟子集註

〖天〗

현토신역 부 안설 맹자집주 – 천
懸吐新譯 附 按說 孟子集註 - (天)

1판 2쇄 발행 2020년 8월 5일
1판 1쇄 발행 2014년 12월 5일

지은이 성백효
편집인 김형석, 박성자, 신상후, 윤은숙, 이상아
디자인 씨오디

발행처 한국인문고전연구소 발행인 조옥임

출판등록 2012년 2월 1일(제 406 — 251002012 — 000027호)
주소 경기 파주시 미래로 562 (901 — 1304)
전화 02 — 323 — 3635 팩스 02 — 6442 — 3634 이메일 books@huclassic.com

정가 21,000원
ISBN 978 — 89 — 97970 — 14 — 8 94140

孟子集註

附 按說

【天】

成百曉 著

한국인문고전연구소

차례

간행사

　평소 東洋古典에 관심을 두던 차에 寒松 成百曉 선생을 모시고 四書三經을 강독하는 모임의 일원이 되는 행운을 가지게 된 지 벌써 16년의 세월이 흘렀다. 지금도 寒松 선생을 모시고 처음 《論語》를 배울 때의 신선한 충격을 잊을 수가 없다. 법을 전공하는 몇 분과 함께 《論語》를 배우면서 모임의 명칭을 지어주실 것을 청했으나, 선생은 즉답을 피하셨다. 얼마 후, 〈爲政〉 18장에 "많이 듣고서 의심나는 것을 제쳐놓고 그 나머지 자신이 있는 것도 삼가서 말하면 허물이 적고, 많이 보고서 위태로운 것을 제쳐놓고 그 나머지 불안하지 않은 것도 삼가서 행하면 후회가 적을 것이다.〔多聞闕疑 愼言其餘則寡尤 多見闕殆 愼行其餘則寡悔〕"를 講하시고는 우리들의 모임을 '寡尤會'로 하는 것이 좋겠다고 하셨다. 그 이유는 법조인들이 대부분 변호를 직업으로 삼기 때문이었다. 그리고 '蘇齋선생의 諱가 守愼이고 字가 寡悔인 것도 바로 「愼行其餘則寡悔」에서 온 것'이라고 말씀해주셨다. 평소 先祖의 字야 알고 있었지만 이런 깊은 뜻이 있으리라고는 생각하지 못하였다. 우리 先祖들의 名과 字에도 이처럼 깊은 뜻이 있음을 우리들은 알아야 할 것이다. 그러나 經書를 배우지 않고는 불가능한 일이다.

　선생은 모두가 인정하는 우리시대 漢學의 大家이실 뿐만 아니라 선비이시다. 본래 不敏하고 게으르기도 한데다 세간의 번잡함 속에 있다 보니 선생의 가르침을 제대로 배우지 못하고 세월만 흘려보낸 것이 못내 부끄럽고 송구스럽다.

　선생은 옛날이나 지금이나 한결같은 熱情으로 古典의 講讀과 國譯에 전념하고 계신다. 작년에 《附按說 論語集註》를 출간하신 데 이어 이번에 《附按說 孟子集註》를 출간하시게 되니 선생의 가르침을 받은 한 사람으로서 기쁜 마음 금할 길 없다.

孟子는 주지하는 바와 같이 仁義思想과 民本主義를 강조하였다. 2,400여 년 전 戰國時代 혼란 속에서 인간의 기본 道理와 共同體로서 국가가 나아가야 할 올바른 길을 명쾌한 논리와 특유의 비유로 제시하고 있다.

특히 大丈夫의 삶을 표현하여 "천하의 넓은 집인 仁에 거처하며 천하의 바른 자리인 禮에 서며 천하의 큰 道인 義를 행하여 뜻을 얻어 높은 지위에 있으면 백성들과 함께 이것을 행하고 뜻을 얻지 못하면 홀로 이 道를 행해서 지조와 절개를 지켜 부귀하여도 방탕하지 않고 빈천하여도 동요되지 않고 위세나 무력에도 굴복되지 않는 것을 大丈夫라 이른다.〔居天下之廣居 立天下之正位 行天下之大道 得志 與民由之 不得志 獨行其道 富貴不能淫 貧賤不能移 威武不能屈 此之謂大丈夫〕"라 하였다. 그리고 선비는 "아무리 궁색한 처지에 놓여도 義를 잃지 않고 영달하여도 道를 벗어나지 않는다.〔窮不失義 達不離道〕"라 하였으며, "궁할 적에는 홀로 그 몸을 善하게 하고, 영달하면 세상과 더불어 善하게 한다.〔窮則獨善其身 達則兼善天下〕"라는 구절에 이르러서는 누구나 가슴속에 커다란 울림이 있었으리라. 이러한 孟子의 말씀은 2,400여 년이 흐른 지금에도 여전히 소중한 가르침이 아닐 수 없다. 어쩌면 오히려 利를 추구하기에 급급하여 義를 하찮게 여기며, 民을 근본으로 하기보다는 黨利黨略을 중시하는 오늘날의 世態에 警鐘을 울리는 큰 교훈이 되고 있다고 생각한다.

이번에 寒松 成百曉 선생께서 출간하시는 《附按說 孟子集註》에는 일반 번역서와 달리 經文의 해석에 관한 여러 說과 함께 선생의 견해를 덧붙인 按說과 集註를 부연하거나 비판한 諸家의 說 등 集註에 대한 상세한 주석을 단 脚註가 돋보인다.

여러가지 어려움 속에서도 仁, 義, 禮, 智가 具現되는 세상을 위해 四書五經을 비롯한 東洋古典을 두루 研究, 講論, 國譯 하시는 데 일생을 바쳐 오신 선생의 苦心과 獻身에 깊은 존경과 감사를 드리며, 앞으로 附按說 《大學》, 《中庸》이 계속 출간됨으로써 선생의 思惟가 담긴 附按說 四書集註가 완간되어 보다 많은 분들이 읽어 心性을 涵養하고 더 나아가 우리 先祖들의 思想과 精神을 제대로 인식하여 人間의 道德性을 되찾기를 바라마지 않는다.

2014년 10월
前 법무연수원장 사단법인 해동경사연구소 이사
盧丸均

추천사

　이렇게 말하는 사람이 있을지도 모르겠습니다. 첨단과학과 정보화시대에 漢學은 무엇이며 먼지 냄새 나는 옛 책은 또 무엇이냐고. 분명 지금 우리는 첨단의 정보화 시대를 살고 있습니다. 또한 지난 수십 년간 괄목할 경제발전을 이루었고 막 선진국의 문턱에 이르렀습니다.

　그러나 뜻있는 많은 분들이 우리 사회를 우려와 근심어린 시선으로 바라보고 있는 것도 사실입니다. 현재 우리 사회는 국민소득 3만 불에 근접하고 세계 10위권의 경제대국이라는 성취와 성공에도 불구하고, 물질만능주의의 팽배, 빈부격차의 심화, 도덕의식의 약화, 가정의 붕괴, 사회적 갈등의 심화 등 각종 사회경제적 모순의 그림자가 짙게 드리워져 있기 때문입니다.

　돌아보면 이러한 모순의 씨앗은 이미 100여 년 전 우리 스스로가 뿌린 결과입니다. 물질문명에서 압도적 우위에 있었던 서구제국의 위협에 직면해 우리가 택한 생존전략이 그들의 장점인 물질문명을 따라 배우는 것이었기 때문입니다. 안타깝게도 그 과정에 우리는 정신문명조차 서구의 것만이 옳고 좋은 것이라 생각함으로써 자랑스런 우리의 전통 문화와 정신가치를 도외시하는 愚를 범하였습니다.

　그러나 21세기에 이르러 상황이 달라졌습니다. 서구 물질문명의 질주는 결국 생태계 파괴, 도덕가치의 몰락, 지역간·종교간 대립과 투쟁 등의 한계를 드러냈고, 서구의 정신문명은 대안과 해결책을 제시하지 못하고 있습니다. 오늘날 우리 사회가 안고 있는 사회경제적 제 모순 역시 그간 우리 사회를 지배한 서구 중심적 물질문명의 한계가 드러난 현상들이라고 할 수 있습니다.

이제 동양의 전통문화와 가치로 눈을 돌려야 합니다. 동양적 전통문화와 가치의 근간은 儒學입니다. 儒學은 더 이상 버려야 할 낡은 유산이 아니라, 오늘날 우리 사회는 물론이고 인류가 직면한 모순과 위기를 해결해 줄 대안으로 떠오르고 있습니다. 그 유학의 정수가 바로 孔子를 비롯한 선현들의 생각과 뜻을 오롯이 담고 있는 고전입니다.

《孟子》에 이러한 장면이 나옵니다. 梁 惠王이 孟子를 접견하고서 대뜸 "어르신께서 천 리를 멀다 않고 찾아주셨으니 장차 이 나라에 이익이 있을 것 같습니다."라고 기대를 전하자, 孟子는 "왕께서는 하필이면 이익을 말씀하십니까? 오직 仁義가 있을 뿐입니다."라고 대답합니다. 이어지는 孟子의 설명은 이렇습니다. 왕이 어떻게 하면 내 나라에 이익이 될까를 생각하면, 그 아래의 대부들은 어떻게 하면 내 집안에 이익이 될까를 생각하고, 또 그 아래 백성들은 어떻게 하면 내 한 몸에 이익이 될까를 생각하게 된다는 겁니다. 이렇게 아래위의 사람들이 서로 다투어 이익을 추구하게 되면, 서로 배신하고 죽이며 자식은 부모를 버리고 선비들은 공동체를 뒷전으로 돌리는 풍조가 만연하게 되어 결국은 나라가 위태로워진다는 겁니다. 그래서 孟子는 이익의 추구 대신 仁과 義를 사람다운 세상의 중심 가치로 삼을 것을 강조했습니다.

이것이 어찌 2천여 년 전 전국시대만의 상황이겠습니까? 지금 우리 사회가 바로 그러한 위기에 처해 있습니다. 이러한 상황에서 문제해결의 열쇠를 멀리서 찾을 필요는 없을 것 같습니다. 비록 시대는 달라도 사회와 인간의 문제로 인한 고민은 마찬가지이고, 이에 대한 해결방안을 찾으려던 선현들의 그 생각과 정신이 글로써 전해져 오기 때문입니다. 고전의 가치란 그런 것입니다. 수천 년이 흘렀지만 고전 속 지혜는 여전히 오늘의 우리가 귀 기울여 할 소중한 가르침으로 남아있습니다.

문제는 고전의 세계에 들어서기가 쉽지 않다는 것입니다. 거기로 건너가기 위해서는 반드시 漢文이라는 관문을 거쳐야 하기 때문입니다. 특히 우리는 옛날과 오늘날 문자 사이의 단절로 인해 세계에서 유일하게 불과 100여 년 전 선조들이 남긴 문헌을 자력으로 읽고 이해하지 못하는 나라가 되었습니다. 번역의 중요성과 번역을 담당할 한학자 양성의 필요성은 그래서 더욱 절실합니다.

《附按說 孟子集註》의 저자 成百曉 선생은 어려서 가정에서 부친과 스승을 사사해 전통한학에 대한 조예를 깊이 한 이래 한학 후속세대를 양성하는 한편, 고전을 우리말로 옮기는 일을 필생의 사업으로 삼아 한 길을 걸어 오셨습니다. 그런 점에서 선생의 필생의 사업은, 지난 시간 전통에 대한 경시를 이겨내며 利慾의 橫流를 거슬러 의연히 우리문화와 전통적 지혜의 源頭處를 향해 올라간 외로운 분투였습니다.

《附按說 孟子集註》는 그러한 선생의 온축을 온전히 드러낸 노작이라 할 만합니다. 이 책의 가치는 按說에서 두드러집니다. 朱子의 集註를 대본으로 하되 거기에 그치지 않고 경학과 전통사상에 대한 선생의 해박한 지식을 토대로 제가의 해석을 주체적으로 소화해냄으로써 경전의 원의에 한 걸음 다가설 수 있게 했기 때문입니다. 실로 溫故知新과 法古創新의 사례를 여기에서 볼 수 있습니다.

이로써 일반인은 물론이고 연구자들이 고전으로 건너갈 든든한 다리가 놓여졌습니다. 선생의 국역 작업은 여기에서 그치지 않고《중용》과《대학》에 이르러《附按說 四書》를 완성하고, 더 넓은 고전의 세계로 계속 나아갈 것입니다. 우리 전통문화와 가치를 아끼는 한 사람으로서, 선생의 노력이 맺은 큰 결실을 진심으로 축하드립니다. 그리고 건강을 잘 지켜 오래도록 전통의 지혜에 목마른 우리 사회를 단비로 적셔주시길 기대합니다.

2014년 10월

도산서원 선비문화수련원 이사장

金炳日

이 책을 내면서

孟子는 이름이 軻로, 鄒나라 사람이다. 孟子는 부모는 물론이요, 字나 생몰연도도 정확하지 않다. 《春秋演孔圖》와 《闕里誌》 등에는 아버지의 이름이 激, 자가 公宜이며, 어머니는 仉(장)氏라 하였다. 당시에는 字를 소중히 여겨 모두 字로 불렀으나 孟子의 字는 《史記》 등에 분명한 기록이 없으며, 字가 子車, 또는 子輿라 하나 이는 후인이 軻라는 名字와 맞추어 만들어낸 것이라 하기도 한다.

前漢 때 韓嬰이 지은 《漢詩外傳》에는 孟子가 학업을 게을리 하자 모친이 짜던 베를 잘라 훈계시킨 일과 동쪽 집에서 돼지를 잡자 "무엇하러 잡느냐?"는 孟子의 물음에 모친이 "너에게 먹이기 위해 잡는 것이다."라고 농담을 하고는 즉시 후회하고 어린이에게 거짓말을 하면 안 된다 하여 돼지고기를 사다가 먹인 일이 실려 있으며, 劉向의 《列女傳》에는 '孟母三遷之敎'의 고사가 실려 있다. 朱子가 편집한 《小學》 〈稽古〉편에도 '三遷之敎'와 동쪽 이웃집의 돼지고기를 사다가 먹인 고사가 실려 있다. 이로 인해 孟子는 어려서 아버지를 여의고 홀어머니의 지극한 가르침을 받은 것으로 널리 알려져 있다.

楊伯峻은 孟子의 생몰연대를 대체로 기원전 385년(周 安王 17)에 출생하여 기원전 304년(周 赧王 11)에 별세한 것으로 추정하였으나 일설에는 기원전 372년에 출생하여 기원전 289년에 별세한 것으로 추정하기도 한다. 孟子 스스로 "孔子로부터 지금까지 백여 년이다."라고 말씀하였는바, 공자의 생몰연대는 기원전 551년~기원전 479년이다. 孟子의 스승이 누구인지도 확실하지 않다. 《史記》에는 子思의 문인에게서 수학한 것으로 기록되었으며, 《列女傳》과 趙岐의 〈孟子題辭〉(序)에는 직접 子思에게 수학한 것으로 기록되어 있다.

孟子는 "나는 孔子의 문도가 될 수 없어 남에게 私淑하였다."고 말씀한 바 있다. 楊伯峻은 《孟子譯註》〈導言〉에서 "孟子가 말씀한 사숙한 분이 어떠한 사람인지 일찍이 밝히지 않았으니, 반드시 명망이 있는 사람이거나 孔子의 嫡系자손은 아니었을 것이다."라고 단정하였다. 다만 《荀子》의 〈非十二子〉 편에는 子思와 孟子를 동일한 學派로 나열하였는바, 孟子의 학설이 子思에게서 나왔음은 분명한 듯하다. 孟子의 일생에 대하여 楊伯峻은 《孟子》 책을 근거로 활동 연도를 대략 다음과 같이 추정하였다.

孟子가 1차로 齊나라에 간 것은 齊 威王 때였다. 당시에 匡章은 그리 명성이 나지 않았고, 또 不孝子란 명칭을 갖고 있었으나 孟子는 그와 교유하고 또 따라서 禮貌를 하였다.(〈離婁下〉30章) 孟子가 齊나라에 있을 때에는 대체로 뜻을 얻지 못하여 威王이 선물하는 兼金 100鎰을 거절하였다.(〈公孫丑下〉3章) 威王 30년에 宋王 偃이 王을 참칭하고 또 仁政을 행하려 하니, 이 때문에 孟子가 宋나라에 갔다. 戴不勝에게 어진 선비를 많이 추천할 것을 권고하고 戴盈之의 질문에 답한 것은 모두 이 시기였다.(〈滕文公下〉5·6·8章) 《孟子》로 볼 때 宋王 偃은 대체로 좌우에 어질지 못한 사람이 많았으므로 孟子는 "한 명의 薛居州가 宋王으로 하여금 善하게 할 수 없다."라고 하였으며,(〈滕文公下〉4章) 孟子는 또 宋나라에서 선물하는 황금 70鎰을 받고 떠나갔다. 孟子가 宋나라에 머물 무렵 滕 文公은 太子로 있었는데, 楚나라에 가다가 宋나라의 수도인 彭城을 지나면서 두 차례 孟子와 만났다.(〈公孫丑下〉3章) 오래지 않아 孟子가 鄒나라로 돌아갔으니, 鄒 穆公과의 문답은 대체로 이때[1]였을 것이다.(〈梁惠王下〉12章) 滕 定公이 죽자 文公은 然友로 하여금 鄒나라에 가서 孟子에게 喪禮를 묻게 하였다.(〈滕文公上〉2章) 季任이 사람을 보내어 와서 禮物을 올린 것은(〈告子下〉5章) 이때 있었는지 확정하기 어렵다. 孟子가 고국인 鄒나라에 머문 것은 절대로 한 차례뿐만이 아니기 때문이다. 魯 平公이 즉위하자 孟子의 제자인 樂正克으로 정사를 하게 하니,(〈告子下〉13章) 孟子가 魯나라에 갔으나 臧倉의 훼방으로 인하여 孟子는 "내가 魯나라 임금을 만나지 못함은 天命이다."라는 개탄을 하게 되었다.(〈梁惠王下〉16章) 滕 文公이 즉위하자 孟子

---

1   鄒 穆公과의……이때: 淸代 사람 狄子奇의 저술인 《孟子編年》에는 孟子의 생년을 楊伯峻의 추정보다 13년 늦은 기원전 372년으로 보기 때문에 孟子 행적의 순서가 일부 달라지는 바, 鄒 穆公과의 문답을 1차로 齊나라에 가기 전의 일로 추정하였다.

가 滕나라에 이르니, 文公이 나라를 다스리는 방법을 물었고, 또 畢戰으로 하여금 井田法을 물었다.(〈滕文公上〉 3章) 齊나라 사람들이 薛邑에다가 築城을 하려 하자 文公이 두려워하여 孟子에게 가르침을 청하고,(〈梁惠王下〉 14章) 許行의 새 信徒인 陳相과의 辯論 역시 이때에 있었을 것이다.(〈滕文公上〉 4章) 梁 惠王 後元 15년에 梁나라에 갔는데, 이때 孟子는 나이가 70세에 가까웠다. 梁 惠王은 재위한 지가 이미 50년으로 연세가 70세 전후였을 터인데도 孟子를 호칭하여 叟(노인)라 하였다. 梁 惠王과의 문답은 이 해에 있었을 것이다.(〈梁惠王上〉 1·2·3·4·5章) 다음 해에 惠王이 죽고 襄王이 즉위하니 맹자는 그와 한 차례 만났다.(〈梁惠王上〉 6章) 이때 齊 威王이 죽고 宣王이 즉위하자 孟子는 梁나라에서 齊나라로 갔으니, 齊나라의 卿相에 오름과 나가 滕나라에 조문함은 모두 이 몇 년 사이에 있었을 것이다.(〈公孫丑上〉 1·2章) 齊나라가 燕나라를 정벌한 것은 宣王 5년[2]이었는데, 2년 뒤에 諸侯들이 장차 燕나라를 구원할 것을 도모하자(〈梁惠王下〉 11章) 孟子는 宣王에게 포로와 귀중한 보물을 반환하고 燕나라 사람들과 상의하여 군주를 세운 뒤에 撤兵할 것을 권하였으나 宣王은 듣지 않았다. 다음 해 燕나라는 諸侯들과 군대를 연합하여 齊나라를 공격해서 齊軍이 대패하니, 齊 宣王은 "내 孟子에 매우 부끄럽다."라는 말을 하였다.(〈公孫丑下〉 9章) 孟子는 이 때문에 辭職하니, 宣王은 孟子에게 도성에 큰 집을 지어줄 것을 요청하였으나 孟子는 받지 않고 齊나라를 떠났는데,[3] 晝란 땅에서 사흘 동안 체류하였다.(〈公孫丑下〉 10·11章) 孟子는 이때 나이가 이미 70여 세로 이 뒤로는 다시 外國에 나가지 않고[4] 萬章의 무리와 詩·書의 뜻을 서술하고 仲尼의 뜻을 기술하여 《孟子》 7편을 지었다.

1. 《孟子》의 작자에 대하여

작자에 관해서는 대체로 세 종류의 설이 있다. 첫째는 孟子가 직접 지었다는 설이다.

2 　宣王 5년: 楊寬의 《戰國史》에는 齊 宣王 6년으로 보았다. 〈梁惠王下〉 10-2절의 각주 참조.

3 　齊나라를 떠났는데: 狄子奇의 《孟子編年》에는 齊나라가 燕나라를 쳐 승리한 해에 孟子가 齊나라를 떠난 것으로 보았다. 〈公孫丑下〉 9-1절의 안설 참조.

4 　外國에 나가지 않고: 《孟子編年》에는 齊나라를 떠난 후에 宋·薛·魯나라에 갔다가 鄒나라로 돌아온 것으로 보았다.

趙岐는 《孟子》〈序〉에서 "이 책은 孟子가 지은 것이므로, 총괄하여 《孟子》라 한 것이다." 하였다. 焦循의 《孟子正義》에는 元나라 사람 何異孫의 《十一經問對》를 인용하여 "《論語》는 孔子의 여러 제자들이 좋은 말씀을 기록하여 책을 만들었으므로 《論語》라 이름하고 孔子라 하지 않은 것이며, 《孟子》는 孟軻가 직접 지은 책이어서 《荀子》와 같기 때문에 《孟子》라 한 것이다." 하였다. 趙岐는 孟子가 "高弟인 公孫丑, 萬章의 무리와 함께 논란하고 문답하였으며, 또 직접 법도의 말씀을 찬하여 《孟子》 7편을 만들었다." 하였다. 특히 朱子는 "7편의 筆勢를 보면 한 번에 쇳물을 녹여 만든 것과 같으니, 여러 사람이 엮어 모아서 이루어질 수 있는 것이 아니다.〔觀其筆勢 如鎔鑄而成 非綴緝所就也〕" 하였으며, 그후 元나라의 金履祥, 明나라의 郝敬이 모두 이에 찬동하였다. 그러나 朱子는 〈滕文公上〉의 '言必稱堯舜'은 문인들이 孟子의 말씀을 요약한 것으로 보았으며, 역시 〈滕文公上〉의 '禹決汝漢 排淮泗而注之江'을 기록한 자의 오류라 하여 문인이 함께 참여하였음을 부정하지 않았다.

둘째는 이와 정반대로 孟子가 별세한 뒤에 문하의 제자들이 공동 기술한 것으로 보는 견해이다. 이러한 주장을 최초에 한 사람은 韓愈였으며, 이에 동조한 자는 唐나라의 林愼思와 宋나라의 蘇轍이었으나 분명한 증거를 대지는 못하였다. 그러다가 宋나라의 晁公武가 梁襄王, 滕文公, 魯平公 등이 孟子보다 뒤에 죽었는데도 이들의 諡號가 《孟子》에 보이는 것을 증거로 삼았다. 淸나라의 崔述은 《孟子事實錄》에서 "《孟子》 7편 가운데 종종 비판할 부분이 있다." 하여 《孟子》의 疎漏한 부분을 지적하고, "孟子가 직접 지은 것이 아니요 제자들이 刪定했다." 하였다. 우리나라의 茶山 丁若鏞도 《孟子》는 완전한 책이 아니라고 비판하였다.(지면 관계로 자세히 밝히지 않는 바, 萬章이 물은 舜과 瞽瞍의 일 등에서 按說로 밝혔다. 中國學者들의 說을 자세히 알려면 楊伯峻의 《孟子譯註》를 참고하기 바란다.)

세 번째는 司馬遷이 〈孟子列傳〉에서 말한 대로 孟子가 물러가 萬章의 무리와 함께 詩書의 내용을 서술하고 仲尼의 뜻을 기술하여 《孟子》 7편을 지었다는 것이다. 하지만 비록 萬章의 무리가 참여하였다고 하더라도 주요 저자는 역시 孟子인 것이다. 朱子說 역시 이와 크게 다르지 않다 할 것이다. 그리하여 이 세 번째가 가장 近理한 것으로 알려져 있다.

《史記列傳》에는 《孟子》 7편이라고 말하였으나 應劭의 《風俗通》〈窮通〉편에는 中

外 11편으로 되어 있으며, 班固의《漢書》〈藝文志〉에도《孟子》11편이라 하였다. 中外는 內外와 같은 말로,《孟子》7편은 內篇이며, 이 밖의 外書인〈性善辯〉·〈文說〉·〈孝經〉(일설에는〈性善〉·〈辯文〉·〈說孝經〉으로 읽기도 함)·〈爲政〉의 4편이 있었다 하는데, 이는 文體가 內篇과 완전히 달라 후세에서 가탁하여 지은 것이라 한다. 그러나 지금은 모두 逸失되어 전하지 않는다.

원래《孟子》는 7편이었으나 簡帙이 너무 크다 하여 上·下로 나누어 지금의 14편이 되었다. 편명은《論語》와 같이 별 뜻이 없고 편 앞에 나오는 글자를 뽑아 편명으로 삼았다.《孟子》는 漢 文帝 때에《論語》·《孝經》·《爾雅》와 함께 學官에 세워져 四博士의 하나가 되었다. 그 후 武帝 때 四博士가 五經博士로 대체되면서, 諸子書의 하나로 격하되었으나 五代時代 後蜀의 孟昶이《易》·《詩》·《書》·《儀禮》·《周禮》·《禮記》·《公羊》·《穀梁》·《左傳》·《論語》·《孟子》의 11經을 비석에 새겼으며, 宋 太宗이 또 翻刻하면서 經書의 반열에 들게 되었다. 또한 南宋의 朱子가《禮記》의《中庸》·《大學》을 뽑아《論語》·《孟子》를 묶어 四書라 하고, 集註를 냄으로써 中國은 물론이요 고려 후기와 조선조의 과거에 필수과목이 되었으며, 특히 조선조에서는 四書가 士子의 필독서가 되었다.

《孟子》의 주석서로는 漢代에 趙岐의《孟子章句》14편이 가장 오래되었다. 이외에도《呂氏春秋》에 실려 있는 高誘의 註에는 高誘 자신이《孟子章句》를 정정하였음을 밝히고 있으며,《後漢書》〈儒林傳〉에는 程曾이《孟子章句》를 지었다 하였다.《隋書》〈經籍志〉에는 後漢의 鄭玄과 劉熙가 각각 註解한 것으로 기록되어 있으나 지금은 모두 산일되어 전하지 않는다. 趙岐의 註는 일부 訓詁와 名物이 불확실하다는 비평을 받고 있지만 孟子의 眞價를 세상에 처음으로 알린 사람은 바로 趙岐였다. 朱子의 集註에도 상당수 채택되었다. 趙岐의 註와 이에 의거하여 지어진 孫奭의 疏가 十三經에 들어 있으며, 焦循의《孟子正義》도 많이 읽혀지는 편이나 朱子의《集註》가 가장 잘 알려져 있다. 특히 程朱學을 수용한 조선조에서는 朱子 集註가 金科玉條로 인식되어 우리나라 선조들의 思想과 文集을 제대로 알려면 朱子 集註를 정확히 알지 않고는 불가능하다.

孟子는 철저한 孔子의 信奉者였다. 스스로 말씀하기를 "生民이 있은 이래로 孔子와 같은 분은 있지 않았다." 하고, "자신이 원하는 바는 바로 孔子이다." 하였다. 그러나 孔子와 백 년 이상의 시대적 차이가 나는 만큼 상황이 바뀜에 따라 주장도 약간 다르게 되었다. 孔子는 仁만을 강조하였는데 孟子는 仁義를 함께 말씀하였다.

程伊川은 "孟子가 세상에 큰 功이 있는 것은 性善을 말씀하였기 때문이다.〔孟子有大功於世 以其言性善也〕" 하였으며, 孟子의 性善과 養氣(浩然之氣를 기름)의 의논은 모두 옛 聖人이 미처 발명하지 못한 것이다.〔孟子性善養氣之論 皆前聖所未發〕" 하였다.

孟子는 위에서 밝혔듯이 子思의 학통을 이은 것으로 알려졌다. 子思는 "하늘이 명한 것을 性이라 하고, 性을 따르는 것을 道라 한다.〔天命之謂性 率性之謂道〕" 하여, 孟子의 性善說의 본바탕이 되었다. 이 性은 仁義禮智를 가리킨다. 仁義禮智 역시 體와 用으로 나뉜다. 사람이 처음 부여받은 본성은 體이고, 사람이 이것을 행하면 仁은 사랑이 되고 義는 일의 마땅함이 되고 禮는 예의바른 행동이 되고 智는 시비를 판단하는 지혜가 되는데, 이것을 用이라 한다.

그러나 茶山은 본성을 인정하지 않고 행동에 나타나는 것만을 性이라 하여, 善을 좋아하고 惡을 미워하는 것을 天性으로 보았다. 그리하여 〈滕文公上〉의 孟子가 性善을 말씀한 것에 대해 《書經》〈召誥〉에서 말한 節性(성질을 절제함)과 《禮記》〈王制〉에서 말한 '修六禮以節民性(六禮를 닦아 백성들의 성질을 절제함)'과 《孟子》에서 말한 '動心忍性(마음을 동하고 성질을 참음)'은 人心의 嗜好이며, 《書經》〈西伯戡黎〉에서 말한 '不虞天性(天性을 헤아리지 않음)'과 子思의 '率性(본성을 따름)'과 《孟子》의 性善은 道心의 嗜好이다. 비록 말한 것은 똑같지 않으나 嗜好를 가지고 性이라 한 것은 똑같다 하였다.《孟子要義》

茶山이 말한 道心의 嗜好는 程朱學에서 주장하는 本然之性이요 人心의 嗜好는 氣質之性이다. 사람은 누구나 본래 선한 性을 부여받았지만 기질의 받음이 각기 달라 성질이 급한 사람도 있고 느린 사람도 있으며, 탐욕스런 사람도 있고 청렴한 사람도 있어 똑같지 않은바 이것이 氣質之性이다. 현실주의자인 茶山은 근본적으로 心性理氣

의 철학을 부정한 것으로 보인다. 물론 이것은 독창적인 것이 아니요, 당시 先秦儒學과 程朱學을 분리시킨 淸代 考證學의 영향을 받은 것으로 보인다. 이에 대해서는 《附按說 論語集註》에서 이미 밝힌 바 있으므로 여기서는 이만 줄인다.

孟子의 民本主義는 義의 사상에서 나왔다고 보여진다. 그리고 富國强兵의 이익만을 추구하는 당시의 병폐를 바로잡기 위해 義와 利, 善과 利의 구별을 강조하였다.

첫 번째 章에 보이는 一喝이 바로 "王은 하필 利를 말씀하십니까. 또한 仁義가 있을 뿐입니다.〔王何必曰利 亦有仁義而已矣〕"였다. 이로 말미암아 《孟子》의 전체를 '遏人慾 存天理'로 요약한다. 人慾을 막고 天理를 보존한다는 뜻이다. 天理는 바로 仁義이고 人慾은 利이다. 栗谷도 《擊蒙要訣》〈讀書章〉에서

> 《論語》 다음으로 《孟子》를 읽어 義와 利를 밝게 분별하며, 人慾을 막고 天理를 보존해야 한다는 말씀에 하나하나 밝게 살펴 확충해야 한다.〔次讀孟子 於明辨義利 遏人慾 存天理之說 一一明察而擴充之〕

하였다.

이렇듯 義를 강조한 孟子는 管仲과 武王에 대하여 孔子와 다른 평가를 하였다. 孔子는 齊 桓公을 霸者로 만든 管仲을 높이 평가하였으나 孟子는 管仲을 비하하였으며, 孔子는 武力으로 천하를 통일한 周 武王의 음악인 大武를 盡善하지 못한 것으로 폄하하였으나 孟子는 武王이 군주를 시해하였다는 齊 宣王의 물음에 "仁을 해치는 자를 賊이라 하고 義를 해치는 자를 殘이라 하고 殘賊한 사람을 一夫라 하니, 一夫인 紂王을 죽였다는 말은 들었어도 군주를 시해했다는 말은 듣지 못했습니다." 하였다. 이러한 革命主義的思想은 후세 東坡 蘇軾으로부터도 비난을 받았다.

孟子는 도탄에 빠진 백성들을 구원하고 포악한 군주를 토벌한 湯王과 武王을 天吏라 하였으며, 군주의 벼슬자리를 天位, 군주가 맡기는 직책을 天職, 군주의 녹봉을 天祿이라 하고, 선행을 닦아 자연적으로 신분이 높아지는 것을 天爵이라 하였다. 이 경우의 天은 民을 기준한 것이다.

孟子는 또 "백성이 제일 귀하고 사직이 그 다음이고 군주가 가볍다.〔民爲貴 社稷次之 君爲輕〕" 하고, 또 "貴戚之卿은 나쁜 군주를 갈아치우고 賢者를 옹립해야 한다."고

강조하였다. 또한 孔子는 周나라 왕실을 높이는 것을 大義로 보았으나 孟子는 누구든 도탄에 빠진 백성을 구제하면 王者가 될 수 있다고 주장하였다. 당시 군주들의 시각에서 보면 가위 쿠데타적 발상이라고 볼 수밖에 없었을 것이다. 이러한 연유로 宋代의 명재상인 司馬光은 《孟子》를 좋아하지 않았으며, 明 太祖인 朱元璋은 《孟子》를 교과목에서 삭제하기도 하였다.

《孟子》는 仁義를 행하지 않는 군주를 도와주는 신하는 모두 나쁜 자라고까지 주장하였다. 그리하여 "전쟁을 잘하는 자는 극형을 받아야 하고, 외교를 잘하여 제후들과 연합하는 자가 그 다음의 형벌을 받아야 하고, 황무지를 개간하여 훌륭한 농업인에게 맡겨주어 농지를 나라를 부유하게 하는 자가 그 다음의 형벌을 받아야 한다.〔善戰者服上刑 連諸侯者次之 辟草萊任土地者次之〕"고까지 하였다. 또한 井田法 시행을 강조하였다. 과연 실용성이 있었는지는 알 수 없지만 '耕者九一'의 稅法을 시행하기 위해서였다.

楊伯峻은 富國强兵하는 자를 형벌에 처해야 한다는 孟子의 주장과 井田法을 비현실적이라 하여, '당시 우활하다는 지탄을 받았다.'는 司馬遷의 비판이 적중한 것으로 보았다. 그러나 소규모적이었지만 井田法은 滕 文公이 시행하여 당시 許行으로부터 仁政을 행하는 聖君이란 평가를 받았으며, 부국강병 역시 당시 제후들끼리의 쟁탈전이었던 만큼 孟子의 仁義思想보다 앞설 수는 없다고 생각한다.

《孟子》는 민주주의의 시대인 지금에 더욱 가치가 있다고 하겠다. 2,400년 전에 이러한 사상이 있었다는 것이 놀랍기만 하다. 요즘 각계각층의 인사들이 이 《孟子》를 읽고 반성해 주었으면 하는 마음 간절하다.

우리 선조들이 가장 많이 외고 읽은 책이 바로 《論語》와 《孟子》이다. 梅山 洪直弼은 外從弟 金鏷에게 답한 편지에서 다음과 같이 말하였다.

《鄒經(孟子)》은 몇 번이나 읽었는가? 孟子는 孔子와의 거리가 다소 멀어서 異端의 말
이 시끄럽게 떠들어 서로 공격하는 때에 태어나 天理를 밝히고 人心을 바로잡으며 異端
을 변론하고 부정한 학설을 물리치는 것을 자신의 임무로 삼아 털끝만한 차이에서 善과
이익을 분석하기를 마치 예리한 칼로 물건을 잘라 바로 두 쪽을 내듯이 하였으니, 단지
性善과 養氣가 聖門에 功이 있을 뿐만이 아니네.

지금 사람들은 곧 人慾을 막고 天理를 보존하는 것이 《孟子》의 宗旨가 된다고 말하나 《孟子》를 읽는 자들이 자기 일과는 무관한 것처럼 여기니, 程子가 말씀한 '비록 많이 읽으나 또한 무슨 소용이 있겠는가.'라는 것이네. 朱先生이 일찍이 말씀하기를 《孟子》는 단락마다 痛切하고 句句마다 的確하여 잘 읽으면 必然的인 효험이 있다.' 하셨네. 그러나 만약 辛苦하여 쾌활하지 못한 境界를 겪어보지 못하면 어떠한 것이 痛切한 것이며, 어떠한 것이 的確한 것이며, 어떠한 것이 필연적인 효험이 되는지를 모른다네.

단지 잘 읽을 뿐만 아니라 반드시 모름지기 외워야 하고, 단지 외울 뿐만 아니라 반드시 정밀하게 생각하여야 하고, 단지 정밀하게 생각할 뿐만 아니라 반드시 마음을 길러 이치를 함양하고 몸에 돌이켜 실천하여야 孟子께서 밝은 눈과 큰 膽力으로 苦心하여 강력히 변론한 뜻에 부응할 수 있네. 내 평생 이 《孟子》책을 몹시 좋아하였으나 읽기 전에도 똑같은 사람이요 이미 읽고 나서도 똑같은 사람이어서 우리 아우에게 말해줄 만한 것이 없네.〔鄒經讀至幾回否 孟子生於去聖稍遠 異言喧豗之日 以明天理正人心辨異端闢邪說爲己任 其所以析善利於毫釐之末者 如快刀切物 卽成兩片 非直性善養氣之爲有功於聖門也 今人便說遏人慾存天理 爲孟子宗旨 而讀者若無與於己事 程子所云 雖多亦奚以爲者也 朱先生嘗云孟子段段痛切 句句的確 有必然之效 苟不經辛苦不快活境界 不知如何爲痛切 如何爲的確 如何爲必然之效也 不徒能讀 必須成誦 不徒能誦 必須精思 不徒精思 必須養心以涵其理 反躬以踐其實 克副其明目張膽苦口力辨之意焉 吾平生酷好是書 而未讀猶是人 已讀猶是人 無足爲吾弟道也〕《梅山集 答金鏝》

옛분들은 四書三經을 거의 모두 외웠다. 梅山은 역시 외종제 金鏝에게 준 편지에서

龜峯(宋翼弼), 重峯(趙憲), 晦谷(曺漢英) 등 諸賢들은 《朱子大全》한 질을 모두 외웠으니, 그 총명함과 역량을 진실로 따를 수가 없네. 그러나 《朱書百選》처럼 요약한 것은 반드시 외워야 하니, 외우면 자기의 소유가 되고 외지 못하면 자기의 소유가 되지 못하네. 그러나 한갓 외기만 하고 그 뜻을 연구하지 않으면 또한 盲人이 經을 외는 것과 다름이 없으니, 반드시 읽으면 외우고 외면 깊이 생각하여 聖賢의 책을 자기 입으로 말한 듯이 하고 經傳의 뜻을 자기 마음에서 나온 듯이 하여야 하니, 그런 뒤에야 비로소 참다운 독

서라고 할 수 있네.〔龜峯重峯晦谷諸賢 誦盡大全一部 其聰明力量 固不敢望 而如百
選 約而又約者 必須成誦 誦則爲己有 不誦則非己有也 徒誦而不究厥旨 亦無異盲
者之誦經 必要讀而誦 誦而思 使聖賢之書 若自我口 經傳之意 如出我心 然後方可
謂眞讀書也〕

라고 하였다. 經傳을 대충 몇 번 읽어보고는 달통했다고 생각하는 오늘날의 학습 형
태와는 너무도 달랐던 것이다.

3. 《附按說 孟子集註》의 특징

이 책의 특징은 작년에 출간한 바 있는 《附按說 論語集註》와 크게 다르지 않다. 《孟
子》의 주석서는 상대적으로 《論語》에 비하여 적으며, 《孟子》가 직접 내용을 자세히 설
명하였으므로 異說 역시 《論語》에 비하여 적은 것이 사실이다. 이 책은 체제 역시 《附
按說 論語集註》를 그대로 따랐는바, 茶山의 《孟子要義》와 壺山 朴文鎬의 《孟子詳
說》, 楊伯峻의 《孟子譯註》 등을 참고하였다. 그리고 《論語集註》와 마찬가지로 內閣
本 諺解와 栗谷 諺解를 참고하여 經文의 현토를 환원한 것이 있으며, 지난번 전통문
화연구회에서 출간하였던 《孟子集註》와 마찬가지로 集註의 현토는 艮齋 田愚 선생의
것을 대체로 따랐음을 밝혀둔다. 楊伯峻의 《孟子譯註》는 焦循의 註 등을 참고하여
많은 도움을 받았다.

《附按說 論語集註》와 약간 다른 점이 있다면 각 章에 제목을 붙인 점이다. 예로부
터 〈梁惠王上〉의 7장을 '豰觫章'이라 하고 〈公孫丑上〉의 2장을 '不動心章' 또는 '浩
然章'이라 하였다. 이제 朱子의 《語類》와 陶菴 李縡의 《孟子講說》, 東巖 柳長源의
《四書纂註增補》와 壺山의 《孟子集註詳說》 등을 참고하여 章의 이름을 붙였는데, 때
로는 두 제목을 중복으로 표기하여 이용에 편리하게 하였다. 또한 章節이 길므로 章節
을 다 표기해 주었다.

이 책에서 본인의 역주에 해당하는 부분은 按說과 각주이다. 按說에서는 經文의 해
석에 대한 여러 설들을 소개하고 정리하였으며, 때로는 각 설에 대한 본인의 의견을 덧
붙였다. 按說은 經文에 대한 주석이므로 經文과 集註의 사이에 배치하였다.

반면 각주는 集註에 대한 주석이라고 할 수 있다. 集註를 이해하는 데 도움이 되고
자 인용문의 出典, 集註를 부연한 諸家의 설, 集註를 비판한 설, 大全本의 小註까지
다방면으로 900여 개의 상세한 주석을 달았다. 集註가 우리에게 워낙 친숙하다 보니,
사람들은 集註의 내용을 자신이 잘 이해하고 있다고 여기는 듯하다. 그러나 막상 그 내
용에 대하여 질문을 해보면 제대로 이해하고 있지 못한 경우가 많다. 集註를 비판하거
나 넘어서고자 한다면 먼저 그것을 제대로 이해해야 할 것이다.

　　자신의 견해를 덧붙인《附按說 四書集註》를 내려던 본인의 오랜 염원이 내년 말이
면 끝나리라고 생각된다.

　　지난번《附按說 論語集註》출간에 뜨거운 성원을 아끼지 않은 선후배 제현께 다시
한번 감사드린다. 인문학이 고사위기에 처한 우리나라의 척박한 토양에서 몇 분이나 관
심 있게 읽어줄지 의문되지 않을 수 없으나 단 한 분이라도 본인의 苦心을 이해해주고
학습에 도움을 받는다면 더 이상 바랄 것이 없겠다.

　　《附按說 論語集註》와 마찬가지로 이 책 역시 (社)海東經史硏究所의 理事 여러분
의 적극적인 지원의 결과라 하겠다. 특히 權五春 理事長과 申正澤 理事님께 감사드린
다. 원고정리와 校正을 맡아준 李常娥, 申相厚, 金炯奭, 朴成子, 尹銀淑 다섯 분에
게 감사드린다. 특히 典故까지 일일이 찾아내어 수정해준 李常娥 氏의 노고를 치하하
며, 이번에도 출간을 맡아준 한국인문고전연구소의 權熙俊 사장에게도 감사드리는 바
이다.

2014년 甲午 菊秋에 海東經史硏究所에서

成百曉

凡 例

1. 本書는 한문문리습득을 위한 자습서나 강독교재로 활용할 수 있도록 만든 책으로, 이를 위하여 모든 원문에 懸吐하고 原義에 충실하게 번역하였다. 또 按說과 각주에 역자의 설명을 첨가하여 《孟子》나 《孟子集註》를 이해하고 연구하는 데 도움이 되도록 하였다.

2. 本書는 內閣本(學民文化社 影印本 2003)을 國譯底本으로 하고, 中國 中華書局의 《四書章句集注》와 日本의 漢文大系本 등을 교감에 참고하였다.

3. 모든 원문에 懸吐하되, 經文의 吐는 官本諺解를 위주로 하고 栗谷의 四書諺解를 참고하였다. 다만 필요에 따라 調整하였는데, 이에 대한 설명을 按說에 실었다. 集註의 吐는 艮齋(田愚)의 懸吐를 따랐으며 일부는 역주자가 새로이 현토하였다.

4. 번역은 原義에 충실하게 하여 문리습득과 원전강독에 도움이 되도록 하였으며, 필요한 경우 원문에 없는 내용을 〈 〉 안에 보충하였다.

5. 음이 두 개 이상인 글자와 음이 어려운 글자는 ( ) 안에 한글로 음을 표기하였다.

6. 원문의 글자 중 난해한 것은 字義와 음을 하단에 실었다.

7. 각 章에 제목을 붙여 내용을 알기 쉽게 하였는바, 제목은 《朱子語類》와 陶菴 李縡의 《孟子講說》, 東巖 柳長源의 《四書纂註增補》와 壺山 朴文鎬의 《孟子集註詳說》을 참고하였으며, 《孟子》는 문장이 길게 이어지므로 章과 節에 일련번호를 달아 讀者들의 편리를 도모하였다.

8. 集註는 각 節마다 맨 앞에 集註라고 표기하여 구분하였으며, 章下註는 따로 떼어 그 앞에 章下註라고 표기하여 구분하였다.

9. 集註에서 明道(程顥)와 伊川(程頤)을 구분하지 않고 程子曰이라고 표기하였는데, 臺灣 學生書局의 《朱子四書集註典據考》에 의거하고 《孟子集註詳說》을 참고하여 ( ) 안에 號(明道/伊川)를 써주었다. 그 외 尹氏, 謝氏 등 성씨만 밝힌 경우에도 ( ) 안에 이름을 써주었다.

10. 經文의 내용을 해설하거나 經文 해석의 異說을 소개하고자 할 때에는 經文의 밑에 按說로 실었으며, 集註에 대한 해설이나 出典 등은 각주로 자세하게 실었다.

11. 經文의 번역은 集註를 따랐으며, 經文과 集註를 번역하고 해설함에 있어 《朱子大全》, 《論孟精義》, 《四書或問》, 《朱子語類》, 《四書集註大全》 및 壺山(朴文鎬)의 《孟子集註詳說》, 沙溪(金長生)의 《經書辨疑》, 官本 및 栗谷諺解 등을 참고하였다. 그 외에 趙岐의 《孟子章句》, 楊伯峻의 《孟子譯註》 및 茶山(丁若鏞)의 《孟子要義》 등의 해석을 集註와 비교하고 소개하였다.

12. 人名은 성씨나 字·號로 표기되어 있는 경우, ( ) 안에 이름을 써주었다. 다만 茶山과 壺山은 자주 언급되므로 이름을 병기하지 않았다.

13. 書名은 完稱을 기본으로 하되, 몇 가지는 略稱으로 표기하였는바, 다음과 같다.
    《論孟精義》→《精義》　　《四書或問》→《或問》
    《朱子語類》→《語類》　　《四書集註大全》→《大全》

14. 趙岐의 註와 《四書集註大全》의 小註, 楊伯峻의 《孟子譯註》 및 壺山의 《孟子集註詳說》, 茶山의 《孟子要義》는 인용시 人名만 밝히고 書名은 따로 기재하지 않았다.

15. 本書에 사용된 부호는 다음과 같다.
    《 》: 書名　　　　　　　〈 〉: 篇章節名, 작품명, 원문 보충자, 보충역
    〔 〕: 원문 병기　　　　　( ): 한자의 음, 통용자, 간단한 주석
    〖 〗: 原註　　　　　　　(誤字)〔正字〕: 교감표기

孟子集註 附按說【天】

序說

史記列傳에 曰 孟軻는【趙氏曰 孟子는 魯公族孟孫之後라 漢書註에 云 字子車라하고 一說에 字子輿라하니라】 騶人也니【騶는 亦作鄒하니 本邾國也라】 受業子思之門人하다【子思는 孔子之孫이니 名伋이라 索隱에 云 王劭以人爲衍字라하고 而趙氏註及孔叢子等書에 亦皆云 孟子親受業於子思[1]라하니 未知是否로라】

《史記》〈孟子列傳〉에 다음과 같이 기록되어 있다.

"孟軻는【趙氏(趙岐)가 말하였다. '孟子는 魯나라 公族인 孟孫氏의 후손이다.' 《漢書》註에 이르기를 '字는 子車이다.' 하였는데, 一說에는 '字가 子輿이다.' 하였다.】 騶땅 사람이니,【騶字는 또한 鄒로도 쓰니, 본래 邾나라이다.】 子思의 門人에게 受業하였다.【子思는 孔子의 손자로 이름이 伋이다. 《史記索隱》에 이르기를 '王劭가 「人」을 衍字라 했다.' 하였으며, 趙氏의 註와 《孔叢子》 등에 또한 모두 이르기를 '孟子가 子思에게 친히 受業했다.' 하였으니, 옳은 지 알 수 없다.】

道旣通에【趙氏曰 孟子通五經하고 尤長於詩書라 程子曰 孟子曰 可以仕則仕하고 可以止則止하고 可以久則久하고 可以速則速은 孔子니 聖之時者也라하시니 故로 知易者 莫如孟子라 又曰 王者之迹이 熄而詩亡하고 詩亡然後에 春秋作이라하시고 又曰 春秋에 無義戰이라하시고 又曰 春秋는 天子之事라하시니 故로 知春秋者 莫如孟子라 尹氏曰 以此而言이면 則趙氏謂孟子長於詩書而已라하니 豈知孟子者哉리오】

---

1 孟子親受業於子思:子思의 享年과 子思의 아버지 伯魚가 죽은 해를 고찰하면 子思에게 친히 受業했다는 說은 믿을 수 없다고 한다. 茶山(丁若鏞)과 楊伯峻도 門人에게 受業하였다는 《史記》〈孟子列傳〉의 說을 따랐다. 楊伯峻은 《荀子》〈非十二子篇〉에 子思와 孟子를 一派로 분류하였으니, 이는 孟子의 학설이 반드시 子思에서 나온 것이다." 하였다.

··· 軻 수레 가 輿 수레 여 騶 땅이름 추(鄒同) 邾 나라이름 주 伋 이름 급 索 찾을 색 隱 숨을 은 劭 힘쓸 소
衍 남을 연 叢 떨기 총 熄 꺼질 식

道를 이미 통달하자,〖趙氏(趙岐)가 말하였다. '孟子는 五經을 통하였고 특히 詩·書에 뛰어났다.' 程子가 말씀하였다. '孟子가 말씀하기를 「벼슬할 만하면 벼슬하고 그만둘 만하면 그만두고 오래 있을 만하면 오래 있고 속히 떠날 만하면 속히 떠나신 것은 孔子이니, 聖人의 時中인 자이시다.」하였다. 그러므로 《周易》을 안 자는 孟子만한 분이 없는 것이다. 孟子가 또 말씀하기를 「王者의 자취가 종식됨에 《詩》가 망하였고 《詩》가 망한 뒤에 《春秋》가 지어졌다.」하셨고, 또 말씀하기를 「《春秋》에는 의로운 전쟁이 없다.」하셨고, 또 말씀하기를 「《春秋》는 天子의 일이다.」하셨다. 그러므로 《春秋》를 안 자는 孟子만한 분이 없는 것이다.' 尹氏(尹焞)가 말하였다. '이것을 가지고 말하면 趙氏가 「孟子는 詩·書에 뛰어났다.」고 말했을 뿐이니, 어찌 孟子를 안 자이겠는가.'〗

游事齊宣王호되 宣王이 不能用하고 適梁호되 梁惠王이 不果所言하니 則見以爲迂遠而濶於事情[2]이라〖按史記컨대 梁惠王之三十五年乙酉에 孟子始至梁하고 其後二十三年當齊湣王之十年丁未에 齊人이 伐燕할새 而孟子在齊라 故로 古史謂 孟子先事齊宣王하고 後에 乃見梁惠王, 襄王, 齊湣王이라하니라 獨孟子以伐燕爲宣王時事는 與史記, 荀子等書로 皆不合하고 而通鑑에 以伐燕之歲로 爲宣王十九年하니 則是孟子先游梁而後에 至齊하여 見宣王矣라 然이나 考異亦無他據하니 又未知孰是也[3]로라〗

齊나라에 가서 宣王을 섬겼으나 宣王이 쓰지 못하였고, 梁나라에 갔으나 梁 惠王도 말씀한 바를 행하지 못하였으니, 迂遠하여 事情(현실)과 거리가 멀다는 여김을 받았다.〖《史記》를 살펴보면 '梁 惠王 35년 乙酉년에 孟子가 처음 梁나라에 이르렀고, 그 후 23년인 齊 湣王 10년 丁未년에 齊나라 사람들이 燕나라를 정벌하였는데, 孟子가 齊나라에 있었다.' 하였다. 그러므로 古史에는 '孟子가 먼저 齊 宣王을 섬긴 뒤에 마침내 梁나라의 惠王과 襄王, 齊나라의 湣王을 만나보았다.' 하였다. 다만 《孟子》에 燕나라를 정벌한 것을 宣王 때의 일이라 한 것은 《史記》와 《荀子》 등 여러 책과 부합하지 않으며, 《資治通鑑》에는 燕나라를 정벌한 해를 宣王 19년이라고 하였으니, 그렇다면 이는 孟子가 먼저 梁나라에 갔고 뒤에 齊나라에 이르러

---

2   見以爲迂遠而濶於事情: '당시 제후왕들이 孟子를 보고서 迂遠하여 事情과 멀다고 여겼다.'라고 보는 견해도 있으나 壺山(朴文鎬)는 見을 받다, 입다의 뜻으로 해석하였다.

3   按史記……未知孰是也: 《史記》의 오류를 《竹書紀年》 등을 통해 淸나라 고증학자들이 고증하였는 바, 崔述은 《洙泗考信錄》에서 孟子가 梁 惠王을 만난 해를 梁 惠王 後元 15년(B.C.320)이나 16년으로 추정하였고,(〈梁惠王上〉 5-1절의 각주 참조.) 狄子奇의 《孟子編年》과 錢穆의 《先秦諸子繫年》에는 後元 15년으로 보았다. 楊伯峻은 "추측하건대 孟子가 梁 襄王을 만난 후 바로 魏나라를 떠나 齊나라로 간 듯하니, 그렇다면 이때 齊 宣王이 즉위한지도 2년을 넘지 않았을 것이다." 하였다. 梁나라를 떠나 齊나라로 간 해를 《孟子編年》과 《先秦諸子繫年》에는 梁 惠王이 죽은 해(B.C.319, 齊 宣王 元年)로 보았다. 또 楊寬의 《戰國史》에 의하면 齊나라가 燕나라를 정벌하여 승리한 것은 齊 宣王 6년(B.C.314)이다.

···   游 놀 유, 갈 유   齊 나라이름 제   適 갈 적   果 결행할 과   迂 멀 우, 우회할 우   遠 멀 원   濶 넓을 활
     湣 시호 민, 흐릴 민   襄 멍에 양   荀 성 순   據 근거할 거

宣王을 만난 것이다. 그러나 《考異》에 또한 다른 근거가 없으니, 또 어느 것이 옳은지 알 수 없다.〕

當是之時하여 秦用商鞅하고 楚魏用吳起하고 齊用孫子田忌하여 天下方務於合從(縱)連衡(橫)[4]하여 以攻伐爲賢이어늘 而孟軻乃述唐虞三代之德하시니 是以로 所如者不合일새 退而與萬章之徒로 序詩書하고 述仲尼之意하여 作孟子七篇하시니라〔趙氏曰 凡二百六十一章에 三萬四千六百八十五字라 韓子曰 孟軻之書는 非軻自著요 軻旣沒에 其徒萬章公孫丑 相與記軻所言焉耳라 愚按 二說不同하니 史記近是[5]라〕

---

4 合從連衡:新安陳氏(陳櫟)는 "蘇秦은 合從의 설을 주장하였으니 六國을 합쳐 하나로 만들어서 秦나라를 항거하고자 하였고, 張儀는 連衡의 설을 주장하였으니 六國의 외교를 이산시켜 秦나라를 섬기게 하였다. 六國은 楚·燕·齊·韓·趙·魏의 여섯 나라를 이른다.〔蘇秦主合從之說 欲合六國爲一以抗秦 張儀主連衡之說 則離六國之交以事秦 六國謂楚燕齊韓趙魏也〕" 하였다. 從은 縱과 같고 衡은 橫과 같은바, '合從'은 당시 中國의 楚·燕·齊·韓·魏·趙 등 동쪽과 남쪽에 위치한 6개국이 연합하여 서쪽에 있는 秦에 대항함을 이르며, '連衡'은 이들 6개국이 秦을 섬김을 이른다.

5 二說不同 史記近是:楊伯峻은 《孟子》의 저자에 대해 세 가지 견해를 말하였다. 첫 번째는 孟子 자신이 지었다는 것이고, 두 번째는 孟子의 사후에 제자들이 공동으로 기록했다는 것이고, 세 번째는 主著者는 孟子이지만 글을 최종 완성한 자는 제자들이라는 것이다. 趙岐와 朱子는 첫 번째 견해를 주장하였는바, 朱子는 문체가 일치하는 점을 들어 孟子의 글로 보았다. 朱子는 "일곱 편을 익숙히 읽어 그 筆勢를 보면 마치 쇠를 녹여 이루어진 것 같으니, 여러 사람이 편집해서 만든 것이 아니다.〔熟讀七篇 觀其筆勢如鎔鑄而成 非綴緝所就也〕" 하였다.《朱子大全 答吳伯豐》 그러나 제자가 참여한 점을 인정하여 "그 사이에 '孟子께서 性의 善함을 말씀하시되 말씀마다 반드시 堯·舜을 칭하셨다.'와 같은 말이 있으니, 아마도 그 제자가 기록한 것을 孟子께서 반드시 일찍이 약간의 删定을 加한 것이다.〔其間有如云 孟子道性善 言必稱堯舜 亦恐是其徒所記 孟子必曾略加删定也〕" 하였다.《朱子大全 答董叔重》 제자들의 기록으로 보는 두 번째 견해는 韓愈, 淸나라의 崔述, 茶山 등이 주장하였는바, 그 근거는 임금의 시호를 사용한 것, 門人을 子로 호칭한 것, 내용에 비판할 부분이 있는 점이다. 茶山은 "堯가 붕어하시자 삼년상을 마치고 舜이 堯의 아들을 피하였다.'라고 한 것은 《書經》《堯典》과 맞지 않는다. '瞽瞍가 사람을 죽였다면 皐陶는 法을 집행하고 舜임금은 몰래 업고 도망하였을 것이다.'라는 것은 情理에 맞지 않는다. 孟子는 亞聖이니 응당 이런 말씀을 하지 않았을 것이다. 《孟子》7편이 어찌 모두 孟子의 친필이겠는가. 《史記》에도 孟子 혼자서 썼다는 것을 일찍이 분명히 말하지 않았다.〔堯崩三年之喪畢 舜避堯之子 與堯典不合 瞽瞍殺人 皐陶執之 舜竊負而逃 於情理不合 孟子亞聖 不應有此言 七篇豈皆親筆乎 史記亦未嘗明云孟子獨作〕" 하였다. 楊伯峻은 세 번째 견해를 지지하였는데, 그는 《史記》에 '물러나 萬章 등의 門徒들과 더불어……《孟子》7篇을 지었다.' 한 것에 대해, 비록 제자가 참여하였으나 主著者는 孟子이며, 孟子 생전에 이미 기본적으로 완성되었으나, 최종적으로 완성된 것은 孟子의 사후인 것으로 보았다. 내용에 비판할 부분이 있으므로 孟子의 글이 아니라는 주장에 대해 楊伯峻은 반박하기를, "孟子가 이른바 亞聖이라고 해도 그가 말하고 쓴 한 글자, 한 구절마다 모두 매우 정확하다고 단정할 수는 없다. 하물며 '汝水와 漢水를 트고 淮水와 泗水를 배수하여 양자강으로 주입하였다'고 한 말은 孟子가 禹王의 治水한 공적을 설명하기 위해 빌려온 것에 불과하며, 정확한 地理 지식을 갖추었는지의 여부는 上古시대의 이른바 聖賢들은 일찍이 중시하지 않은 듯하다.……孟子는 역사적 사실을 끌어다가 인용하여 흔히 주관적으로 바꾸어 자신의 관점을 논증하고자 했다." 하였다. 또, 門人을 子로 호칭한 문제에 대해서는, 萬章과 公孫丑 등이 '직접 孟子의 구술을 받아 쓴 것'이라면 자

••• 商 장사 상   鞅 고삐 앙   忌 꺼릴 기   從 세로 종(縱同)   衡 가로 횡(橫同)   唐 나라 당   虞 나라 우   如 갈 여
章 문채 장   尼 산이름 니   沒 죽을 몰   徒 무리 도

이 때를 당하여 秦나라에서는 商鞅(衛鞅, 公孫鞅)을 등용하고, 楚나라와 魏나라에서는 吳起를 등용하고, 齊나라에서는 孫子(孫臏)와 田忌를 등용해서 天下가 막 合縱과 連橫을 힘써 공격과 정벌을 훌륭한 것으로 여기고 있었는데, 孟軻는 도리어 唐·虞(堯·舜)와 三代의 德을 말씀하였다. 이 때문에 가는 곳마다 뜻이 합하지 못하자, 물러나 萬章 등의 門徒들과 더불어 《詩經》과 《書經》을 서술하고 仲尼의 뜻을 기술하여 《孟子》7篇을 지으셨다.〖趙氏(趙岐)가 말하였다. '모두 2백 61章에 3만 4천 6백 85字이다.' 韓子(韓愈)가 말하였다. '孟軻의 책은 孟軻가 스스로 지은 것이 아니요 孟軻가 죽은 뒤에 그 門徒인 萬章과 公孫丑가, 孟軻가 일찍이 말씀한 것을 서로 기록한 것이다.' 하였다. 내(朱子)가 살펴보건대 두 가지 說이 똑같지 않은바, 《史記》가 옳을 듯하다.〗

韓子曰 堯는 以是傳之舜하시고 舜은 以是傳之禹하시고 禹는 以是傳之湯하시고 湯은 以是傳之文武周公하시고 文武周公은 傳之孔子하시고 孔子는 傳之孟軻러시니 軻之死에 不得其傳焉하니 荀與揚也는 擇焉而不精하고 語焉而不詳하니라〖程子曰 韓子此語는 非是蹈襲前人이요 又非鑿空撰得出이니 必有所見이라 若無所見이면 不知言所傳者何事라〗

韓子(韓愈)가 말하였다. "堯임금은 이것을 舜임금에게 전하시고, 舜임금은 이것을 禹王에게 전하시고, 禹王은 이것을 湯王에게 전하시고, 湯王은 이것을 文王·武王과 周公에게 전하시고, 文王·武王과 周公은 이것을 孔子에게 전하시고, 孔子는 孟軻에게 전하셨는데, 孟軻가 죽자 그 전함을 얻지 못하였다. 荀子(荀況)와 揚子(揚雄)는 선택은 하였으나 精하지 못하고, 말은 하였으나 상세하지 못하였다."〖程子가 말씀하였다. '韓子의 이 말씀은 예전 사람의 말을 踏襲한 것이 아니고 또 억지로 빈 말을 지어낸 것이 아니니, 반드시 본 바가 있었을 것이다. 만약 본 바가 없다면 傳한 바라고 말한 것이 무슨 일인지 알지 못한다.'〗

又曰 孟氏는 醇乎醇者也요 荀與揚은 大醇而小疵니라〖程子曰 韓子論孟子는 甚善하니 非見得孟子意면 亦道不到라 其論荀揚則非也니 荀子는 極偏駁하니 只一句性惡에 大本已失이요 揚子는 雖少過나 然亦不識性하니 更說甚(삼)道리오〗

또 말하였다. "孟子는 순수하고 순수한 자이고, 荀子와 揚子는 크게는 순수하나 약간의 瑕

신의 동문들을 '樂正子', '屋廬子'로 호칭할 수 있다고 하였으며, 임금의 시호를 쓴 문제에 대해서는, "孟子가 죽은 후에 책이 門人들에 의해 敍正되었기 때문에 제후왕 들에게 모두 王의 시호를 썼다." 하였다.

··· 堯 요임금 요 舜 순임금 순 禹 하우씨 우 揚 날릴 양 擇 가릴 택 蹈 밟을 도 襲 인습할 습 鑿 뚫을 착
醇 순전할 순 疵 병자 偏 치우칠 편 駁 잡될 박 甚 무엇 삼

疵(병폐)가 있다.”〖程子가 말씀하였다. “韓子가 孟子를 논한 것이 매우 좋다. 孟子의 뜻을 見得하지 못하였다면 또한 이렇게 말씀하지 못하였을 것이다. 그러나 荀子와 揚子를 논한 것은 잘못되었다. 荀子는 지극히 편벽되고 잡박하니, 다만 性惡이라는 한 句에 큰 근본이 이미 상실되었고, 揚子는 비록 過誤가 적으나 또한 性을 알지 못하였으니, 다시 무엇을 말할 것이 있겠는가.〗

又曰 孔子之道 大而能博하니 門弟子不能徧觀而盡識也라 故로 學焉에 而皆得其性之所近이러니 其後離散하여 分處諸侯之國할새 又各以其所能으로 授弟子하니 源遠而末益分이라 惟孟軻師子思而子思之學이 出於曾子하니 自孔子沒로 獨孟軻氏之傳이 得其宗이라 故로 求觀聖人之道者는 必自孟子始니라〖程子曰 孔子言參也魯[6]라 然이나 顏子沒後에 終得聖人之道者는 曾子也라 觀其啓手足時之言[7]하면 可以見矣니 所傳者는 子思孟子 皆其學也니라〗

또 말하였다. “孔子의 道가 크고도 넓으니, 門下의 弟子들이 두루 보고 다 알지 못하였다. 그러므로 배움에 모두 그 성질(소질)에 가까운 바를 얻었는데, 그후 離散하여 諸侯의 나라에 나누어 거처하면서 또 각각 자신이 능한 것을 가지고 弟子들에게 전수해 주니, 根源이 멀어짐에 끝이 더욱 나누어졌다. 오직 孟軻는 子思를 師事하였는데, 子思의 學問은 曾子에게서 나왔으니, 孔子가 별세한 뒤로는 유독 孟軻氏의 전함이 그 宗統을 얻었다. 그러므로 聖人(孔子)의 道를 관찰하고자 하는 자는 반드시 《孟子》로부터 시작하여야 한다.”〖程子가 말씀하였다. “孔子께서 ‘參(曾子)은 노둔하다.’고 말씀하셨다. 그러나 顏子가 별세한 뒤에 마침내 聖人의 道를 얻은 것은 曾子이다. 별세할 적에 弟子들로 하여금 이불을 걷어 자신의 손과 발을 보게 한 말씀을 보면 이것을 알 수 있다. 曾子가 전한 것은 子思와 孟子가 모두 그 학문이다.〗

又曰 揚子雲曰 古者에 楊墨塞(색)路어늘 孟子辭而闢之廓如也라하니 夫楊墨行이면

---

6 孔子言參也魯:參은 曾子의 이름으로 《論語》〈先進〉 17장에 “柴(高柴)는 어리석고 參은 노둔하다.〔柴也愚 參也魯〕”라고 한 孔子의 말씀이 보인다.

7 觀其啓手足時之言:《論語》〈泰伯〉 3장에 曾子가 병환이 위독하시자, 門下의 弟子들을 불러 “〈이불을 헤쳐〉 나의 발과 손을 보아라. 《詩經》에 이르기를 ‘戰戰하고 兢兢하여 깊은 못에 임한 듯이 하고 얇은 얼음을 밟는 듯이 하라.’ 하였으니, 이제야 나는 〈이 몸을 훼상할까 하는 근심에서〉 면한 것을 알겠노라.〔啓予足 啓予手 詩云 戰戰兢兢 如臨深淵 如履薄冰 而今而後 吾知免夫〕”한 말씀을 가리킨 것이다.

··· 博 넓을 박 徧 두루 변(편) 離 떠날 리 散 흩을 산 侯 제후 후, 임금 후 授 줄 수 曾 일찍 증 沒 죽을 몰
參 참예할 참, 석 삼 啓 열 계 塞 막을 색 闢 물리칠 벽 廓 넓힐 곽

正道廢하나니 孟子雖賢聖이나 不得位하여 空言無施하니 雖切何補리오 然이나 賴其言하여 而今之學者 尙知宗孔氏, 崇仁義, 貴王賤霸而已요 其大經大法은 皆亡滅而不救하고 壞爛而不收하니 所謂存十一於千百[8]이니 安在其能廓如也리오 然이나 向無孟氏면 則皆服左衽而言侏離[9]矣리라 故로 愈嘗推尊孟氏하여 以爲功不在禹下者는 爲此也니라

또 말하였다. "揚子雲(揚雄)이 말하기를 '옛날에 楊朱·墨翟이 正道를 막았는데, 孟子께서 말씀하여 물리쳐서 훤하게 열어놓았다.' 하였다. 楊朱·墨翟의 道가 행해지면 正道가 폐해진다. 孟子가 비록 賢聖이었으나 지위를 얻지 못해서 빈 말씀뿐이었고 시행함이 없었으니, 비록 간절한들 무슨 보탬이 있었겠는가. 그러나 그 말씀을 힘입어서 지금의 배우는 자들이 아직도 孔氏를 宗主로 삼고 仁義를 높이며, 王道를 귀하게 여기고 霸道를 천히 여길 줄을 알고 있다. 〈그러나〉 이 뿐이요, 그 大經大法은 모두 없어져 구원하지 못하고 파괴되어 수습하지 못하였으니, 이른바 千과 百에 十과 一이 남아 있다는 것이니, '훤하게 열어놓았다.'는 것이 어디에 있는가. 그러나 지난번에 孟氏가 없었더라면 우리들은 다 왼쪽으로 옷깃을 하는〔左衽〕 오랑캐 옷을 입고 오랑캐 말을 하였을 것이다. 그러므로 내 일찍이 孟子를 추존하여 공로가 禹王의 아래에 있지 않다고 말한 것은 이 때문이다."

或問於程子曰 孟子를 還可謂聖人否잇가 程子曰 未敢便道他是聖人이라 然이나 學已到至〔聖〕處니라【愚按 至字는 恐當作聖字라】
程子又曰 孟子有功於聖門을 不可勝言이라 仲尼는 只說一箇仁字어시늘 孟子는 開口便說仁義하시고 仲尼는 只說一箇志어시늘 孟子는 便說許多養氣出來하시니 只此二字 其功이 甚多니라
又曰 孟子有大功於世는 以其言性善也니라
又曰 孟子性善養氣之論은 皆前聖所未發[10]이니라

---

8 存十一於千百:千 중에 十이 남아 있고 百 중에 一이 남아 있음을 뜻한다.

9 侏離:말뜻이 통하지 않는 오랑캐의 언어를 가리킨다.

10 孟子性善養氣之論 皆前聖所未發:慶源輔氏(輔廣)는 "〈孟子는〉 性이 善함을 말씀하여 자질이 아름다운 자로 하여금 이 말씀을 들으면 반드시 그 本然을 회복하여 善을 확충하려 하고, 자질이 아름답지 못한 자가 이 말씀을 들으면 또한 스스로 경계할 바를 알아 惡에 흐르지 않으며, 浩然之氣를 기름을 말씀하여 기질의 剛과 柔가 똑같지 않은 자로 하여금 道義에 용맹하게 분발하여 나약하고 겁먹는

••• 廢 폐할 폐 賴 힘입을 뢰 霸 으뜸 패 壞 무너질 괴 爛 문드러질 란 安 어찌 안 向 지난번 향 衽 옷깃 임
侏 난장이 주 離 떠날 리 愈 나을 유,사람이름(韓愈) 유 嘗 일찍 상 程 노정 정 還 다시 환 便 문득 변,곧 변
道 말할 노 志 뜻 지

又曰 學者全要識時니 若不識時면 不足以言學이라 顏子陋巷自樂은 以有孔子在焉이라 若孟子之時엔 世旣無人하니 安可不以道自任이리오

或者가 程子(伊川)에게 묻기를 "孟子 또한 聖人이라고 이를 수 있습니까?" 하자, 程子가 말씀하였다. "감히 이 분이 곧 聖人이라고 말할 수는 없으나 학문이 이미 聖人의 경지에 이르셨다."〖내(朱子)가 살펴보건대 '至'字는 마땅히 聖字가 되어야 할 듯하다.〗

程子(伊川)가 또 말씀하였다. "孟子가 聖門에 공로가 있음을 이루 다 말할 수 없다. 仲尼는 다만 하나의 仁字만을 말씀하셨는데 孟子는 입을 여시면 곧 仁義를 말씀하셨으며, 仲尼는 다만 하나의 志만을 말씀하셨는데 孟子는 곧 허다한 養氣를 말씀하셨으니, 다만 이 〈義와 氣〉 두 글자가 그 공로가 매우 크다."

〈程子가〉 또 말씀하였다. "孟子가 세상에 큰 공로가 있는 것은 性善을 말씀하셨기 때문이다."

〈程子가〉 또 말씀하였다. "孟子의 性善과 養氣에 대한 의논은 모두 이전의 聖人들이 미처 發明하지 못하신 것이다."

〈程子가〉 또 말씀하였다. "배우는 자들은 온전히 때를 알아야 하니, 만일 때를 알지 못한다면 학문을 말할 수 없다. 顏子가 누추한 골목에서 스스로 즐긴 것은 孔子가 계셨기 때문이다. 孟子 때로 말하면 세상에 이미 그러한 사람이 없었으니, 어찌 道로써 自任하지 않을 수 있었겠는가?"

又曰 孟子는 有些英氣하시니 才(纔)有英氣면 便有圭角이니 英氣甚害事[11]라 如顏子便渾厚不同하시니 顏子는 去聖人只毫髮間이요 孟子는 大賢이니 亞聖之次也니라 或曰 英氣見(현)於甚(삼)處잇가 曰 但以孔子之言比之하면 便可見이라 且如冰與水精이 非不光이로되 比之玉하면 自是有溫潤含蓄氣象이요 無許多光耀也니라

병폐가 없게 하였다. 이는 모두 夫子(孔子)께서 발명하지 못하신 것을 발명하여 그 공로의 많음이 여기에 있으니, 이 때문에 세상에 큰 공로가 있는 것이다.〔言性善 使資質美者聞之 必求復其本然而充其善 資質不美者聞之 亦知所自警而不流於惡 言養氣 使氣質剛柔不齊者 勇猛奮發於道義 而無巽懦怯弱之弊 皆發夫子所未發 其功多蓋在此 此所以有大功於世也〕하였다.

11 英氣甚害事:新安陳氏(陳櫟)는 "英氣가 일에 매우 해롭다는 것은 賢者에게 완비함을 책망한 말씀이다.〔英氣甚害事 蓋責賢者備之辭〕" 하였다. '責賢者備'는 '賢者責備'로도 표기하는바, 賢者에게 聖人처럼 完備하기를 요구함을 이른다. 예를 들어 孟子에게 英氣가 있음은 큰 잘못이 아니요 단지 孔子나 顏子처럼 渾厚하지 못함을 지적했을 뿐인 것이다.

··· 要 하고자할요 陋 누추할루 巷 골목길항 安 어찌안 些 작을사 才 겨우 재(纔同) 圭 모서리규 角 모서리 각 渾 온전할혼 毫 터럭호 亞 버금아 甚 무엇삼, 심할심 冰 얼음빙 潤 윤택할윤 含 머금을함 蓄 쌓을축 耀 빛날요

〈程子(伊川)가〉 또 말씀하였다. "孟子는 英氣가 있었으니, 조금이라도 英氣가 있으면 곧 圭角이 있으니, 英氣는 매우 일에 해롭다. 顔子는 渾厚하여 이와 같지 않으시니, 顔子는 聖人(孔子)과의 거리가 다만 털끝 만한 사이였고, 孟子는 大賢이니 亞聖의 다음이시다." 혹자가 묻기를 "英氣가 어느 곳에 나타납니까?" 하니, 〈程子가〉 대답하였다. "다만 孔子의 말씀을 가지고 비교하면 곧 볼 수 있다. 또 예컨대 얼음과 水精이 광채가 나지 않는 것은 아니지만 이것을 玉에 비교하면 玉은 자연히 따뜻하고 윤택하고 함축한 氣象이 있고 허다한 광채가 없는 것과 같다."

楊氏曰 孟子一書는 只是要正人心이니 敎人存心養性하여 收其放心이라 至論仁義禮智하여는 則以惻隱羞惡辭讓是非之心으로 爲之端하시고 論邪說之害하여는 則曰 生於其心하여 害於其政이라하시고 論事君하여는 則曰 格君心之非니 一正君而國定이라하사 千變萬化[12] 只說從心上來라 人能正心이면 則事無足爲者矣라 大學之修身, 齊家, 治國, 平天下는 其本이 只是正心誠意而已니 心得其正然後에 知性之善이라 故로 孟子遇人에 便道性善[13]이어시늘 歐陽永叔은 却言 聖人之敎人에 性非所先이라하니 可謂誤矣로다 人性上엔 不可添一物이니 堯舜所以爲萬世法은 亦是率性

---

12 千變萬化:천만 가지 變化로 곧 聖人의 千言萬語(천만 가지 말씀)를 가리킨 것이다.

13 孟子遇人 便道性善:壺山은 이 〈序說〉에 대하여 다음과 같이 밝히고 있다. "살펴보건대 이 〈序說〉은 《論語》의 〈序說〉과 똑같으니, 처음에는 《史記》〈列傳〉을 인용하여 孟子의 평생 出處를 표현하였고, 다음에는 韓子·程子·楊氏의 말씀을 인용하여 《孟子》 책을 읽는 법을 구비하였는데, 오직 '性善' 두 글자가 바로 《孟子》 7편의 綱領으로서 萬世에 학문하는 宗旨이다. 그러므로 〈序說〉의 끝에 특별히 중점을 돌려 말씀하였다. 그리하여 먼저 程子의 말씀을 취하여 綱領을 만들어 제시하고, 다시 楊氏의 설을 취하여 條目을 만들어 자세히 밝혔고, 〈滕文公〉首章의 註에 이르러서는 또다시 총괄하여 말씀하기를 "묵묵히 알고 사방으로 통하면 7편의 가운데가 이(性善) 이치 아닌 것이 없다."라고 하였으니, 그 丁寧한 뜻을 알 수 있다. 그렇다면 7편을 다 읽고도 '人性之善' 네 글자에 실제로 보고 실제로 얻음이 있지 못하다면 이는 일찍이 읽지 않은 것과 똑같은 것이니, 끝내 또한 무슨 방법으로 스스로 저 橫生하는 無知한 禽獸와 다르겠는가.〔按此序說 一如論語之序說 始引列傳 以著其平生出處 次引韓程楊三子 以備其讀法 惟是性善二字 是七篇之綱領而萬世爲學之宗旨 故序說之末 特歸重言之 先取程子說 爲綱而挈之 復取楊氏說 爲目而詳之 至滕文公首章註 又總括之曰 默識而旁通之 則七篇之中 無非此理 其丁寧之意 有可知也 然則讀了七篇 而未能於人性之善四字上 有實見實得 則是與不曾讀同焉 終亦何由而自別於彼橫生之蠢然者乎〕"
橫生은 옆으로(가로로) 걸어가며 사는 것으로 禽獸를 가리킨다. 性理說에 "사람은 바르고 통한 기운을 얻고 태어나서 일어서면 위의 머리는 하늘을 형상하고 가슴은 宇宙를 형상하고 아래의 발은 땅을 형상한다. 그러나 禽獸와 草木은 편벽되고 막힌 기운을 얻고 태어나서 禽獸는 橫生을 하고 草木은 뿌리가 아래에 있고 끝이 위에 있어 倒生(거꾸로 자람)한다."라고 한다.

••• 放 놓을 방 惻 슬플 측 隱 불쌍할 은 羞 부끄러울 수 惡 미워할 오 端 단서 단 格 바로잡을 격
非 그를 비, 나쁠 비 齊 가지런할 제 道 말할 도 歐 성구 誤 그르칠 오 添 더할 첨 率 따를 솔

而已니 所謂率性은 循天理 是也라 外邊에 用計用數하면 假饒立得功業이라도 只是
人欲之私니 與聖賢作處[14]로 天地懸隔이니라

楊氏(楊時)가 말하였다. "《孟子》한 책은 다만 사람의 마음을 바로잡고자 하셨으니, 사람
들로 하여금 마음을 보존하고 性을 길러 그 放心을 거두려고 하였다. 仁·義·禮·智를 논
함에 있어서는 惻隱·羞惡·辭讓·是非의 마음으로써 그 端緖를 삼으셨고, 부정한 학설의
폐해를 논함에 있어서는 '그 마음에 생겨나서 그 政事에 해를 끼친다.' 하셨고, 君主를 섬
김을 논함에 있어서는 '君主의 마음의 그릇됨(나쁨)을 바로잡아야 하니, 한 번 君主의 마음
을 바로잡으면 나라가 정해진다.' 하시어, 천만 가지 변화를 다만 마음으로부터 말씀하였다.
사람이 마음을 바로잡으면 일은 족히 할 것이 없다. 《大學》의 修身·齊家·治國·平天下
는 그 근본이 다만 마음을 바루고 뜻을 성실히 하는 것일 뿐이니, 마음이 그 바름을 얻은 뒤
에야 性의 善함을 알 수 있다. 그러므로 孟子께서 사람을 만나면 곧 性善을 말씀하신 것이
다.

그런데 歐陽永叔(歐陽脩)은 '聖人이 사람을 가르침에 性은 먼저 한 것이 아니다.'라고 말
하였으니, 이것은 잘못되었다고 이를 만하다. 人性의 위에는 한 가지 일도 더할 수가 없으
니, 堯·舜이 萬世의 法이 되심도 또한 이 本性을 따르셨을 뿐이다. 이른바 本性을 따른다
는 것은 天理를 따르는 것이 이것이다. 이외에 計策을 쓰고 術數를 쓰면 假饒(假使) 功業
을 세운다 하더라도 이것은 다만 人慾의 私일 뿐이니, 聖賢이 하시는 것과는 하늘과 땅처
럼 현격한 차이가 있는 것이다."

---

14 聖賢作處: '作處'는 壺山은 作用하는 곳으로 해석하였는바, 作用은 곧 作爲로 '聖賢이 일하는 것'을
    말한다.

··· 循 따를 순 邊 가변 假 가령 가 饒 설령 요 懸 매달 현 隔 막힐 격

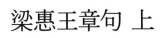

梁惠王章句 上

集註 | 凡七章이라

모두 7章이다.

|孟子見梁惠王章(亦有仁義章)|

1-1. 孟子見梁惠王하신대

孟子께서 梁 惠王을 만나보셨는데,

集註 | 梁惠王은 魏侯罃(앵)也니 都大梁[1]하고 僭稱王하고 謐曰惠라 史記惠王三十五年[2]에 卑禮厚幣하여 以招賢者할새 而孟軻至梁이라하니라

---

1   梁惠王……都大梁:趙氏(趙順孫)는 "살펴보건대 魏나라가 처음 安邑에 도읍하였으니 漢나라의 河東郡 安邑縣에 있었고, 惠王에 이르러 〈도읍을〉 大梁으로 옮기니 漢나라의 陳留郡 浚儀縣에 있었다.〔按魏初都安邑 在漢河東郡安邑縣 至惠王 徙大梁 在漢陳留郡浚儀縣〕" 하였다. 楊伯峻도 梁惠王은 본래 魏나라 惠王인데, 수도를 지금의 開封인 大梁으로 천도하였으므로 '梁 惠王'이라고 부른 것이라고 하였다.

2   史記惠王三十五年:《史記》의 〈六國年表〉에는 惠王 35년 즉 周 顯王 33년(B.C.336)에 孟子가 梁 惠王을 만난 것으로 기록하였으나, 東壁(崔述)은 《洙泗考信錄》에서 惠王 後元 15년(B.C.320)이나 16년일 것으로 추정하였다. 자세한 내용은 아래 5-1절의 주석 참조. 狄子奇의 《孟子編年》과 錢穆의 《先秦諸子繫年》에는 後元 15년으로 보았다.

… 孟 맏 맹 梁 나라이름 량 魏 나라이름 위 侯 제후 후 罃 병 앵 僭 참람할 참 謐 시호 시 幣 비단 폐 招 부를 초 軻 수레 가

梁 惠王은 魏나라 侯인 罃이다. 大梁에 도읍하고 王을 僭稱(참람하게 칭함)하였으며, 시호가 惠이다. 《史記》〈魏世家〉에 "惠王 35年에 禮를 낮추고(겸손하게 禮를 갖추고) 폐백을 厚히 하여 賢者를 초청하자, 孟軻가 梁땅에 이르렀다." 하였다.

1-2. 王曰 叟不遠千里而來하시니 亦將有以利吾國乎잇가

王이 말씀하였다. "老人께서 千里를 멀다 여기지 않고 오셨으니, 또한 장차 내 나라를 이롭게 함이 있겠습니까?"

按說 | '亦將有以利吾國乎'에 대하여, 壺山은

위에서 받은 일이 없는데도 '亦'字를 말한 것은 그 뜻이 아마도 이 몇 사람(商鞅·吳起·孫臏·田忌)을 가지고 孟子에게 바란 듯하다. 이때 列國이 오직 富國强兵을 힘써서 말할 때마다 반드시 富國强兵을 일컬었으니, 비록 말하지 않았으나 말한 것과 같다. 이 '亦'字는 그 말하지 않은 뜻을 이은 것이다.〔上無所承之事 而言亦字者 其意蓋以此數子望於孟子耳 時列國惟富强是務 言必稱之 雖不言 猶言也 此亦字 所以承其不言之意也〕

라고 하였다. 본인의 생각에도 이때 孟子와 함께 초청된 자들이 이미 모두 富國强兵을 말하였으므로 '老人께서도'의 뜻으로 '亦'을 놓은 것이라 여겨진다.

集註 | 叟는 長老之稱이라 王所謂利는 蓋富國彊兵之類라

'叟'는 長老의 칭호이다. 惠王이 말한 '利'는 나라를 부유하게 하고 군대를 강하게 하는 따위이다.

1-3. 孟子對曰 王은 何必曰利잇고 亦有仁義而已矣니이다

孟子께서 대답하셨다. "王께서는 하필 利를 말씀하십니까? 또한 仁義가 있을 뿐입니다.

··· 叟 늙은이 수 稱 일컬을 칭 彊 강할 강(强通)

集註 ┃ 仁者는 心之德이요 愛之理[3]며 義者는 心之制요 事之宜也라 此二句는 乃一章之大指니 下文에 乃詳言之하시니 後多放(倣)此하니라

'仁'이란 마음의 德이요 사랑의 원리이며, '義'란 마음의 제재요 일의 마땅함이다. 이 두 句는 바로 이 한 章의 大指인데, 아랫글에 비로소 상세히 말씀하였으니, 뒤에도 이와 같은 것이 많다.

1-4. 王曰 何以利吾國고하시면 大夫曰 何以利吾家오하며 士庶人曰 何以利吾身고하여 上下交征利면 而國이 危矣리이다 萬乘之國에 弑其君者는 必千乘之家요 千乘之國에 弑其君者는 必百乘之家니 萬取千焉하며 千取百焉이 不爲不多矣언마는 苟爲後義而先利면 不奪하여는 不饜이니이다

王께서 '어떻게 하면 내 나라를 이롭게 할까' 하시면 大夫들은 '어떻게 하면 내 집안을 이롭게 할까' 하며, 士와 庶人들은 '어떻게 하면 내 몸을 이롭게 할까' 하여, 윗사람과 아랫사람이 서로 利를 취한다면 나라가 위태로울 것입니다. 萬乘의 나라에 그 君主를 시해하는 자는 반드시 千乘을 가진 公卿의 집안이요, 千乘의 나라에 그 군주를 시해하는 자는 반드시 百乘을 가진 大夫의 집안이니, 萬乘에서 千乘을 취하며 千乘에서 百乘을 취함이 많지 않은 것이 아닌데도 만일 義를 뒤에 하고 利를 먼저 한다면 〈모두〉 빼앗지 않으면 만족해하지 않습니다.

按説 ┃ 萬乘之國에 대하여, 아래 《集註》에 '萬乘之國'은 천자의 땅으로 方千里이고,

---

3 仁者……愛之理:《論語》〈學而〉 2장의 "孝와 弟는 아마도 仁을 행하는 근본일 것이다.〔孝弟也者 其爲仁之本與〕" 한 것의 《集註》에는 "仁者 愛之理 心之德也"라고 하여 이곳의 주석과 순서가 다르다. 이에 대하여 諸葛氏(諸葛泰)는 "《論語》의 '爲仁'은 '仁을 행한다'는 말과 같으니, 仁의 用을 가지고 말하였으므로 《集註》에 사랑하는 이치를 먼저 말하였고, 《孟子》의 이 章은 仁의 體를 가지고 말하였으므로 《集註》에 마음의 德을 먼저 말하였다.〔語之爲仁 猶曰行仁 以仁之用言 故集註先言愛之理 孟子此章 以仁之體言 故集註先言心之德〕" 하였다.

••• 指 뜻 지 詳 자세할 상 倣 같을 방 交 서로 교 征 취할 정 利 이로울 리 危 위태할 위 乘 수레 승 弑 시해할 시
    苟 만일 구 奪 빼앗을 탈 饜 만족할 염

'千乘'은 天子의 公卿의 采地나 諸侯의 나라로 方百里라고 하였으니, 나오는 수레의 수가 萬乘과 千乘의 차이라면 땅의 넓이가 10배 차이여야 하므로, 方을 넓이의 개념으로 보고 말한 것이다. 아래 〈萬章下〉 2장에도

> 天子의 제도는 땅이 方千里요 公과 侯는 모두 方百里요 伯은 70리요 子와 男은 50리이다.〔天子之制 地方千里 公侯皆方百里 伯七十里 子男五十里〕

하여 方을 넓이로 보았다.

반면, 《禮記》〈王制〉에는

> 무릇 四海의 안이 9州이니, 9州는 州마다 사방 천 리이다. 州에는 100리의 나라 30개와 70리의 나라 60개와 50리의 나라 120개를 세워 모두 210개국이다. 유명한 산과 큰 냇물은 봉해 주지 않으며, 그 나머지는 閒田과 附庸으로 삼았다.〔凡四海之內 九州 州方千里 州建百里之國三十 七十里之國六十 五十里之國百有二十 凡二百一十國 名山大澤 不以封 其餘以爲附庸閒田〕

라고 하여 方을 길이로 보았고, 朱子도 《詩經集傳》〈魯頌 閟宮〉에서

> 千乘의 땅은 316里가 조금 넘는다.〔千乘之地 則三百十六里有奇也〕

하여 方을 한 변의 길이로 보았으며, 壺山은 《詩經集傳》〈魯頌 閟宮〉의 말을 인용하여

> 《詩經集傳》〈魯頌 閟宮〉에 '方316里가 조금 넘는다'고 말한 것이 定論이 되니, 《孟子》의 이 註는 우연히 잘못 살펴 헤아린 듯하다.〔詩閟宮集傳 作方三百十六里有奇者 爲定論 此註恐偶失照檢〕

하여, 方을 길이로 보아야 함을 주장하였다. 또한 《漢書》〈刑法志〉에도 方1里를 井이라 하고 方百里를 百乘之家, 方316里를 千乘之國, 方千里를 萬乘이라고 하여 한 변의 길이로 方을 말하였다. 이에 따르면, 100×100＝1만, 316×316≒10만, 1000×1000＝100만이므로 百乘, 千乘, 萬乘이 각각 10배 차이가 된다.

朱子는 '萬乘之國'을 天子의 나라로 보았으나, 茶山은 '萬乘之國'을 春秋戰國의 큰 나라로 보았다. 茶山은 "《集註》의 '方千里에서 萬乘이 나오고 方百里에서 千乘이 나온다.' 한 것은 통할 수 없다." 하고, 《漢書》〈刑法志〉에 '方百里에서 百乘이 나오고 方千里에서 萬乘이 나온다"는 說을 취하였다. 또, 〈梁惠王下〉 10장에 '燕과 齊를 萬乘之

國'이라 한 것과 아래 7장에 "海內의 땅이 方千里 되는 것이 아홉인데, 齊나라가 전체를 모음에 그 하나를 소유하였다.〔海內之地 方千里者九 齊集有其一〕"라고 한 것을 들어 朱子의 說은 이 책의 用例에 맞지 않는 것으로 보았다. 그리하여 茶山은

> 晉나라는 본래 萬乘之國이었고 韓·魏·趙는 모두 千乘之家였는데 三家가 끝내 篡逆을 하였다. 孟子의 이 말씀은 은근히 梁 惠王을 핍박하여 惠王 자신의 집안일에서 취하여 경계를 삼기를 청한 것이지, 아득한 先古의 제도에 의거하여 말씀한 것은 아니다.……孟子는 으레 春秋戰國의 참람한 법으로 萬乘을 논하였다.〔晉本萬乘之國 韓魏趙皆千乘之家 而三家竟爲篡逆 孟子此語 隱隱捄逼梁王 請取自己家事 以作殷鑑 非據蒼蒼先古之 制而言之者……孟子例以春秋戰國僭亂之法論萬乘〕

라고 하였다.

그러나 朱子의 《集註》는 周나라 制度의 일반적인 것을 말씀했을 뿐이요 강대국이 약소국을 병탄한 戰國時代를 기준한 것이 아니다. 茶山의 '은근히 惠王을 핍박하였다'는 주장도 의심이 없지 못하다. 孟子 당시 魏나라는 이미 魏斯가 天子인 周나라 威烈王으로부터 공식적으로 제후에 봉해진 지 이미 3대가 되었는데, 孟子가 처음 惠王을 만난 자리에서 대뜸 이 문제를 거론하지는 않았을 것이다. 그리고 《禮記》〈王制〉의 내용은 더더욱 신빙하기 어려우니, '9州가 州마다 사방 千里이고 州마다 210개의 제후국을 봉했다'는 말은 이해할 수 없는 이야기이다. 州를 나눌 적에는 반드시 山川의 경계를 따라 大小의 차이가 있고 田地도 多少의 차이가 있게 마련이어서 일률로 정할 수 없는 것이니, 이 문제는 미결의 문제로 남겨둘 수밖에 없다.

한편 楊伯峻은 "劉向이 지은 《戰國策》의 序에 '전국시대 후기에 萬乘之國이 일곱이고 千乘之國이 다섯이었다.' 하였으니, 韓·趙·魏(梁)·燕·齊·楚·秦 일곱 나라가 萬乘이고 宋·衛·中山·東周·西周가 千乘이다." 하였고, 《周禮》〈夏官司馬 大司馬〉의 鄭玄의 註에 "'家'는 采地를 식읍으로 받은 자(공경대부)의 신하를 이른다.〔家謂食采地者之臣也〕" 한 것을 들어

> 封邑을 采地라고도 부르는데 이러한 封邑을 소유한 大夫를 '家'라고 부른다. 封邑이 있으면 당연히 兵車도 있었다. 公卿의 封邑은 커서 兵車 千乘을 낼 수 있었고 大夫의 封邑은 작아서 兵車 百乘을 낼 수 있었다.

하였다. 참고를 위해 《大全》에 실려 있는 《前漢書》〈刑法志〉를 편 끝에 번역, 수록하였다.

集註 | 此는 言 求利之害하여 以明上文何必曰利之意也라 征은 取也니 上取乎下하고 下取乎上이라 故로 曰交征이라 國危는 謂將有弑奪之禍라 乘은 車數也라 萬乘之國者는 天子畿內地方千里에 出車萬乘이요 千乘之家者는 天子之公卿采地方百里에 出車千乘也라 千乘之國은 諸侯之國이요 百乘之家는 諸侯之大夫也라 弑는 下殺上也라 饜은 足也라 言 臣之於君에 每十分而取其一分하니 亦已多矣로되 若又以義爲後而以利爲先이면 則不弑其君而盡奪之하여는 其心에 未肯以爲足也라

이것은 利를 구하는 害를 말씀하여, 윗글에 '하필 利를 말씀하십니까.'라고 한 뜻을 밝힌 것이다. '征'은 取함이니, 윗사람은 아랫사람에게서 취하고 아랫사람은 윗사람에게서 취하므로 交征이라고 말한 것이다. '國危'는 장차 君主를 시해하고 찬탈하는 화가 있음을 이른다. '乘'은 수레의 數이다. '萬乘之國'은 天子의 畿內에 땅이 方千里여서 수레(兵車) 萬乘이 나올 수 있는 것이요, '千乘之家'는 天子의 公卿으로 采地가 方百里여서 수레 千乘이 나올 수 있는 것이다. '千乘之國'는 諸侯의 나라이고 '百乘之家'는 諸侯의 大夫이다. '弑'는 아랫사람이 윗사람을 죽이는 것이다. '饜'은 만족함이다. 신하가 군주에 대하여 매양 10分의 1을 취했으니 이것도 이미 많은데, 만일 또 義를 뒤로 하고 利를 우선으로 삼는다면, 군주를 시해하여 다 빼앗지 않고서는 그 마음에 즐겨 만족해하지 않음을 말씀한 것이다.

1-5. 未有仁而遺其親者也며 未有義而後其君者也니이다

仁하고서 그 어버이를 버리는 자는 있지 않으며, 義롭고서 그 군주를 뒤에 하는 자는 있지 않습니다.

集註 | 此는 言 仁義未嘗不利하여 以明上文亦有仁義而已之意也라 遺는 猶棄也요 後는 不急也라 言 仁者는 必愛其親하고 義者는 必急其君이라 故로 人君이 躬行仁義而無求利之心이면 則其下化之하여 自親戴於己也라

이것은 仁義가 일찍이 이롭지 않은 것이 아님을 말씀하여, 윗글의 '또한 仁義가 있을 뿐입니다.'라고 한 뜻을 밝힌 것이다. '遺'는 棄와 같고, '後'는 급하게 여기지 않음이다. 仁한

··· 畿 경기 기, 지경 기 卿 벼슬 경 采 식읍 채 殺 죽일 살 肯 즐길 긍 遺 버릴 유 親 어버이 친 嘗 일찍이 상 猶 같을 유 棄 버릴 기 急 급할 급 躬 몸 궁 戴 떠받들 대

자는 반드시 그 어버이를 사랑하고 義로운 자는 반드시 그 군주를 우선으로 하므로, 人君이 몸소 仁義를 행하고 利를 구하는 마음이 없으면 그 아랫사람들이 교화되어 스스로 자신(君主)을 친애하고 떠받듦을 말씀한 것이다.

1-6. 王은 亦曰仁義而已矣시니 何必曰利잇고

王께서는 또한 仁義를 말씀하실 따름이니, 하필 利를 말씀하십니까?"

集註 | 重言之하여 以結上文兩節之意하시니라

거듭 말씀하여 윗글 두 節의 뜻을 맺으신 것이다.

章下註 | ○ 此章은 言 仁義는 根於人心之固有하니 天理之公也요 利心은 生於物我之相形[4]하니 人欲之私也라 循天理면 則不求利而自無不利하고 徇人欲이면 則求利未得而害已隨之[5]하나니 所謂毫釐之差 千里之繆[6]라 此는 孟子之書 所以造端託始[7]之深意니 學者所宜精察而明辨也니라

---

4 物我之相形:'物'은 남(他人)을 이르며 '形'은 나타나는 것으로, 곧 남과 내가 서로 드러남을 말한 것이다.

5 循天理……害已隨之:慶源輔氏(輔廣)는 "天理를 따르는 자는 위하는 바가 없이 하므로 이익을 구하지 않으나, 자기를 이루고 남을 이루어 주어서 각각 그 마땅함을 얻으므로 자연히 이롭지 않음이 없는 것이다. 人欲을 따르는 자는 위하는 바가 있어 하므로 비록 이로움을 구하나 반드시 얻지는 못한다. 그러나 사람을 해치고 물건을 해롭게 하고 허물을 부르고 화를 취하므로 해로움이 항상 뒤따르는 것이다.〔循天理者 無所爲而爲 故不求利 然成己成物 各得其宜 故自無不利 徇人欲者 有所爲而爲 故雖求利而未必得 然妨人害物 招尤取禍 故害常隨之〕" 하였다. '위하는 바가 없이 한다.〔無所爲而爲之〕'는 것은 아무런 목적이 없이 순수하게 當然한 이치를 따르는 것으로 義를 가리킨다. 南軒 張栻은 義와 利를 분별하여, "위하는 바가 없이 하는 것은 義이고, 위하는 바가 있어서 하는 것은 利이다.〔無所爲而爲之者 義也 有所爲而爲之者 利也〕" 하였는데,《近思錄集註 卷7》), 朱子는 이 말씀을 극구 칭찬하여 자주 인용하였다.

6 毫釐之差 千里之繆:처음의 작은 잘못이 결과적으로 엄청난 차이를 초래한다는 뜻으로 처음에 잘해야 함을 강조한 말이다.《禮記》〈經解〉에《易》을 인용하여 "君子는 처음을 삼가니, 毫釐와 같은 차이가 千里나 어긋난다.〔君子愼始 差若豪氂(毫釐) 繆以千里〕" 하였다. '毫釐'는 극소수의 單位로, 누에가 실을 토한 것을 '忽'이라 하고 10忽을 '絲'라 하고 10絲를 '毫'라 하고 10毫를 '釐'라 하고 10釐를 '分'이라 한다.

7 造端託始:'造端'은 단서(시작)를 만듦을 이르고 '託始'는 開始와 같은 말로, 모두 시작을 열어놓았다는 뜻인바, 오늘날의 '첫 페이지를 장식했다'는 말과 같다.

••• 形 나타날 형 循 따를 순 徇 따를 순 隨 따를 수 毫 터럭 호 釐 털끝 리 繆 그릇될 류(무) 造 지을 조
端 단서 단, 끝 단 託 의탁할 탁, 붙일 탁 辨 분별할 변

○太史公[8]曰 余讀孟子書라가 至梁惠王問何以利吾國하여는 未嘗不廢書而歎也[9]로라 曰 嗟乎라 利는 誠亂之始也니 夫子罕言利[10]는 常防其源也라 故로 曰 放於利而行이면 多怨[11]이라하시니 自天子로 以至於庶人히 好利之弊 何以異哉리오

程子曰 君子未嘗不欲利언마는 但專以利爲心이면 則有害요 惟仁義則不求利而未嘗不利也라 當是之時하여 天下之人이 惟利是求하고 而不復知有仁義라 故로 孟子言仁義而不言利하시니 所以拔本塞源而救其弊시니 此는 聖賢之心也[12]시니라

○ 이 章은, 仁義는 人心의 固有한 것에서 근원하였으니 天理의 公이요, 利心은 남과 내가 서로 나타남에서 생겼으니 人欲의 私이다. 天理를 따르면 利를 구하지 않아도 저절로 이롭지 않음이 없고, 人欲을 따르면 利를 구하여도 얻지 못하고 害가 이미 따름을 말씀하였으니, 이른바 '毫釐(털끝만함)의 차이가 千里나 어긋난다.'는 것이다. 이것은 孟子가 단서를 만들고 시작을 의탁한 바의 깊은 뜻이니, 배우는 자가 마땅히 정하게 살피고 밝게 분별하여야 할 것이다.

○ 太史公이 말하였다. "내가 《孟子》를 읽다가 梁 惠王이 '어떻게 하면 내 나라를 이롭게 하겠습니까?' 하는 물음에 이르러서는 일찍이 읽던 책을 덮고 탄식하지 않은 적이 없었다. 아, 利는 진실로 亂의 시초이다. 夫子(孔子)께서 利를 드물게 말씀하신 것은 항상 그 亂의 근원을 막으려 하신 것이다. 그러므로 말씀하시기를 '利에 따라 행동하면 원망이 많다.' 하셨으니, 天子로부터 庶人에 이르기까지 利를 좋아하는 폐단이 어찌 다르겠는가."

程子(伊川)가 말씀하였다. "君子가 일찍이 利롭고자 하지 않는 것은 아니나 다만 오로지

---

8   太史公:新安陳氏(陳櫟)는 "司馬談이 太史令이었으므로 아들 遷(司馬遷)이 자기 아버지를 높여 公이라고 칭하였다. 遷이 그 관직을 계승하여 그대로 遷을 太史公이라고 일컬었으니, 西漢의 龍門 사람이다.〔司馬談爲太史令 子遷尊其父 故謂之公 遷繼其職 仍稱太史公 西漢龍門人〕" 하였다. 여기서 말한 太史公은 바로 司馬遷을 가리킨 것이다.

9   未嘗不廢書而歎也:壺山은 "이 아래는 그가 탄식한 말이다. 그러므로 또 '曰'字로 말의 단서를 바꾸었다.〔此下 其所歎之語 故又以曰字更端〕" 하였다.

10 夫子罕言利:이 내용은 《論語》〈子罕〉 1장에 "孔子께서는 利와 命과 仁을 드물게 말씀하셨다.〔子罕言利與命與仁〕"라고 보인다.

11 放於利而行 多怨:《論語》〈里仁〉 12장에 보이는 孔子의 말씀으로, '放'은 '依(따름)'의 뜻이다.

12 孟子言仁義……聖賢之心也:新安陳氏(陳櫟)는 《孟子》 한 책은 人欲을 막고 天理를 보전하는 것을 위주로 하니, '하필 利를 말씀하십니까?' 한 것은 人欲을 막은 것이요, '또한 仁義가 있을 뿐입니다.' 한 것은 天理를 보존한 것이다. 이로부터 이후로 '遏人慾 存天理' 이 여섯 글자를 가지고 章의 뜻을 꿰뚫을 수 없는 것이 적다.〔孟子一書 以遏人欲存天理爲主 何必曰利 遏人欲也 亦有仁義 存天理也 自此以後 鮮有不可以此六字 該貫章旨者〕" 하였다.

···   余 나여 歎 탄식할탄 誠 진실로성 罕 드물한 放 의지할방 庶 많을 서, 서인 서 弊 폐단폐 復 다시부
      拔 뽑을 발 塞 막을색 救 바로잡을 구

利를 마음으로 삼으면 害가 있고, 仁義를 따르면 利를 구하지 않아도 일찍이 이롭지 않음이 없는 것이다. 이때를 당하여 天下 사람들이 오직 利만을 추구하고 다시 仁義가 있음을 알지 못하였다. 그러므로 孟子께서 仁義를 말씀하시고 利를 말씀하지 않았으니, 〈亂의〉뿌리를 뽑고 근원을 막아서 그 폐단을 바로잡으신 것이니, 이는 聖賢의 마음이시다."

|立於沼上章(與民偕樂章)|

2-1. 孟子見梁惠王하신대 王이 立於沼上이러니 顧鴻雁麋鹿曰 賢者도 亦樂(락)此乎잇가

孟子께서 梁 惠王을 만나보실 적에 王이 못가에 있었는데, 鴻雁과 麋鹿을 돌아보고 말씀하였다. "賢者도 또한 이것을 즐거워합니까?"

集註 | 沼는 池也라 鴻은 雁之大者요 麋는 鹿之大者라

'沼'는 못이다. '鴻'은 기러기 중에 큰 것이요, '麋'는 사슴 중에 큰 것이다.

2-2. 孟子對曰 賢者而後에 樂此니 不賢者는 雖有此나 不樂也니이다

孟子께서 대답하셨다. "賢者인 뒤에야 이것을 즐거워할 수 있으니, 어질지 못한 자는 비록 이것을 가지고 있더라도 즐거워하지 못합니다.

集註 | 此는 一章之大指[13]라

이것은 한 章의 大指이다.

2-3. 詩云 經始靈臺하여 經之營之하시니 庶民攻之라 不日成之로다 經

---

13 此 一章之大指:新安陳氏(陳櫟)는 "大指를 앞에 게시하고 뒤에서 분별하여 열고 照應하였으니, 이는 《孟子》의 여러 章의 준례이다. 맨 처음의 章과 이 章이 모두 이와 같다. 이 뒤로는 마땅히 이 法例로 보아야 하니, 하나하나 제시하지 않는다.〔揭大指於前 而分開照應於後 此孟子諸章例也 首章及此章 皆如此 此後 當以此法觀之 不一一提掇〕"하였다.

··· 沼 못소 顧 돌아볼고 鴻 큰기러기홍 雁 기러기안 麋 큰사슴미 鹿 사슴록 池 못지 經 헤아릴경
靈 영특할령 臺 집대 營 도모할영 攻 다스릴공

始勿亟(극)하시나 庶民子來로다 王在靈囿하시니 麀鹿攸伏이로다 麀鹿濯
濯이어늘 白鳥鶴鶴이로다 王在靈沼하시니 於(오)牣魚躍이라하니 文王이 以
民力爲臺爲沼하시나 而民이 歡樂之하여 謂其臺曰靈臺라하고 謂其沼曰
靈沼라하여 樂其有麋鹿魚鼈하니 古之人이 與民偕樂이라 故로 能樂也니
이다

《詩經》에 이르기를 '靈臺를 처음으로 經營하여 이것을 헤아리고 도모하시니, 庶民
들이 와서 일하는지라 〈일을 시작하여〉 하루가 못되어 완성하였도다. 經始하기를 급히
하지 말라고 경계하셨으나 庶民들은 아들이 아버지 일에 달려오듯이 하는도다. 王이
靈囿에 계시니, 사슴들이 그 곳에 가만히 엎드려 있도다. 사슴들은 濯濯하거늘 백조는
鶴鶴하도다. 王이 靈沼에 계시니, 아!〈연못에〉 가득히 물고기들이 뛰노는도다.' 하였
으니, 文王이 백성의 힘을 이용하여 臺를 만들고 沼를 만들었으나, 백성들이 이것을 즐
거워하여 臺를 일러 靈臺라 하고 沼를 일러 靈沼라 하여, 그(文王)가 麋鹿과 고기와
자라를 소유함을 좋아하였습니다. 〈이처럼〉 옛사람들은 백성과 더불어 즐겼기 때문에
능히 즐길 수 있었던 것입니다.

按說 | '經之營之'의 '經'은 처음 계획하는 것이고 '營'은 여기에 필요한 財政과 物資
를 마련함을 이른다.
'麀鹿攸伏'에 대하여 朱子는 《集註》에서

伏은 놀라 움직이지 않는 것이다.〔不驚動也〕

라고 하였으나, 趙岐는

암사슴이 임신하여 그 곳을 편안히 여겨 엎드려 있으면서 놀라 움직이지 않는 것이다.〔麀鹿
懷妊 安其所而伏 不驚動也〕

라고 하였다. 茶山은

'伏(부)'는 去聲으로 읽어야 한다. 새가 알을 품은 것을 伏(孵)라 하고 짐승이 임신한 것도
伏라 한다. '囿(유)'와 '伏(부)'가 叶韻(韻이 맞음)이고 '濯(탁)'과 '鶴(학)'이 叶韻이니, 그 법

··· 亟 빠를 극 囿 동산 유 麀 암사슴 우 攸 배(장소) 유 濯 살찐모양 탁 鶴 흴 학 於 감탄할 오 牣 가득할 인
躍 뛸 약 歡 기뻐할 환 鼈 자라 별 偕 함께 해

이 엄격하다. 趙岐의 註에 굳이 '懷妊'이라고 말한 것은 이것이 암사슴이기 때문이다. 그런
데《集註》에서 '懷妊' 두 글자를 없앴으니,《詩經》에서 암사슴이라고 한 것에 뜻이 없게 되
었다.〔伏當去聲讀 鳥抱卵曰伏 獸懷妊亦曰伏 囿伏叶韻 濯鶴叶韻 其法嚴矣 趙注必
言懷妊 以其牝鹿也 集註去懷妊二字 則詩稱牝鹿無意〕

하였다. 茶山의 說이 옳은 것으로 보인다.

集註 | 此는 引詩而釋之하여 以明賢者而後樂此之意라 詩는 大雅靈臺之篇이라 經
은 量度(탁)也라 靈臺는 文王臺名也[14]라 營은 謀爲也라 攻은 治也라 不日은 不終日
也[15]라 亟은 速也니 言文王戒以勿亟也라 子來는 如子來趨父事也라 靈囿, 靈沼는
臺下有囿[16]하고 囿中有沼也라 麀는 牝鹿也라 伏은 安其所하여 不驚動也라 濯濯은
肥澤貌요 鶴鶴은 潔白貌라 於는 歎美辭라 牣은 滿也라 孟子言 文王이 雖用民力이
나 而民이 反歡樂之하여 旣加以美名하고 而又樂其所有하니 蓋由文王能愛其民이라
故로 民樂其樂하여 而文王亦得以享其樂也라

이것은《詩經》을 인용하고 이를 해석하여, '賢者인 뒤에야 이것을 즐거워할 수 있다.'는 뜻
을 밝힌 것이다. '詩'는 〈大雅 靈臺〉篇이다. '經'은 헤아림이다. '靈臺'는 文王의 臺 이름
이다. '營'은 도모함이다. '攻'은 다스림이다. '不日'은 하루를 마치지 않음이다. '亟'은 速
함이니, 文王이 빨리 하지 말라고 경계함을 말한 것이다. '子來'는 자식이 와서 아버지의
일에 달려오듯이 하는 것이다. '靈囿'와 '靈沼'는 臺 아래에 동산이 있고, 동산 가운데 연못
이 있는 것이다. '麀'는 암사슴이다. '伏'은 그 곳을 편안히 여겨 놀라고 움직이지 않음이다.
'濯濯'은 살찌고 윤택한 모양이요, '鶴鶴'은 깨끗하고 흰 모양이다. '於'는 탄미하는 말이
다. '牣'은 가득함이다.

---

14 靈臺 文王臺名也:《詩經集傳》에 〈大雅 靈臺〉를 해석하면서 "나라에 臺가 있음은 좋고 나쁜 기운(구
름의 기운)을 관망하여 재앙과 상서를 살피고, 때로 구경하고 놀아 수고로움과 편안함을 조절하는 것이
다. 靈이라고 이름한 것은 마치 신령이 만든 것처럼 순식간에 만들어진 것을 말한 것이다.〔國之有臺 所
以望氣祲 察災祥 時觀游 節勞佚也 謂之靈者 言其倏然而成 如神靈所爲也〕"하였다.

15 不日 不終日也:鄭玄은 〈不日은〉 期日을 설정하지 않고 완성한 것이다.〔不設期日而成之〕"하였고《國
語》에서 이 시에 대해 韋昭가 "不日은 日時를 한정하지 않은 것이다.〔不日 不程課以時日也〕"라고 註
하였는데, 茶山은 이 글들을 인용하여 "古註가 모두 같으니 바꿀 수 없다.〔古註皆同 不可易也〕"하였
다.

16 臺下有囿:《大全》에는 "'囿'는 구역을 정하여 새와 짐승을 기르는 곳이다.〔囿 所以域養禽獸〕"하였다.

··· 釋 풀 석 度 헤아릴 탁, 법도 도 速 빠를 속 趨 달릴 추 牝 암컷 빈 驚 놀랄 경 肥 살찔 비 滿 찰 만 享 누릴 향

孟子께서 文王이 비록 백성의 힘을 이용하였으나 백성들이 도리어 이것을 즐거워하여, 이미 아름다운 명칭을 가해 주고 또 그(文王)가 소유한 것을 즐거워하였으니, 이는 文王이 백성을 사랑하였기 때문에 백성들이 그의 즐거워함을 좋아하여 文王 또한 그 즐거움을 누릴 수 있었음을 말씀한 것이다.

2-4. 湯誓에 曰 時日은 害(갈)喪고 予及女(汝)로 偕亡이라하니 民欲與之偕亡이면 雖有臺池鳥獸나 豈能獨樂哉리잇고

〈湯誓〉에 이르기를 '이 해(태양)는 언제나 없어질고. 내 너와 더불어 망하겠다(없어지겠다).' 하였으니, 백성들이 그와 함께 망하고자 한다면 비록 臺池와 鳥獸를 가지고 있은들 어찌 홀로 즐거워할 수 있겠습니까."

集註 | 此는 引書而釋之하여 以明不賢者雖有此不樂之意也라 湯誓는 商書篇名이라 時는 是也라 日은 指夏桀이라 害은 何也라 桀嘗自言 吾有天下는 如天之有日하니 日亡이라야 吾乃亡耳[17]라하니 民怨其虐이라 故로 因其自言하여 而目之曰 此日이 何時亡乎아 若亡則我寧與之俱亡이라하니 蓋欲其亡之甚也라 孟子引此하여 以明君獨樂而不恤其民이면 則民怨之하여 而不能保其樂也라

이것은 《書經》을 인용하고 이를 해석하여, '어질지 못한 자는 비록 이것을 가지고 있더라도 즐거워하지 못한다.'는 뜻을 밝힌 것이다. '湯誓'는 《書經》의 篇名이다. '時'는 이것이다. '日'은 夏나라 桀王을 가리킨다. '害'은 어찌이다. 桀王이 일찍이 스스로 말하기를 "내가 天下를 소유함은 하늘에 해가 있는 것과 같으니, 해가 없어져야 내 비로소 망할 것이다." 하였다. 백성들이 그의 虐政을 원망하였으므로, 그가 스스로 말한 것을 인해서 〈해를 가리켜〉 桀王을 지목하기를 "이 해는 언제나 없어지려는가. 만일 없어진다면 내 차라리 그와 함께 없어지겠다." 하였으니, 이것은 그가 망하기를 바람이 심한 것이다. 孟子는 이것을 인용하여, 君主가 홀로 즐기고 백성을 구휼하지 않으면 백성들이 그를 원망하여 그 즐거움을 보전할 수 없음을 밝힌 것이다.

---

17 桀嘗自言……吾乃亡耳:趙氏(趙順孫)는 "인용한 桀王의 말은 《尚書大傳》에서 나온다.〔所引桀語 出尚書大傳〕" 하였다.

··· 誓 맹세할 서 時 이 시(是同) 害 어찌 갈 喪 망할 상 及 더불 급 桀 횃대 걸 虐 모질 학 目 지목할 목
寧 차라리 녕 俱 함께 구 恤 구휼할 휼

|移民移粟章|

3-1. 梁惠王曰 寡人之於國也에 盡心焉耳矣로니 河內凶이어든 則移其民於河東하고 移其粟於河內하며 河東凶이어든 亦然하노니 察鄰國之政컨대 無如寡人之用心者로되 鄰國之民이 不加少하며 寡人之民이 不加多는 何也잇고

梁惠王이 말씀하였다. "寡人은 나라에 대하여 마음을 다하고 있습니다. 河內 지방이 흉년들면 그(河內) 백성을 河東 지방으로 이주시키고 그(河東) 곡식을 河內 지방으로 옮겨가며, 河東 지방이 흉년들면 또한 이렇게 하고 있습니다. 이웃 나라의 정사를 살펴보건대 寡人처럼 마음을 쓰는 자가 없는데도 이웃 나라의 백성들이 더 적어지지 않으며 寡人의 백성들이 더 많아지지 않음은 어째서입니까?"

> 集註 | 寡人은 諸侯自稱이니 言寡德之人也라 河內, 河東은 皆魏地라 凶은 歲不熟也라 移民以就食하고 移粟以給其老稚之不能移者[18]라
>
> '寡人'은 諸侯의 자칭이니, 德이 적은 사람이라는 말이다. 河內와 河東은 모두 魏나라 땅이다. '凶'은 年事(그 해의 농사)가 제대로 성숙하지 못함이다. 백성을 옮겨서 나아가 먹게 하고, 곡식을 옮겨서 이동하지 못하는 늙은이와 어린이에게 준 것이다.

3-2. 孟子對曰 王이 好戰하시니 請以戰喩호리이다 塡然鼓之하여 兵刃既接이어든 棄甲曳兵而走호되 或百步而後止하며 或五十步而後止하여 以五十步로 笑百步하면 則何如하니잇고 曰 不可하니 直不百步耳언정 是亦走也니이다 曰 王如知此시면 則無望民之多於鄰國也하소서

孟子께서 대답하셨다. "王께서 전투를 좋아하시니, 청컨대 전투를 가지고 비유하겠습니다. 둥둥 북을 쳐서 병기와 칼날이 이미 맞붙었거든 갑옷을 버리고 병기를 끌고 도망하되 혹은 100步를 도망한 뒤에 멈추며 혹은 50步를 도망한 뒤에 멈추고서 〈자신은〉

---

18 移粟以給其老稚之不能移者:《大全》에는 "곡식을 옮긴 것은 백성들이 스스로 그 곡식을 옮겼을 뿐이다.〔移粟 民自移其粟耳〕" 하였다.

••• 寡 적을 과 凶 흉년 흉 移 옮길 이 粟 곡식 속 鄰 이웃 린 稱 일컬을 칭 熟 성숙할 숙 給 줄 급 稚 어릴 치
請 청할 청 喩 비유할 유 塡 북소리 전 鼓 북 고, 북칠 고 刃 칼날 인 曳 끌 예 笑 웃을 소 直 다만 직
望 바랄 망

50步를 도망했다 하여 100步를 도망한 자를 비웃으면 어떻습니까?"

王이 말씀하였다. "不可하니, 다만 100步를 도망하지 않았을 뿐이지 이 또한 도망한 것입니다."

孟子께서 말씀하셨다. "王께서 만일 이것을 아신다면 백성들이 이웃나라보다 많아지기를 바라지 마소서.

集註 | 塡은 鼓音也니 兵은 以鼓進하고 以金退라 直은 猶但也라 言此하여 以譬鄰國不恤其民하고 惠王能行小惠라 然이나 皆不能行王道以養其民하니 不可以此而笑彼也라

楊氏曰 移民, 移粟은 荒政之所不廢也라 然이나 不能行先王之道하고 而徒以是爲盡心焉이면 則末[19]矣니라

'塡'은 북소리이니, 군대는 북소리에 따라 전진하고 쇳(징)소리에 따라 후퇴한다. '直'은 但(다만)과 같다. 이것을 말씀하여, 이웃 나라는 그 백성을 구휼하지 않고 惠王은 작은 은혜를 행하였으나, 모두 王道를 행하여 백성을 기르지 못하였으니, 이것을 가지고 저것을 비웃을 수 없음을 비유한 것이다.

楊氏(楊時)가 말하였다. "백성을 옮기고 곡식을 옮김은 흉년든 정사에 폐할 수 없는 것이다. 그러나 先王의 道를 행하지 못하고서 다만 이것을 가지고 마음을 다했다고 한다면 末(枝葉)이다."

3-3. 不違農時면 穀不可勝食也며 數(촉)罟를 不入洿池면 魚鼈을 不可勝食也며 斧斤을 以時入山林이면 材木을 不可勝用也니 穀與魚鼈을 不可勝食하며 材木을 不可勝用이면 是는 使民養生喪死에 無憾也니 養生喪死에 無憾이 王道之始也니이다

---

19 末:壺山은 "'非'와 같다."고 하였으나, '末'은 나무의 枝葉으로 근본이 아님을 이른다. 《論語》〈子張〉에 "子夏의 門人小子(弟子)들이 물 뿌리고 청소하며 應對하고 進退하는 예절을 당해서는 괜찮지만 이는 지엽적인 일이다. 근본적인 것은 없으니, 어찌하겠는가?〔子夏之門人小子 當灑掃應對進退則可矣 抑末也 本之則無 如之何〕"라고 보인다.

··· 譬 비유할 비 荒 흉년들 황 廢 폐할 폐 徒 다만 도, 한갓 도 違 어길 위 穀 곡식 곡 勝 이길 승 數 빽빽할 촉 罟 그물 고 洿 웅덩이 오 鼈 자라 별 斧 도끼 부 斤 자귀 근 憾 한할 감

〈농사철에 부역을 시키지 않아〉 농사철을 놓치지 않게 하면 곡식이 많아 이루 다 먹을 수 없으며, 촘촘한 그물을 웅덩이와 못에 넣지 않으면 물고기와 자라를 이루 다 먹을 수 없으며, 도끼와 자귀를 철에 따라 山林에 들어가게 하면 재목을 이루 다 쓸 수 없을 것입니다. 곡식과 물고기와 자라를 이루 다 먹을 수 없으며 재목을 이루 다 쓸 수 없으면 이는 백성들로 하여금 산 이를 봉양하고 죽은 이를 葬送함에 유감이 없게 하는 것이니, 산 이를 봉양하고 죽은 이를 장송함에 유감이 없게 하는 것이 王道의 시작입니다.

集註 | 農時는 謂春耕, 夏耘, 秋收之時니 凡有興作에 不違此時하고 至多乃役之也라 不可勝食은 言多也라 數은 密也요 罟는 網也라 洿는 窊下之地니 水所聚也라 古者에 網罟를 必用四寸之目하여 魚不滿尺이면 市不得粥(육)하고 人不得食이라 山林川澤을 與民共之호되 而有厲禁[20]하여 草木零落然後에 斧斤入焉[21]하니 此皆爲治之初에 法制未備하여 且因天地自然之利하야 而撙節愛養之事也라 然이나 飮食宮室은 所以養生이요 祭祀棺槨은 所以送死니 皆民所急而不可無者어늘 今皆有以資之면 則人無所恨矣라 王道는 以得民心爲本이라 故로 以此爲王道之始하니라

'農時'는 봄에 밭 갈고 여름에 김매고 가을에 수확하는 때를 이르니, 모든 〈土木工事와 부역을〉 일으킴에 이 농사철을 놓치지 않게 하고 겨울에 이르러서야 부역을 시키는 것이다. '不可勝食'은 많음을 말한다. '數'은 촘촘함이요, '罟'는 그물이다. '洿'는 우묵하게 들어간 곳(웅덩이)이니, 물이 모이는 곳이다. 옛날에는 그물을 반드시 네 치의 눈을 써서 물고기가 한 자[尺]가 되지 않으면 시장에서 팔 수 없고 사람들이 먹을 수 없었다. 그리하여 山林과

---

20 山林川澤……而有厲禁:《周禮》〈地官司徒 山虞〉에 "山虞가 山林의 政令을 관장하여 물건마다 번식하는 구역을 만들고 지켜 금지하였다. 仲冬에 陽木을 베고 仲夏에 陰木을 베며[혹자는 이르기를 '陽木은 山의 남쪽에서 자란 것이고 陰木은 山의 북쪽에서 자란 것이다.' 하였다.] 무릇 服(수레의 양 옆의 橫木)과 耜(보습)을 만들 때에는 어린나무를 베어서 철에 맞추어 들인다.'하였다.[服은 牝服이니 수레의 재목이다. 耜는 釋와 같다. 服과 耜는 마땅히 어린 나무를 사용하여야 하니, 부드럽고 질긴 것을 숭상하였다.] 그리하여 萬民으로 하여금 철에 따라 재목을 벰에 期日이 있게 했다.〔山虞掌山林之政令 物爲之厲而爲之守禁 仲冬斬陽木 仲夏斬陰木[或謂 陽木 生山南者 陰木 生山北者] 凡服耜 斬季材 以時入之〔服 牝服 車之材也 季 猶釋也 服與 耜 宜用釋材 尙柔韌也〕 令萬民 時斬材 有期日〕" 하였다.

21 草木零落然後 斧斤入焉:《禮記》〈王制〉에 "수달이 물고기로 제사지낸 뒤에 고기 잡는 사람이 못과 魚梁에 들어가고, 승냥이가 짐승으로 제사한 뒤에 사냥을 하고, 비둘기(뻐꾸기)가 변화하여 새매가 된 뒤에 그물을 설치하고, 초목의 잎이 떨어진 뒤에 산림에 들어간다.〔獺祭魚然後 漁人入澤梁 豺祭獸然後 田獵 鳩化爲鷹然後 設罘羅 草木零落然後 入山林〕"라고 보인다.

··· 耕 밭갈 경 耘 김맬 운 密 빽빽할 밀 網 그물 망 窊 우묵할 와 聚 모을 취 粥 팔 육(鬻同) 澤 못 택 厲 엄할 려 禁 금할 금 零 떨어질 령 備 갖출 비 撙 절제할 준 棺 널 관 槨 널 곽 送 보낼 송 資 의뢰할 자

川澤을 백성과 함께 이용하되 엄격한 금지가 있어서 草木의 잎이 떨어진 뒤에야 도끼와 자귀를 가지고 山林에 들어가게 하였다.

이것은 모두, 정치하는 초기에 法制가 아직 未備한 까닭에 우선 天地自然의 이로움을 인하여 撙節(절제)하고 아껴 기르는 일이다. 그러나 飮食과 宮室은 산 이를 봉양하는 것이요, 祭祀와 棺槨은 죽은 이를 장송하는 것이니, 모두 백성들에게 시급한 바여서 없을 수 없는 것인데, 지금 모두 이것을 이용할 수 있다면 사람들이 恨하는 바가 없을 것이다. 王道는 民心을 얻는 것을 근본으로 여기기 때문에 이것을 王道의 시작으로 삼은 것이다.

3-4. 五畝之宅에 樹之以桑이면 五十者可以衣帛矣며 鷄豚狗彘之畜(휵)을 無失其時면 七十者可以食肉矣며 百畝之田을 勿奪其時면 數口之家 可以無飢矣며 謹庠序之敎하여 申之以孝悌之義면 頒(반)白者不負戴於道路矣리니 七十者衣帛食肉하며 黎民이 不飢不寒이요 然而不王者 未之有也니이다

5畝의 집 주변에 뽕나무를 심게 한다면 50세가 된 자가 비단옷을 입을 수 있으며, 닭과 돼지와 개와 큰 돼지를 기름에 새끼 칠 때를 놓치지 않게 한다면 70세가 된 자가 고기를 먹을 수 있으며, 100畝의 토지에 농사철을 빼앗지 않는다면 몇 식구의 집안이 굶주림이 없을 수 있으며, 庠序의 가르침을 삼가서 孝悌의 의리로써 거듭한다면 〈머리가〉 頒白이 된 자가 도로에서 짐을 지거나 이지 않을 것입니다. 70세가 된 자가 비단옷을 입고 고기를 먹으며, 黎民(젊은 백성)이 굶주리지 않고 추위에 떨지 않는데, 이렇게 하고서도 왕 노릇 하지 못하는 자는 있지 않습니다.

按說 | '五畝之宅'의 '畝'는 시대에 따라 약간 다르다. 《漢語大詞典》에는

周나라 제도는 6尺(혹은 6척 4촌, 혹은 8척이라고도 함)을 1步라 하고 100步를 1畝라 하였으며, 秦나라 때에는 5尺을 1步라 하고 240步를 1畝라 하였는데 漢나라도 秦나라 제도를 인습하였다. 唐나라는 너비 1步에 길이 240步를 1畝라 하였으며, 淸나라는 5万尺을 1步라 하고 240步를 1畝라 하였다. 지금의 1畝는 60平方丈과 같은데, 6,6667公畝에 해당된

··· 畝 밭이랑 묘(무) 樹 심을 수 桑 뽕나무 상 帛 흰비단 백 豚 돼지 돈 狗 개 구 彘 큰돼지 체 畜 기를 휵(축)
庠 학교이름 상 申 거듭할 신 悌 공경할 제 頒 머리반쯤셀 반 班 아롱질 반, 머리반쯤셀 반 負 질 부
戴 머리에일 대 黎 검을 려 飢 굶주릴 기 王 임금노릇할 왕

다.〔周制 六尺爲步(或曰六尺四寸, 八尺) 百步爲畝 秦時以五尺爲步 二百四十步爲畝 漢因秦制 唐以廣一步 長二百四十步爲畝 淸以五方尺爲步 二百四十步爲畝 今一畝 等於六十平方丈 合6.6667公畝〕

하였다. 公畝는 100평방미터를 가리킨다. 寒洲(李震相)는 〈擬陳時弊仍進畝忠錄疏〉에서

옛날에 周尺 6尺을 1步라 하고, 너비 1步에 길이 100步를 1畝라 하며, 100畝를 1頃이라 하였으니, 1頃의 토지는 지금의 논 40두락(마지기)이다.〔古制以周尺六尺爲一步 廣一步 長百步爲一畝 百畝爲一頃 一頃之田 卽今種稻四十斗之地也〕

하였다.

'鷄豚狗彘'에 대하여, 楊伯峻은

豚은 새끼돼지로, 잡아서 제사에만 쓸 수 있었다. 이는 王筠의 《說文釋例》에 '옛 사람들은 돼지가 크지 않으면 먹지 않았고 새끼돼지는 오직 제사에만 바쳤다.〔古人之家 非大不食 小 豕惟以致祭也〕' 한 것과 같다. 이 때문에 여기서 彘를 말하고 또 豚을 말한 것이다.

하였다.

集註 | 五畝之宅은 一夫所受니 二畝半은 在田하고 二畝半은 在邑[22]이라 田中에 不得 有木이니 恐妨五穀[23]이라 故로 於墙下植桑하여 以供蠶事라 五十始衰하여 非帛不煖

---

22 五畝之宅……在邑:趙氏(趙順孫)는 "옛날에 한 남편과 부인이 私田 100畝와 公田 10畝를 받았으니, 여덟 집이 880畝가 되고 나머지 公田 20畝는 여덟 집이 나누어서 2畝 半을 얻어 집(농막)을 만들었으며, 城邑의 사는 곳도 또한 각각 2畝 半을 얻어 봄에는 백성들로 하여금 모두 나와 들에 있게 하고, 겨울에는 모두 邑에 들어가 살게 하였다. 들에 있는 것을 廬라 하고 읍에 있는 것을 里라 하니, 廬는 각각 농사짓는 밭 가운데에 있고 里는 모여 사는 곳이다.〔古者一夫一婦受私田百畝 公田十畝 八家是爲 八百八十畝 餘公田二十畝 八家分之 得二畝半 以爲廬舍 城邑之居 亦各得二畝半 春令民畢出在野 多則畢入於邑 在野曰廬 在邑曰里 廬各在其田中 而里聚居也〕" 하였으며, 壺山은 《漢書》〈食貨志〉의 "들에 있는 것을 廬라 하고 邑에 있는 것을 里라 한다.〔在墅(野)曰廬 在邑曰里〕"라고 한 것을 인용하였다. 그러나 茶山은 '5畝의 집이 2畝 半은 농지에 있고 2畝 半은 읍내에 있다'는 說을 취하지 않고, '5畝의 집'을 '邑里에 있는 항상 거주하는 집〔邑里恒居之室〕'으로 보았다. 여기서 邑里는 《論語》의 '十 室之邑'과 같은 邑이지, 君牧이 거처하는 都邑이 아니라고 하였다.

23 五穀:다섯 가지 곡식으로 稻(벼)·黍(기장)·稷(피, 조)·麥(보리)·菽(콩)을 이른다.

··· 妨 해로울 방   墻 담 장   蠶 누에 잠   衰 쇠할 쇠   煖 따뜻할 난

하니 未五十者는 不得衣也라 畜은 養也라 時는 謂孕字之時니 如孟春犧牲毋用牝[24]
之類也라 七十엔 非肉不飽하니 未七十者는 不得食也라 百畝之田은 亦一夫所受니
至此면 則經界正[25]하고 井地均하여 無不受田之家矣라 庠序는 皆學名也라 申은 重
也니 丁寧反覆之意라 善事父母爲孝요 善事兄長爲悌라 頒은 與班(斑)同하니 老人
頭半白黑者也라 負는 任在背요 戴는 任在首라 夫民이 衣食不足이면 則不暇治禮義
요 而飽煖無敎면 則又近於禽獸라 故로 旣富而敎以孝悌면 則人知愛親敬長而代
其勞하여 不使之負戴於道路矣라 衣帛食肉을 但言七十은 擧重以見(현)輕也라 黎
는 黑也라 黎民은 黑髮之人이니 猶秦言黔首也라 少壯之人은 雖不得衣帛食肉이나
然亦不至於飢寒也라 此는 言 盡法制品節之詳[26]하고 極財(裁)成輔相之道하여 以
左右民[27]이니 是는 王道之成也라

'5畝의 집'은 한 家長이 받는 것이니, 2畝 半은 농지에 있고 2畝 半은 읍내에 있다. 농지
(밭) 가운데는 나무가 있을 수 없으니, 五穀에 해로울까 두려워해서이다. 그러므로 담장 아
래에 뽕나무를 심어서 누에치는 일에 공급하는 것이다. 50세가 되면 노쇠하기 시작하여 비
단옷이 아니면 따뜻하지 않으니, 50세가 되지 못한 자는 비단옷을 입을 수 없다. '畜'은 기
름이다. '時'는 새끼를 배는 때를 이르니,〈'無失其時'는〉孟春에 犧牲은 암컷을 쓰지 말라

---

24 孟春犧牲毋用牝:《禮記》〈月令〉에 "〈孟春의 달에〉樂正에게 명하여 學校에 들어가서 춤을 익히게 하
였으며, 마침내 祭典을 닦아서 명하여 山林과 川澤에 祭祀지내되 犧牲은 암컷을 사용하지 못하게 하
고 伐木을 금지하였으며, 새의 둥지를 뒤엎지 못하게 하고 어린 벌레와 뱃속에 있거나 막 태어난 것(짐
승)과 날기를 익히는 새끼 새를 죽이지 못하게 했다.〔命樂正 入學習舞 乃脩祭典 命祀山林川澤 犧牲
毋用牝 禁止伐木 毋覆巢 毋殺孩蟲胎夭飛鳥〕" 하였다. 孟春은 지금 陰曆의 正月이다.
25 百畝之田……則經界正:趙氏(趙順孫)는 "옛날에는 100步를 1畝라 하였는데 지금은 240步를 1畝라
하니, 옛날 100畝는 지금의 41畝에 해당한다. 經界는 땅을 다스리고 田地를 나누어 주어 도랑과 길과
封하고 심는 경계를 經畫함을 이른다.〔古以百步爲畝 今以二百四十步爲畝 古百畝 當今之四十一畝
也 經界 謂治地分田 經畫其溝塗封植之界也〕" 하였다.
26 法制品節之詳:雙峰饒氏(饒魯)는 "5畝의 집과 100畝의 田地는 바로 法制이고, 50세에 비단옷을 입
고 70세에 고기를 먹음은 바로 品節이니, 法制만 있고 品節이 없으면 범범하여 쓰기에 부족하고, 품절
만 있고 법제가 없으면 어느 곳에서 취하여 쓰겠는가.〔五畝宅百畝田 是法制 五十衣帛七十食肉 是品
節 有法制 無品節 則泛而不足用 有品節 無法制 則於何處取用〕" 하였다.
27 極財成輔相之道 以左右民:'財成輔相'은《周易》〈泰卦 象〉에 "하늘과 땅의 사귐이 泰卦이니, 임금이
이것을 보고서 天地의 道를 財成(제재하여 이룸)하고 天地의 마땅함을 輔相하여 백성을 돕는다.〔天
地交泰 后以 財成天地之道 輔相天地之宜 以左右民〕"라고 보인다. '財'는 '裁'와 통하며 '相'은 '돕
다'의 뜻으로, '財成'은 지나침을 억제하는 것이고 '輔相'은 부족함을 돕는 것이다. '左右'는 佐佑와 같
은바, 백성을 가르치고 도와주는 것이다.

··· 孕 애밸 잉 字 새끼 자 犧 짐승 희 牲 짐승 생 毋 말 무 牝 암컷 빈 飽 배부를 포 重 거듭 중 覆 반복할 복
斑 아롱질 반 任 짐 임 暇 겨를 가 禽 새 금, 짐승 금 獸 짐승 수 擧 들 거 輕 가벼울 경 髮 터럭 발 黔 검을 검
裁 옷마를 재 輔 도울 보 相 도울 상 左 도울 좌 右 도울 우

는 것과 같은 따위이다. 70세에는 고기가 아니면 배부르지 않으니, 70세가 되지 못한 자는 고기를 먹을 수 없다. '100畝의 토지' 또한 한 家長이 받는 것이니, 이에 이르면 經界가 바루어지고 井地가 균등해져서 토지를 받지 않은 집이 없게 된다. '庠'과 '序'는 모두 學校의 이름이다. '申'은 거듭함이니, 丁寧하고 반복하는 뜻이다. 父母를 잘 섬김을 '孝'라 하고, 兄과 어른을 잘 섬김을 '悌'라 한다. '頒'은 斑과 같으니, 老人으로 머리가 반쯤 희고 검은 자이다. '負'는 짐을 등에 지는 것이요, '戴'는 짐을 머리에 이는 것이다.

백성은 衣食이 부족하면 禮義를 다스릴 겨를이 없고, 배불리 먹고 따뜻이 입기만 하고 가르침이 없으면 또 금수에 가까워진다. 그러므로 이미 부유하게 해주고 나서 孝悌를 가르치면 사람들이 어버이를 사랑하고 어른을 공경할 줄 알아서, 그의 수고로움을 대신하여 老人으로 하여금 道路에서 짐을 지거나 이지 않게 하는 것이다. 비단옷을 입고 고기를 먹는 것을 70세만 말한 것은 重한 것을 들어서 輕한 것을 나타낸 것이다. '黎'는 검음이다. '黎民'은 모발이 검은 사람이니, 秦나라 때에 黔首라는 말과 같다. 젊고 건강한 사람들은 비록 비단옷을 입고 고기를 먹지 못하더라도 굶주림과 추위에는 이르지 않는다. 이는 法制와 品節의 상세함을 다하고 財成輔相의 道를 지극히 해서 백성을 도와줌을 말한 것이니, 이것은 王道의 完成이다.

3-5. 狗彘食人食而不知檢하며 塗有餓莩而不知發하고 人死어든 則曰 非我也라 歲也라하나니 是何異於刺(척)人而殺之曰 非我也라 兵也리오 王無罪歲하시면 斯天下之民이 至焉하리이다

개와 돼지가 사람이 먹을 것(양식)을 먹는데도 단속할 줄 모르며, 길에 굶어 죽은 시체가 있어도 창고를 열 줄 모르고, 사람들이 굶어 죽으면 군주가 말하기를 '내가 그렇게 한 것이 아니요 年事 때문이다.' 하니, 이 어찌 사람을 찔러 죽이고서 '내가 그렇게 한 것이 아니요 병기 때문이다.'라고 말하는 것과 다르겠습니까? 王께서 年事에 죄를 돌리지 않으시면 天下의 백성들이 〈魏나라로〉 올 것입니다."

按說 | "檢'에 대하여, 朱子는 檢束 즉 제재의 뜻으로 해석하였으나, 趙岐는

> 임금이 단지 개와 돼지만을 길러 사람의 먹을 것을 먹게 하고, 法度(制度)로 〈남는 곡식을〉

••• 彘 큰돼지체 檢 단속할 검 塗 길 도(途同) 餓 굶주릴 아 莩 굶어죽은시체표 發 열 발 異 다를 이
刺 찌를 자(척) 兵 병기 병 罪 허물 죄, 책망할 죄 焉 어조사 언

거두어들일 줄 모르는 것이다.〔人君但養狗彘 使食人食 不知以法度檢斂也〕

하였으며, 《漢書》〈食貨志〉에도

孟子도 개와 돼지가 사람이 먹을 것을 먹는데도 거두어들일 줄 모르는 것을 비난하였다.〔孟子亦非狗彘食人之食不知斂〕

하여 '檢'이 '斂'으로 되어 있다. 茶山은

개나 돼지가 사람의 먹을 것을 먹는 것은 풍년이고, 길에 굶어 죽은 시체가 있는 것은 흉년이다.……趙岐의 舊說에 '檢'을 '斂(거두다)'이라 하였으니, 이것은 옳으나 임금이 개와 돼지를 기른다고 한 것은 잘못이다. 이는〈아래 4장의〉'〈임금의〉푸줏간에는 살진 고기가 있고 마구간에는 살찐 말이 있다.'와는 뜻이 다르다.〔狗彘食人食 豐年也 塗有餓莩 凶年也……舊說以檢爲斂 此則是矣 但云人君養狗彘 非矣 此與庖有肥肉 廏有肥馬 意不同〕

하였다. 楊伯峻은 '檢'을 '斂'으로 보는 해석에 대해 李悝가 말한 平糶(官에서 풍년에 적절한 가격〔平價〕으로 식량을 구입·저장해 두어 흉년에 대비하는 것)과 같은 뜻이니, 閻若璩의 《四書釋地三續》에

옛날에 비록 풍년이라 하더라도 사람이 먹는 것으로 개와 돼지를 먹이는 경우는 없었다. '狗彘食人食'은 아래 章의 〈임금의〉 푸줏간에는 살진 고기가 있다.〔庖有肥肉〕'의 뜻이다.

라고 한 說이 따를 만하다고 하여, 朱子처럼 '檢'을 '제재하다'의 뜻으로 해석하였다.

'檢'을 '斂'의 뜻으로 보아 풍년에 곡식을 거두고 흉년에 흩어주는 것으로 보는 해석은 얼핏 보기에 매우 편리한 것처럼 보이지만 실제는 이 역시 시행하기 어려운 제도이다. 아래〈梁惠王下〉17장 章下註에 范祖禹가 말한 "倉廩과 府庫가 있는 것은 백성을 위한 것이다. 豐年에는 거두고 凶年에는 흩어 준다." 한 것도 그 제도가 확실하지 않으니, 公田의 수입만을 거두어 보관한 것인지 알 수 없다. 본인은 1965년부터 1976년까지 대략 12년 동안 직접 농사를 지으며 농촌지도자(자원봉사자)로서 활약하였는데, 당시 작농하는 규모가 3,000평 미만이었는데도 농한기가 거의 없었다. 가을 수확이 11월까지 이어지고, 農地稅와 水稅 등 국가에 납부해야 할 세금은 의무적으로 현물인 租穀(벼 1가마 54kg)으로 납부하였는데, 조곡을 그냥 납부하는 것이 아니라 건조율이 수분 14% 이내가 되어야 했다. 곡식을 이처럼 건조시키지 않으면 장기간 보관할 경우 부패하기 때문이

다. 그러나 초겨울 날씨에는 며칠을 말려도 이 수준이 되지 않으며, 마을에 창고가 없어 면사무소가 있는 곳까지 정해진 날짜에 맞추어 지게로 지고 가서 검사를 받아야 하는데, 합격하지 못하면 다시 되짊어지고 와야 했다. 또한 군량 등 비축미를 위하여 정부에서 租穀을 똑같은 방식으로 '買上'이란 이름으로 수매하였는데, 정부의 매입 가격이 시중의 쌀값보다 결코 낮지 않았는데도 농민들이 매상에 호응하지 않아 면사무소와 농촌지도소의 직원들이 본인에게까지 도움을 요청하여 매상에 응할 것을 권유한 일이 있었다. 보관 창고와 수송 수단이 원만하지 못했을 당시 풍년에 곡식을 거둔다는 것은 결코 용이한 일이 아니다. 강제성을 띠면 아전들의 무리한 독려가 이어져 민원이 발생하고, 자율에 맡기면 호응하는 자가 적음은 明若觀火하다. 더구나 옛날 추수가 끝나면 띠풀을 베어다가 지붕을 해 이고 군사훈련과 교량 등 토목공사의 부역이 뒤따름에 있어서랴.

集註 | 檢은 制也라 莩는 餓死人也라 發은 發倉廩以賑[28]貸也라 歲는 謂歲之豐凶也라 惠王이 不能制民之產하고 又使狗彘로 得以食人之食하니 則與先王制度品節[29]之意로 異矣라 至於民飢而死로되 猶不知發하니 則其所移는 特民間之粟而已어늘 乃以民不加多로 歸罪於歲凶하니 是는 知刃之殺人이요 而不知操刃者之殺人也라 不罪歲면 則必能自反而益修其政[30]하여 天下之民이 至焉하리니 則不但多於鄰國而已니라

'檢'은 제재함이다. '莩'는 굶어죽은 사람이다. '發'은 倉廩을 열어서 구휼하고 대여해 주는 것이다. '歲'는 年事의 豐凶을 이른다.

惠王이 백성들의 재산을 제정해 주지 못하고, 또 개와 돼지로 하여금 사람의 먹을 것을 먹게 하였으니, 先王이 制度하고 品節한 뜻과는 다른 것이다. 백성이 굶주려 죽어 가는데도 창고를 열 줄 몰랐으니, 그렇다면 그 옮겨간 것은 다만 民間의 곡식일 뿐이다. 그런데 백성들이 더 많아지지 않는 것을 가지고 年事에 죄를 돌리니, 이는 칼날이 사람을 죽인 것만 알고, 칼날을 잡은 자가 사람을 죽인 것은 모르는 것이다. 年事에 죄를 돌리지 않는다면 반드

---

28 賑:《大全》에 "音이 震으로 '振'字와 통용하여 쓰니, 일으킴이요 구원함이다.〔音震 通作振 起也 救也〕"하였다.

29 制度品節:'制度'는 井田法 등을 이르며 '品節'은 품격에 따라 제한하는 것으로 작은 물고기는 잡지 않으며 70세가 된 자만 고기를 먹는 따위를 이른다.

30 政:《大全》에는 "바로 윗글에서 말한 王道이다.〔卽上文所言王道〕"하였다.

••• 制 제재할 재 倉 창고 창 廩 창고 름 賑 구휼할 진 貸 꾸어줄 대 豐 풍년 풍 猶 오히려유, 아직 유 特 다만 특 操 잡을 조

시 스스로 돌이켜 더욱 정사를 닦아서 天下의 백성이 올 것이니, 이렇게 된다면 비단 이웃 나라보다 백성이 많아질 뿐만이 아닐 것이다.

章下註 | ○程子曰 孟子之論王道 不過如此하시니 可謂實矣[31]로다

又曰 孔子之時에 周室雖微나 天下猶知尊周之爲義라 故로 春秋엔 以尊周爲本하고 至孟子時하여는 七國[32]爭雄하여 天下不復知有周하고 而生民之塗炭이 已極하니 當是時하여 諸侯能行王道면 則可以王矣니 此는 孟子所以勸齊梁之君也라 蓋王者는 天下之義主[33]也니 聖賢亦何心哉[34]시리오 視天命之改與未改[35]耳시니라

○程子(伊川)가 말씀하였다. "孟子께서 王道를 논하심이 이와 같음에 지나지 않았으니, 진실하다고 이를 만하다."

또 말씀하였다. "孔子 때엔 周나라 王室이 비록 미약하였으나 天下가 아직은 周나라를 높임이 大義가 됨을 알고 있었다. 그러므로 《春秋》에는 周나라를 높임을 근본으로 삼았다. 그러나 孟子 때에 이르러서는 七國이 패권을 다투어 天下가 다시는 周나라가 있음을 알지 못하였고 生民의 도탄에 빠짐이 이미 지극하였으니, 이때를 당하여 諸侯들이 능히 王道를 행한다면 왕 노릇 할 수 있었으니, 이것이 孟子께서 齊나라와 梁나라의 군주에게 권고하신 이유이다. 王者는 天下의 의로운 君主이니, 聖賢께서는 무슨 마음이셨겠는가? 天命이 옮겨갔는가 옮겨가지 않았는가를 보셨을 뿐이다."

---

31 孟子之論王道……可謂實矣:新安陳氏(陳櫟)는 "王道는 농사짓고 누에치고 가르치고 기르는 등의 실제 일에서 벗어나지 않으니, 어찌 높고 멀어 행하기 어려운 데에서 구하겠는가.〔王道不出農桑敎養等實事 求之高遠難行者哉〕"하였다.

32 七國:戰國時代의 强大國인 秦·楚·燕·齊·韓·魏·趙의 7개국을 가리킨다.

33 義主:壺山은 "義의 宗主〔義之宗主〕"로 보았다.

34 聖賢亦何心哉:壺山은 "그 사이에 사사로운 마음을 용납하지 않는다.〔不容私心於其間〕"하였다. '聖'은 孔子를, '賢'은 孟子를 가리킨 것이다.

35 視天命之改與未改:雲峰胡氏(胡炳文)는 "孔子의 論이 있지 않았으면 아래에 있는 자가 임금을 높이는 義理를 알지 못하여 백성들이 군주를 무시할 것이요, 孟子의 論이 있지 않았으면 위에 있는 자가 天命의 바뀌고 바뀌지 않음이 민심의 향하고 배반함에 있음을 알지 못해서 군주가 백성을 무시할 것이다.〔不有孔子之論 則在下者不知有尊王之義 而民可以無君矣 不有孟子之論 則在上者不知天命之改不改在民心之向背 而君可以無民矣〕"하였다. '改'는 바뀌는 것으로 天命이 바뀌면 비록 天子國의 군주라도 天子가 아니며, 天命이 아직 바뀌지 않았으면 비록 미약하더라도 天子인 것이다.

··· 過 지날 과 雖 비록 수 微 작을 미 雄 우두머리 웅 復 다시 부 塗 진흙 도 炭 숯 탄 極 극진할 극 勸 권할 권 改 고칠 개

願安承敎章(以政殺人章)

4-1. 梁惠王曰 寡人이 願安承敎하노이다

梁 惠王이 말씀하였다. "寡人이 마음을 편안히 하여 가르침을 받들기 원합니다."

> 集註 | 承上章하여 言願安意以受敎라
>
> 윗장을 이어서 마음을 편안히 하여 가르침을 받기를 원한다고 말한 것이다.

4-2. 孟子對曰 殺人以梃與刃이 有以異乎잇가 曰 無以異也니이다

孟子께서 대답하셨다. "사람을 죽임에 몽둥이와 칼날을 사용하는 것이 차이가 있습니까?"
王이 "차이가 없습니다."라고 대답하였다.

> 集註 | 梃은 杖也라
>
> '梃'은 몽둥이이다.

4-3. 以刃與政이 有以異乎잇가 曰 無以異也니이다

〈孟子께서 물으셨다.〉 "칼날과 정사를 가지고 사람을 죽이는 것이 차이가 있습니까?"
王이 "차이가 없습니다."라고 대답하였다.

> 集註 | 孟子又問에 而王答也라
>
> 孟子가 다시 물으심에 王이 답한 것이다.

4-4. 曰 庖有肥肉하며 廐有肥馬요 民有飢色하며 野有餓莩면 此는 率獸而食人也니이다

孟子께서 말씀하셨다. "〈임금의〉 푸줏간에는 살진 고기가 있고 마구간에는 살찐 말이

··· 願 원할 원 梃 몽둥이 정 刃 칼날 인 杖 몽둥이 장 庖 푸줏간 포 肥 살찔 비 廐 마구간 구 莩 굶어죽을 표
率 거느릴 솔

있으면서 백성들이 굶주린 기색이 있고 들에 굶어 죽은 시체가 있다면 이것은 짐승을 몰아서 사람을 잡아먹게 한 것입니다.

集註ㅣ 厚斂於民[36]하여 以養禽獸하여 而使民飢以死하면 則無異於驅獸以食人矣라

人民들에게 세금을 많이 거두어 禽獸를 길러서 백성들로 하여금 굶주려 죽게 한다면 짐승을 몰아서 사람을 잡아먹게 함과 다름이 없는 것이다.

4-5. 獸相食을 且人이 惡(오)之하나니 爲民父母라 行政호되 不免於率獸而食人이면 惡(오)在其爲民父母也리잇고

짐승끼리 서로 잡아먹는 것도 사람들이 미워하는데, 백성의 父母가 되어 정사를 행하되 짐승을 몰아 사람을 잡아먹게 함을 면치 못한다면 백성의 父母된 것이 어디에 있습니까?

集註ㅣ 君者는 民之父母也라 惡在는 猶言何在也라

人君은 백성의 父母이다. '惡在'는 '어디에 있는가'라는 말과 같다.

4-6. 仲尼曰 始作俑者 其無後乎인저하시니 爲其象人而用之也시니 如之何其使斯民飢而死也리잇고

仲尼께서 말씀하시기를 '처음으로 俑을 만든 자는 아마도 後孫이 없을 것이다.' 하셨으니, 이는 사람을 형상하여 장례에 사용하였기 때문입니다. 어찌하여 이 백성들로 하여금 굶주려 죽게 한단 말입니까."

集註ㅣ 俑은 從葬木偶人也라 古之葬者 束草爲人하여 以爲從衛하고 謂之芻靈하니

---

36 厚斂於民:內閣本에는 '厚斂於人'으로 되어 있는 것을, 中國本(《四書章句集注》)을 따라 바로잡았는 바, '斂'은 內閣本에 모두 '歛'으로 잘못되어 있다.

··· 厚 두터울 후 斂 거둘 렴 惡 싫어할 오, 어찌 오 免 면할 면 尼 산이름 니 俑 허수아비 용 象 형상할 상
     葬 장사지낼 장 偶 허수아비 우 束 묶을 속 衛 호위할 위 芻 꼴 추

略似人形而已러니 中古에 易之以俑하니 則有面目機發하여 而太似人矣[37]라 故로 孔子惡其不仁하사 而言其必無後也[38]라 孟子言 此作俑者는 但用象人以葬이로되 孔子猶惡之하시니 況實使民飢而死乎아

'俑'은 附葬用 나무인형이다. 옛날 장사지내는 자들은 풀단을 묶어 사람(인형)을 만들어서 상여를 호위하게 하고는 芻靈이라 일렀으니, 대략 사람의 모습과 같을 뿐이었다. 그러다가 中古에 俑으로 바꾸니, 얼굴과 눈, 機發(움직임)이 있어서 너무도 사람과 유사하였다. 그러므로 孔子께서 그 不仁함을 미워하시어 〈이것을 처음 만든 자는〉 반드시 後孫이 없을 것이라고 말씀하신 것이다. 孟子께서 말씀하시기를 "이 俑을 만든 자는 사람을 형상하여 장례에 썼을 뿐인데도 孔子께서 오히려 미워하셨는데, 하물며 실제 백성들로 하여금 굶주려 죽게 한단 말입니까." 하신 것이다.

章下註┃ ○李氏[39]曰 爲人君者 固未嘗有率獸食人之心이라 然이나 徇一己之欲하여 而不恤其民이면 則其流必至於此라 故로 以爲民父母로 告之하시니 夫父母之於子에 爲之就利避害하여 未嘗頃刻而忘于懷하니 何至視之不如犬馬乎아

○李氏(李郁)가 말하였다. "人君된 자가 진실로 일찍이 짐승을 몰아서 사람을 잡아먹게 하려는 마음이 있는 것은 아니다. 그러나 一身의 욕심만을 따라 백성을 구휼하지 않는다면 그 흐름의 폐단이 반드시 여기에 이를 것이다. 그러므로 '백성의 父母가 되었다.'는 것으로 말씀하신 것이다. 父母가 자식에 대해서는 그를 위하여 이로운 데로 나아가게 하고 해로움을 피하게 하여 일찍이 頃刻(잠시)이라도 마음속에 잊지 않으니, 어찌 자식을 개나 말만도 못하게 보는 지경에 이르겠는가."

---

37 中古……而太似人矣:趙氏(趙順孫)는 "나무로 만든 사람에 기계를 설치하여 능히 뛸 수 있었다. 그러므로 이름을 '俑'이라 한 것이다.〔木人設機 而能踊跳 故名曰俑〕" 하였다.

38 孔子惡其不仁 而言其必無後也:新安陳氏(陳櫟)는 "俑을 만든 자는 사람을 죽여 殉葬하는 단초가 되었으니, 孔子가 그를 미워하신 것은 이 때문이다.〔作俑者 殺人殉葬之漸 孔子惡之者 以此〕" 하였다.

39 李氏:壺山은 "이 책의 註 가운데 '諸儒의 관작과 거주한 곳'은 모두 《論語集註》를 그대로 이어받고 《大全》에 별도로 드러내지 않았으니, 이는 《論語集註》의 '李氏'이고, 반드시 〈離婁上〉 28장 註의 李氏는 아닐 것이다.〔此書註中諸儒爵里 皆蒙語註 而大全不別著 此蓋語註之李氏 必非離婁篇註之李氏〕" 하였다. 《論語集註》의 李氏는 李郁인데 여기에서는 《大全》에 그에 대한 언급이 없고, 〈離婁上〉 28장 註의 李氏는 《大全》에 李侗이라고 밝혔다. 李侗은 朱子의 스승으로 號는 延平이다.

••• 略 대략 략 已 그칠 이 易 바꿀 역 機 기틀 기 太 너무 태 猶 오히려 유 徇 따를 순 就 나아갈 취 避 피할 피
頃 잠깐 경 刻 시간 각 懷 품을 회

|晉國天下莫强焉章|

5-1. 梁惠王曰 晉國이 天下莫强焉은 叟之所知也라 及寡人之身하여 東敗於齊에 長子死焉하고 西喪地於秦七百里하고 南辱於楚하니 寡人이 恥之하여 願比死者하여 一洒之하노니 如之何則可니잇고

梁 惠王이 말씀하였다. "우리 晉나라가 天下에 막강함은 老人께서도 아시는 바입니다. 〈그러나〉 寡人의 몸에 이르러 동쪽으로 齊나라에게 패전함에 長子가 전사하였고, 서쪽으로는 秦나라에게 땅 700里를 잃었고, 남쪽으로는 楚나라에게 모욕을 당하였습니다. 寡人이 이것을 부끄러워하여 戰死한 자들을 위해서 한번 설욕하고자 하니, 어떻게 하면 되겠습니까?"

集註 | 魏는 本晉大夫魏斯 與韓氏趙氏로 共分晉地하여 號曰三晉이라 故로 惠王[40]이 猶自謂晉國이라 惠王三十年에 齊擊魏하여 破其軍하고 虜太子申[41]하며 十七年에 秦取魏少梁[42]하고 後에 魏又數(삭)獻地於秦[43]하며 又與楚將昭陽戰敗하여 亡其七

---

[40] 惠王:魏斯(魏文侯)의 손자이다.

[41] 惠王三十年……虜太子申:《大全》에는 《史記》〈魏世家〉의 기록을 다음과 같이 인용하고 있다. "惠王 30년에 魏나라가 趙나라를 정벌하자, 趙나라가 齊나라에 위급함을 알렸다. 齊 宣王이 孫子(孫臏)의 계책을 따라 趙나라를 구원하고자 魏나라를 공격하니, 魏나라가 크게 군대를 일으켜 龐涓을 장수로, 太子 申을 上將軍으로 삼아서 齊나라 사람과 싸우게 하였는데, 馬陵에서 패배하였다. 齊나라가 魏나라의 太子 申을 사로잡고 장군 龐涓을 죽여서 魏나라 군대가 마침내 대패하였다.〔惠王三十年 魏伐趙 趙告急齊 齊宣王用孫子計 救趙擊魏 魏遂大興師 使龐涓(방연)將 而令太子申爲上將軍 與齊人戰 敗於馬陵 齊虜魏太子申 殺將軍涓 軍遂大破〕"이것이 魏나라 장수 龐涓이 齊나라 軍師인 孫臏의 계략에 걸려 대패한 馬陵 전투이다.

[42] 十七年 秦取魏少梁:《史記》〈魏世家〉에 "惠王 17년에 魏나라가 秦나라와 元里에서 싸워 秦나라가 魏나라의 少梁을 점령했다.〔十七年 與秦戰元里 秦取我少梁〕"하였으니, 元里와 少梁은 모두 魏나라의 고을 이름이다.

[43] 魏又數獻地於秦:《大全》에는 《史記》〈商君列傳〉의 기록을 다음과 같이 인용하고 있다. "秦 孝公이 衛鞅으로 하여금 군대를 거느리고 魏나라를 정벌하게 하자, 魏나라가 公子 卬으로 하여금 군대를 거느리고 맞아 싸우게 하였다. 兩軍이 서로 대치하자, 衛鞅이 魏나라 장수 公子 卬에게 편지를 보내어 '내 처음에 公子와 친하게 지냈었는데 이제 우리가 모두 두 나라의 장수가 되었으니, 차마 서로 공격할 수가 없다. 公子와 서로 만나 맹약하고 즐겁게 술 마시고서 군대를 해산하여 秦나라와 魏나라를 편안하게 할 수 있겠는가?'라고 제의하였다. 公子 卬은 그의 말을 옳게 여겼다. 회맹이 끝나고 술을 마시는데, 衛鞅이 갑옷 입은 군사를 매복시켰다가 기습하여 公子 卬을 사로잡고 인하여 魏나라 군대를 공격해서 모두 격파하고 秦나라로 돌아갔다. 魏 惠王이 두려워하여 使臣을 보내어 河西의 땅을 떼어 秦나라에 바치고 和親하였다. 秦나라는 마침내 安邑을 버리고 도읍을 大梁으로 옮겼다.〔秦孝公使衛鞅將

⋯ 晉 나라이름 진 莫 없을 막 敗 패할 패 喪 잃을 상 辱 욕될 욕 比 위할 비 洒 씻을 세(洗同) 破 깨뜨릴 파 虜 사로잡을 로 數 자주 삭 獻 바칠 헌

邑⁴⁴하나라 比는 猶爲也⁴⁵니 言欲爲死者하여 雪其恥也라

兵伐魏 魏使公子卬 將而擊之 軍旣相距 衛鞅遺魏將公子卬書曰 吾始與公子驩 今俱爲兩國將 不
忍相攻 可與公子面相見盟 樂飮而罷兵 以安秦魏 魏公子卬以爲然 會盟已 飮 而衛鞅伏甲士 襲虜
公子卬 因攻其軍 盡破之 以歸秦 魏惠王恐 使使割河西之地 獻於秦以和 而魏遂去安邑 徙都大
梁"〕

44 與楚將昭陽戰敗 亡其七邑:《史記》〈楚世家〉에 "懷王 6년에 楚나라가 柱國 昭陽으로 하여금 군대를
거느리고 魏나라를 공격하게 하여 襄陵에서 격파하고 8개 邑을 얻었다.〔六年 楚使柱國昭陽 將兵而
攻魏 破之於襄陵 得八邑〕"하였다. 그러나《史記》〈六國年表〉에 의하면 楚 懷王 6년은 梁 襄王 12년
이니, 梁 惠王 때에는 '楚나라에게 모욕을 당한 일'이 없게 된다. 이는《史記》〈六國年表〉의 오류이니,
《中國歷史大辭典》의 年表에는 楚 懷王 6년은 梁 惠王 元년 12년이고 이해에 楚나라가 魏나라를 襄
陵에서 격파한 것으로 기록하고 있다. 또《史記》에는 楚나라에 8개 邑을 잃은 것으로 되어 있어《集
註》와 다르다. 이에 대하여 崔東壁(崔述)의《洙泗考信錄》의 惠王條에,《史記》〈魏世家〉의 "惠王이
여러 번 싸움에서 패하자, 자신의 禮를 낮추고 폐백을 후하게 보내어 賢者를 초빙하니, 騶衍·淳于髡·
孟子가 모두 梁나라에 갔다."라고 한 내용을 소개하고《史記》의 잘못된 年度를 지적하였는바, 그 내용
은 다음과 같다.
《史記》에는 이 내용이〈魏世家〉惠王 35년에 기재되어 있는데,〈六國年表〉를 가지고 상고해 보면, 바
로 周 顯王 33년 乙酉이다. 내가《史記》를 살펴보니, '惠王은 재위한지 36년에 죽었고 아들 襄王이 즉
위하여 재위한지 16년에 죽었다. 襄王 원년은 바로 周 顯王 35년 丁亥로 諸侯들과 徐州에 모이니 서
로 王을 僭稱하기 위한 것으로 이때 아버지 惠王을 추존하여 王으로 삼은 것'으로 되어 있다. 그렇다면
丁亥 이전에는 梁나라가 王을 참칭하지 않은 것인데,《孟子》에는 孟子가 梁 惠王을 보고 바로 '王何必
曰利', '王好戰請以戰喩', '王往而征之', '夫誰與王敵'이라고 한 내용이 보인다. 惠王이 과연 王을 참
칭하지 않았다면 孟子가 무슨 이유로 미리 王이라 칭했겠는가. 또《史記》를 살펴보면, 梁나라가 秦나라
에 河西 땅을 준 것이 襄王 5년에 있었고 上郡을 모두 秦나라에 빼앗긴 것이 襄王 7년에 있었고 楚나
라가 魏(梁)나라를 襄陵에서 패퇴시킨 것이 襄王 12년에 있었으니, 모두 惠王이 죽은 뒤의 일이다. 그
런데《孟子》에는 惠王이 孟子에게 말하기를 '서쪽으로는 秦나라에게 700리를 잃었고 남쪽으로는 楚
나라에게 치욕을 받았다.'고 하였으니, 미래의 일을 惠王이 어떻게 알고 미리 말하였겠는가. 杜預의〈左
傳後序〉를 살펴보면, 옛책인《竹書紀年》에 "惠王 36에 改元하여 이 해를 원년으로 시작하고 16년
에 이르러 惠成王이 죽었다 하였으니, 惠成王은 바로 惠王이다. 의심컨대《史記》에 惠成王(惠王)의
세대를 잘못 나누어 後王(襄王)의 연도로 삼은 듯하다." 하였다. 그렇다면《史記》에서 말한 '徐州에
서 모여 서로 王을 칭하기로 했다.'는 것은 바로 惠王이요 襄王이 아니다.《史記》에서 襄王의 元年이라
고 칭한 것은 바로 惠王의 後元年으로 河西 땅을 주고 上郡을 빼앗기고 襄陵에서 패퇴한 것이 모두 惠
王 때의 일이요 襄王 때의 일이 아니다. 惠王이 본래 魏侯라고 칭하였다가 王이라고 참칭하였으면 이해
가 바로 王을 칭한 첫 해이므로 37년이라고 칭하지 않고 또다시 원년이라고 칭한 것이다. 그런데《史記》
에는 惠王이 改元한 사실을 알지 못하고 다만 36년 이후에 또다시 원년이라고 기록된 것을 보고는 마
침내 잘못하여 後元年을 襄王의 원년이라고 한 것이다. 그렇다면 孟子가 梁나라에 간 것은 惠王 35년
에 있었던 것이 아니요 後元 12년 襄陵에서 패한 뒤에 있었으니, 이렇게 보면 孟子와 惠王이 말한 것이
한 말씀도 부합하지 않음이 없다. 孟子가 齊 宣王과 문답한 것은 매우 많은데, 梁 惠王과 문답한 것은
매우 적으며, 梁나라에 계실 적에 딴 일이 없었으니, 孟子가 梁나라에 있었던 기간은 오래지 않은 것이
다. 그런데도 襄王을 만나본 뒤에 떠나가셨으니, 孟子가 梁나라에 간 것은 마땅히 惠王이 죽기 1~2년
전인 辛丑과 壬寅 두 해 사이로,〈六國年表〉로 보면 周 愼靚王 원년이나 2년일 것이다.《史記》에서
말한 것은 옳지 않다. 이 내용은 다음 章 襄王條 아래에도 자세히 보인다.〔史記此文載於魏世家惠王
三十五年 以年表考之 乃周顯王之三十三年乙酉也 余按史記惠王在位三十六年而卒 子襄王立 在
位十六年卒 襄王元年 乃周顯王三十五年丁亥 與諸侯會徐州 相王也 追尊父惠王爲王 是丁亥以前

··· 雪 씻을 설

魏나라는 본래 晉나라 大夫인 魏斯가 韓氏·趙氏와 함께 晉나라 땅을 나누고서 '三晉'이라고 불렀다. 그러므로 惠王이 아직도 자기 나라를 晉나라라고 말한 것이다. 惠王 30년에 齊나라가 魏나라를 공격하여 魏나라 군대를 격파하고 太子 申을 사로잡았으며, 17년에 秦나라가 魏나라의 少梁 땅을 탈취하였고, 그 후 魏나라는 또 여러 번 秦나라에게 땅을 바쳤으며, 또 楚나라 장수 昭陽과 싸워 패전하여 7개 邑을 잃었다. '比'는 爲와 같으니, 죽은 자

梁未稱王也 而孟子之見梁王乃云 王何必曰利 王好戰 請以戰喩 王往而征之 夫誰與王敵 惠王果未稱王 孟子何由豫稱之曰 王乎 又按史記 梁予秦河西地 在襄王五年 盡入上郡於秦 在襄王七年 楚敗魏襄陵 在襄王十二年 皆惠王身後事 而惠王之告孟子 乃云 西喪地秦於七百里 南辱於楚 未來之事 惠王何由豫知之而豫言之乎 按杜預左傳後序云 古書紀年篇 惠王三十六年改元 從一年始至十六年而稱惠成王卒 卽惠王也 疑史記誤分惠成之世以爲後王年也 然則史記所稱 會徐州相王者卽惠王 非襄王矣 所稱襄王之元年 卽惠王之後元年而予河西 入上郡 敗於襄陵 皆惠王時事 非襄王時事矣 蓋惠王本稱魏侯 旣僭稱王 則是年乃稱王之始年 故不稱三十七年而稱元年 史記不知惠王改元之故 但見其於三十六之後又書元年 遂誤以爲襄王之元年耳 然則孟子之至梁 不在惠王三十五年而在後元十二年襄陵旣敗之後 則孟子與惠王之所云者無一語不符矣 孟子與齊宣問答甚多而與梁惠殊少 在梁亦無他事 則孟子居梁蓋不久也 然猶及見襄王而後去 則孟子之至梁 當在惠王之卒前一二年 辛丑壬寅兩歲之中 於年表 則周愼靚王之元年二年也 史記所云 非是 說幷見後襄王條下〕

또 襄王條의 내용은 다음과 같다.

《史記》에는 梁 惠王 36년에 惠王이 죽고 아들 襄王이 즉위하였고 16년에 襄王이 죽고 아들 哀王이 즉위한 것으로 되어 있다. 그런데 《竹書紀年》에는 梁 惠王이 즉위한 지 36년에 改元을 하고 또 16년에 죽고 그 뒤에는 今王이라고 칭하여 20년에 이르러 그 기록이 끝났으며, 杜預의 〈左傳後序〉에는 '《史記》에 惠成王(바로 惠王)의 세대를 잘못 나누어 後王의 연도로 삼았다. 哀王은 23년에 비로소 죽었으므로 특별히 시호를 칭하지 않고 今王이라 칭한 것이다.' 하였다. 내가 살펴보니, 杜預가 《史記》 襄王의 연도를 惠王 後元의 연도로 삼은 것은 옳고, 《竹書紀年》에 今王을 哀王이라 칭하고 襄王이 없다고 한 것은 옳지 않다. 《孟子》에는 '梁 襄王을 만나보았다.' 하였는데, 孟子의 門人으로서 이 책을 기록한 자들은 모두 당시에 직접 본 사람이니, 哀를 襄으로 잘못 쓸 리가 없다. 그렇다면 梁나라에는 진실로 襄王이 있었던 것이다. 《世本》에 '惠王이 襄王을 낳고 襄王이 昭王을 낳았다.'고 하였으니, 그렇다면 梁나라에는 襄王만 있고 哀王이 없는 것이다. '襄'과 '哀' 두 글자는 字形이 비슷하여 襄王을 잘못 哀王으로 쓴 것인데, 《史記》에는 梁나라에 襄王과 哀王 두 왕이 있는 것으로 의심하였고, 또 惠王이 改元한 것을 알지 못하였다. 그러므로 惠王 後元의 16년을 잘못 襄王의 연도로 하고 襄王 23년을 哀王의 연도로 삼은 것이다. 그렇다면 《竹書紀年》에 이른바 今王은 바로 《孟子》에 기록한 襄王이니, 哀王이라고 할 수 없는 것이다. 이 내용은 윗장 惠王條에도 자세히 보인다.〔史記梁惠王三十六年卒 子襄王立 十六年卒 子哀王立 竹書紀年 梁惠王立三十六年改元 又十六年而卒 其後稱爲今王 至二十年而其書止 杜氏左傳後序云 史記誤分惠成(卽惠王)之世 以爲後王之年 哀王二十三年乃卒 故特不稱謐 謂之今王 余按 杜氏以史記襄王之年爲惠王後元之年 是已 至謂竹書之今王爲哀王而無襄王 則非也 孟子書稱見梁襄王 孟子門人記此書者 皆當時目覩之人 不容誤哀爲襄 則是梁固有襄王也 世本稱 惠王生襄王 襄王生昭王 則是梁有襄王 無哀王也 襄哀二字 其形相似 蓋有誤書襄王爲哀王者 史記因疑梁有襄哀兩王 又不知惠王之改元 故誤以惠王後元之十六年爲襄王之年 以襄王之二十三年爲哀王之年耳 然則紀年之所謂今王 卽孟子所記之襄王 不得以爲哀王也 說幷見前惠王條下〕

를 위하여 그 수치를 설욕하고자 함을 말한 것이다.

5-2. 孟子對曰 地方百里而可以王이니이다

孟子께서 대답하셨다. "땅이 方百里만 되어도 왕 노릇 할 수 있습니다.

集註 | 百里는 小國也라 然이나 能行仁政이면 則天下之民이 歸之矣라

'百里'는 작은 나라이다. 그러나 능히 仁政을 행한다면 天下의 백성이 돌아올 것이다.

5-3. 王如施仁政於民하사 省(생)刑罰하시며 薄稅斂하시면 深耕易(이)耨하고 壯者以暇日로 修其孝悌忠信하여 入以事其父兄하며 出以事其長上하리니 可使制梃하여 以撻秦楚之堅甲利兵矣리이다

王께서 만일 仁政을 백성들에게 베푸시어 형벌을 줄이시며 세금을 적게 거두시면, 백성들이 깊이 밭 갈고 잘 김매고, 장성한 자들이 여가를 이용하여 孝悌와 忠信을 닦아서 들어가서는 父兄을 섬기며 나가서는 長上을 섬길 것이니, 이들로 하여금 몽둥이를 만들어 秦나라와 楚나라의 견고한 갑옷과 예리한 병기를 매질하게 할 수 있을 것입니다.

按說 | 艮齋(田愚)는 '省'字의 音을 '성'으로 보아 형벌을 살펴 신중히 하는 뜻으로 해석하였으나, 諺解本에는 音이 '생'으로 표기되어 있고 中國本《四書章句集注》에도 減의 뜻으로 설명하였으므로 '형벌을 줄이다'로 해석하였음을 밝혀둔다. 朱子가 직접 단《集註》의 反切에는 '所梗反'으로 되어 있으며, 아래 春省耕에는 '悉井反'으로 표시하고 '省視也'라 하였다. 《廣韻》에는 音을 성으로 읽을 때에는 '息井切'로, 생으로 읽을 때에는 '所景切'로 표시하였다.

壺山은

'省'을 讀者들이 찰(察)의 뜻으로 잘못 읽을까 염려하여 〈朱子가《集註》에〉 특별히 音을

---

45 比 猶爲也:楊伯峻은 '比'는 '대신하여(替·代·給)'의 뜻이라고 하였다.

··· 歸 돌아갈 귀 省 덜 생,살필 성 薄 적을 박 稅 세금 세 斂 거둘 렴 耕 밭갈 경 易 다스릴 이 耨 김맬 누 暇 한가할 가 事 섬길 사 梃 몽둥이 정 撻 종아리칠 달 利 날카로울 리

드러낸 것이다.〔省恐讀者作察義 故特著音〕

하였다.

集註 | 省刑罰, 薄稅斂此二者는 仁政之大目也라 易는 治也요 耨는 耘也⁴⁶라 盡己之謂忠이요 以實之謂信이라 君行仁政이면 則民得盡力於農畝하고 而又有暇日以修禮義⁴⁷라 是以로 尊君親上하여 而樂於效死也라

형벌을 줄이고 세금을 적게 거두는 이 두 가지는 仁政의 큰 조목이다. '易'는 다스림이요 '耨'는 김맴이다. 자기 마음을 다함을 '忠'이라 이르고, 성실히 함을 '信'이라 이른다. 君主가 仁政을 행하면 백성들이 농사일에 힘을 다할 수 있고, 또 한가한 날로써 禮義를 닦을 수 있다. 이 때문에 君主를 높이고 윗사람을 친애해서 기꺼이 목숨을 바치는 것이다.

5-4. 彼奪其民時하여 使不得耕耨하여 以養其父母하면 父母凍餓하며 兄弟妻子離散하리니

저들이 백성의 농사철을 빼앗아 백성들로 하여금 밭 갈고 김매서 그 父母를 봉양하지 못하게 하면, 父母가 얼고 굶주리며 兄弟와 妻子가 離散될 것이니,

集註 | 彼는 謂敵國也라

'彼'는 敵國을 이른다.

5-5. 彼陷溺其民이어든 王이 往而征之하시면 夫誰與王敵이리잇고

저들이 그 백성을 함정에 빠뜨리고 도탄에 빠뜨리거든 王께서 가서 바로잡으신다면 그 누가 王과 대적하겠습니까.

集註 | 陷은 陷於阱이요 溺은 溺於水니 暴虐之意라 征은 正也라 以彼暴虐其民으로

---

46 易治也 耨耘也:壺山은 "'易耨'는 깨끗하게 김매는 것을 말한다.〔言淨耨也〕" 하였다.

47 以修禮義:一本에는 '義'가 '敎'로 되어 있다.

··· 耘 김맬 운 效 바칠 효 凍 얼 동 餓 굶주릴 아 散 흩을 산 敵 대적할 적 彼 저 피 陷 함정에빠질 함
溺 물에빠질 닉 征 바로잡을 정 誰 누구 수 阱 함정 정 暴 사나울 포 虐 모질 학

而率吾尊君親上之民하여 往正其罪하면 彼民이 方怨其上하여 而樂歸於我하리니 則誰與我爲敵哉리오

'陷'은 함정에 빠짐이요 '溺'은 물에 빠짐이니, 포학히 한다는 뜻이다. '征'은 바로잡는 것이다. 저들이 그 백성에게 포학하게 하므로 君主를 높이고 윗사람을 친애하는 나의 백성을 거느리고 가서 그 죄를 바로잡는다면, 저 백성들이 그 윗사람을 원망하고 있어서 기꺼이 나에게 돌아올 것이니, 그렇다면 누가 나와 대적하겠는가.

5-6. 故로 曰 仁者는 無敵이라하니 王請勿疑하소서

그러므로 〈옛말에〉 '仁者는 대적할 사람이 없다.' 한 것이니, 王은 청컨대 의심하지 마소서."

集註 | 仁者無敵은 蓋古語也라 百里可王은 以此而已니 恐王疑其迂闊이라 故로 勉使勿疑也라

'仁者無敵'은 옛 말씀인 듯하다. 百里를 가지고 왕 노릇 할 수 있는 것은 이 때문일 뿐이니, 王이 우활하다고 의심할까 두려워하였으므로 의심하지 말라고 권면한 것이다.

章下註 | ○孔氏[48]曰 惠王之志는 在於報怨하고 孟子之論은 在於救民하니 所謂唯天吏則可以伐之[49]니 蓋孟子之本意시니라

○孔氏(孔文仲)가 말하였다. "惠王의 뜻은 원한을 보복함에 있었고, 孟子의 의논은 백성을 구제함에 있었으니, 이른바 '오직 天吏라야 정벌할 수 있다.'는 것이니, 이것이 孟子의 本意이시다."

---

48 孔氏:孔子의 47대손인 孔文仲(1033~1088)으로, 자는 經父이며, 江西省 新喩 사람이다. 저서에 《清江三孔集》이 있다.

49 唯天吏則可以伐之:'天吏'는 王者가 하늘의 뜻을 받들어 죄가 있는 자를 토벌하고 덕이 있는 자를 높여주는 것으로, 이 내용은 아래 〈公孫丑下〉 8장에 "爲天吏則可以伐之"라고 보인다.

… 率 거느릴솔 疑 의심할의 迂 멀우 闊 넓을활 救 구원할구

|孟子見梁襄王章(不嗜殺人章)|

6-1. 孟子見梁襄王하시고

孟子께서 梁 襄王을 만나보시고,

> 集註 | 襄王은 惠王子니 名赫[50]이라

襄王은 惠王의 아들이니, 이름이 赫이다.

6-2. 出語人曰 望之不似人君이요 就之而不見所畏焉이러니 卒然問曰 天下惡乎定고하여늘 吾對曰 定于一이라호라

나와서 사람들에게 말씀하셨다. "바라보아도 人君 같지 않고, 그 앞으로 나아가도 두려워할 만한 것을 볼 수 없었는데, 갑자기 '天下가 어느 곳(나라)에 정해지겠습니까?' 하고 묻기에, 내 대답하기를 '한 곳에 정해질 것입니다.' 하였노라.

> 集註 | 語는 告也라 不似人君, 不見所畏는 言其無威儀也[51]라 卒然은 急遽之貌라 蓋容貌辭氣는 乃德之符[52]니 其外如此면 則其中之所存者를 可知라 王問 列國分爭하니 天下當何所定고한대 孟子對以必合于一然後定也시니라

'語'는 말함이다. '人君 같지 않고 두려워할 만한 것을 볼 수 없다.'는 것은 威儀가 없음을 말한 것이다. '卒然'은 急遽한 모양이다. 容貌와 辭氣는 바로 德의 징험(상징)이니, 그 외

---

50 襄王……名赫:新安倪氏(倪士毅)는 《資治通鑑》을 살펴보건대 愼靚王 2년 壬寅년(B.C.319)에 惠王이 죽자, 孟子가 魏나라를 떠나 齊나라로 가셨으니, 이는 襄王을 한 번 만나본 뒤에 즉시 떠나신 것이다.〔按通鑑 愼靚王二年壬寅 惠王卒 孟子去魏適齊 是一見襄王後 卽去也〕하였다. 《史記》〈魏世家〉索隱에 "《世本》에 襄王의 이름은 嗣이다." 하였는데, 楊伯峻도 이를 따랐다.

51 不似人君……言其無威儀也:新安倪氏는 《春秋左傳》 襄公 31년에 '위엄이 있어 두려워할만한 것을 威라 하고 거동이 있어 따라 할 만한 것을 儀라 한다.' 하였으니, '人君 같지 않다'는 것은 따라 할 만한 거동이 없는 것이요, '두려워할 만한 것을 볼 수 없다'는 것은 두려워할 만한 위엄이 없는 것이다.〔左氏傳云 有威而可畏 謂之威 有儀而可象 謂之儀 不似人君 無可象之儀也 不見所畏 無可畏之威也〕하였다.

52 容貌辭氣 乃德之符:新安陳氏(陳櫟)는 "德은 마음속에 있는데, 容貌와 辭氣는 바로 德의 징험이므로 밖에서 볼 수 있는 것이다.〔德存於中 容貌辭氣 乃德之符驗 可見於外者〕하였다.

··· 襄 도울 양 赫 빛날 혁 望 바랄 망 就 나아갈 취 卒 갑자기 졸(猝同) 惡 어찌 오 威 위엄 위 儀 거동 의
遽 급할 거 貌 모양 모 辭 말씀 사 符 상징 부 列 벌릴 렬 爭 다툴 쟁

모가 이와 같다면 그 가슴속에 보전한 것을 알 수 있다. 王이 "列國이 나누어져 다투고 있으니, 天下가 마땅히 어느 곳에 정해지겠습니까?" 하고 묻자, 孟子께서 "반드시 한 곳에 합해진 뒤에 정해질 것입니다." 하고 대답하신 것이다.

6-3. 孰能一之오하여늘

'누가 능히 통일시키겠습니까?' 하고 묻거늘

集註ㅣ 王問也라

왕이 물은 것이다.

6-4. 對曰 不嗜殺人者 能一之라호라

'사람 죽이기를 좋아하지 않는 자가 능히 통일할 수 있습니다.' 하고 대답하였노라.

集註ㅣ 嗜는 甘也라

'嗜'는 달게 여기는 것이다.

6-5. 孰能與之오하여늘

'누가 그에게 돌아가게 하겠습니까?' 하고 묻거늘

按說ㅣ "孰能與之'에 대하여, 壺山은

'누가 그에게 돌아가게 하겠는가〔孰能與之〕'는 군주를 위주하여 백성들로 하여금 돌아가게 함을 말하였으니 그 문세가 순하지 않고, 〈아래의〉 '돌아가지 않을 이가 없다〔莫不與也〕'는 것은 백성들을 위주하여 스스로 돌아감을 말하였으니 그 문세가 순하다.〔孰能與之 主君而言使之歸也 其勢逆 莫不與也 主民而言自歸也 其勢順〕

라고 하였다. 그러나 '能'字가 있으므로 '누가 그에게 돌아가게 하겠는가?'를 따랐음을 밝

··· 孰 누구 숙 嗜 즐길 기

혀 둔다. 《國語》〈齊語〉에 "桓公이 천하의 제후들이 대부분 자기를 따른다는 것을 알았
다.[桓公知天下諸侯多與己也]" 하였는데, 韋昭의 註에 "'與'는 '從(따르다)'이다." 하였
는바, 楊伯峻은 이를 취하였다.

集註 | 王復問也라 與는 猶歸也라

왕이 다시 물은 것이다. '與'는 歸와 같다.

6-6. 對曰 天下莫不與也니 王은 知夫苗乎잇가 七八月之間에 旱則苗
槁矣라가 天이 油然作雲하여 沛然下雨면 則苗浡然興之矣나니 其如是
면 孰能禦之리오 今夫天下之人牧이 未有不嗜殺人者也니 如有不嗜
殺人者면 則天下之民이 皆引領而望之矣리니 誠如是也면 民歸之 由
(猶)水之就下하리니 沛然을 誰能禦之리오호라

대답하기를 '天下에 돌아가지 않는 이가 없을 것이니, 王은 벼싹을 아십니까? 7, 8월 사
이에 날씨가 가물면 벼싹이 마르다가 하늘이 油然히 구름을 일으켜 沛然히 비를 내
리면 벼싹이 수북이 일어나니, 이와 같으면 누가 이것을 막겠습니까. 지금 天下의 人牧
(人君)이 사람 죽이기를 좋아하지 않는 자가 있지 않으니, 만일 사람 죽이기를 좋아하
지 않는 자가 있으면 天下의 백성들이 모두 목을 늘이고 바라볼 것입니다. 진실로 이와
같다면 백성들이 그에게 돌아감이 물이 아래로 내려가는 것과 같을 것이니, 沛然함을
누가 막겠습니까?' 하였노라."

集註 | 周七八月은 夏五六月也[53]라 油然은 雲盛貌요 沛然은 雨盛貌요 浡然은 興起
貌라 禦는 禁止也라 人牧은 謂牧民之君也라 領은 頸也라 蓋好生惡(오)死는 人心所

---

[53] 周七八月 夏五六月也: 夏나라는 寅月을 正月로 한 반면, 周나라는 子月을 正月로 하여 두 달이 앞서
가므로 말한 것이다. 子月은 지금의 음력 동짓달에 해당된다. 子月은 초저녁에 北斗星의 자루가 북방
(子方)을 가리키는 달로, 十二支는 바로 이 열두 달을 기준한 것이다. 《大全》에 "《孟子》에는 모두 周나
라의 달을 가지고 말하였으니, 《春秋左傳》과 같다.[孟子內 並以周月言 與春秋左傳同]" 하였다. 아래
〈離婁下〉 2장에 "11월에 徒杠이 이루어지며 12월에 輿梁이 이루어진다.[歲十一月 徒杠成 十二月 輿
梁成]" 한 것도 그러하다.

••• 苗 벼싹묘 旱 가물 한 槁 마를 고 油 구름일 유 沛 물쏟아질 패 浡 일어날 발(勃同) 禦 막을 어 牧 기를 목
引 늘일 인 領 목 령 由 같을 유(猶同) 頸 목 경 惡 미워할 오

同이라 故로 人君이 不嗜殺人이면 則天下悅而歸之라

周나라의 7, 8월은 夏나라의 5, 6월이다. '油然'은 구름이 성한 모양이요, '沛然'은 비가 성한 모양이요, '浡然'은 興起하는 모양이다. '禦'는 금지함이다. '人牧'은 백성을 기르는 君主를 이른다. '領'은 목이다. 삶을 좋아하고 죽음을 싫어하는 것은 人心의 똑같은 바이므로 人君이 사람 죽이기를 좋아하지 않으면 天下가 기뻐하여 그에게 돌아가는 것이다.

章下註 | ○ 蘇氏曰 孟子之言이 非苟爲大而已라 然이나 不深原其意而詳究其實이면 未有不以爲迂者矣라 予觀孟子以來로 自漢高祖及光武及唐太宗及我太祖皇帝히 能一天下者四君이 皆以不嗜殺人致之[54]요 其餘는 殺人愈多而天下愈亂하며 秦晉及隋는 力能合之나 而好殺不已라 故로 或合而復分[55]하고 或遂以亡國[56]하니 孟子之言이 豈偶然而已哉[57]리오

○ 蘇氏(蘇轍)가 말하였다. "孟子의 말씀은 구차히 큰소리만 칠 뿐이 아니었다. 그러나 그 뜻을 깊이 근원하고 그 실제를 상세히 연구하지 않으면 迂闊하다고 여기지 않을 자가 있지 않을 것이다. 내가 보건대 孟子 이래로 漢 高祖로부터 光武帝와 唐 太宗과 우리 太祖皇帝(宋 太祖)에 이르기까지 天下를 통일한 자가 네 君主인데, 이들은 모두 사람 죽이기를 좋아하지 않음으로써 통일천하를 이룩하였고, 그 나머지는 사람 죽이기를 더욱 많이 함에 天下가 더욱 혼란하였다. 秦나라와 晉나라 및 隋나라는 힘은 능히 통합하였으나 끊임없이 죽이기를 좋아하였으므로 혹은 합하였다가 다시 나누어지고 혹은 마침내 나라가 멸망하였으니, 孟子의 말씀이 어찌 우연일 뿐이겠는가."

---

54 能一天下者四君 皆以不嗜殺人致之:茶山은 "여기서 말한 '사람을 죽인다'는 것은 병기와 刑杖으로 죽임을 말한 것이 아니다. 王政을 행하지 아니하여 풍년에 남은 곡식을 거두어들일 줄 모르고, 흉년에 창고를 열 줄 모르면 '사람 죽이기를 좋아하는 것'이다.〔殺人者 非謂兵刃刑杖而殺之也 不行王政 豐年不知檢 凶年不知發 則嗜殺人者也〕" 하였다.

55 或合而復分:《大全》에 "晉 武帝가 합하였는데, 후일 漢(前趙) 高祖가 된 劉淵과 後趙 高祖가 된 石勒의 난리에 나뉘어 江東에 王 노릇하였다.〔晉武合之 劉石亂 而分王江東〕" 하였다.

56 亡國:《大全》에 "秦나라와 隋나라이다." 하였다.

57 豈偶然而已哉:'偶然'은 별의미가 없음을 이른다.

··· 悅 기쁠 열 苟 구차할 구 究 연구할 구 致 이룰 치 愈 더욱 유 隋 나라이름 수 遂 마침내 수 豈 어찌 기
    偶 우연 우

｜保民章(穀觫章)｜

7-1. 齊宣王이 問曰 齊桓晉文之事를 可得聞乎잇가

齊 宣王이 물었다. "齊 桓公과 晉 文公의 일을 얻어 들을 수 있겠습니까?"

集註｜齊宣王은 姓田氏요 名辟彊[58]이니 諸侯僭稱王也라 齊桓公, 晉文公은 皆霸諸
侯者라

齊 宣王은 姓이 田氏이고 이름이 辟彊이니, 諸侯로서 王을 僭稱하였다. 齊 桓公과 晉 文
公은 모두 諸侯의 霸者이다.

7-2. 孟子對曰 仲尼之徒 無道桓文之事者라 是以로 後世에 無傳焉하니 臣이 未之聞也로니 無以則王乎인저

孟子께서 대답하셨다. "仲尼의 門徒들은 齊 桓公과 晉 文公의 일을 말한 자가 없습
니다. 이 때문에 후세에 전해진 것이 없어 臣이 아직 듣지 못하였습니다. 그만두지 말고
기어이 말하라 하신다면 王道를 말하겠습니다."

集註｜道는 言也라 董子曰 仲尼之門에 五尺童子 羞稱五伯(패)는 爲其先詐力而後
仁義也라하니 亦此意也[59]라 以는 已通用이니 無已는 必欲言之而不止也라 王은 謂
王天下之道라

58　齊宣王……名辟彊:趙氏(趙順孫)는 "田氏는 본래 陳나라 公子 完의 후손이니 처음에 陳을 氏로 하
였다가 뒤에 姓을 田氏로 고쳤는데, 田和에 이르러 비로소 齊나라를 찬탈하여 소유하였다. 辟彊은 田
和의 曾孫이니, 이분이 바로 宣王이다.〔田氏 本陳公子完之後 初以陳爲氏 後改姓田氏 至田和 始簒
齊而有之 辟彊 和之曾孫 是爲宣王〕"하였다.

59　董子曰……亦此意也:新安倪氏(倪士毅)는 "董子는 이름이 仲舒로 西漢 廣川 사람이니, 이 말은
《漢書》〈董仲舒傳〉에 보인다. 〈董仲舒가〉江都 易王의 '越나라에 三仁이 있느냐?'는 물음에 대답하여
이르기를 '仁人은 誼를 바르게 하고 이익을 도모하지 않으며 道를 밝히고 功을 계산하지 않습니다. 이
때문에 仲尼(孔子)의 門下에 五尺童子도 五伯를 말하는 것을 부끄러워하였으니, 속임수와 무력을 앞
세우고 仁義를 뒤로 하였기 때문입니다.' 하였다.〔董子 名仲舒 西漢廣川人 此語 見漢書本傳 對江都
易(역)王問粤(越)有三仁 而曰 仁人者 正其誼 不謀其利 明其道 不計其功 是以仲尼之門 五尺童
子羞稱五伯 爲其先詐力而後仁義也〕"하였다. 三仁은 세 仁者(仁人)로,《論語》〈微子〉에 '殷有三仁
焉'이라고 보이는바, 殷나라의 세 仁者는 微子·比干·箕子이다.

…　宣 베풀 선　桓 굳셀 환　辟 열 벽　彊 굳셀 강　僭 참람할 참　霸 으뜸 패　仲 버금 중　尼 산이름 니　道 말할 도
以 그칠 이　董 성 동　羞 부끄러울 수　伯 으뜸 패(霸同)　詐 속일 사

'道'는 말함이다. 董子(董仲舒)가 말하기를 "仲尼의 門下에서 五尺童子들도 五伯(五霸)를 칭하기를 부끄러워한 것은 속임수와 무력을 앞세우고 仁義를 뒤로 하였기 때문이다." 하였는데, 또한 이 뜻이다. '以'는 已와 통용되니, 無已는 반드시 이것을 말하고자 하여 그만두지 않는 것이다. '王'은 天下에 왕 노릇하는 道를 말한다.

7-3. 曰 德이 何如면 則可以王矣리잇고 曰 保民而王이면 莫之能禦也리이다

王이 "德이 어떠하면 왕 노릇 할 수 있습니까?" 하고 묻자, 孟子께서 "백성을 보호하고 왕 노릇하면 이것을 막을 자가 없을 것입니다."라고 대답하셨다.

集註 | 保는 愛護也라

'保'는 愛護함이다.

7-4. 曰 若寡人者도 可以保民乎哉잇가 曰 可하니이다 曰 何由로 知吾의 可也잇고 曰 臣이 聞之胡齕하니 曰 王이 坐於堂上이어시늘 有牽牛而過堂下者러니 王見之하시고 曰 牛何之오 對曰 將以釁鍾이니이다 王曰 舍之하라 吾不忍其觳觫若無罪而就死地하노라 對曰 然則廢釁鍾與잇가 曰 何可廢也리오 以羊易之라하니 不識케이다 有諸잇가

王이 말씀하였다. "寡人과 같은 자도 백성을 보호할 수 있습니까?"
孟子께서 말씀하셨다. "가능합니다."
"무슨 이유로 나의 가능함을 아십니까?"
"臣이 다음과 같은 내용을 胡齕에게 들었습니다. '王께서 堂上에 앉아 계시는데, 소를 끌고 堂下로 지나가는 자가 있었습니다. 王께서 이를 보시고 「소는 어디로 가는가?」하고 물으시자, 대답하기를 「장차 〈도살하여 그 피로〉 鍾의 틈을 바르는 데 쓰려고 합니다.」하였습니다. 王께서 「놓아주어라. 내가 그 두려워 벌벌 떨며 죄없이 死地에 나아감

을 차마 볼 수 없다.」하시자, 대답하기를 「그렇다면 釁鍾을 폐지하오리까?」하니, 왕께서 「어찌 폐지할 수 있겠는가? 羊으로 바꾸어 쓰라.」하셨다.' 합니다. 알지 못하겠습니다. 이러한 일이 있었습니까?"

按說 | "何由'의 句讀에 대하여 壺山은

'何由'를 諺解에 句를 떼었으니, 다시 헤아려보아야 한다.〔何由諺解句絕 恐合更商〕

하였고, 壺山은 또

'何之'를 諺解의 해석에 '어디로 가는가〔何往〕'로 해석하였는데, 혹자는 '무엇하려고 해서인 가〔何爲〕'라고 말한 것과 같다고 하니, 다시 헤아려 보아야 한다.〔何之 諺釋作何往 或云猶 言何爲也 更詳之〕

하였다.
'其觳觫若無罪而就死地'를 官本諺解에는 '觳觫히 無罪한 것이 死地에 就하는 듯함 을'로 해석하여 '若'을 '無罪而就死地'에 붙여 '같다'의 뜻으로 쓰인 것으로 보았으나, 月川(趙穆)은 '若'을 '然'으로 보아 '觳觫히'에 포함된 것으로 보았으며, 退溪(李滉) 또한 이에 찬동하였다. 沙溪(金長生)는

栗谷(李珥)은 '觳觫若'에서 句를 떼어야 한다고 하셨는데, 나는 생각하건대, 금수에게 어 찌 죄가 있다 없다를 말할 것이 있겠는가, 죄 없는 사람이 死地에 나아가는 것과 같다고 말 한 것인 듯하다. 혹자는 말하기를 "그 두려워 떠는 모양을 보면 마치 본디 죄 없이 死地로 나 아가는 것과 같은 뜻이 있는 듯하다."라고 한다.〔栗谷以觳觫若爲句絕 愚以爲禽獸有何有 罪無罪之可言乎 似謂如無罪之人就死地也 或曰其觳觫之狀 見之 似若有自以無罪 而就死之意云〕《經書辨疑》

하였다. 栗谷諺解에는 이 句에 대한 懸吐는 없고 '그 觳觫히 죄 없이 死地에 나아감을 참지 못하는지라'로 해석하였다. 반면에 壺山은

살펴보건대 沙溪의 말씀이 諺解와 합치한다. 다만 뒷절의 '隱其無罪而就死地'에 더 이상 '若'字를 말하지 않고 註 또한 '牛羊無罪'를 가지고 말하였으니, 그렇다면 '若'字를 윗글에 붙여 읽어야 하니, 栗谷의 句讀를 따라야 할 듯하다. '若'은 然과 같으니, '觳觫若'은 그 글

의 문세가《周易》의〈離卦 九五〉爻辭의 '戚嗟若(두려워하며 걱정함)'과 같다.〔按沙溪說 與諺解合 但後節隱其無罪而就死地 不復言若字 註亦以牛羊無罪言之 則若字之屬 上文讀 恐當從栗谷也 若 猶然也 觳觫若 其文勢與易之戚嗟若同云〕

하였다.

集註 | 胡齕[60]은 齊臣也라 釁鍾은 新鑄鍾成이면 而殺牲取血하여 以塗其釁郤(隙)也[61]라 觳觫은 恐懼貌라 孟子述所聞胡齕之語而問王하사되 不知果有此事否아하시니라

胡齕은 齊나라 신하이다. '釁鍾'은 새로 종을 주조하여 완성되면 짐승을 잡아 피를 내어서 그 틈을 바르는 것이다. '觳觫'은 恐懼하는 모양이다. 孟子께서 胡齕에게 들은 말씀을 서술하고, 王께 물으시기를 "과연 이러한 일이 있었는지 알지 못하겠습니다."라고 하신 것이다.

7-5. 曰 有之하니이다 曰 是心이 足以王矣리이다 百姓은 皆以王爲愛也어니와 臣은 固知王之不忍也하노이다

王이 말씀하였다. "그러한 일이 있었습니다."
孟子께서 말씀하셨다. "이 마음이 족히 왕 노릇 하실 수 있습니다. 백성들은 모두 王더러 재물을 아낀다고 하겠지만 臣은 진실로 王께서 차마 못하신 것을 알고 있습니다."

集註 | 王見牛之觳觫而不忍殺은 卽所謂惻隱之心仁之端也니 擴而充之면 則可以保四海矣라 故로 孟子指而言之하사 欲王察識於此而擴充之也시니라 愛는 猶吝也라

---

60 胡齕:《大全》에 "'齕'은 下沒反(홀)이다.《集註》에 音이 核이니, '核'字는 두 음이 있으므로 마땅히 살펴야 한다.〔齕 下沒反 集註 音核 核字有二音 宜審〕" 하였다.

61 釁鍾……以塗其釁郤(隙)也: '釁鍾'은 새로 종을 주조하여 완성되면 짐승을 잡아 피를 내어서 그 틈에 바르는 것으로, 예전에는 종뿐만 아니라 어떤 기물이든 완성이 되면 피를 칠하였다.《禮記》〈月令〉에 "이 달(孟冬의 달)에는 太史에게 명하여 점칠 때 사용하는 거북과 蓍草에 피를 바른다.〔是月也 命太史 釁龜筴〕" 하였는데, 陳澔의《禮記集說》에 馮氏의 說을 인용하여 해설하기를 "옛날에는 器物이 완성되면 피를 칠하였으니, 이는 상서롭지 못한 것을 물리치기 위한 것이다.〔古者 器成而釁以血 所以攘卻不祥也〕" 하였다. 楊伯峻은 釁鍾을 器物에 지내는 제사 이름이라고 하였다.

··· 鑄 쇠녹일주 牲 짐승 생 血 피 혈 塗 바를 도 郤 틈 극(隙同) 恐 두려울 공 愛 아낄 애 惻 슬플 측 隱 측은할은 擴 넓힐 확 吝 아낄 린

王이 소가 두려워 떠는 모습을 보고 차마 죽이지 못한 것은 곧 이른바 '惻隱之心은 仁의 단서'라는 것이니, 이것을 擴充한다면 四海를 보전할 수 있다. 그러므로 孟子께서 가리켜 말씀하시어 王이 이에 대해 살펴 알아서 확충하게 하고자 하신 것이다. '愛'는 吝(아낌)과 같다.

7-6. 王曰 然하다 誠有百姓者로다마는 齊國이 雖褊小나 吾何愛一牛리오 卽不忍其觳觫若無罪而就死地라 故로 以羊易之也하니이다

王이 말씀하였다. "그렇습니다. 진실로 백성 중에 비난하는 자가 있겠습니다마는 齊나라가 비록 좁고 작으나 내 어찌 한 마리 소를 아끼겠습니까? 다만 소가 두려워 떨면서 죄없이 死地에 나아가는 것을 차마 볼 수 없었습니다. 그러므로 羊으로 바꾸게 한 것입니다."

> 集註ㅣ言 以羊易牛는 其迹似吝하여 實有如百姓所譏者라 然이나 我之心은 不如是也라
>
> 羊을 가지고 소와 바꾼 것은 그 자취가 재물을 아낀 듯하여 실제로 백성들이 비난하는 바와 같은 것이 있겠으나 나(왕)의 마음은 이와 같지 않다고 말씀한 것이다.

7-7. 曰 王은 無異於百姓之以王爲愛也하소서 以小易大어니 彼惡(오)知之리잇고 王若隱其無罪而就死地면 則牛羊을 何擇焉이니잇고 王이 笑曰 是誠何心哉런고 我非愛其財而易之以羊也언마는 宜乎百姓之謂我愛也로다

孟子께서 말씀하셨다. "王은 백성들이 王더러 재물을 아낀다고 말하는 것을 괴이하게 여기지 마소서. 작은 양을 가지고 큰 소와 바꾸었으니, 저들이 어찌 이것을 알겠습니까? 왕께서 만일 소가 죄 없이 死地로 나아가는 것을 측은히 여기셨다면 소와 양을 어찌 구별하셨습니까?"
王이 웃으며 말씀하였다. "이 진실로 무슨 마음이었던가? 내 재물을 아껴서 양으로 바꾸게 한 것은 아니었지만 당연히 백성들이 나더러 재물을 아낀다고 말하겠구나."

··· 誠 진실로 성 褊 좁을 편 卽 다만 즉 迹 자취 적 譏 기롱할 기 異 괴이할 이 擇 가릴 택 宜 마땅할 의

集註 | 異는 怪也라 隱은 痛也라 擇은 猶分也라 言牛羊이 皆無罪而死어늘 何所分別
而以羊易牛乎아 孟子故設此難하여 欲王反求而得其本心이러시니 王不能然이라 故
로 卒無以自解於百姓之言也라

'異'는 괴이하게 여김이다. '隱'은 애통해 함이다. '擇'은 分(분별)과 같다. 소와 양이 모두
죄 없이 죽는데, 어느 것을 분별하여 양으로써 소와 바꿨느냐고 말씀한 것이다. 孟子께서
고의로 이 질문을 가설하여 왕이 돌이켜 찾아서 그 本心을 깨닫게 하고자 하셨는데, 왕이
그렇게 하지 못하였다. 이 때문에 끝내 백성들의 비난하는 말을 스스로 해명할 수 없었던 것
이다.

7-8. 曰 無傷也라 是乃仁術也니 見牛코 未見羊也일새니이다 君子之於
禽獸也에 見其生하고 不忍見其死하며 聞其聲하고 不忍食其肉하나니 是
以로 君子遠庖廚也니이다

孟子께서 말씀하셨다. "나쁠(해로울) 것이 없습니다. 이것이 바로 仁을 하는 방법이니,
소는 보았고 양은 아직 보지 못하였기 때문입니다. 君子는 禽獸에 대해서 산 것을 보
고는 차마 그 죽는 것을 보지 못하며, 〈죽으면서 애처롭게 울부짖는〉 소리를 듣고는 차마
그 고기를 먹지 못합니다. 이 때문에 君子는 푸줏간을 멀리하는 것입니다."

集註 | 無傷은 言雖有百姓之言이나 不爲害也라 術은 謂法之巧者라 蓋殺牛는 旣所
不忍이요 釁鍾은 又不可廢니 於此에 無以處之면 則此心雖發이나 而終不得施矣라
然이나 見牛則此心已發而不可遏이요 未見羊則其理未形而無所妨이라 故로 以羊
易牛면 則二者得以兩全而無害니 此所以爲仁之術也라 聲은 謂將死而哀鳴也라
蓋人之於禽獸에 同生而異類라 故로 用之以禮하고 而不忍之心이 施於見聞之所
及이니 其所以必遠庖廚者는 亦以預養是心而廣爲仁之術也라

'無傷'은 비록 백성들의 비난하는 말이 있으나 害가 되지 않음을 말씀한 것이다. '術'은 공
교한 法을 이른다. 소를 죽이는 것은 이미 차마 하지 못할 바이고 釁鍾 또한 폐지할 수 없으
니, 이에 대해서 대처할 수 없으면 惻隱之心이 비록 發하였더라도 끝내 시행할 수 없는 것
이다. 그러나 소는 보았으니 이 惻隱之心이 發하여 막을 수 없고, 羊은 아직 보지 않았으니

··· 怪 괴이할괴 故 짐짓고 難 힐난할난 傷 해로울상 術 방법술 聲 소리성 肉 고기육 庖 푸줏간포
廚 부엌주 巧 공교할교 施 베풀시 遏 막을알 哀 슬플애 類 종류류 預 미리예

그 이치가 드러나지 않아서 해로울 것이 없다. 그러므로 양으로써 소와 바꾸게 하면 이 두 가지가 모두 온전하여 해로운 바가 없게 되니, 이것이 仁을 하는 방법인 것이다. '聲'은 짐승이 죽을 때에 슬피 울부짖는 소리이다. 사람은 禽獸에 대해서 똑같이 살면서(생명체라는 점에서는 같지만) 종류가 다르다. 그러므로 금수를 禮로써 사용하고, 차마 못하는 마음이 보고 들음이 미치는 곳에 베풀어지니, 반드시 푸줏간을 멀리하는 까닭은 미리 이 마음(惻隱之心)을 길러서 仁을 하는 방법을 넓히려고 해서이다.

7-9. 王이 說(열)曰 詩云 他人有心을 予忖度(탁)之라하니 夫子之謂也로소이다 夫我乃行之하고 反而求之호되 不得吾心이러니 夫子言之하시니 於我心에 有戚戚焉하여이다 此心之所以合於王者는 何也잇고

王이 기뻐하며 말씀하였다. "《詩經》에 이르기를 '他人이 가지고 있는 마음을 내가 헤아린다.' 하였으니, 夫子를 두고 말한 것입니다. 내가 마침 이것을 행하고 돌이켜 찾았으나 내 마음을 알지 못하였는데, 夫子께서 말씀해 주시니, 내 마음에 戚戚함이 있습니다. 이 마음이 王道에 부합되는 까닭은 무엇입니까?"

集註┃詩는 小雅巧言之篇이라 戚戚은 心動貌라 王因孟子之言하여 而前日之心이 復萌하여 乃知此心不從外得이라 然이나 猶未知所以反其本而推之也라

'詩'는 〈小雅 巧言〉篇이다. '戚戚'은 마음이 감동하는 모양(가슴이 뭉클함)이다. 王이 孟子의 말씀으로 인하여 전날의 마음이 다시 싹터서 마침내 이 마음이 밖으로부터 얻어지지 않음을 알았다. 그러나 아직도 그 근본을 돌이켜 미룰 줄은 알지 못하였다.

7-10. 曰 有復(복)於王者曰 吾力足以擧百鈞이로되 而不足以擧一羽하며 明足以察秋毫之末이로되 而不見輿薪이라하면 則王은 許之乎잇가 曰 否라 今에 恩足以及禽獸로되 而功不至於百姓者는 獨何與잇고 然則一羽之不擧는 爲不用力焉이며 輿薪之不見은 爲不用明焉이며 百姓之不見保는 爲不用恩焉이니 故로 王之不王은 不爲也언정 非不能也니이다

··· 說 기쁠 열 忖 헤아릴 촌 度 헤아릴 탁 戚 가슴뭉클할 척 雅 바를 아 復 다시 부, 아뢸 복 萌 싹틀 맹 擧 들 거 鈞 무게 균 毫 터럭 호 輿 수레 여 薪 나무섶 신 許 허여할 허

孟子께서 말씀하셨다. "王에게 아뢰는 자가 말하기를 '내 힘이 충분히 百鈞을 들 수 있으나 깃털 하나를 들 수 없으며, 시력이 秋毫의 끝을 살필 수 있으나 수레에 실은 나무 섶을 보지 못한다.'고 한다면 王은 이것을 인정하시겠습니까?"

王이 말씀하였다. "아닙니다."

〈孟子께서 말씀하셨다.〉"지금 은혜가 충분히 禽獸에게 미치면서도 功效가 백성들에게 이르지 않는 것은 유독 어째서입니까? 그렇다면 깃털 하나를 들지 못하는 것은 힘을 쓰지 않기 때문이며, 수레에 실은 나무 섶을 보지 못하는 것은 시력을 쓰지 않기 때문이며, 백성들이 보호를 받지 못하는 것은 은혜를 쓰지 않기 때문입니다. 그러므로 王께서 왕 노릇 하지 않음은 하지 않는 것일지언정 불가능한 것이 아닙니다."

集註 | 復은 白也라 鈞은 三十斤이니 百鈞은 至重難擧也라 羽는 鳥羽니 一羽는 至輕易擧也라 秋毫之末은 毛至秋而末銳하니 小而難見也요 輿薪은 以車載薪이니 大而易見也라 許는 猶可也라 今恩以下는 又孟子之言也라 蓋天地之性에 人爲貴[62]라 故로 人之與人은 又爲同類而相親이라 是以로 惻隱之發은 則於民切而於物緩하고 推廣仁術은 則仁民易而愛物難이어늘 今王此心이 能及物矣면 則其保民而王은 非不能也요 但自不肯爲耳[63]라

'復'은 아룀이다. '鈞'은 30斤이니, 百鈞은 지극히 무거워 들기가 어렵다. '羽'는 새의 깃

---

62 天地之性 人爲貴:壺山은 "天地의 性은 천지에서 稟受한 바가 性이라는 말이다. 貴는 五常이 온전히 구비된 것을 이른다.〔天地之性 謂所稟受於天地者 性也 貴 謂五常全具也〕"하였다. 五常은 仁·義·禮·智·信의 다섯 가지 떳떳한 本性을 이른다.

63 惻隱之發……但自不肯爲耳:南軒張氏(張栻)는 "친척을 친애하고서 백성을 사랑하며 백성을 사랑하고서 물건을 아끼는 것은 天理로 크게 같은 것이다. 근본이 하나임으로 말미암아 그 베풂이 차례가 있으니, 어찌 소 한 마리는 차마 해치지 못하면서 백성은 보호하지 못하는 자가 있겠는가. 소를 보고 차마 해치지 못하는 것은 이것을 가릴 수가 없어서 물건을 아끼는 단서가 발현된 것이요, 백성에게 은혜를 加하지 못하는 것은 가린 것이 있어서 백성을 사랑하는 이치가 드러나지 못한 것이다. 그러나 물건을 아끼는 단서에 나아가보면 백성을 사랑하는 이치가 본래 갖추어져 있음을 알 수 있으니, 능히 돌이켜서 차마 해치지 못하는 실제를 따른다면 이른바 백성을 사랑한다는 것을 진실로 알 수 있을 것이다.〔親親而仁民 仁民而愛物 此天理之大同 由一本而其施有序也 豈有於一牛則能不忍 而不能保民者 蓋方見牛而不忍者 無以蔽之 而其愛物之端發見 其不能加恩於民者 有以蔽之 而仁民之理不著也 然卽夫愛物之端 可以知夫仁之理素具 能反而循其不忍之實 則其所謂仁民者 固可得也〕"하였다. '근본이 하나'란 것은 父母를 가리킨 것으로, 사람은 누구나 한 부모에게서 태어나 뿌리가 하나임을 말한 것이다. 아래 〈滕文公上〉의 맨 끝장(5장)에 "또 하늘이 物을 냄은 그로 하여금 근본이 하나이게 하였는데, 夷子는 근본이 둘이기 때문이다.〔且天之生物也 使之一本 而夷子二本故也〕"라고 보인다.

··· 白 아뢸 백   銳 날카로울 예   載 실을 재   緩 느슨할 완   肯 즐길 긍

털이니, 깃털 하나는 지극히 가벼워 들기가 쉽다. '秋毫之末'은 터럭이 가을에 이르면 끝이 예리해지니 작아서 보기가 어렵고, '輿薪'은 수레에 섶을 실은 것이니 커서 보기가 쉽다. '許'는 可(認定)와 같다. '今恩' 이하는 다시 孟子의 말씀이다. 天地의 性 중에 사람이 가장 귀함이 된다. 그러므로, 사람과 사람은 또 同類가 되어서 서로 친하다. 이 때문에 惻隱之心의 發함은 백성(사람)에게는 간절하고 물건에게는 느슨하며, 仁을 하는 방법을 미루어 넓힘은 백성을 사랑하기는 쉽고 물건을 사랑하기는 어려운 것이다. 그런데 지금 王의 이 마음(惻隱之心)이 능히 물건에 미쳤으니, 그렇다면 백성을 보호하고 왕 노릇하는 것은 불가능한 것이 아니요, 다만 스스로 하려 하지 않을 뿐인 것이다.

7-11. 曰 不爲者와 與不能者之形이 何以異잇고 曰 挾太山하여 以超北海를 語人曰 我不能이라하면 是는 誠不能也어니와 爲長者折枝를 語人曰 我不能이라하면 是는 不爲也언정 非不能也니 故로 王之不王은 非挾太山以超北海之類也라 王之不王은 是折枝之類也니이다

王이 말씀하였다. "하지 않는 것과 불가능한 것의 형상이 어떻게 다릅니까?"
孟子께서 말씀하셨다. "太山을 옆에 끼고 北海를 뛰어넘는 것을 사람들에게 말하기를 '내 불가능하다.'고 한다면 이것은 진실로 불가능한 것이지만, 長者를 위하여 나뭇가지를 꺾는 것을 사람들에게 말하기를 '내 불가능하다.'고 한다면 이것은 하지 않는 것일지언정 불가능한 것이 아닙니다. 그러므로 王께서 왕 노릇 하지 않으시는 것은 太山을 옆에 끼고 北海를 뛰어넘는 것과 같은 종류가 아니라, 王께서 왕 노릇 하지 않으시는 것은 바로 나뭇가지를 꺾는 것과 같은 종류입니다.

按說 | '太山'에 대하여, 楊伯峻은

'太山'은 泰山이고 '北海'는 渤海이다.

하였다. 옛날 '太'와 '泰'는 혼용하였다. 《論語》의 〈泰伯〉 역시 〈太伯〉으로 표기된 곳이 많다. 泰山은 中國 五嶽의 하나로 岱宗이라고도 하였는바, 齊나라에 있다.
'折枝'에 대하여, 朱子는 '나뭇가지를 꺾는 것'으로 해석하였으나 趙岐의 註에는 '枝'

··· 挾 낄 협 超 뛰어넘을 초 折 꺾을 절 枝 가지 지

를 '肢'로 보아 '四肢를 굽혀 안마하는 것'으로 풀이하였는바, 이는 孟子가 出生한 지방의 方言이라 한다. 茶山은 '折枝'를 '안마'로 해석하는 것은 옛 증거가 비록 많지만 온당하지 않다고 보고 朱子의 說을 취하였다. 楊伯峻은 '나뭇가지를 꺾다'로 해석하고, 위의 두 說 외에 '허리를 굽혀 인사하다'는 해석도 있음을 소개하였다.

集註 | 形은 狀也라 挾은 以腋持物也라 超는 躍而過也라 爲長者折枝는 以長者之命으로 折草木之枝니 言不難也라 是心固有하여 不待外求니 擴而充之는 在我而已니 何難之有리오

'形'은 형상이다. '挾'은 겨드랑이에 물건을 끼는 것이다. '超'는 뛰어서 지나가는 것이다. '長者를 위해서 나뭇가지를 꺾는다.'는 것은 長者의 명령에 따라 草木의 가지를 꺾는 것이니, 어렵지 않음을 말한 것이다. 이 惻隱之心이 본디 나에게 있어서 밖에서 구할 필요가 없으니, 이것을 확충함은 나에게 달려있을 뿐이다. 무슨 어려움이 있겠는가.

7-12. 老吾老하여 以及人之老하며 幼吾幼하여 以及人之幼하면 天下는 可運於掌이니 詩云 刑于寡妻하여 至于兄弟하여 以御于家邦이라하니 言擧斯心하여 加諸彼而已라 故로 推恩이면 足以保四海요 不推恩이면 無以保妻子니 古之人이 所以大過人者는 無他焉이라 善推其所爲而已矣니 今에 恩足以及禽獸로되 而功不至於百姓者는 獨何與니잇고

내 노인(父兄)을 노인으로 섬겨서 남의 노인에게까지 미치며 내 어린이(子弟)를 어린이로 사랑해서 남의 어린이에게까지 미친다면, 天下는 손바닥에 놓고 움직일 수 있습니다. 《詩經》에 이르기를 '寡妻에게 모범이 되어서 兄弟에 이르고 이러한 방법으로써 집과 나라를 다스린다.' 하였으니, 이 마음을 들어서 저기에 加할 뿐임을 말한 것입니다. 그러므로 은혜를 미루면 충분히 四海를 보호할 수 있고, 은혜를 미루지 않으면 妻子도 보호할 수 없는 것입니다. 옛사람이 보통 사람보다 크게 뛰어난 까닭은 딴 것이 없으니, 그 하는 바를 잘 미루었을 뿐입니다. 지금 은혜가 충분히 禽獸에게 미쳤으나 功效가 백성에게 이르지 않는 것은 유독 어째서입니까?

··· 狀 형상상 腋 겨드랑이액 持 가질지 躍 뛸약 老 경로(敬老)할로 幼 사랑할유 運 옮길운 掌 손바닥장 刑 법형 御 다스릴어 擧 들거 過 뛰어날과 善 잘할선

按說 | "刑于寡妻 至于兄弟 以御于家邦'의 세 개의 '于'에 대하여, 壺山은

　　'御于'의 '于'는 앞의 두 '于'와는 그 文勢가 조금 다르니, 諺解의 해석을 상고할 만하다.〔御
　　于之于 與上二于 其勢微異 諺釋可考〕

하였는데, 諺解에서는 같은 '于'이지만 '寡妻'와 '兄弟' 앞에서는 '~에'로 해석하였고,
'家邦' 앞에서는 '~을'로 해석하여 용법을 달리하고 있다.

集註 | 老는 以老事之也니 吾老는 謂我之父兄이요 人之老는 謂人之父兄이라 幼는
以幼畜(휵)之也니 吾幼는 謂我之子弟요 人之幼는 謂人之子弟라 運於掌은 言易也
라 詩는 大雅思齊之篇이라 刑은 法也라 寡妻⁶⁴는 寡德之妻니 謙辭也라 御는 治也라
不能推恩이면 則衆叛親離라 故로 無以保妻子라 蓋骨肉之親은 本同一氣하니 又非
但若人之同類而已라 故로 古人이 必由親親推之然後에 及於仁民하고 又推其餘
然後에 及於愛物하니 皆由近以及遠하고 自易以及難이어늘 今王反之하니 則必有故
矣라 故로 復推本而再問之하시니라

'老'는 늙은이를 섬기는 禮로써 섬기는 것이니, '吾老'는 나의 父兄을 이르고 '人之老'는
남의 父兄을 이른다. '幼'는 어린이를 기르는 禮로써 기르는 것이니, '吾幼'는 나의 子弟를
이르고 '人之幼'는 남의 子弟를 이른다. '運於掌'은 쉬움을 말한다. '詩'는 〈大雅 思齊〉
篇이다. '刑'은 法(모범)이다. '寡妻'는 寡德한 이의 아내이니, 謙辭이다. '御'는 다스림
이다. 은혜를 미루지 못하면 민중이 배반하고 친척이 이산되므로 妻子를 보호할 수 없는 것
이다. 骨肉의 친척은 본래 한 氣를 함께하였으니, 단지 사람의 同類와 같을 뿐만이 아니다.
그러므로 옛사람은 반드시 親親으로 말미암아 미루어나간 뒤에 仁民에 미치고 또 그 나머
지를 미룬 뒤에 愛物에 미쳤으니, 모두 가까운 데로부터 먼 데로 미치고, 쉬운 것으로부터
어려운 것에 미친 것이다. 그런데 지금 王은 이것을 뒤집어 하였으니, 그렇다면 반드시 이유
가 있을 것이다. 그러므로 다시 근본을 미루어서 재차 물으신 것이다.

7-13. 權然後에 知輕重하며 度(도)然後에 知長短이니 物皆然이어니와 心

64　寡妻:楊伯峻은 '寡'를 大의 뜻으로 보아 嫡妻라고 하였으며, 《詩經》〈大雅 思齊〉의 毛傳에서도 嫡妻
　　라고 하였다.

···　畜 기를 휵　叛 배반할 반　骨 뼈 골　權 저울 권　度 자 도, 잴 도, 헤아릴 탁

爲甚하니 王請度(탁)之하소서

저울질을 한 뒤에 輕重을 알며, 재어본 뒤에 長短을 알 수 있습니다. 사물이 다 그러하지만 그중에도 마음이 유독 심하니, 王은 청컨대 이것을 헤아리소서.

集註 | 權은 稱錘也[65]요 度(도)는 丈尺也라 度(탁)之는 謂稱量之也[66]라 言 物之輕重長短은 人所難齊라 必以權度(도탁)之而後可見이니 若心之應物은 則其輕重長短之難齊하여 而不可不度(탁)以本然之權度[67]가 又有甚於物者[68]라 今王이 恩及禽獸而功不至於百姓하니 是는 其愛物之心이 重且長하고 而仁民之心이 輕且短하여 失其當然之序[69]而不自知也라 故로 上文에 旣發其端[70]하시고 而於此에 請王度之也하시니라

'權'은 저울의 추요, '度'는 길과 자이다. '度之'는 저울질하고 헤아림을 이른다. 물건의 輕重과 長短은 사람들이 똑같이 하기 어려운 것이니, 반드시 저울과 자를 가지고 헤아린 뒤에야 〈輕重과 長短을〉 알 수 있다. 마음이 사물에 응함으로 말하면 그 輕重과 長短을 가지런히 하기가 어려워서 本然의 權度(마음)로써 헤아리지 않을 수 없는 것이 물건보다도 더욱 심한 점이 있다. 지금 王은 은혜가 禽獸에게 미쳤으나 功效가 백성들에게 이르지 않았으니, 이는 물건을 아끼는 마음이 무겁고 또 길며 백성을 사랑하는 마음이 가볍고 또 짧아서,

---

65 權 稱錘也:'稱錘'는 '저울의 추'를 가리키나 뒤의 '丈尺'에 맞추어 '저울과 저울추'로 해석하기도 한다.

66 度……謂稱量之也:茶山은 "아래 '度'字는 윗글을 이었으므로 굳이 入聲(탁)으로 읽지 않아도 될 듯하다.〔下度字 承上文 恐不必入聲讀〕"하였다.

67 本然之權度:朱子는 "本然의 權度는 바로 이 마음이니, 이 마음의 本然에 만 가지 이치가 구비되었다.〔本然之權度 亦只是此心 此心本然 萬理皆具〕"하였다.《語類》

68 若心之應物……又有甚於物者:朱子는 "물건은 보기가 쉽고 마음은 형체가 없으니, 물건의 輕重과 長短을 헤아리기는 쉽고 마음의 輕重과 長短을 헤아리기는 어렵다. 또한 물건을 헤아림에 잘못되면 다만 한 가지 일이 잘못되지만, 마음을 헤아림에 잘못되면 만 가지 일이 모두 잘못되니, 이 때문에 마음이 더 심하다고 한 것이다.〔物易見 心無形 度之輕重長短易 度心之輕重長短難 度物差了 只是一事差 心差了時 萬事差 所以心爲甚〕"하였다.《語類》

69 其當然之序:朱子는 "물건을 사랑함은 가볍게 해야 하고 백성을 사랑함은 중하게 해야 하니, 이것이 바로 權度인바, 이 權度를 가지고 헤아리는 것이다.〔愛物宜輕 仁民宜重 此是權度 以此去度〕"하였다.《語類》

70 旣發其端:新安陳氏(陳櫟)는 "'은혜가 충분히 禽獸에게 미쳤으나 功效가 백성들에게 이르지 않았다.〔恩足以及禽獸 而功不至於百姓〕'는 두 句를 가리킨 것이다."하였다.

··· 稱 저울 칭, 저울질할 칭 錘 저울추 추 丈 길 장 尺 자 척 齊 가지런할 제 端 단서 단

그 당연한 순서를 잃었으면서도 스스로 알지 못하였다. 그러므로 윗글에서 그 端緖를 말씀하셨고, 여기에서는 王이 헤아리기를 청하신 것이다.

7-14. 抑王은 興甲兵하며 危士臣하여 構怨於諸侯然後에 快於心與잇가

王은 甲兵을 일으키며 군사와 신하들을 위태롭게 해서 諸侯들과 원한을 맺은 뒤에야 마음이 흔쾌하시겠습니까?"

> *按說* | 朱子는 이 節을 윗글과 연계시켜 "孟子는 王이 백성을 사랑하는 마음이 가볍고 또 짧은 까닭은 반드시 이 세 가지를 흔쾌하게 여기기 때문일 것이다."라고 하였다. 이에 대해 壺山은 朱子의 說을 따라 윗글과 이 節을 연관시키려 노력한 흔적이 역력하다. 그리하여
>
> > 이 이하는 甲兵을 일으키는 일을 말하여 王의 욕심을 다스렸으니, 소를 바꾸는 마음을 미루면 충분히 백성을 보호할 수 있으나, 욕심을 다스려 제거하지 않으면 백성 또한 보호할 수 없기 때문이다.〔此以下 說出興甲事 以攻王之慾心 蓋推易牛之心 則足以保民 然不攻去其慾心 則民亦不可保故耳〕
>
> 하였고, 또
>
> > 윗 節에 조응하여 위아래 글의 뜻을 접속하였으니, 위아래 글의 뜻이 끊어졌으나 두 개의 '心'字는 그 접속의 線脉이 된다.〔照應上節 以接屬上下文義 蓋上下文義斷落 而兩箇心字 爲其接續之線脉〕
>
> 하였다. 그러나 이 節은 윗글과 연계시키지 않고, 齊 宣王이 처음 물었던 齊 桓公과 晉 文公의 일을 孟子가 제기하여 王道政治로 연결시키기 위해 한 말씀으로 보아야 할 것이다.

> *集註* | 抑은 發語辭라 士는 戰士也라 構는 結也라 孟子以王愛民之心이 所以輕且短者는 必其以是三者爲快也라 然이나 三事는 實非人心之所快니 有甚於殺觳觫之牛者라 故로 指以問王하여 欲其以此而度之也라
>
> '抑'은 발어사이다. '士'는 戰士이다. '構'는 맺음이다. 孟子는 王이 백성을 사랑하는 마음

··· 抑 꺾을 억 危 위태할 위 構 맺을 구 快 쾌할 쾌

이 가볍고 또 짧은 까닭은 반드시 이 세 가지를 흔쾌하게 여기기 때문일 것이라고 생각하였다. 그러나 세 가지 일은 실로 사람의 마음에 흔쾌하게 여길 바가 아니니, 이것은 두려워 떠는 소를 죽이는 것보다도 심한 점이 있다. 그러므로 이것을 지적하여 王에게 물어서 이로써 헤아리게 하고자 하신 것이다.

7-15. 王曰 否라 吾何快於是리오 將以求吾所大欲也로이다

王이 말씀하였다. "아닙니다. 내 어찌 이것을 흔쾌하게 여기겠습니까? 장차 내가 크게 하고자 하는 바를 구하려고 해서입니다."

按說 | 朱子가 '抑王' 이하를 위와 연결시켜 계속 이어지는 내용으로 본 것은, 아마도 '將以求吾所大欲也'의 '將以' 때문으로 보인다. 그리하여《集註》에 "이 때문에 그 마음이 오히려 다른 곳에는 밝으나 홀로 여기에는 어두웠다."라고 한 것이다. '將以'는 대체로 '무엇을 하려 하기 때문'이란 뜻으로 쓰이는 경우가 허다하나, 여기서는 '장차 크게 하고자 하는 바를 구하려고 하다.'로 해석해도 될 듯하다. 이 글을 殺牛, 不忍之心과 계속 연결시키면 그 뜻이 제대로 통하지 않는다.

集註 | 不快於此者는 心之正也요 而必爲此者는 欲誘之也니 欲之所誘者 獨在於是라 是以로 其心이 尙明於他而獨暗於此하니 此其愛民之心이 所以輕短而功不至於百姓也라

이것을 흔쾌하게 여기지 않는 것은 마음의 올바름이요, 반드시 이것을 하려고 하는 것은 욕심이 유인한 것이다. 욕심의 유인하는 바가 유독 여기에 있었기 때문에 그 마음이 오히려 다른 곳에는 밝으나 홀로 여기에는 어두운 것이니, 이 때문에 백성을 사랑하는 마음이 가볍고 짧아서 功效가 백성들에게 이르지 않는 것이다.

7-16. 曰 王之所大欲을 可得聞與잇가 王이 笑而不言하신대 曰 爲肥甘이 不足於口與며 輕煖이 不足於體與잇가 抑爲采色이 不足視於目與며 聲音이 不足聽於耳與며 便嬖不足使令於前與잇가 王之諸臣이 皆足以

··· 誘 유혹할 유 肥 살찔 비 煖 따뜻할 난 采 채색 채 便 익숙할 편 嬖 총애할 폐

供之하나니 而王은 豈爲是哉시리잇고 曰 否라 吾不爲是也로이다 曰 然則
王之所大欲을 可知已니 欲辟(闢)土地하며 朝秦楚하여 莅中國而撫四
夷也로소이다 以若所爲로 求若所欲이면 猶緣木而求魚也니이다

孟子께서 말씀하셨다. "王께서 크게 하고자 하시는 바를 얻어 들을 수 있겠습니까?"
王이 웃으면서 말씀하지 않자, 孟子께서 말씀하셨다. "살지고 단 음식이 입에 부족하며, 가볍고 따뜻한 옷이 몸에 부족하기 때문입니까? 아니면 采色이 눈으로 보기에 부족하며, 아름다운 음악이 귀로 듣기에 부족하며, 친숙하고 총애하는 사람들이 앞에서 使令함에 부족하기 때문입니까? 王의 여러 신하들이 모두 충분히 이것을 공급하니, 王이 어찌 이것 때문이겠습니까?"
王이 말씀하였다. "아닙니다. 나는 이것 때문이 아닙니다."
孟子께서 말씀하셨다. "그렇다면 왕이 크게 하고자 하시는 바를 알 수 있겠습니다. 토지를 개척하며 秦나라와 楚나라에게 조회를 받아 中國에 임하여 사방의 오랑캐들을 어루만지고자 하시는 것입니다. 이와 같은 소행으로써 이와 같은 소원을 구하신다면 나무에 올라가서 물고기를 구하는 것과 같습니다."

按說 | '王之所大欲……莅中國而撫四夷也'에 대하여, 新安陳氏(陳櫟)는

〈齊 宣王이〉 크게 하고자 하는 것이 여기에 있었으므로, 처음 물음에 곧 齊 桓公과 晉 文
公의 霸者의 일을 듣고자 한 것이다.〔所大欲在此 所以初發問 便欲聞桓文霸圖事〕

하였다. '왕이 크게 하고자 하는 것'이란 왕의 큰 야망을 말한 것이다.

集註 | 便嬖는 近習嬖幸之人也라 已는 語助辭라 辟은 開廣也라 朝는 致其來朝也라
秦楚는 皆大國이라 莅는 臨也라 若은 如此也라 所爲는 指興兵結怨之事라 緣木求魚
는 言必不可得이라

'便嬖'는 가까이 모셔 익숙(친숙)하고 총애하는 사람이다. '已'는 어조사이다. '辟'은 열어 넓힘이다. '朝'는 와서 조회하게 하는 것이다. 秦과 楚는 모두 강대국이다. '莅'는 임함이다. '若'은 이와 같음이다. '所爲'는 군대를 일으키고 원망을 맺는 일을 가리킨다. '나무에

··· 辟 개척할 벽 莅 임할 리 撫 어루만질 무 猶 같을 유 緣 오를 연 致 부를 치 臨 임할 림

올라가 물고기를 구함'은 반드시 얻을 수 없음을 말한 것이다.

7-17. 王曰 若是其甚與잇가 曰 殆有甚焉하니 緣木求魚는 雖不得魚나 無後災어니와 以若所爲로 求若所欲이면 盡心力而爲之라도 後必有災하리이다 曰 可得聞與잇가 曰 鄒人이 與楚人戰이면 則王은 以爲孰勝이니잇고 曰 楚人이 勝하리이다 曰 然則小固不可以敵大며 寡固不可以敵衆이며 弱固不可以敵强이니 海內之地 方千里者九에 齊集有其一하니 以一服八이 何以異於鄒敵楚哉리잇고 蓋亦反其本矣니이다

王이 말씀하였다. "이와 같이 심합니까?"

孟子께서 말씀하셨다. "이보다도 더 심하니, 나무에 올라가 물고기를 구하는 것은 비록 물고기를 얻지 못하더라도 뒤에 재앙은 없지만, 이와 같은 소행으로 이와 같은 소원을 구한다면 마음과 힘을 다하여 하더라도 뒤에 반드시 재앙이 있을 것입니다."

王이 "얻어들을 수 있겠습니까?" 하고 물었다.

이에 孟子께서 되물으셨다. "鄒나라 사람이 楚나라 사람과 싸운다면 王은 누가 이기리라고 여기십니까?"

"楚나라 사람이 이길 것입니다."

"그렇다면 작은 나라는 진실로 큰 나라를 대적할 수 없으며, 병력이 적은 나라는 진실로 병력이 많은 나라를 대적할 수 없으며, 약한 나라는 진실로 강한 나라를 대적할 수 없습니다. 海內의 땅이 方千里 되는 것이 아홉인데, 齊나라가 〈국토〉 전체를 모으면 그 하나를 소유하였으니, 하나를 가지고 여덟을 복종시키는 것이 어찌 鄒나라가 楚나라를 대적함과 다르겠습니까. 또한 그 근본을 돌이켜야 합니다.

按說 | 鄒人과 楚人의 '人'은 일반인을 가리킨 것이 아니고, 大夫가 장수가 되어 소수의 병력을 거느리고 출전하는 경우를 가리키는바, 《春秋釋例》에

《周禮》에 '병사 1만 2천 5백 명을 軍이라 하고, 2천 5백 명을 師라 하고, 5백 명을 旅라 한다.' 하였는데,……大夫가 장수가 되어 출전할 적에 병력이 師에 차면 師라 칭하고, 師에 차

··· 殆 자못 태 災 재앙 재 鄒 나라이름 추 孰 누구 숙 寡 적을 과 集 모을 집 反 돌이킬 반

지 못하면 人이라 칭한다.〔周禮 萬二千五百人爲軍 二千五百人爲師 五百人爲旅……大
夫將滿師 稱師 不滿稱人而已〕

라고 보인다.

集註│殆, 蓋는 皆發語辭[71]라 鄒는 小國이요 楚는 大國이라 齊集有其一은 言集合齊
地면 其方千里니 是는 有天下九分之一也[72]라 以一服八은 必不能勝이니 所謂後災
也라 反本은 說見(현)下文하니라

'殆'와 '蓋'는 모두 發語辭이다. 鄒는 작은 나라이고 楚는 큰 나라이다. '齊集有其一'은 齊
나라 땅을 모두 집합하면 方千里이니, 이는 천하의 9분의 1을 소유함을 말한 것이다. '하나
를 가지고 여덟을 복종시킴'은 반드시 이길 수 없으니, 이것이 이른바 '뒤의 재앙'이라는 것
이다. '反本'은 내용(해설)이 아랫글에 보인다.

7-18. 今王이 發政施仁하사 使天下仕者로 皆欲立於王之朝하며 耕者
로 皆欲耕於王之野하며 商賈(고)로 皆欲藏於王之市하며 行旅로 皆欲
出於王之途하시면 天下之欲疾其君者 皆欲赴愬於王하리니 其如是면
孰能禦之리잇고

지금 王께서 훌륭한 정치를 펴고 仁을 베푸시어 천하에 벼슬하는 자들로 하여금 모두
왕의 조정에서 벼슬하고자 하게 하며, 경작하는 자들로 하여금 모두 왕의 들에서 경작
하고자 하게 하며, 장사꾼들로 하여금 모두 왕의 시장에 물건을 저장하고자 하게 하며,
여행하는 자들로 하여금 모두 왕의 길에 나아가고자 하게 한다면, 천하에 그 君主를 미
워하는 자들이 모두 왕에게 달려와 하소연하고자 할 것이니, 이와 같으면 누가 이것을
막겠습니까."

---

71 殆蓋 皆發語辭:楊伯峻은 "'殆'는 확정적이지 않음을 나타내는 부사로 '아마도', '거의' 등으로 해석되
며, '蓋'는 '盍'과 같으니 '何不'의 合音이다." 하였다.

72 是 有天下九分之一也:新安陳氏(陳櫟)는 "천 리되는 나라가 아홉이니, 齊·楚·燕·秦·趙·魏·韓·
宋·中山이다.〔千里者九 齊楚燕秦趙魏韓宋中山也〕" 하였다.

··· 耕 밭갈 경 商 장사 상 賈 장사 고 藏 저장할 장 旅 나그네 려 途 길 도 疾 미워할 질 赴 달려갈 부
愬 하소연할 소 禦 막을 어

集註 | 行貨曰商이요 居貨曰賈라 發政施仁은 所以王天下之本也라 近者悅하고 遠者來[73]하면 則大小彊弱은 非所論矣라 蓋力求所欲이면 則所欲者를 反不可得이요 能反其本이면 則所欲者不求而至니 與首章意同[74]하니라

재물을 가지고 다니면서 파는 것을 '商'이라 하고, 재물을 한 곳에 쌓아놓고 파는 것을 '賈'라 한다. '發政施仁'은 天下에 왕 노릇 하는 바의 근본이다. 가까이 있는 자가 기뻐하고 멀리 있는 자가 온다면 大小와 强弱은 논할 바가 아니다. 자신의 하고자 하는 바를 힘써 구한다면 하고자 하는 바를 도리어 얻지 못하고, 그 근본을 돌이킨다면 하고자 하는 바가 구하지 않아도 올 것이니, 首章의 뜻과 같다.

7-19. 王曰 吾惛하여 不能進於是矣로니 願夫子는 輔吾志하여 明以教我하소서 我雖不敏이나 請嘗試之호리이다 曰 無恒産而有恒心者는 惟士爲能이어니와 若民則無恒産이면 因無恒心이니 苟無恒心이면 放辟(僻)邪侈를 無不爲已니 及陷於罪然後에 從而刑之면 是는 罔民也니 焉有仁人在位하여 罔民을 而可爲也리오

王이 말씀하였다. "나는 어두워서 여기에 나아갈 수 없으니, 원컨대 夫子께서는 나의 뜻을 도와서 밝게 나를 가르쳐 주소서. 내 비록 不敏하나 한번 시험해 보겠습니다."
孟子께서 말씀하셨다. "떳떳한(일정한) 生業(재산)이 없으면서도 떳떳한 마음을 가지고 있는 것은 오직 선비만이 능할 수 있습니다. 백성으로 말하면 떳떳이 살 수 있는 生業이 없으면 따라서 떳떳한 마음도 없어집니다. 만일 떳떳한 마음이 없어진다면 放僻하고 邪侈한 일을 하지 않음이 없을 것이니, 그리하여 罪에 빠진 뒤에 따라서 이들을 형벌한다면 이것은 백성을 그물질하는 것입니다.(백성을 속여 法網에 들어가게 하는 것입니다.) 어찌 仁人이 지위에 있으면서 백성을 그물질하는 짓을 할 수 있겠습니까.

集註 | 恒은 常也요 産은 生業也니 恒産은 可常生之業也요 恒心은 人所常有之善心

---

73 近者悅 遠者來 : 이 내용은 《論語》〈子路〉 16장에 보인다.

74 與首章意同 : 本篇의 첫 장에서 利를 구하면 도리어 利를 얻지 못하고 仁義를 힘써 행하면 利를 추구하지 않아도 저절로 利를 얻게 됨을 말씀하였으므로 뜻이 같다고 한 것이다.

··· 居 쌓아놓을 거 貨 재화 화 惛 어두울 혼 輔 도울 보 敏 민첩할 민 嘗 일찍이상, 한번상 試 시험할 시 恒 떳떳할 항 放 방탕할 방 辟 간사할 벽 侈 클 치, 사치할 치 陷 빠질 함 罔 그물 망 焉 어찌 언

也[75]라 士嘗學問하여 知義理라 故로 雖無恒産이나 而有常心이어니와 民則不能然矣라 罔은 猶羅罔이니 欺其不見而取之也라

'恒'은 떳떳함이요, '産'은 生業이다. '恒産'은 떳떳이 살 수 있는 生業이고, '恒心'은 사람이 떳떳이 가지고 있는 善心이다. 선비는 일찍이 學問을 해서 義理를 알므로 비록 떳떳이 살 수 있는 生業이 없더라도 떳떳한 마음을 가지고 있지만, 백성은 그렇지 못하다. '罔'은 羅罔(그물)과 같으니, 그 보지 못함을 속여서 취하는 것이다.

7-20. 是故로 明君이 制民之産호되 必使仰足以事父母하며 俯足以畜(휵)妻子하여 樂歲에 終身飽하고 凶年에 免於死亡하나니 然後에 驅而之善이라 故로 民之從之也輕하니이다

그러므로 현명한 군주는 백성들의 생업을 제정해 주되, 반드시 위로는 충분히 父母를 섬길 수 있고 아래로는 충분히 妻子를 기를 수 있어서, 풍년에는 종신토록(일 년 내내) 배부르고 흉년에는 死亡을 면하게 합니다. 그런 뒤에야 백성들을 몰아서 善에 가게 하므로 백성들이 명령을 따르기가 쉬운 것입니다.

按說 | '終身'에 대하여, 退溪(李滉)는

樂歲는 단지 1년이 아니다. 사람이 사는 일생 가운데에 무릇 樂歲를 만나면 모두 배부르고 즐거울 수 있으니, 이것이 終身飽이다.〔樂歲非只一年也 民生一世之中 凡遇樂歲 皆得飽樂 是終身飽也〕《經書辨疑》

하였고, 沙溪(金長生)는

---

75 恒産……人所常有之善心也:慶源輔氏(輔廣)는 "恒産은 떳떳이 살 수 있는 生業이니 곧 아래 글에 말한바 '5畝의 집과 100畝의 田地'가 이것이요, 恒心은 떳떳이 가지고 있는 善心이니 아래 글에 말한바 '善과 禮義'가 이것인데, 善은 또 禮義를 총괄하여 칭한 것이다. 백성이 떳떳한 生業이 없으므로 인하여 떳떳한 마음이 없는 것이다. 그러므로 예의를 알지 못하여 放辟함과 邪侈함에 빠지는데, 만약 마침내 따라 형벌을 한다면 이는 진실로 그물을 가지고 백성을 그물질하여 그 보지 못하는 것을 속여서 취하는 것과 다름이 없는 것이다.〔恒産 常生之業 則下文所言五畝之宅百畝之田 是也 恒心 常有之善心 則下文所言善與禮義是也 善 又禮義之總名 緣民無常産 所以無常心 故不知禮義而陷於放辟邪侈也 若遂從而刑之 是誠無異於以羅網罔民 欺其不見而取之也〕" 하였다.

… 羅 그물 라 俯 구부릴 부, 아래 부 飽 배부를 포 驅 몰 구

'終'은 '끝까지[極]'라는 뜻이니, '終身飽'와 '終身苦'는 그 몸과 마음의 괴로움과 즐거움을 지극히 하여 남음이 없는 뜻을 말한 것이다.〔終 極也 終身而飽苦者 謂極其身心之苦樂而無餘之意也〕《經書辨疑》

하였는데, 壺山은 退溪와 沙溪의 말을 인용하고,

살펴보건대 '終身' 두 글자는 다만 마땅히 평상대로 읽어야 할 것이요, 굳이 1년 안에서 '終身'이라고 말한 것을 혐의할 필요는 없을 듯하다. 만일 '종신토록 풍년에는 배부르다.〔終身樂歲飽〕'로 읽으면 가할 것이니 옛 사람의 말은 도치된 것이 많다.〔按終身二字 恐只當依常讀之 不必嫌於一歲中言終身耳 如作終身樂歲飽讀 則可矣 古人語多倒〕

하였다. 한편 茶山은

'終身'은 '항상 그러함〔恒然〕'의 뜻이다. 《論語》〈子罕〉 26장에 '子路가 〈위의 詩句를〉 終身토록 외우다.' 한 것은 子路가 죽지 않았는데도 이미 '終身'이라고 칭한 것이니 당시의 語法이다.〔終身者 恒然之意 子路終身誦之 子路未死 已稱終身 蓋當時之語法也〕

하였다.

集註 | 輕은 猶易也라 此는 言民有常産而有常心也라

'輕'은 易(쉬움)와 같다. 이것은 백성들이 떳떳한 생업이 있어서 떳떳한 마음을 가지고 있음을 말씀한 것이다.

7-21. 今也에 制民之産호되 仰不足以事父母하며 俯不足以畜妻子하여 樂歲에 終身苦하고 凶年에 不免於死亡하나니 此惟救死而恐不贍이어니 奚暇에 治禮義哉리오

지금은 백성의 生業을 제정해 주되, 위로는 父母를 섬기기에 충분하지 못하며 아래로는 妻子를 기르기에 충분하지 못하여 풍년에는 일 년 내내 고생하고 흉년에는 死亡을 면치 못합니다. 이와 같은 형편에서는 오직 죽음을 구제하기에도 부족할까 두려우니, 어느 겨를에 禮義를 다스리겠습니까.

··· 贍 넉넉할 섬 奚 어찌 해

集註 | 贍은 足也라 此는 所謂無常産而無常心者也라

'贍'은 족함이다. 이것은 이른바 '떳떳한 生業이 없어서 떳떳한 마음이 없다.'는 것이다.

7-22. 王欲行之시면 則盍反其本矣니잇고

王이 이것을 행하고자 하신다면 어찌 그 근본을 돌이키지 않습니까?

集註 | 盍은 何不也라 使民有常産者는 又發政施仁之本也니 說見下文하니라

'盍'은 何不(어찌 아니)이다. 백성들로 하여금 떳떳한 생업이 있게 하는 것은 또 훌륭한 정사를 펴고 仁을 베푸는 근본이니, 그 내용이 아랫글에 보인다.

7-23. 五畝之宅에 樹之以桑이면 五十者可以衣帛矣며 鷄豚狗彘之畜(흑)을 無失其時면 七十者可以食肉矣며 百畝之田을 勿奪其時면 八口之家 可以無飢矣며 謹庠序之敎하여 申之以孝悌之義면 頒白者不負戴於道路矣리니 老者衣帛食肉하며 黎民이 不飢不寒이요 然而不王者 未之有也니이다

5畝의 집 주변에 뽕나무를 심게 한다면 50세가 된 자가 비단옷을 입을 수 있으며, 닭과 돼지와 개와 큰 돼지를 기름에 새끼 칠 때를 놓치지 않게 한다면 70세가 된 자가 고기를 먹을 수 있으며, 100畝의 토지에 농사철을 빼앗지 않는다면 여덟 식구의 집안이 굶주림이 없을 수 있으며, 庠序의 가르침을 삼가서 孝悌의 義理로써 거듭한다면 〈머리가〉 頒白이 된 자가 道路에서 짐을 지거나 이지 않을 것입니다. 늙은 자가 비단옷을 입고 고기를 먹으며 黎民이 굶주리지 않고 추위에 떨지 않고, 이렇게 하고서도 왕 노릇 하지 못하는 자는 있지 않습니다."

集註 | 此는 言 制民之産之法也라

··· 盍 어찌아니 합 樹 심을 수 彘 큰돼지 체 庠 학교이름 상 頒 머리반쯤셀 반 黎 검을 려

趙氏曰 八口之家는 次上農夫⁷⁶也라 此는 王政之本이요 常生之道라 故로 孟子爲齊
梁之君하여 各陳之也시니라

楊氏曰 爲天下者는 擧斯心하여 加諸彼而已라 然이나 雖有仁心仁聞이라도 而民不
被其澤者는 不行先王之道故也라 故로 以制民之産으로 告之하시니라

이것은 백성의 생업을 제정해 주는 법을 말씀한 것이다.

趙氏(趙岐)가 말하였다. "'여덟 식구의 집안'은 次上農夫이다. 이것은 王政의 根本이요,
떳떳이 살 수 있는 방법이다. 그러므로 孟子께서 齊나라와 梁나라의 군주를 위해서 각각 말
씀한 것이다."

楊氏(楊時)가 말하였다. "天下를 다스리는 것은 이 마음을 들어서 저기에 加할 뿐이다. 그
러나 비록 어진 마음과 어진 소문이 있더라도 백성들이 그 혜택을 입지 못하는 것은 先王의
道(制度)를 행하지 않기 때문이다. 그러므로 백성의 생업을 제정해 주는 것으로써 말씀하
신 것이다."

章下註 | ○ 此章은 言 人君이 當黜霸功하고 行王道요 而王道之要는 不過推其不忍
之心하여 以行不忍之政而已라 齊王이 非無此心이로되 而奪於功利之私하여 不能
擴充以行仁政이라 雖以孟子反覆曉告하사 精切如此로되 而蔽固已深하여 終不能
悟하니 是可歎也로다

○이 章은, 人君이 마땅히 霸功을 내치고 王道를 행해야 할 것이요, 王道의 요점은 不忍
한 마음을 미루어서 不忍한 정사를 행함에 불과할 뿐임을 말씀하였다. 齊 宣王은 이러한
마음이 없는 것은 아니었으나 功利의 私慾에 빼앗겨서 확충하여 仁政을 행하지 못하였다.
비록 孟子께서 이와 같이 정미하고 간절하게 반복하여 깨우쳐 주셨으나, 私慾에 가려짐이
너무 깊어서 끝내 깨닫지 못하였으니, 탄식할 만하다.

---

76 次上農夫: 한 집안에 식구가 아홉인 것을 '上農夫'라 하기 때문에 여덟 식구를 '次上農夫'라 한 것이다.
    古代에는 농사일이 모두 사람의 손을 필요로 하였으므로, 식구가 많으면 노동력이 풍부해서 肥培管理
    를 잘하기 때문에 식구가 많은 집안을 '上農夫'라 하였다. 자세한 내용은 아래 〈萬章下〉 2장 참조.

··· 陳 아뢸 진 黜 내칠 출 霸 으뜸 패 奪 빼앗을 탈 曉 깨달을 효 切 간절할 절 蔽 가릴 폐 悟 깨달을 오

亦有仁義章(1장)의 萬乘之國에 대하여, 참고를 위해 《大全》에 《前漢書》〈刑法志〉를 인용한 글을 소개하면 다음과 같다.

殷나라와 周나라는 무력으로 천하를 평정하였다. 천하가 이미 평정되자, 방패와 창을 거두어 보관하고 文德으로 가르치면서도 司馬의 관직을 세워서 六軍의 군대를 설치하였다.〔司馬는 나라의 정사를 관장하여 軍旅가 소속되었다. 12,500명을 軍이라 하니 王(天子)은 6軍이다.〕井田을 인하여 군대〔軍賦〕를 제정하였다. 田地 方1里가 井이 되니, 10井이 通이 되고 10通이 成이 되니 成은 方10里이고, 10成이 終이 되고 10終이 同이 되니 同은 方百里이고, 10同이 封이 되고 10封이 畿가 되니 畿는 方千里이다. 稅가 있고 賦가 있어서 稅로써 식량을 풍족하게 하고 賦로써 군대를 충족하게 하였다. 4井이 邑이 되고 4邑이 丘가 되니 丘는 16井인데 戎馬(軍馬) 1匹과 소 3마리가 있고, 4丘가 甸이 되니 甸은 64井인데 戎馬 4匹과 兵車 1대와 소 12마리와 兵車를 타는 甲士 3명과 보졸 72명이 있고 방패와 창이 모두 구비되어 있으니, 이것을 乘馬의 법이라 한다.〔1井은 8가호이고 1甸은 64井이니, 田地를 계산해보면 576頃이다. 512家戶가 士卒 75명을 내니, 殷나라와 周나라의 제도는 채 7家戶가 못되는 家戶에서 병사 1명씩을 내었다. 또 兵車 한 대에 소와 말이 모두 16匹이 있으니, 계산해보면 32家戶에 또 말 1匹이나 혹은 소 1마리를 내게 된다.〕1同 百里에 境內를 모두 들면 1萬井이니〔提는 든다는 뜻이니 4封의 안을 모두 든 것이다.〕山川과 沈斥과 鹽田과 城池와 거주하는 邑과 園囿와 큰 길 3,600井을 제한다.〔沈斥은 논과 염전이니, 이 沈은 깊은 연못의 아래를 이르고 斥은 염전이며 術은 큰 길이다.〕賦 6,400井을 내어서 戎馬 4百匹과 兵車 百乘을 내니, 이는 卿大夫의 采地 중에 큰 것으로〔采는 官이니, 官職을 인하여 田地의 수입을 먹으므로 采地라 하였다.〕이것을 百乘之家라 이른다. 1封 316里에 境內를 모두 들면 10萬井이니, 賦 64,000井을 내어서 戎馬 4千匹과 兵車 千乘을 내니, 이는 諸侯 중에 큰 것으로, 이것을 千乘之國이라 한다. 天子는 畿內의 넓이가 千里로, 국경 안을 모두 들면 100萬井이니 賦 64萬井을 내어서 戎馬 4萬匹과 兵車 1萬乘을 낸다. 그러므로 萬乘之主라 일컬으니, 戎馬와 戰車와 步兵과 방패와 창이 평소에 갖추어져 있다.〔殷周以兵定天下矣 天下旣定 戢藏干戈 敎以文德 而猶立司馬之官 設六軍之衆〔司馬掌邦政 軍旅屬焉 萬二千五百人爲軍 王則六軍也〕因井田而制軍賦 地方一里爲井 井十爲通 通十爲成 成方十里 成十爲終 終十爲同 同方百里 同十爲封 封十爲畿 畿方千里 有稅有賦 稅以足食 賦以足兵 四井爲邑 四邑爲丘 丘十六井也 有戎馬一匹 牛三

頭 四丘爲甸 甸六十四井也 有戎馬四匹 兵車一乘 牛十二頭 甲士三人 在車上者 卒七十二

人 干戈備具 是謂乘馬之法〖一井八家 一甸六十四井 計田五百七十六頃 五百一十二家 出士卒

七十五人 則殷周之制 不及七家 給一兵也 又兵車一乘 有牛馬共十六 計三十二家 又出一馬或牛也〗

一同百里 提封萬井〖提 擧也 擧四封之內也〗除山川沈斥 城池邑居 園囿術路三千六百井〖沈斥

水田潟鹵也 此謂淵深水之下也 斥 鹹鹵之地 術 大道也〗定出賦六千四百井 戎馬四百匹 兵車百乘

此卿大夫采地之大者也〖采 官也 因官食地 故曰采地〗是謂百乘之家 一封三百一十六里 提

封十萬井 定出賦六萬四千井 戎馬四千匹 兵車千乘 此諸侯之大者也 是謂千乘之國 天子

畿方千里 提封百萬井 定出賦六十四萬井 戎馬四萬匹 兵車萬乘 故稱萬乘之主 戎馬車徒

干戈素具〗

梁惠王章句 下

集註 | 凡十六章이라
모두 16章이다.

|好樂章|

1-1. 莊暴⒫見孟子曰 暴見⒣於王호니 王이 語暴以好樂이어시늘 暴未有以對也호니 曰 好樂이 何如하니잇고 孟子曰 王之好樂이 甚이면 則齊國은 其庶幾乎인저

莊暴가 孟子를 뵙고 말하였다. "暴가 王을 뵈었는데, 王께서 저에게 音樂을 좋아한다고 말씀하셨으나 저는 여기에 대답하지 못하였습니다. 음악을 좋아하는 것이 어떻습니까?"
孟子께서 말씀하셨다. "王께서 음악을 매우 좋아하신다면, 齊나라는 거의 다스려질 것입니다."

按說 | 楊伯峻은

'見孟子'는 '찾아와서 맹자를 만나보다(來看孟子)'의 뜻이고 '見於王'은 '왕에게 접견을 받

··· 莊 엄숙할장 暴 사나울 포 見 볼견, 뵈올현 甚 심할심 庶 거의서 幾 거의 기

다〔被王接見〕'의 뜻이다.

하였다.

集註 | 莊暴는 齊臣也라 庶幾는 近辭也니 言近於治라

莊暴는 齊나라 신하이다. '庶幾'는 가깝다는 말이니, 다스려짐에 가까움을 말한 것이다.

1-2. 他日에 見於王曰 王이 嘗語莊子以好樂이라하시니 有諸잇가 王이 變乎色曰 寡人이 非能好先王之樂也라 直好世俗之樂耳로소이다

後日에 孟子께서 王을 보고 말씀하셨다. "王께서 일찍이 莊子(莊暴)에게 음악을 좋아한다고 말씀하셨다 하니, 그러한 일이 있습니까?"
王이 얼굴빛을 변하고 말씀하였다. "寡人은 先王의 음악을 좋아하는 것이 아니라 다만 世俗의 음악을 좋아할 뿐입니다."

集註 | 變色者는 慚其好之不正也라

얼굴빛을 변한 것은 그 좋아함이 올바르지 못함을 부끄러워한 것이다.

1-3. 曰 王之好樂이 甚이면 則齊其庶幾乎인저 今之樂이 由(猶)古之樂也니이다

孟子께서 말씀하셨다. "王께서 음악을 좋아함이 심하시다면, 齊나라는 거의 다스려질 것입니다. 지금의 음악이 옛날의 음악과 같습니다."

集註 | 今樂은 世俗之樂이요 古樂은 先王之樂이라

'지금의 음악'은 世俗의 음악이요, '옛날의 음악'은 先王의 음악이다.

1-4. 曰 可得聞與잇가 曰 獨樂樂과 與人樂樂이 孰樂이니잇고 曰 不若

⋯ 治 다스려질 치 諸 어조사 저 變 변할 변 直 다만 직 慚 부끄러울 참 由 같을 유(猶同) 樂 음악 악, 즐거울 락

與人이니이다 曰 與少樂樂과 與衆樂樂이 孰樂이니잇고 曰 不若與衆이니
이다

王이 말씀하였다. "얻어 들을 수 있겠습니까?"

孟子께서 말씀하셨다. "홀로 음악을 즐기는 것과 다른 사람과 함께 음악을 즐기는 것이
어느 것이 더 즐겁습니까?"

"다른 사람과 함께하는 것만 못합니다."

"적은 사람과 음악을 즐기는 것과 많은 사람과 음악을 즐기는 것이 어느 것이 더 즐겁습
니까?"

"많은 사람과 함께하는 것만 못합니다."

> 按說 | '樂樂'은 朱子의 《集註》에는 '악락'으로 音이 표시되어 있어 諺解에 모두 이렇
> 게 표기되어 있으나 文法에 맞게 '락악'으로 읽어야 한다는 주장이 있다. 그러나 壺山은
>
>> '樂樂'은 '음악을 즐거워하다〔樂之樂〕', '음악으로써 즐거워한다〔樂以樂〕'라는 말과 같
>> 다.〔樂樂 猶言樂之樂, 樂以樂〕
>
> 라고 하여 朱子의 音讀을 따랐다. 즉 앞의 '樂'을 음악으로, 뒤의 '樂'을 즐거워함으로 보
> 아 '樂樂(악락)'으로 읽은 것이다.

> 集註 | 獨樂이 不若與人이요 與少樂이 不若與衆은 亦人之常情也라
>
> 홀로 즐기는 것이 남과 함께하는 것만 못하고, 적은 사람과 즐기는 것이 많은 사람과 함께하
> 는 것만 못함은 또한 사람의 떳떳한 情이다.

1-5. 臣이 請爲王言樂호리이다

〈孟子께서 말씀하셨다.〉"臣이 청컨대 王을 위하여 음악을 말씀드리겠습니다.

> 集註 | 此以下는 皆孟子之言也라
>
> 이 이하는 모두 孟子의 말씀이다.

··· 請 청할 청

1-6. 今王이 鼓樂於此어시든 百姓이 聞王의 鍾鼓之聲과 管籥之音하고 擧疾首蹙頞而相告曰 吾王之好鼓樂이여 夫何使我로 至於此極也하여 父子不相見하며 兄弟妻子離散고하며 今王이 田獵於此어시든 百姓이 聞王의 車馬之音하며 見羽旄之美하고 擧疾首蹙頞而相告曰 吾王之好田獵이여 夫何使我로 至於此極也하여 父子不相見하며 兄弟妻子離散고하면 此는 無他라 不與民同樂也니이다

지금 王이 이곳에서 음악을 타시면 백성들이 王의 종소리·북소리와 피리소리·젓대소리를 듣고는 모두 머리를 아파하고 이마를 찌푸리며 서로 말하기를 '우리 王께서 음악을 타시기 좋아하심이여! 어찌 우리들로 하여금 이 곤궁함에 이르게 해서 父子間이 서로 만나보지 못하며 兄弟妻子가 離散되게 하는가.'라고 원망하며, 지금 王이 이곳에서 사냥을 하시면 백성들이 王의 수레소리, 말[馬]소리를 듣고 깃털과 들소꼬리로 만든 깃발의 아름다움을 보고는 모두 머리를 아파하고 이마를 찌푸리며 서로 말하기를 '우리 王께서 사냥을 좋아하심이여! 어찌 우리들로 하여금 이 곤궁함에 이르게 해서 父子間이 서로 만나보지 못하며 兄弟妻子가 서로 離散되게 하는가.'라고 원망한다면, 이것은 다름이 아니라 임금께서 백성과 더불어 함께 즐기시지 않기 때문입니다.

按説 | '鼓樂'에 대하여, 壺山은

> 음악에는 부는 것이 있는데, 치는(두드리는) 것이 더욱 많기 때문에 '鼓樂'이라 했다.〔樂有吹者 而其擊者尤多 故云鼓樂〕

하였다.

官本諺解에는 모두 '至於此極也오하야……離散하며'로 懸吐하였으나, 中國本(《四書章句集注》) 등을 참고하여 修正하였다. 아래 節에 '何以能鼓樂也오하며' 하고 '今王'이 바로 뒤를 이은 것을 보더라도 官本諺解가 잘못되었음을 알 수 있다.

茶山은

> '父子不相見 兄弟妻子離散'의 11글자는 바로 〈至於此極〉의 '極'字를 해설하는 脚註이

··· 鼓 연주할 고, 북 고 鍾 종 종 聲 소리 성 管 피리 관 籥 피리 약 擧 모두 거 疾 병질, 괴로울 질 蹙 찌푸릴 축 頞 이마 알 極 곤궁할 극 田 사냥 전 獵 사냥 렵 旄 깃발 모

다.〔父子不相見 兄弟妻子離散十一字 乃極字之註脚〕

라고 하고, 이는 아래 〈萬章上〉 1장에 "저 公明高는 생각하기를 '효자의 마음은 이처럼 무관심할 수 없다. 무관심하게 「나는 힘을 다해 밭을 갈아 공손히 자식된 직분을 할 따름이니, 부모가 나를 사랑하지 않음은 나와 무슨 상관이 있는가.」라고 할 수 없다.'라고 여긴 것이다.〔夫公明高 以孝子之心 爲不若是恝 我竭力耕田 共爲子職而已矣 父母之不我愛 於我何哉〕"라고 한 것에서 '我竭力耕田……於我何哉'의 22글자가 '恝'의 脚註인 것과 같다고 하였다. 茶山의 이 說 역시 '兄弟妻子離散'과 '何以能鼓樂也'까지를 한 語勢로 본 것으로 생각된다.

'田獵'에 대하여, 新安陳氏(陳櫟)는

> 음악을 좋아함을 인하여 田獵에 미침은 王 또한 田獵을 좋아하였기 때문이다.〔因好樂而及 田獵 以王亦好田獵故也〕

하였다.

集註 | 鍾鼓管籥은 皆樂器也[77]라 擧는 皆也라 疾首는 頭痛也라 蹙은 聚也요 頞은 額 也니 人憂戚則蹙其額이라 極은 窮也라 羽旄는 旌屬[78]이라 不與民同樂은 謂獨樂其 身하고 而不恤其民하여 使之窮困也라

'鍾·鼓'와 '管·籥'은 모두 樂器이다. '擧'는 모두이다. '疾首'는 머리가 아픔이다. '蹙'은 모임이요 '頞'은 이마이니, 사람이 근심하면 이마를 찌푸리게 된다. '極'은 곤궁함이다. '羽旄'는 깃발의 등속이다. '백성과 더불어 함께 즐기지 않는다.'는 것은 자신만 홀로 즐기고 백성을 구휼하지 않아서 곤궁하게 함을 이른다.

1-7. 今王이 鼓樂於此어시든 百姓이 聞王의 鍾鼓之聲과 管籥之音하고 擧

---

77 鍾鼓管籥 皆樂器也:新安陳氏(陳櫟)는 "管은 笙이다. 籥은 젓대와 같은데 구멍이 여섯 개로, 혹자는 통소라 한다.〔管 笙也 籥 如笛而六孔 或曰 簫也〕" 하였다.

78 羽旄 旌屬:趙氏(趙順孫)는 "《春秋左傳》에 '范宣子가 羽旄(새의 깃털과 旄牛의 꼬리)를 齊나라에서 빌렸다.' 하였고,(襄公 14年) '晉나라 사람이 羽旄를 鄭나라에서 빌렸다.' 하였는데,(定公 4年) 杜預의 註에 '꿩의 깃털을 쪼개어 매단 것을 旄라 하니, 王者의 游車에 세우는 것이다.' 했다.〔春秋傳 范宣子假羽旄於齊 晉人假羽旄於鄭 註析羽爲旄 王者游所建也〕" 하였다.

··· 器 도구 기　皆 모두 개　聚 모을 취　額 이마 액　戚 근심할 척　旄 깃발 정　恤 구휼할 휼

欣欣然有喜色而相告曰 吾王이 庶幾無疾病與아 何以能鼓樂也오하며 今王이 田獵於此어시든 百姓이 聞王의 車馬之音하며 見羽旄之美하고 舉欣欣然有喜色而相告曰 吾王이 庶幾無疾病與아 何以能田獵也오하면 此는 無他라 與民同樂也니이다

지금 王이 이곳에서 음악을 타시면 백성들이 王의 종소리·북소리와 피리소리·젓대소리를 듣고는 모두 欣然히 기뻐하는 기색을 띠고 서로 말하기를 '우리 王께서 아마도 疾病이 없으신가. 〈그렇지 않다면〉 어떻게 음악을 타시겠는가.'라고 하며, 지금 王이 이곳에서 사냥을 하시면 백성들이 王의 수레소리와 말〔馬〕소리를 듣고 깃발의 아름다움을 보고는 모두 欣然히 기뻐하는 기색을 띠고 서로 말하기를 '우리 王이 아마도 疾病이 없으신가. 〈그렇지 않다면〉 어떻게 사냥을 하시겠는가.'라고 한다면, 이것은 다름이 아니라 백성들과 더불어 함께 즐거워하시기 때문입니다.

集註 | 與民同樂者는 推好樂之心하여 以行仁政하여 使民各得其所也라

'백성들과 더불어 함께 즐거워한다.'는 것은 음악을 좋아하는 마음을 미루어 仁政을 행해서 백성들로 하여금 각기 그 살 곳을 얻게 하는 것이다.

1-8. 今王이 與百姓同樂하시면 則王矣시리이다

지금 왕께서 백성들과 더불어 함께 즐거워하신다면 왕 노릇 하실 것입니다."

集註 | 好樂而能與百姓同之하면 則天下之民이 歸之矣리니 所謂齊其庶幾者如此라

음악을 좋아하면서 백성들과 함께한다면 天下의 백성이 〈齊나라로〉 돌아올 것이니, 이른바 '齊나라가 다스려짐에 가까워진다'는 것이 이와 같은 것이다.

章下註 | ○ 范氏曰 戰國之時에 民窮財盡은 人君이 獨以南面之樂[79]으로 自奉其身이니 孟子切於救民이라 故로 因齊王之好樂하여 開導其善心하여 深勸其與民同樂하

··· 欣 기쁠 흔

여 而謂今樂猶古樂이라하시니 其實은 今樂, 古樂이 何可同也리오 但與民同樂之意
는 則無古今之異耳라 若必欲以禮樂治天下인댄 當如孔子之言하여 必用韶舞하고
必放鄭聲[80]이니 蓋孔子之言은 爲邦之正道요 孟子之言은 救時之急務니 所以不同
이니라

○楊氏曰 樂은 以和爲主하니 使人聞鍾鼓管絃之音하고 而疾首蹙頞이면 則雖奏以
咸英韶濩라도 無補於治也[81]라 故로 孟子告齊王以此하사 姑正其本而已시니라

○范氏(范祖禹)가 말하였다. "戰國時代에 백성들이 곤궁하고 재물이 다한 것은 人君이
南面의 즐거움으로써 스스로 자기 몸만을 받들어서이다. 孟子는 백성들을 구제함에 간절
하셨으므로 齊王이 음악을 좋아하는 것을 인하여 그 善한 마음을 開導해서 백성들과 함께
즐길 것을 깊이 권하시어 지금 음악이 옛 음악과 같다고 말씀하셨으니, 그 실제는 지금 음악
과 옛 음악이 어찌 같을 수 있겠는가, 다만 백성들과 함께 즐거워하는 뜻은 古今의 차이가
없을 뿐이다. 만일 반드시 禮樂을 가지고 天下를 다스리고자 한다면 마땅히 孔子의 말씀과
같이하여 반드시 韶舞를 쓰고 반드시 鄭나라의 음악을 추방해야 할 것이다. 孔子의 말씀은
나라를 다스리는 正道요, 孟子의 말씀은 당시를 구제하는 急先務이니, 이 때문에 똑같지
않은 것이다."

○楊氏(楊時)가 말하였다. "음악은 和함을 위주하니, 사람들로 하여금 鍾·鼓와 管·絃
의 음악을 듣고는 머리를 아파하고 이마를 찌푸리게 한다면, 비록 〈咸池〉·〈五英〉·〈韶〉·

---

79 南面之樂:'南面'은 南向으로 君王이 정사를 보는 자리를 이르는바, 곧 군왕이 누리는 즐거움을 뜻
   한다.

80 當如孔子之言……必放鄭聲:'韶舞'는 舜임금의 음악인데 가장 좋은 음악으로 알려져 있으며, '鄭聲'
   은 鄭나라의 음악인데, 鄭나라에는 淫風이 유행하여 詩와 음악이 모두 음탕하였다. 이 내용은 《論語》
   〈衛靈公〉 10장에 "음악은 韶舞를 쓸 것이요 鄭나라 음악을 추방해야 한다.〔樂則韶舞 放鄭聲〕"라고 보
   인다.

81 咸英韶濩……無補於治也:咸·英·韶·濩는 고대 훌륭한 음악의 대명사로, 《前漢書》〈禮樂志〉에 "옛
   날 黃帝가 〈咸池〉를 만들고 顓頊이 〈六莖〉을 만들고 帝嚳이 〈五英〉을 만들고 帝堯가 〈大章〉을 만들
   고 帝舜이 〈招(韶)〉를 만들고 禹王이 〈夏〉를 만들고 湯王이 〈濩〉를 만들고 武王이 〈武〉를 만들고 周
   公이 〈勺〉을 만들었으니, 〈勺〉은 능히 先祖의 道를 취함을 말한 것이요, 〈武〉는 武功으로써 天下를 안
   정시킴을 말한 것이요, 〈濩〉는 백성을 구원함을 말한 것이요, 〈夏〉는 帝堯와 帝舜을 크게 이은 것이요,
   〈招〉는 帝堯를 계승한 것이요, 〈大章〉은 밝힘이요, 〈五英〉은 영화가 무성한 것이요, 〈六莖〉은 뿌리와
   줄기에 미친 것이요, 〈咸池〉는 모두 구비한 것이다.〔昔黃帝作咸池 顓頊作六莖 帝嚳作五英 堯作大章
   舜作招 禹作夏 湯作濩 武王作武 周公作勺 勺 言能勺先祖之道也 武 言以功定天下也 濩 言救民
   也 夏 大承二帝也 招 繼堯也 大章 章之也 五英 英華茂也 六莖 及根莖也 咸池 備矣〕"하였다.

··· 勸 권할 권 韶 순임금음악 소 舞 춤출 무 放 쫓을 방 管 대통 관 絃 줄 현 韶 풍류이름 소 濩 풍류이름 호
   補 기울 보 姑 우선 고

〈護〉를 연주한다 하더라도 政治에 보탬이 없을 것이다. 그러므로 孟子께서 齊王에게 이것으로써 말씀하시어 우선 그 근본을 바로잡으신 것이다."

|文王之囿章|

2-1. 齊宣王이 問曰 文王之囿 方七十里라하니 有諸잇가 孟子對曰 於傳에 有之하니이다

齊 宣王이 물었다. "文王의 동산이 方70里라 하니, 그러한 일이 있었습니까?"
孟子께서 대답하셨다. "傳(옛 책)에 그러한 것이 있습니다."

集註 | 囿者는 蕃育鳥獸之所라 古者에 四時之田을 皆於農隙에 以講武事[82]라 然이나 不欲馳騖於稼穡場圃之中이라 故로 度(탁)閒曠之地하여 以爲囿라 然이나 文王七十里之囿는 其亦三分天下有其二之後也與[83]인저 傳은 謂古書[84]라

---

82 古者……以講武事:《大全》에는《春秋左傳》隱公 5년의 기록을 다음과 같이 인용하고 있다. "公이 장차 棠邑에 가서 물고기 잡는 것을 구경하려 하자, 臧僖伯이 간하기를 '물건이 大事를 강습하기에 적합하지 않거나[大事는 제사와 전쟁을 이른다.] 材料가 大事의 器用에 적합하지 않으면 군주는 거동하지 않습니다. 군주는 장차 백성을 軌와 物로 들도록 인도하는 자입니다. 그러므로 大事를 강습하여 軌量(법도)을 바로잡음을 軌라 이르고, 재료를 취하여 물건의 채색을 밝힘을 物이라 이르고, 軌에 맞지 않고 물건에 맞지 않음을 亂政이라 이르니, 亂政이 자주 행해짐은 실패하는 원인입니다. 그러므로 봄에 蒐라는 사냥을 하고 여름에 苗라는 사냥을 하고 가을에 獮(선)이라는 사냥을 하고 겨울에 狩라는 사냥을 하니,[네 가지는 모두 사냥의 이름으로, 蒐는 새끼 배지 않은 짐승을 찾아서 취하는 것이요, 苗는 벼의 새싹을 해치는 짐승을 제거하는 것이요, 獮은 죽임이니 죽임으로 이름을 삼은 것은 가을의 기운을 순히 한 것이요, 狩는 포위하여 지킴이니 겨울에 물건이 모두 성숙되어 수확하게 되면 가리는 바가 없이 취하는 것이다.] 모두 농한기에 하여 무예의 일을 익힙니다.[公將如棠觀魚者 臧僖伯諫曰 凡物不足以講大事[大事 謂祀與戎] 其材不足以備器用 則君不擧焉 君將納民於軌物者也 故講事以度軌量 謂之軌 取材以章物采 謂之物 不軌不物 謂之亂政 亂政亟行 所以敗也 故春蒐夏苗 秋獮冬狩[四者 皆田獵之名 蒐 索擇取不孕者 苗 爲除害也 獮 殺也 以殺爲名 順秋氣也 狩 圍守也 冬物畢成種 則取之 無所擇也] 皆於農隙 以講事也]"

83 文王七十里之囿……其二之後也與:南軒張氏(張栻)는 "짐작컨대 齊王이 동산을 넓히려 하자, 아첨하는 무리들이 반드시 文王의 일을 빌어 齊王의 뜻을 맞춘 자가 있었을 것이다. 文王이 어찌 동산을 숭상하기를 이와 같이 하였겠는가. 문왕이 사냥하는 곳을 백성들이 王의 동산이라고 말했던 것일 뿐이니, '꼴을 베고 꿩을 잡는 자가 갈 수 있었다.'는 것으로 그러함을 알 수 있다.[意齊王欲廣其囿 諛佞之徒 必有假文王事以逢之者 文王豈崇囿如此 蓋其蒐田所及 民以爲王之囿耳 以芻雉得往 知其然也]" 하였다.

84 傳 謂古書:慶源輔氏(輔廣)는 "孟子의 때에는 있었으나 지금은 다시 남아있지 않다.《孟子》에 이른바 '傳에 있다'는 것은 또한 古書를 근거해 봄에 이러한 말이 있었음을 말씀하신 것이다. 그러나 반드시 그러한지는 기필할 수 없다.[孟子時有之 今不復存 孟子所謂於傳有之 亦言據古書 有此說耳 然未必

⋯ 囿 동산유 傳 전할전, 고서(古書) 전 蕃 번성할번 育 기를육 隙 틈극 馳 달릴치 騖 달릴무 稼 심을가 穡 거둘색 場 마당장 圃 채전포 度 헤아릴탁 曠 빌광

'囿'는 새와 짐승을 번식시키고 기르는 곳이다. 옛날에 四時의 田獵(사냥)을 모두 농한기에 해서 武藝의 일을 익혔다. 그러나 곡식을 심는 〈농토와 채소를 가꾸는〉 場圃 가운데로는 말을 달리고자 하지 않았으므로 한가롭고 빈 땅을 헤아려 동산을 만든 것이다. 그러나 文王의 70里가 되는 동산은 이 또한 天下의 3분의 2를 소유한 뒤였을 것이다. '傳'은 옛 책을 이른다.

2-2. 曰 若是其大乎잇가 曰 民이 猶以爲小也니이다 曰 寡人之囿는 方四十里로되 民이 猶以爲大는 何也잇고 曰 文王之囿 方七十里에 芻蕘者往焉하며 雉兔者往焉하여 與民同之하시니 民以爲小 不亦宜乎잇가

王이 말씀하였다. "이와 같이 컸습니까?"

孟子께서 말씀하셨다. "백성들은 오히려 작다고 여겼습니다."

"寡人의 동산은 方40里인데도 백성들이 오히려 크다고 여기는 것은 어째서입니까?"

"文王의 동산은 方70里에 꼴 베고 나무하는 자들이 그리로 갔으며, 꿩을 잡고 토끼를 잡는 자들이 그리로 가서 백성들과 함께 소유하셨으니, 백성들이 작다고 여기는 것이 당연하지 않습니까?

按說 | '寡人之囿 方四十里'에 대하여, 茶山은

《後漢書》〈楊震列傳〉에 "옛날에 文王의 동산이 100里였는데 사람들이 작다고 여겼고, 齊宣王의 동산은 5里였으나 사람들이 크다고 여겼다.〔昔文王之囿百里 人以爲小 齊宣五里 人以爲大〕" 하였다.

라고 하여 《孟子》와 차이가 있음을 언급하였는데, 이 내용은 《後漢書》 권84 〈楊震列傳〉 李賢의 註에도 보인다.

集註 | 芻는 草也요 蕘는 薪也라

'芻'는 풀이요, '蕘'는 나무섶(땔감)이다.

其然否也〕" 하였다.

··· 芻 꼴 추 蕘 나무할 요 雉 꿩 치 兔 토끼 토 薪 나무섶 신

2-3. 臣이 始至於境하여 問國之大禁然後에 敢入하니 臣聞郊關之內에 有囿方四十里에 殺其麋鹿者를 如殺人之罪라하니 則是方四十里로 爲 阱於國中이니 民以爲大 不亦宜乎잇가

臣이 처음 국경에 이르러 齊나라에서 크게 금하는 것을 물은 뒤에야 감히 들어왔습니다. 臣이 그때 들으니, 郊關의 안에 동산이 方40里인데, 동산에 있는 사슴을 죽이는 자를 殺人의 罪와 같이 다스린다 하였습니다. 이는 方40里로 나라 가운데에 함정을 만든 것이니, 백성들이 크다고 여기는 것이 당연하지 않습니까."

集註 | 禮에 入國而問禁[85]이라 國外百里爲郊요 郊外有關이라 阱은 坎地以陷獸者니 言陷民於死也라

禮에 "他國에 들어갈 때에는 〈그 나라에서〉 금하는 것을 묻는다." 하였다. 國都(서울) 밖 100里를 '郊'라 하고, 郊 밖에 關門이 있다. '阱'은 땅을 파서 짐승을 빠지게 하는 것이니, 백성을 죽음에 빠뜨림을 말한 것이다.

|交鄰國章(好勇章)|

3-1. 齊宣王이 問曰 交鄰國이 有道乎잇가 孟子對曰 有하니 惟仁者라야 爲能以大事小하나니 是故로 湯이 事葛하시고 文王이 事昆夷하시니이다 惟智者라야 爲能以小事大하나니 故로 大(太)王이 事獯鬻(훈육)하시고 句踐이 事吳하니이다

齊 宣王이 물었다. "이웃나라와 사귐에 道(방법)가 있습니까?"
孟子께서 대답하셨다. "있습니다. 오직 仁者여야 大國을 가지고 小國을 섬길 수 있습니다. 그러므로 湯王이 葛나라를 섬기시고 文王이 昆夷를 섬기신 것입니다. 오직 智者여야 小國을 가지고 大國을 섬길 수 있습니다. 그러므로 太王이 獯鬻을 섬기시고

---

85 入國而問禁:《禮記》〈曲禮上〉에 "〈他國의〉國境에 들어가면 금지하는 것을 묻고, 〈他國의〉國都에 들어가면 풍속을 묻고, 〈他人의〉家門에 들어가면 諱하는 것을 묻는다.〔入境而問禁 入國而問俗 入門而問諱〕"라고 보인다.

··· 境 지경 경 禁 금할 금 郊 성밖 교 關 관문 관 麋 큰사슴 미 阱 함정 정 坎 구덩이 감 陷 빠질 함 鄰 이웃 린 葛 칡 갈 昆 맏 곤 獯 오랑캐 훈 鬻 팔 육 踐 밟을 천

句踐이 吳나라를 섬긴 것입니다.

集註 │ 仁人之心은 寬洪惻怛[86]하여 而無較計大小彊弱之私라 故로 小國이 雖或不
恭이나 而吾所以字之之心이 自不能已요 智者는 明義理하고 識時勢라 故로 大國이
雖見侵陵[87]이나 而吾所以事之之禮를 尤不敢廢라 湯事는 見(현)後篇하고 文王事는
見詩大雅[88]하고 大王事는 見後章하니 所謂狄人은 卽獯鬻也라 句踐은 越王名이니
事見國語, 史記[89]하니라

---

86 寬洪惻怛:慶源輔氏(輔廣)는 "'寬洪'은 仁한 자의 度量이고 '惻怛'은 仁한 자의 情意이다.〔寬洪 仁者
    之量 惻怛 仁者之意〕" 하였다.

87 雖見侵陵:'見'은 원래 被動으로 '입다'의 뜻이나 여기서는 '加하다'의 뜻으로 해석하였다. '見'은 자신의
    입장에서는 '보다', '입다'가 되고, 상대방의 입장에서는 '입히다', '加하다'의 뜻이 된다.

88 文王事 見詩大雅:《詩經》〈綿〉 8장에 "이러므로 오랑캐들의 성냄을 끊지 못하셨으나 그 명성을 실추하
    지 않으셨다. 갈참나무와 떡갈나무가 쑥쑥 뻗어 올라가 다니는 길이 통하니 昆夷들이 도망하여 오직 숨
    만 쉰다.〔肆不殄厥慍 亦不隕厥問 柞棫拔(패)矣 行道兌(태)矣 混(곤)夷駾(태)矣 維其喙(훼)矣〕"라
    고 하였는데,《詩經集傳》에 이는 "太王이 비록 昆夷의 성냄을 끊지는 못했으나 또한 자기의 명성을 실
    추하지 않은 것이다. 비록 聖賢이라도 남들이 자기에게 노여워하지 않음을 기필하지는 못하고, 다만 스
    스로 닦는 실제를 폐하지 않을 뿐이다. 그러나 太王이 처음 이 岐山 아래에 이르렀을 때에는 숲과 나무
    가 깊이 우거져 길이 막혀 있고 사람과 물건이 매우 적었는데, 그 뒤에 백성들이 점점 많아지고 歸附 하
    는 자가 날로 많아지자, 나무가 위로 뻗어 올라가서 〈그 밑으로〉 길이 통하니, 昆夷들이 두려워하여 도
    망하고 숨어 엎드려서 오직 숨만 쉴 뿐이었다. 이는 德이 盛함에 昆夷가 스스로 복종함을 말한 것이니,
    이미 文王의 때가 된 것이다.〔言大王雖不能殄絶混夷之慍怒 亦不隕隆己之聲問 蓋雖聖賢 不能必
    人之不怒己 但不廢其自修之實耳 然大王始至此岐下之時 林木深阻 人物鮮少 至於其後 生齒漸
    繁 歸附日衆 則木拔道通 昆夷畏之 而奔突竄伏 維其喙息而已 言德盛而昆夷自服也 蓋已爲文王
    之時矣〕" 하였다.

89 句踐……事見國語史記:《大全》에는《史記》〈越王句踐世家〉의 기록을 다음과 같이 인용하고 있다.
    "越王 句踐이 군대를 일으켜 吳나라를 정벌하자, 吳王 夫差가 이 말을 듣고 정예병을 모두 징발해서
    越나라를 공격하여 句踐을 夫椒에서 패퇴시켰다. 越王은 남은 병사 5천 명을 거느리고 會稽山에 농성
    하고 있었는데, 吳王이 추격하여 포위하니, 越王은 마침내 大夫인 文種을 보내 吳나라에 화평을 청하
    였다. 文種이 무릎으로 기어가서 머리를 조아리고 말하기를 '君王의 도망한 신하 句踐이 陪臣인 文種
    을 보내 감히 下執事에게 고합니다. 句踐은 신하가 되고 아내는 妾이 되기를 청합니다.'라고 하자, 吳王
    이 장차 허락하려 하였는데, 吳子胥가 '하늘이 越나라를 吳나라에 주신 것이니, 허락하지 마소서.' 하
    였다. 文種이 돌아와서 보고하자, 句踐은 자기의 처자식을 죽이고 寶器를 불태우고 저촉하여 싸우다가
    죽고자 하였다. 文種이 句踐을 만류하여 말하기를 '吳나라 太宰 嚭가 탐욕스러워서 이익으로 유인할
    수 있으니, 제가 몰래 가서 말해보겠습니다.' 하였다. 이에 句踐이 文種으로 하여금 몰래 가서 吳나라
    太宰 嚭에게 美女와 寶器를 바치게 하니, 嚭가 뇌물을 받고 마침내 大夫 文種을 吳王에게 알현시켰
    다. 문종이 머리를 조아리며 말하기를 '원컨대 大王은 句踐의 죄를 용서하고 寶器를 모두 받아주소서.
    불행히 용서하지 않으시면 구천이 장차 자기의 처자식을 모두 죽이고 寶器를 불태우고서 5천 명의 군사
    를 거느리고 결사적으로 싸울 것이니, 이렇게 되면 반드시 吳軍을 당해낼 수 있을 것입니다.' 하였다. 嚭
    가 인하여 吳王을 설득하기를 '越나라가 굴복하여 신하가 되었으니, 만약 장차 句踐을 용서한다면 이

··· 惻 슬플 측 怛 슬플 달 較 비교할 교 字 사랑할 자 已 그칠 이 見 당할 견, 가할 견 侵 침범할 침
     陵 업신여길 릉 廢 폐할 폐 雅 바를 아 狄 북쪽오랑캐 적 越 나라 월

仁人의 마음은 너그럽고 크며 惻怛(仁慈)해서 大小와 强弱을 計較(따지고 비교함)하는 사사로움이 없다. 그러므로 小國이 혹 不恭하더라도 내가 그들을 사랑하는 마음은 스스로 그만둘 수 없는 것이다. 지혜로운 자는 義理에 밝고 時勢를 안다. 그러므로 大國이 비록 침략과 능멸을 가하더라도 내가 그를 섬기는 禮를 더더욱 폐할 수 없는 것이다. 湯王의 일은 뒷편(滕文公 下)에 보이고, 文王의 일은 《詩經》〈大雅〉에 보이고, 太王의 일은 뒷장에 보이니, 뒷장의 이른바 '狄人'이 바로 獯鬻이다. 句踐은 越王의 이름이니, 이 사실은 《國語》와 《史記》에 보인다.

3-2. 以大事小者는 樂天者也요 以小事大者는 畏天者也니 樂天者는 保天下하고 畏天者는 保其國이니이다

大國을 가지고 小國을 섬기는 자는 天理를 즐거워하는 자요, 小國을 가지고 大國을 섬기는 자는 天理를 두려워하는 자이니, 천리를 즐거워하는 자는 온 천하를 보전하고, 천리를 두려워하는 자는 자기 나라를 보전합니다.

> 集註 | 天者는 理而已矣니 大之字小와 小之事大가 皆理之當然也라 自然合理故로 曰樂天이요 不敢違理故로 曰畏天이라 包含徧覆(변부)하여 無不周徧은 保天下之氣象也요 制節謹度하여 不敢縱逸은 保一國之規模也[90]라

는 吳나라의 이익입니다.' 하였다. 그리하여 마침내 越나라를 용서하고 군대를 해산하고 돌아갔다.〔越王興兵伐吳 吳王聞之 悉發精兵擊越 敗之夫椒 越王乃以餘兵五千人 保棲於會稽 吳王追而圍之 越王乃令大夫種 行成於吳 膝行頓首曰 君王亡臣句踐 使臣種敢告下執事 句踐請爲臣 妻爲妾 吳王將許之 子胥言於吳王曰 天以越賜吳 勿許也 種還以報 句踐欲殺其妻子 燔寶器 觸戰而死 種止句踐曰 夫吳太宰嚭貪 可誘以利 請行言之 於是 句踐乃以美女寶器 令種間以獻吳大宰嚭 嚭受 乃見大夫種於吳王 種頓首言曰 願大王赦句踐之罪 盡入其寶器 不幸不赦 句踐將盡殺其妻子 燔其寶器 五千人觸戰 必有當也 嚭因說吳王曰 越以服爲臣 若將赦之 此國之利也 卒赦越 罷兵歸〕楊伯峻은 이 내용을 요약하여 "越王 句踐이 吳王 夫差에게 대패하고 會稽山에 도주하게 되자, 치욕적인 화친을 吳나라에 요청하고 자신은 吳王이 타는 말 앞에서 길을 인도하였다. 句踐은 뒤에 국력을 길러 吳나라를 멸망시켰다." 하였다.

90 自然合理……保一國之規模也:《朱子大全》〈答潘謙之〉에, 潘謙之가 묻기를 "樂天과 畏天이 똑같지 않으니, 仁한 자가 小國에 살면 진실로 어쩔 수 없이 지혜로운 자의 일을 하지만, 만일 지혜로운 자가 大國에 살면 반드시 仁한 자의 일을 하지는 못하는 것은 어째서입니까? 지혜로운 자는 曲直을 분별하니, 반드시 容忍하여 남과 비교하지 않음을 仁한 자가 하는 것처럼 하지는 못하기 때문입니까?〔問樂天畏天不同 以仁者而居小國 固不免爲智者之事 使智者而居大國 則未能爲仁者之擧 何者 智者分別

··· 畏 두려워할 외 違 어길 위 含 머금을 함 徧 두루 변(편) 覆 덮어줄 부 周 두루 주 制 절제할 제, 따를 제
     縱 방종할 종 逸 편안할 일 規 법규, 그림쇠 규 模 법모, 본뜰 모

天은 理일 뿐이니, 大國이 小國을 사랑하는 것과 小國이 大國을 섬기는 것은 모두 理의 당연함이다. 자연스럽게 理에 합하므로 '樂天'이라 말하고, 감히 理를 어기지 못하므로 '畏天'이라 말한 것이다. 널리 포함하고 두루 덮어주어(감싸주어) 두루 미치지 않음이 없는 것은 天下를 보전하는 氣象이요, 禮節을 따르고 法度를 삼가서 감히 방종하고 안일하지 못하는 것은 一國을 보전하는 規模이다.

3-3. 詩云 畏天之威하여 于時保之라하니이다

《詩經》에 이르기를 '하늘의 위엄을 두려워하여 이에 보전한다.' 하였습니다."

集註 | 詩는 周頌我將之篇이라 時는 是也라

'詩'는 〈周頌 我將〉篇이다. '時'는 '이에'이다.

3-4. 王曰 大哉라 言矣여 寡人이 有疾하니 寡人은 好勇하노이다

王이 말씀하였다. "훌륭합니다, 〈선생님의〉 말씀이여. 寡人에게 병통이 있으니, 寡人은 勇을 좋아합니다."

集註 | 言 以好勇故로 不能事大而恤小也라

勇을 좋아하기 때문에 大國을 섬기고 小國을 구휼하지 못함을 말한 것이다.

3-5. 對曰 王請無好小勇하소서 夫撫劍疾視曰 彼惡(오)敢當我哉리오하나니 此는 匹夫之勇이라 敵一人者也니 王請大之하소서

孟子께서 대답하셨다. "王은 청컨대 작은 勇을 좋아하지 마소서. 劍을 어루만지고 상대방을 노려보며 말하기를 '네가 어찌 감히 나를 당하겠는가.'라고 하면, 이것은 匹夫의 勇으로서 한 사람을 상대하는 것이니, 王은 청컨대 勇을 크게 하소서.

曲直 未必能容忍而不與之較 如仁者之爲也〕한 것에 대하여, 朱子가 "맞다." 하였다.

··· 時 이 시(是同) 頌 기릴 송 撫 어루만질 무 劍 칼 검 疾 원망할 질 惡 어찌 오 匹 짝 필

按說 | '彼惡敢當我哉리오하나니'는 栗谷諺解에 '彼惡敢當我哉리오ᄒ면'으로 懸吐하였는바, 큰 차이가 없으나 全體 文脈은 이렇게 읽는 것이 더욱 분명하므로 해석에는 이를 따랐다.

集註 | 疾視는 怒目而視也라 小勇은 血氣所爲요 大勇은 義理所發[91]이라

'疾視'는 눈을 부릅뜨고 보는 것이다. 小勇은 血氣가 하는 것이고, 大勇은 義理에서 나온 것이다.

3-6. 詩云 王赫斯怒하사 爰整其旅하여 以遏徂莒(조려)하여 以篤周祜하여 以對于天下라하니 此는 文王之勇也니 文王이 一怒而安天下之民하시니이다

《詩經》에 이르기를 '王께서 赫然히 怒하사 이에 그 군대를 정돈하여 침략하러 가는 무리들을 막아서 周나라의 福을 돈독히 하여 天下에 보답하셨다.'고 하였습니다. 이것은 文王의 勇이니, 文王이 한번 노하시어 天下의 백성을 편안히 하셨습니다.

集註 | 詩는 大雅皇矣篇이라 赫은 赫然怒貌라 爰은 於也라 旅는 衆也라 遏은 詩作按하니 止也라 徂는 往也요 莒는 詩作旅[92]하니 徂旅는 謂密人侵阮徂共之衆也[93]라 篤은

---

91 大勇 義理所發: 壺山은 "살펴보건대 뒤편(《公孫丑上》不動心章)에서 夫子가 말씀하신 '大勇'은 바로 君子의 大勇이고 여기에서 말한 '大勇'은 바로 王者의 大勇이니, 용맹이 큼에 이르면 天下의 백성을 편안하게 할 수 있어서, 작은 나라를 사랑하는 仁과 大國을 섬기는 智에 그칠뿐만이 아니다. 大勇은 이 章의 綱領이다.〔按後篇夫子所言大勇 是君子之大勇也 此云大勇 是王者之大勇 勇至於大 則天下之民可安 而不止於字小之仁, 事大之智而已 大勇 是此章之綱領也〕" 하였다.

92 莒 詩作旅: 楊伯峻은 '莒'를 나라 이름으로 보아 '以遏徂莒'를 '莒나라를 침략하는 적을 저지하다.'로 번역하였다.

93 徂旅 密人侵阮徂共之衆也: 《詩經》〈大雅 皇矣〉에 "上帝께서 文王에게 이르시기를 '그렇게 이것을 버리고 저것을 잡지 말며 그렇게 흠모하고 부러워하지 말아서 크게 먼저 道의 지극한 경지에 오르라.' 하시었다. 密나라 사람이 不恭하여 감히 큰 나라를 항거해서 阮나라를 침공하러 阮나라의 共땅으로 가자, 文王이 크게 怒하시어 이에 그 군대를 정돈하여 침략하러 가는 무리들을 막아서 周나라의 福을 돈독히 하여 天下의 기대에 보답했다.〔帝謂文王 無然畔援 無然歆羡 誕先登于岸 密人不恭 敢距大邦 侵阮徂共 王赫斯怒 爰整其旅 以按(알)徂旅 以篤周祜 以對于天下〕" 하였는데, 《詩經集傳》에 "密은 密須氏로 姞姓의 나라이니 지금 寧州에 있고, 阮은 나라 이름이니 지금 涇州에 있고, 共은 阮國의 地

··· 赫 노할혁 爰 이에 원 整 가지런할정 旅 군대 려, 무리 려 遏 막을 알 徂 갈 조 莒 무리 려(旅同) 篤 두터울 독 祜 복 호 按 막을 안 阮 땅이름 완(원)

厚也라 祜는 福也라 對는 答也니 以答天下仰望之心也라 此는 文王之大勇也라

詩는 〈大雅 皇矣〉篇이다. '赫'은 赫然히 〈얼굴빛을 붉혀〉 노한 모양이다. '爰'은 '이에'이다. '旅'는 무리(군대)이다. '遏'은 《詩經》에는 '按'으로 되어 있으니, 저지한다는 뜻이다. '徂'는 감이요 '莒'는 《詩經》에는 '旅'로 되어 있으니, '徂旅'는 密나라 사람이 阮나라를 침략하기 위해서 阮나라의 共땅으로 가는 무리를 이른다. '篤'은 두터움이다. '祜'는 福이다. '對'는 보답함이니, 天下의 仰望하는 마음에 보답하는 것이다. 이것은 文王의 大勇이다.

3-7. 書曰 天降下民하사 作之君, 作之師하심은 惟曰其助上帝라 寵之四方이시니 有罪, 無罪에 惟我在커니 天下曷敢有越厥志리오하니 一人이 衡(橫)行於天下어늘 武王이 恥之하시니 此는 武王之勇也니 而武王이 亦一怒而安天下之民하시니이다

《書經》에 이르기를 '하늘이 下民을 내리사 그 군주를 세워주고 그 스승을 세워준 것은, 〈군주와 스승이 된 자가〉 上帝를 돕기 때문에 그를 사방에 특별히 총애해서이다. 〈제후들에게〉 죄가 있든 죄가 없든 내가 있으니, 天下에 어찌 감히 그 마음을 지나치게 하는 자가 있겠는가.' 하였습니다. 한 사람이 天下에 橫行하자 武王이 이것을 부끄러워하셨으니, 이것은 武王의 勇이니, 武王 또한 한번 노하여 天下의 백성들을 편안히 하셨습니다.

按說 | '惟曰其助上帝寵之四方'에 대하여, 楊伯峻은 '惟曰其助上帝寵之'로 句讀를 끊고 〈군주와 스승의 유일한 책임은〉 上帝를 도와 백성을 愛護하는 것이다.'로 해석하였다.

'一人'에 대하여, 沙溪(金長生)는

名이니 지금 涇州의 共池가 바로 이것이다. 이는 文王이 정벌하실 처음에 이것을 버리고 저것을 잡으며 흠모하고 부러워한 바가 없었고, 크게 먼저 〈알고 깨달아〉 道의 지극한 경지에 나아가신 것이요, 인하여 密나라 사람들이 不恭하였기 때문에 이와 같이 정벌하였음을 말한 것이다.〔密 密須氏 姞姓之國 在今寧州 阮 國名 在今涇州 共 阮國之地名 今涇州共池 是也 此言文王征伐之始也 無所畔援歆羨 大能先造道之極 因密人不恭 是以如此〕" 하였다.

··· 仰 우러를 앙 寵 총애할 총 曷 어찌 갈 越 지나칠 월, 넘을 월 厥 그 궐 衡 제멋대로할 횡(橫同)

‘一人’은 紂王을 말한 것이 아니다. 天下에 비록 한 사람이 난을 일으키더라도 武王이 부끄러워하신 것이다.[一人 非謂紂也 天下雖有一人作亂 而武王恥之也]《經書辨疑》

라고 하였으나, 壺山은

살펴보건대 諺解의 뜻은 아마도 ‘一人’을 ‘一夫紂’로 여긴 듯하다. 이렇게 해석한 뒤에야 武王의 노하신 뜻이 비로소 온전해지니, 다시 살펴보아야 한다.[按諺解之意 蓋以一人爲一夫紂 然後武王之怒意方專 更詳之]

하였다.

集註 | 書는 周書泰誓之篇也라 然이나 所引이 與今書文小異[94]하니 今且依此解之하노라 寵之四方은 寵異之於四方也라 有罪者를 我得而誅之하고 無罪者를 我得而安

---

94 書……與今書文小異:여기의 《書經》을 朱子는 〈泰誓〉라 하였으나 내용이 다르므로 趙岐는 逸書로 보았다. 〈泰誓〉에는 “하늘이 下民들을 도우시어 군주를 만들고 스승을 만들은 능히 上帝를 도와서 四方을 사랑하고 편안하게 하신 것이니, 罪가 있는 자를 토벌하고 罪가 없는 자를 사면함에 내 어찌 감히 그 마음을 잘못함이 있겠는가.[天佑下民 作之君 作之師 惟其克相上帝 寵綏四方 有罪無罪 予曷敢有越厥志]”로 되어 있다. 옛날 군주는 治와 敎를 함께 맡았으므로 君·師라 한 것이다. 그러나 이 내용은 뜻이 분명치 않다. 官本諺解에는 “天降下民ᄒᆞ샤 作之君作之師ᄒᆞ샨든 惟曰 其助上帝ᄒᆞ야 寵之四方이시니”로 현토하고, “天이 下民을 降ᄒᆞ샤 君을 作ᄒᆞ시며 師를 作ᄒᆞ샨든 오직 골오ᄃᆡ 上帝를 助ᄒᆞ논디라 四方애 寵케 ᄒᆞ시니”로 해석하였으며, 栗谷諺解에는 “天降下民에 作之君作之師는 惟曰其助上帝라”로 懸吐하고, “天이 下民을 降ᄒᆞ심에 君을 作ᄒᆞ며 師를 作ᄒᆞ심은 오직 ᄀᆞ온 上帝를 돕는지라. 四方의(에) 寵하심이니”로 해석하였으며, 餘他 번역본도 이와 비슷하다. 이에 위와 같이 번역하였다. 그러나 楊伯峻은 “하늘이 下民을 내시고는 그들의 군주를 세워주고 그들의 스승을 세워주었으니, 군주와 스승의 유일한 책임은 上帝를 도와 백성들을 愛護하는 것이다.”라고 하였다. 雙峰饒氏(饒魯)는 《書經》에서 말한 ‘寵綏四方’은 군주를 가리켜 말한 것이고 《孟子》에서 말한 ‘寵之四方’은 하늘을 가리켜 말한 것이며, 《書經》의 ‘有罪無罪’는 紂王을 가리켜 말한 것이고 《孟子》의 ‘有罪無罪’는 諸侯를 가리켜 말한 것이며, 《書經》의 ‘越厥志’는 군주를 가리켜 말한 것이고 《孟子》의 ‘越厥志’는 백성을 가리켜 말한 것이어서 두 가지가 크게 같지 않다. 생각하건대 옛사람의 책은 지금의 ‘책과’ 같지 않은 것이 많으니, 대부분 사람들이 기억한 것이고 사람들의 집에 항상 이러한 책이 있지는 않았던 듯하다.[書言寵綏四方 指君而言 孟子言寵之四方 指天而言 書之有罪無罪 指紂而言 孟子之有罪無罪 指諸侯而言 書之越厥志 指君而言 孟子之越厥志 指民而言 二者大段不同 想古人之書 與今多不同 多是人記得 人家不常有此本]” 하였다.
壺山은 “살펴보건대 《論語》와 《孟子》 가운데에 《書經》을 인용함에 차이가 있는 것은 모두 古文으로 된 《尙書》이니, 古文은 믿을 수 없는 것이 많은데 〈泰誓〉가 특별히 심하다. 朱子가 《書經》을 註낼 적에 반드시 今文과 古文의 있고 없음을 드러낸 것은 아마도 이 때문일 것이다.[按語孟中 引書而有同異者 皆古文也 古文多有不可信者 而泰誓爲甚 朱子註書 必著今古文有無 蓋爲是故耳]” 하였다.

••• 泰 클 태 誓 맹세할 서 異 다를 이, 특별히우대할 이 誅 벨 주

之하니 我旣在此하면 則天下何敢有過越其心志而作亂者乎아 衡行은 謂作亂也[95]라 孟子釋書意如此하시고 而言武王亦大勇也하시니라

書는《書經》〈周書 泰誓〉篇이다. 그러나 여기에 인용한 것은 지금《書經》의 글과는 약간 다르니, 지금 우선 이에 의거하여 해석하겠다. '寵之四方'은 그를 사방에 총애하고 특이하게 대우하는 것이다. 죄가 있는 자를 내가 誅罰할 수 있고 죄가 없는 자를 내가 편안하게 해줄 수 있으니, 내가 이미 여기에 있다면 天下에 어찌 감히 그 心志를 지나치게 해서 亂을 일으키는 자가 있겠는가. '衡行'은 亂을 일으킴을 말한다. 孟子께서《書經》의 뜻을 해석하기를 이와 같이 하시고, 武王 또한 大勇이라고 말씀한 것이다.

3-8. 今王이 亦一怒而安天下之民하시면 民이 惟恐王之不好勇也하리이다

지금 王께서 또한 한번 노하시어 天下의 백성들을 편안하게 해주신다면, 백성들은 행여 王께서 勇을 좋아하지 않을까 두려워할 것입니다."

集註 | 王若能如文武之爲면 則天下之民이 望其一怒以除暴亂하여 而拯己於水火之中하여 惟恐王之不好勇耳라

王이 만일 文王과 武王이 하신 것과 같이 한다면 天下의 백성은 王이 한번 노해서 포악한 자와 난을 일으키는 자를 제거하여, 자신들을 水火(塗炭)의 가운데에서 구제해 주기를 바라서, 행여 王이 勇을 좋아하지 않을까 두려워할 것이다.

章下註 | ○ 此章은 言人君이 能懲小忿이면 則能恤小事大하여 以交鄰國이요 能養

---

95 寵之四方……謂作亂也:慶源輔氏(輔廣)는 "'寵異'는 武王을 천하에 총애하여 특별히 대우함을 말한 것이다. 武王은 진실로 聰明하였기 때문에 하늘의 德으로써 특별히 총애한 것이요, 元后가 되셨기 때문에 천자의 지위로써 특별히 총애한 것이다. '心志'는 天下의 心志를 이르니, 사람이 亂을 일으킴은 모두 그 心志를 넘거나 지나치게 한 때문이다. 만약 그 心志를 지켜서 넘거나 지나치는 바가 없다면 어찌 亂을 일으키는 일이 있을 수 있겠는가. 이는 武王이 천하의 重함을 自任하신 것이다.〔寵異 謂天寵異武王於天下也 實聰明 是以天德寵異之也 作元后 是以天位寵異之也 心志 謂天下之心志也 人之作亂 皆過越其心志之故耳 若守其心志 無所過越 則何至有作亂之事乎 此武王以天下之重自任也〕" 하였다. 원문의 '實聰明 作元后'는《書經》〈泰誓上〉에 보이는 내용이다.

··· 釋 풀 석 除 덜 제 暴 사나울 포 拯 구원할 증 懲 징계할 징 忿 성낼 분

大勇이면 則能除暴救民하여 以安天下니라

張敬夫曰 小勇者는 血氣之怒也요 大勇者는 理義之怒也니 血氣之怒는 不可有요 理義之怒는 不可無니 知此면 則可以見性情之正이요 而識天理人欲之分矣리라

○이 章은 人君이 작은 忿을 징계하면 능히 小國을 구휼하고 大國을 섬겨서 이웃 나라와 사귈 수 있고, 큰 勇을 기르면 능히 포악한 자를 제거하고 백성을 구제해서 天下를 편안하게 할 수 있음을 말씀한 것이다.

張敬夫(張栻)가 말하였다. "小勇이란 血氣의 노여움이고 大勇이란 義理의 노여움이니, 血氣의 노여움은 있어서는 안되고 義理의 노여움은 없어서는 안 된다. 이것을 알면 性情의 올바름을 보고, 天理와 人慾의 분별을 알 수 있을 것이다."

|雪宮章(畜君章)|

4-1. 齊宣王이 見孟子於雪宮이러니 王曰 賢者도 亦有此樂乎잇가 孟子對曰 有하니 人不得則非其上矣니이다

齊 宣王이 孟子를 雪宮에서 만나보았는데, 王이 말씀하였다. "賢者에게도 이러한 즐거움이 있습니까?"

孟子께서 대답하셨다. "있습니다. 사람들이 이것을 얻지 못하면 자기의 윗사람을 비난합니다.

集註 | 雪宮은 離宮[96]名이라 言 人君이 能與民同樂이면 則人皆有此樂이요 不然이면 則下之不得此樂者 必有非其君上之心[97]이니 明人君當與民同樂하여 不可使人有 不得者요 非但當與賢者共之而已也라

'雪宮'은 離宮(行宮)의 이름이다. 人君이 백성과 함께 즐거워하면 백성들이 모두 이러한

---

96 離宮:慶源輔氏(輔廣)는 "離는 別과 같으니, 왕이 거처하는 宮室의 밖에 별도로 있다. 그러므로 離宮이라 한 것이다.〔離 猶別也 別在其所居宮室之外 故曰離宮〕"하였다.

97 人君……必有非其君上之心:慶源輔氏는 《集註》의 '君能與民同樂 則人皆有此樂'은 經文의 '有'한 글자를 해석한 것이고, 《集註》의 '下不得此樂者 必有非君上之心'은 經文의 '人不得則非其上矣'한 句를 해석한 것이다.〔君能與民同樂 則人皆有此樂 此釋有之一字 下不得此樂者 必有非君上之心 此釋人不得則非其上矣一句〕"하였다.

··· 識 알식 雪 눈설 離 떠날 리

즐거움을 가질 것이요, 그렇지 못하면 아래에서 이러한 즐거움을 얻지 못한 자들이 반드시 그 君上을 비난하는 마음을 가짐을 말씀한 것이다. 人君은 마땅히 백성들과 함께 즐거워하여 백성들로 하여금 얻지 못한 자가 있게 해서는 안 될 것이요, 다만 마땅히 賢者와 함께해야 할 뿐만이 아님을 밝힌 것이다.

4-2. 不得而非其上者도 非也며 爲民上而不與民同樂者도 亦非也니이다

〈즐거움을〉 얻지 못했다 하여 그 윗사람을 비난하는 자(백성)도 잘못이요, 백성의 윗사람이 되어 백성과 함께 즐거워하지 않는 자(君上)도 또한 잘못입니다.

集註 | 下不安分과 上不恤民이 皆非理也[98]라

아랫사람이 분수를 편안히 여기지 않는 것과 윗사람이 백성들을 구휼하지 않는 것은 모두 道理가 아니다.

4-3. 樂民之樂者는 民亦樂其樂하고 憂民之憂者는 民亦憂其憂하나니 樂以天下하며 憂以天下하고 然而不王者 未之有也니이다

백성들의 즐거움을 즐거워하는 자는 백성들 또한 그 君主의 즐거움을 즐거워하고, 백성들의 근심을 근심하는 자는 백성들 또한 그 君主의 근심을 근심합니다. 즐거워하기를 온 천하로써 하며 근심하기를 온 천하로써 하고, 이렇게 하고도 왕 노릇 하시 못하는 자는 있지 않습니다.

集註 | 樂民之樂而民樂其樂이면 則樂以天下矣요 憂民之憂而民憂其憂면 則憂以天下矣라

---

98 下不安分……皆非理也:慶源輔氏(輔廣)는 "아랫사람이 〈즐거움을〉 얻지 못한다 하여 그 윗사람을 비난하는 자는 命을 알지 못하는 것이다. 그러므로 '분수를 편안히 여기지 않는다.'라고 말하였고, 백성의 윗사람이 되어 백성과 함께 즐거워하지 않는 자는 義를 알지 못하는 것이다. 그러므로 '백성을 구휼하지 않는다.'라고 말한 것이다.〔下不得而非其上者 不知命也 故謂之不安分 爲民上而不與民同樂者 不知義也 故謂之不恤民〕" 하였다.

백성들의 즐거움을 즐거워해서 백성들이 그 君主의 즐거움을 즐거워한다면 즐거워하기를 천하로써 하는 것이요, 백성들의 근심을 근심해서 백성들이 그 君主의 근심을 근심한다면 근심하기를 천하로써 하는 것이다.

4-4. 昔者에 齊景公이 問於晏子曰 吾欲觀於轉附朝儛하여 遵海而南하여 放于琅邪(야)하노니 吾何修而可以比於先王觀也오

옛날에 齊 景公이 晏子에게 묻기를 '내 轉附山과 朝儛山을 구경하고서 바닷가를 따라 남쪽으로 가서 琅邪에 이르고자 하노니, 내 어떻게 닦아야 先王의 觀光에 견줄 수 있겠는가?' 하였습니다.

> 集註 | 晏子는 齊臣이니 名嬰이라 轉附, 朝儛는 皆山名也라 遵은 循也요 放은 至也라 琅邪는 齊東南境上邑名이라 觀은 遊也라
>
> 晏子는 齊나라 신하이니, 이름이 嬰이다. 轉附와 朝儛는 모두 山 이름이다. '遵'은 따름이요, '放'은 이름이다. 琅邪는 齊나라 東南쪽 국경 가에 있는 고을 이름이다. '觀'은 유람이다.

4-5. 晏子對曰 善哉라 問也여 天子適諸侯曰巡狩니 巡狩者는 巡所守也요 諸侯朝於天子曰述職이니 述職者는 述所職也니 無非事者요 春省耕而補不足하며 秋省斂而助不給하나니 夏諺曰 吾王이 不遊면 吾何以休며 吾王이 不豫면 吾何以助리오 一遊一豫 爲諸侯度라하니이다

이에 晏子가 다음과 같이 대답하였습니다. '좋습니다, 군주의 질문이여. 天子가 諸侯國에 가는 것을 '巡狩'라 하니 巡狩란 〈諸侯가〉 지키는 경내를 巡行한다는 뜻이요, 諸侯가 天子國에 조회 가는 것을 '述職'이라 하니 述職이란 자기가 맡은 직책을 편다는 뜻이니, 〈巡狩와 述職이 모두〉 일(정사)이 아님이 없습니다. 그리고 봄에는 나가서 경작하는 상태를 살펴보아 부족한 것을 보충해 주며, 가을에는 수확하는 상태를 살펴보아 부족한 것을 도와줍니다. 夏나라 속담에 이르기를 「우리 임금님이 유람하지 않으면 우리들이 어떻게 쉬며, 우리 임금님이 즐기지 않으면 우리들이 어떻게 도움을 받겠

••• 景 볕 경 晏 늦을 안 轉 구를 전 附 붙을 부 儛 춤출 무 遵 따를 준 琅 옥소리 랑 邪 땅이름 야(琊同)
觀 구경할 관 適 갈 적 巡 순행할 순 狩 순행할 수 述 펼 술 職 직책 직 斂 거둘 렴 給 넉넉할 급 諺 속담 언
遊 놀 유 休 쉴 휴 豫 즐길 예

는가. 한 번 유람하고 한 번 즐김이 諸侯들의 법도가 된다.」 하였습니다.

按說 | '夏諺'에 대하여, 朱子는 '夏나라의 太平한 시대에 있었던 俗言'으로 보고, '吾王不遊……爲諸侯度'까지를 夏諺으로 보아 이렇게 설명하였으나, 中國의 일부 번역본에는 '吾王不遊 吾何以休 吾王不予 吾何以助'까지만 夏諺으로 보고, 그 다음은 晏子의 말로 본 것이 있음을 밝혀둔다. 한편 茶山은 夏諺을 '吾王不遊'부터 아래 節의 '爲諸侯憂'까지로 보고, '今也 不然'의 '지금'을 夏나라 太康이나 桀王의 때로 보았다. 그 이유에 대해 茶山은,

'食'과 '息', '流'와 '憂'가 모두 叶韻이어서 윗절의 游·休·予·助의 말한 例와 비슷하고, 게다가 景公의 악함이 아랫절과 같이 심하지 않기 때문이다.……'流連荒亡'은 원래 夏諺의 글이다. 그러므로 晏子가 이어서 訓詁하여 임금으로 하여금 이해하게 한 것이다. 만일 〈'流連荒亡'이〉晏子 스스로 말한 것이라면 자기가 말하고 자기가 註를 낸 것이니, 너무 수고롭다.〔蓋以食息流憂 並皆叶韻 與上節之游休予助 詞例相背 兼之景公之惡 不若是之甚也……流連荒亡 原是夏諺之文 故晏子繼爲訓詁 使君曉解 若是晏子之所自言 則自言自註 亦太勞矣〕

하였다. 楊伯峻도 夏諺이 '吾王不遊'부터 '爲諸侯憂'까지라는 蕭穆의 《敬孚類稿》의 說을 소개하였는데, 《敬孚類稿》에

어찌 신하가 임금에게 대답하는 말에도 속담을 본떠서 韻을 사용하여 스스로 말하고 스스로 해석하는 자가 있겠는가?〔豈臣子對君之辭 亦仿諺語用韻 自言之 且自解之者耶〕

하였고, 또

앞에서 '巡狩'와 '述職'을 해설한 말도 먼저 前人의 말을 인용한 것이지, 자신이 곧바로 지어낸 것이 아닐 것이다.〔蓋前解巡狩述職之說 亦是先引前人成說 非己率爾造出也〕

하였다. 그러나 楊伯峻은 이 說을 참고로 소개하였을 뿐, 인용부호는 朱子의 說을 따랐다.

'遊'와 '予'에 대하여, 楊伯峻은

'予'는 '遊'와 같은 뜻이다. 《晏子春秋》〈內篇問下〉에 "봄에 경작하는 상태를 살펴보아 부족한 것을 보충해 주는 것을 遊라 하고, 가을에 수확을 살펴보아 부족한 것을 도와주는 것을

予라 한다.〔春省耕而補不足者謂之遊 秋省實而助不給者謂之予〕"했다.

하였다.

集註 | 述은 陳也라 省은 視也라 斂은 收穫也라 給은 亦足也라 夏諺은 夏時之俗語也
라 豫는 樂也라 巡所守는 巡行諸侯所守之土也요 述所職은 陳其所受之職也⁹⁹니 皆
無有無事而空行者요 而又春秋循行郊野하여 察民之所不足而補助之라 故로 夏
諺에 以爲 王者一遊一豫 皆有恩惠以及民하여 而諸侯皆取法焉하여 不敢無事慢
遊以病其民也라하니라

'述'은 베풂(폄)이다. '省'은 살펴봄이다. '斂'은 수확이다. '給' 또한 족함이다. '夏諺'은 夏
나라 때의 속담이다. '豫'는 즐거워함이다. '巡所守'는 諸侯들이 지키고 있는 곳의 토지를
巡行하는 것이요, '述所職'은 天子에게서 받은 직책을 펴는 것이니, 모두 일없이 헛되이 다
님이 없는 것이다. 또 봄과 가을로 郊野를 순행해서 백성들의 부족한 바를 살펴보아 보조해
준다. 그러므로 夏나라 속담에 이르기를 "王者가 한 번 유람하고 한 번 즐기는 것이 모두 은
혜가 백성들에게 미침이 있어, 諸侯들이 모두 법을 취해서 감히 일없이 태만히 유람함으로
써 백성들을 해롭게 하지 못한다." 한 것이다.

4-6. 今也엔 不然하여 師行而糧食하여 飢者弗食하며 勞者弗息하여 睊
睊胥讒하여 民乃作慝이어늘 方命虐民하여 飮食若流하여 流連荒亡하여
爲諸侯憂하나니이다

지금은 그렇지 않아서 군대를 데리고 다니면서 양식을 먹어, 굶주린 자가 먹지 못하며
수고로운 자가 쉬지 못해서 눈을 흘겨보며 서로 비방하여 백성들이 마침내 원망을 하는
데도, 王의 命을 거역하고 백성을 학대해서 술 마시고 음식 먹는 것을 마치 물 흐르듯
이 하여 流·連하고 荒·亡해서 諸侯들의 걱정거리가 되고 있습니다.

---

99 巡所守……陳其所受之職也:趙氏(趙順孫)는 "지키는 곳을 순행하는 것은 위에서 아래를 살피는 것
이요, 맡은 직책을 폄은 아래로부터 위에 도달하는 것이다. 王은 12년에 한 번 지키는 곳을 순행하고, 諸
侯는 6년에 한 번 조회한다.〔巡所守者 自上察下也 述所職者 自下達上也 王十二年一巡狩 諸侯六年
一朝〕" 하였다.

••• 收 거둘 수 穫 거둘 확 循 돌 순 郊 들 교 慢 태만할 만 病 해칠 병 師 군대 사 糧 양식 량 睊 흘겨볼 견
胥 서로 서 讒 참소할 참 慝 간사할 특 方 거역할 방 流 빠질 류 連 빠질 련 荒 빠질 황

按說 | 朱子는 '諸侯들의 걱정거리가 된다.'에서의 '諸侯'를, 附庸의 나라와 縣邑의 長으로 보아 强大한 제후국의 임금이 弱小한 자신의 나라를 순행하는 것으로 보았다. 茶山은 '諸侯들의 법도가 된다.'와 '諸侯들의 걱정거리가 된다.'의 제후는 다르지 않은데, 아래의 諸侯를 附庸의 나라와 縣邑의 長으로 본 朱子의 설은 위아래가 서로 어긋난다고 비판하였다.

朱子가 위아래의 제후를 다르게 본 것은 '今也 不然'의 '지금'이 晏子의 시대이므로, 이 때에 周나라 왕실이 쇠약하여 제후국에 대한 천자의 巡狩가 없었기 때문이다.

'糧食'에 대하여, 壺山은

> 살펴보건대 諺解에 '糧을 食하다.'로 해석하였으니, 아마도 文勢를 잃은 듯하다.〔按諺解
> 釋作食糧 恐失文勢〕

하였는바, '糧食'을 '양식을 먹는 것'으로 해석한 것은 문법에 맞지 않는다. 壺山은 '糧食'을 어떻게 해석해야 하는지를 분명히 설파하지 않았으나 糧과 食을 나누어 糧은 미숫가루의 비상식량으로, 食은 음식물로 보고, 이를 운반해가는 것으로 풀이한 듯하다.

集註 | 今은 謂晏子時也라 師는 衆也니 二千五百人이 爲師니 春秋傳曰 君行師從[100]이라하니라 糧은 謂糗糒之屬이라 睊睊은 側目貌라 胥는 相也라 讒은 謗也요 慝은 怨惡(오)也니 言民不勝其勞하여 而起怨謗也라 方은 逆也요 命은 王命也라 若流는 如水之流 無窮極也라 流連荒亡은 解見下文하니라 諸侯는 謂附庸之國, 縣邑之長[101]이라

---

100 春秋傳曰 君行師從:《大全》에는《春秋左傳》定公 4년의 기록을 다음과 같이 인용하고 있다. "劉 文公이 諸侯들과 召陵에서 會合하였으니, 楚나라 정벌을 도모한 것이었다. 衛侯가 祝鮀로 하여금 따르게 하였으나,〈祝鮀는〉사양하기를 '군주가 軍을 거느리고 出行을 하면 社에 祓祭를 지내고 북〔鼓〕에 피로 틈을 바르고, 祝이 社의 신주를 받들고 따르니, 이에 국경을 나갑니다. 만약 조회 등의 아름다운 일에는 군주가 가면 師가 따라가고 卿이 가면 旅가 따라가니, 臣은 할 일이 없습니다.〔劉文公合諸侯 于召陵 謀伐楚 衛侯令祝鮀從 辭曰 君以軍行 祓社釁鼓 祝奉以從 於是乎出竟(境) 若嘉好之事 君 行師從 卿行旅從 臣無事焉〕'하였다." 군대가 출동할 적에는 먼저 社에 祓祭하는 일이 있으니, 이것을 宜社라 이른다. 이에 짐승을 잡아 피를 가지고 북과 작은 북에 바르니, 이것을 釁鼓라 한다. 軍은 1만 2천 5백 명의 군대이고 師는 2천 5백 명의 군대이고 旅는 5백 명의 군대이다.

101 附庸之國 縣邑之長:'附庸'은 方50리가 못되는 작은 나라를 이른다. 壺山은 "齊나라는 본래 方伯의 나라이니, 작은 제후국은 方伯의 나라에 있어 또한 부용국으로 보는 것이다.〔齊本方伯之國也 諸侯之 於方伯 亦當視附庸云〕"하였다.

··· 糗 미숫가루 구 糒 말린밥 비 屬 무리 속 側 흘겨볼 측 謗 비방할 방 怨 원망할 원 附 붙일 부 庸 따를 용

'今'은 晏子 당시를 이른다. '師'는 군대이다. 2천 5백 명을 師라 하니, 《春秋左傳》에 이르기를 "군주가 出行하면 師가 따라간다." 하였다. '糧'은 糇糒의 등속을 이른다. '睊睊'은 反目(側目)하는 모양이다. '胥'는 서로이다. '讒'은 비방이요 '慝'은 원망하고 미워함이니, 백성들이 그 수고로움을 이기지 못하여 원망과 비방을 일으킴을 말한다. '方'은 거역함이요, '命'은 王의 命이다. '若流'는 물의 흐름이 다함이 없음과 같은 것이다. '流·連·荒·亡'은 해석이 아랫글에 보인다. '諸侯'는 附庸의 나라와 縣邑의 長을 이른다.

4-7. 從流下而忘反을 謂之流요 從流上而忘反을 謂之連이요 從獸無厭을 謂之荒이요 樂酒無厭을 謂之亡이니

〈뱃놀이에〉 물길을 따라 아래로 내려가서 돌아옴을 잊음을 '流'라 이르고, 물길을 거슬러 위로 올라가서 돌아옴을 잊음을 '連'이라 이르고, 짐승을 쫓아 사냥함에 만족함이 없음을 '荒'이라 이르고, 술을 즐겨 만족함이 없음을 '亡'이라 이릅니다.

按說 | 趙岐는

'連'은 '끌다'의 뜻이다. 일꾼들로 하여금 배를 끌게 하여 위로 올라가서 돌아옴을 잊고 즐거워하므로, 이를 일러 '連'이라 한다.(連 引也 使人徒引舟船 上行而忘反 以爲樂 故謂之連)

하였다. 茶山은 趙岐의 說을 취하고, 《周易》의 '拔茅連茹(띠풀을 뽑는데 그 뿌리가 서로 엉켜 이끌려 나옴)'라는 말의 '連'도 牽連의 뜻이라고 하였다.

集註 | 此는 釋上文之義也라 從流下는 謂放舟隨水而下요 從流上은 謂挽舟逆水而上이라 從獸는 田獵也라 荒은 廢也라 樂酒는 以飮酒爲樂也라 亡은 猶失也니 言廢時失事也[102]라

이는 윗글의 뜻을 해석한 것이다. '從流下'는 배를 풀어놓아 물길을 따라 아래로 내려감을

---

[102] 廢時失事也:雙峰饒氏(饒魯)는 "荒이 '廢時'이고, 亡이 '失事'이다.〔荒是廢時 亡是失事〕" 하였다. 이는 농사철을 놓치고 政事를 제때에 하지 못하는 것으로, 荒과 亡을 합하여 해석한 것이다.

··· 獸 짐승 수 厭 만족할 염 放 놓을 방 隨 따를 수 挽 당길 만

이르고, '從流上'은 배를 挽回하여 물길을 거슬러 올라감을 이른다. '從獸'는 田獵(사냥)이다. '荒'은 폐함이다. '樂酒'는 술을 마시는 것을 樂으로 삼는 것이다. '亡'은 失과 같으니, 때를 폐하고 일을 잃음을 말한다.

4-8. 先王은 無流連之樂과 荒亡之行하시니 惟君所行也니이다

先王은 流·連의 즐거움과 荒·亡한 행실이 없으셨으니, 오직 君主께서 행하실 바입니다.'

> 集註 | 言先王之法, 今時之弊 二者 惟在君所行耳라

先王의 法과 지금의 폐단 이 두 가지가 오직 君主의 행할 바에 달려있음을 말한 것이다.

4-9. 景公이 說(열)하여 大戒於國하고 出舍於郊하여 於是에 始興發하여 補不足하고 召大(太)師하여 曰 爲我하여 作君臣相說(열)之樂하라하니 蓋徵招(치소)角招是也라 其詩曰 畜君何尤리오하니 畜君者는 好君也니이다

景公이 기뻐하여 국중에 크게 告命을 내리고 郊外로 나가 머물면서 이에 비로소 창고를 열어 부족한 백성들을 보조해 주고, 太師를 불러 말하기를 '나를 위하여 군주와 신하가 서로 좋아하는 음악을 지으라.' 하였으니, 지금의 徵招와 角招가 이것입니다. 이 詩에 이르기를 '군주의 욕심을 저지함이 무슨 잘못이랴.' 하였으니, 군주의 욕심을 저지함은 군주를 사랑한 것입니다."

> 按說 | "出舍於郊"에 대하여, 壺山은
>
> '出舍'는 自責하는 것이고, '於郊'는 백성들을 살피는 것이다.〔出舍 自責也 於郊 省民也〕
>
> 라고 풀이하였다.

··· 弊 폐단 폐 興 일으킬 흥 發 열 발 召 부를 소 徵 소리 치 招 풍류이름 소(韶同) 畜 그칠 축 尤 허물 우

集註 | 戒는 告命也[103]라 出舍는 自責以省民也라 興發은 發倉廩也라 大師는 樂官也라 君臣은 己與晏子也라 樂有五聲하니 三曰角이니 爲民이요 四曰徵니 爲事[104]라 招는 舜樂也라 其詩는 徵招角招之詩也라 尤는 過也라 言 晏子能畜止其君之欲하니 宜爲君之所尤라 然이나 其心則何過哉리오 孟子釋之하사 以爲臣能畜止其君之欲은 乃是愛其君者也라하시니라

'戒'는 告命하는 것이다. '出舍'는 自責하여 백성을 살핀 것이다. '興發'은 倉廩을 여는 것이다. '太師'는 樂官이다. '君臣'은 景公 자신과 晏子이다. 음악은 五聲이 있으니, 세 번째를 '角'이라 하니 백성이 되고, 네 번째를 '徵'라 하니 일이 된다. '招(韶)'는 舜임금의 음악이다. '其詩'는 徵招와 角招의 詩이다. '尤'는 허물이다. '晏子가 그 군주의 욕망(관광하려던 욕망)을 저지하였으니, 마땅히 군주의 허물하는 바가(책망을 듣게) 될 것이다. 그러나 그 마음이 무슨 허물이 있겠는가.'라고 말한 것이다. 孟子께서 이것을 해석하여 신하가 그 군주의 욕심을 저지함은 바로 그 군주를 사랑한 것이라고 말씀하신 것이다.

章下註 | ○尹氏曰 君之與民이 貴賤雖不同이나 然其心은 未始有異也라 孟子之言이 可謂深切矣어늘 齊王이 不能推而用之하니 惜哉라

○尹氏(尹焞)가 말하였다. "군주와 백성은 신분의 貴賤이 비록 똑같지 않으나 그 마음은

---

103 戒 告命也:趙岐는 '戒'는 '備'라고 하였다. 楊伯峻은 이에 대해 "이는 戒備(경비·경계)의 뜻이 아니라, 《詩經》〈小雅 大田〉에 '이미 씨앗을 가리고 연장을 챙겨 이미 구비하고서 일한다.〔旣種旣戒 旣備乃事〕'의 '戒'와 같이 읽어야 하니, 준비의 뜻이다." 하였다. 壺山은 '命'을 自責의 命으로 보았다.

104 樂有五聲……爲事:《大全》에 《禮記》〈樂記〉에 "宮은 군주가 되고 商은 신하가 되고 角은 백성이 되고 徵는 일이 되고 羽는 물건이 된다.〔宮爲君 商爲臣 角爲民 徵爲事 羽爲物〕"하였는데, 註에 "宮絃은 가장 커서 81개의 生絲를 사용하니 소리가 무겁고 높기 때문에 군주가 되는 것이다. 商은 金에 속하고 金은 決斷함이 되니, 신하의 일이다. 商絃은 72개의 생사를 사용하여 宮의 다음이니, 신하가 군주 다음인 것과 같은 것이다. 角은 抵觸함이니 물건이 땅을 저촉하고(뚫고) 나올 적에 까끄라기와 뿔을 이고 있다. 角絃은 64개의 생사를 사용하니, 소리가 宮과 羽의 중간에 있으므로 木에 속하니, 淸과 濁의 중간이어서 백성의 象이 되는 것이다. 徵는 여름에 속하니 여름철에는 만물이 모두 자라나서 형체를 이루고 일 또한 체통이 있으므로 일에 배합하니, 徵絃은 54개의 生絲를 사용한다. 羽는 물〔水〕이 되어서 가장 맑으니 물건의 象이다. 그러므로 물건이 되니, 羽絃은 48개의 생사를 사용한다.〔宮絃最大 用八十一絲 聲重而尊 故爲君 商屬金 金爲決斷 臣事也 絃用七十二絲 次宮 如臣次君者也 角 觸也 物觸地而出 戴芒角也 絃用六十四絲 聲居宮羽之中 屬木 以其淸濁中 民之象也 徵屬夏 夏時生長萬物 皆成形體 事亦有體 故配事 絃用五十四絲 羽爲水 最淸 物之象 故爲物 絃用四十八絲〕"하였다. 《大全》에 인용한 위의 내용은 《史記》〈樂書〉의 註인 司馬貞의 《索隱》을 대부분 節錄한 것이며, 아랫 부분은 〈樂記〉의 孔穎達의 疏에서 인용한 것이다.

••• 倉 창고 창 廩 창고름 름 賤 천할 천 雖 비록 수 惜 아낄 석

일찍이 다름이 있지 않다. 孟子의 말씀이 깊고 간절하다고 할 만한데, 齊王이 능히 미루어
쓰지 못하였으니, 애석하다."

|好貨章(明堂章)|

5-1. 齊宣王이 問曰 人皆謂我毁明堂이라하나니 毁諸잇가 已乎잇가

齊 宣王이 물었다. "사람들이 모두 나더러 明堂을 부수라(철거하라) 하니, 부수어야 합
니까? 그만두어야(부수지 말아야) 합니까?"

集註 | 趙氏曰 明堂은 泰山明堂[105]이니 周天子東巡守朝諸侯之處라하니 漢時遺址
尙在하니라 人欲毁之者는 蓋以天子不復巡守하고 諸侯又不當居之也[106]라 王問 當
毁之乎아 且止乎아

趙氏(趙岐)가 말하기를 "明堂은 泰山에 있는 明堂이니, 周나라 天子가 동쪽 지방을 巡守
하면서 諸侯들에게 조회 받던 곳이다." 하였으니, 漢나라 때까지도 遺址가 남아있었다. 사
람들이 이것을 부수려고 한 것은 天子가 다시 巡守하지 않고, 諸侯가 또 거처할 수 없기 때
문이었다. 王이 "마땅히 부수어야 합니까? 아니면 그만두어야 합니까?" 하고 물은 것이다.

5-2. 孟子對曰 夫明堂者는 王者之堂也니 王欲行王政이면 則勿毁之
矣소서

孟子께서 대답하셨다. "明堂은 王者의 堂이니, 王께서 王政을 행하고자 하신다면 부
수지 마소서."

---

105 明堂 泰山明堂:壺山은 "살펴보건대 이는 天子가 항상 거처하는 明堂이니 泰山에 있는 明堂의 제도 또
한 아마도 이와 같지 않았겠는가.〔按此 天子所常居之明堂也 若泰山明堂之制 豈亦如是歟〕"하였다.

106 漢時遺址尙在……諸侯又不當居之也:慶源輔氏(輔廣)는 《漢書》〈郊祀志下〉에 '武帝 元封 元年
(B.C.110)에 泰山에 단을 쌓고 하늘에 제사하였는데, 泰山의 동북쪽 터에 옛날 明堂이었던 곳이 있었
다.' 하였다. 明堂을 부수고자 한 것은 바로 子貢이 초하룻날에 바치는 희생 羊을 제거하고자 한 뜻과
같으니, 쓸모가 없기 때문에 제거하고자 한 것이다.〔武帝元封元年 封泰山 泰山東北址 古有明堂處云
欲毁明堂 正與子貢欲去告朔餼羊之意同 以其無用 故欲去之也〕"하였다. 子貢이 초하룻날에 바치
는 희생 羊을 제거하고자 한 내용은 《論語》〈八佾〉에 보인다.

··· 毁 부술 훼 已 그만둘 이 巡 순행할 순 朝 조회받을 조 遺 남을 유 址 터 지

集註 | 明堂은 王者所居以出政令之所也[107]라 能行王政이면 則亦可以王矣니 何必毁哉리오

明堂은 王者가 거처하면서 政令을 내던 곳이다. 王政을 행한다면 또한 왕 노릇 할 수 있으니, 어찌 굳이 부술 것이 있겠는가.

5-3. 王曰 王政을 可得聞與잇가 對曰 昔者文王之治岐也에 耕者를 九一하며 仕者를 世祿하며 關市를 譏而不征하며 澤梁을 無禁하며 罪人을 不孥하더시니 老而無妻曰鰥이요 老而無夫曰寡요 老而無子曰獨이요 幼而無父曰孤니 此四者는 天下之窮民而無告者어늘 文王이 發政施仁하사되 必先斯四者하시니 詩云 哿矣富人이어니와 哀此煢獨이라하니이다

王이 말씀하였다. "王政을 얻어 들을 수 있겠습니까?"

孟子께서 대답하셨다. "옛적에 文王이 岐周를 다스릴 적에 경작하는 자들에게는 9분의 1의 세금을 받았으며, 벼슬하는 자들에게는 대대로 祿을 주었으며, 關門과 市場을 譏察하기만 하고 세금을 징수하지 않았으며, 澤梁을 금하지 않았으며, 죄인을 처벌하되 妻子에게까지 미치지 않게 하였습니다. 늙고서 아내가 없는 것을 '鰥(홀아비)'이라 하고, 늙고서 남편이 없는 것을 '寡(과부)'라 하고, 늙고서 자식이 없는 것을 '獨(무의탁자)'이라 하고, 어리면서 父母가 없는 것을 '孤(고아)'라 하니, 이 네 부류는 天下의 곤궁한 백성으로서 하소연할 곳이 없는 자들입니다. 文王은 善政을 펴고 仁을 베푸시되 반드시 이 네 부류의 사람들을 우선하셨습니다. 《詩經》에 이르기를 '富者는 괜찮지만 이 곤궁한 자가 가엾다.' 하였습니다."

集註 | 岐는 周之舊國也[108]라 九一者는 井田之制也라 方一里爲一井이니 其田九百

---

107 明堂 王者所居以出政令之所也:壺山은 "天子가 항상 거처하는 明堂은 진실로 이와 같고, 泰山에 있는 明堂 또한 《書經》에서 말한 '協·正·同·修' 등의 일이 있었다.〔天子所常居之明堂 固然 而泰山明堂 亦有書所云協正同修等事〕" 하였다. '協正同修'는 《書經》〈舜典〉에 "四時와 달을 맞추어 날짜를 바로잡으며, 律·度·量·衡을 통일시키며, 吉·凶·軍·賓·嘉의 다섯 가지 예를 닦았다.〔協時月 正日 同律度量衡 修五禮〕"라는 내용을 축약한 것이다.

108 岐 周之舊國也:趙氏(趙順孫)는 "살펴보건대 岐山은 漢나라 右扶風 美陽縣 서북쪽에 있으니, 唐나

··· 岐 산이름 기 祿 녹봉 록 譏 살필 기 征 세금낼 정 澤 못 택 梁 돌다리 량 孥 처자식 노 鰥 홀아비 환
寡 과부 과 獨 홀로 독 孤 고아 고 哿 가할 가(可同) 富 부유할 부 煢 외로울 경, 곤궁할 경 舊 옛 구 井 우물 정

畝라 中畫井字하여 界爲九區하여 一區之中에 爲田百畝하여 中百畝는 爲公田하고 外八百畝는 爲私田하여 八家各受私田百畝하고 而同養公田하니 是九分而稅其一也라 世祿者는 先王之世에 仕者之子孫을 皆敎之하여 敎之而成材면 則官之하고 如不足用이어든 亦使之不失其祿[109]하니 蓋其先世嘗有功德於民이라 故로 報之如此하니 忠厚之至也라 關은 謂道路之關이요 市는 謂都邑之市라 譏는 察也요 征은 稅也니 關市之吏 察異服異言之人하고 而不征商賈之稅也라 澤은 謂瀦水요 梁은 謂魚梁[110]이니 與民同利하여 不設禁也라 孥는 妻子也니 惡惡(오악)이 止其身이요 不及妻子也라 先王養民之政은 導其妻子하여 使之養其老而恤其幼하시니 不幸而有鰥寡孤獨之人하여 無父母妻子之養이면 則尤宜憐恤이라 故로 必以爲先也라 詩는 小雅正月之篇이라 哿는 可也라 瘵은 困悴貌라

岐는 周나라의 옛 國都이다. ‘九一’이란 井田의 제도이다. 方1里가 1井이 되니, 그 토지는 900畝이다. 가운데에 井字를 그어서 경계를 나누어 아홉 개의 구역으로 만들어 한 구역에 토지 100畝를 만들어서, 가운데 100畝는 公田으로 삼고 바깥에 있는 800畝는 私田으로 삼아 여덟 집이 각기 私田 100畝를 받고 함께 公田을 가꾸니, 이것은 9분의 1을 세금으로 내는 것이다. ‘世祿’이란 先王의 세대에 벼슬한 자의 子孫을 모두 가르쳐서, 가르쳐 훌륭한 인재가 되면 벼슬을 시키고, 만일 등용할 수 없더라도 이들로 하여금 그 祿을 잃지 않게 하였다. 이는 그 先代가 일찍이 백성들에게 功德이 있었기 때문에 보답하기를 이와 같이 한 것이니, 忠厚함이 지극한 것이다. ‘關’은 도로의 關門이요, ‘市’는 都邑의 시장이다. ‘譏’는 譏察이요 ‘征’은 세금을 징수하는 것이니, 관문과 시장의 관리들이 이상한 복장과 이상한 말을 하는 사람들을 기찰하기만 하고 商賈의 세금을 징수하지 않은 것이다. ‘澤’은 瀦水(저수지)를 이르고 ‘梁’은 魚梁(물고기를 잡는 여울목)을 이르니, 백성과 이익을 함께하고 금함을 설치하지 않는 것이다. ‘孥’는 妻子이니, 惡을 미워함이 그 자신에게만 그치고 妻子에게는 미치지 않은 것이다.

라 때에는 岐州 岐山縣에 속했다. 山의 남쪽에 周原이 있으니, 아마도 周나라의 옛 國都인 듯하다.〔按 岐山在漢右扶風美陽縣西北 唐屬岐州岐山縣 山之南 有周原 蓋周之舊國)” 하였다.

[109] 如不足用 亦使之不失其祿:壺山은 “일을 다스리는 관직에는 있지 못하더라도 녹을 먹는 대열에는 있는 것이다.〔不得居治事之官 而猶居食祿之列〕” 하였다.

[110] 澤謂瀦水 梁謂魚梁:朱子는 ‘澤’과 ‘梁’으로 보았고, 諺解에도 ‘澤과 梁’으로 되어 있는데, 楊伯峻은 ‘澤梁’을 한 단어로 보아 ‘흐르는 물속에서 고기를 막아 잡는 장치’라고 하였다.

··· 畫 그을 획(劃同) 界 지경 계 區 구역 구 稅 세금 세 賈 장수 고 瀦 웅덩이 저 導 인도할 도 尤 더욱 우 憐 불쌍할 련 困 곤할 곤 悴 곤할 췌

先王이 백성을 기르는 정사는 그 妻子를 인도해서 늙은이를 봉양하고 어린이를 구휼하게 하였는데, 불행히도 父母와 妻子의 봉양을 받지 못하는 鰥·寡와 孤·獨의 사람이 있으면 더욱 가엾게 여기고 구휼해야 하므로 반드시 이들을 우선한 것이다. 詩는 〈小雅 正月〉篇이다. '哿'는 可함(괜찮음)이다. '嬛'은 곤하고 파리한 모양이다.

5-4. 王曰 善哉라 言乎여 曰 王如善之시면 則何爲不行이시니잇고 王曰 寡人이 有疾하니 寡人은 好貨하노이다 對曰 昔者에 公劉好貨하더시니 詩云 乃積乃倉이어늘 乃裹餱糧을 于橐于囊이오사 思戢用光하여 弓矢斯張하여 干戈戚揚으로 爰方啓行이라하니 故로 居者有積倉하며 行者有裹糧也然後에야 可以爰方啓行이니 王如好貨어시든 與百姓同之하시면 於王에 何有리잇고

王이 말씀하였다. "좋습니다, 선생님의 말씀이여."
孟子께서 말씀하셨다. "王이 만일 좋게 여기신다면 어찌하여 행하지 않습니까."
王이 말씀하였다. "寡人은 병통이 있으니, 寡人은 재물을 좋아합니다."
孟子께서 대답하셨다. "옛적에 公劉가 재물을 좋아하였습니다. 《詩經》에 이르기를 '露積을 쌓고 창고에 쌓았는데, 마른 양식을 싸기를 전대에 넣고 자루에 넣고서 백성을 편안히 하여 이로써 국가를 빛낼 것을 생각하여, 활과 화살을 준비하며 창과 방패와 도끼를 가지고서 이에 비로소 길을 떠난다.'고 하였습니다. 그러므로 집안에 거주하는 자들은 노적과 창고가 있으며 길을 떠나는 자들은 싼 양식이 있은 뒤에야 비로소 길을 떠날 수 있는 것입니다. 王께서 만일 재물을 좋아하시거든 백성들과 함께하신다면 왕 노릇 하심에 무슨 어려움이 있겠습니까."

集註 | 王自以爲好貨라 故로 取民無制하여 而不能行此王政이라하니라 公劉는 后稷之曾孫也라 詩는 大雅公劉之篇이라 積은 露積也요 餱는 乾糧也라 無底曰橐이요 有底曰囊이니 皆所以盛餱糧也라 戢은 安集也니 言思安集其民人하여 以光大其國家也라 戚은 斧也요 揚은 鉞也라 爰은 於也라 啓行은 言往遷于豳(빈)也라 何有는 言不

··· 疾 병질 貨 재화화 劉 묘금도류 積 노적적 裹 쌀과 餱 말린밥후 糧 양식량 橐 전대탁 囊 주머니낭
戢 모을집 戈 창과 戚 도끼척 揚 도끼양 爰 이에원 啓 열계 后 임금후 稷 조직직 露 이슬로
乾 마를간(건) 底 밑저 盛 담을성 斧 도끼부 鉞 도끼월 遷 옮길천 豳 땅이름 빈(邠同)

難也[111]라 孟子言 公劉之民이 富足如此하니 是는 公劉好貨而能推己之心하여 以及民也라 今王이 好貨어시든 亦能如此면 則其於王天下也에 何難之有리오

王이 스스로 말씀하기를 "재물을 좋아하기 때문에 백성들에게 취함이 제한이 없어서 이 王政을 행할 수 없다."라고 한 것이다. 公劉는 后稷의 曾孫이다. 詩는 〈大雅 公劉〉篇이다. '積'은 노적이요, '餱'는 마른 양식(말린 밥이나 미숫가루)이다. 밑이 없는 것을 '橐(전대)'이라 하고 밑이 있는 것을 '囊(자루)'이라 하니, 두 가지는 모두 餱와 糧을 담는 것이다. '戢'은 安集(편안히 모여 삶)하는 것이니, 백성을 安集하여 국가를 빛내고 크게 할 것을 생각함을 말한다. '戚'은 날이 아래로 굽은 도끼요, '揚'은 날이 위로 솟은 도끼이다. '爰'은 '이에'이다. '啓行'은 豳땅으로 천도하러 가는 것을 말한다. '何有'는 어렵지 않음을 말한다.

孟子께서 "公劉의 백성이 부유하고 풍족함이 이와 같았으니, 이는 公劉가 재물을 좋아하되 능히 자기 마음을 미루어서 백성들에게 미쳤기 때문입니다. 이제 王이 재물을 좋아하시거든 또한 이와 같이 하신다면 천하에 왕 노릇 함에 무슨 어려움이 있겠습니까."라고 말씀하신 것이다.

5-5. 王曰 寡人이 有疾하니 寡人은 好色하노이다 對曰 昔者에 大(太)王이 好色하사 愛厥妃하더시니 詩云 古公亶父(단보) 來朝走馬하사 率西水滸하여 至于岐下하여 爰及姜女로 聿來胥宇라하니 當是時也하여 內無怨女하며 外無曠夫하니 王如好色이어시든 與百姓同之하시면 於王에 何有리잇고

王이 말씀하였다. "寡人은 병통이 있으니, 寡人은 女色을 좋아합니다."
孟子께서 대답하셨다. "옛적에 太王이 女色을 좋아하시어 그 后妃를 사랑하였습니다. 《詩經》에 이르기를 '古公亶父(太王)가 아침에 말을 달려와서 서쪽 물가를 따라 岐山 아래에 이르러 이에 姜女와 함께 와서 집터를 보았다.' 하였으니, 이때를 당하여 안에는 〈남편에게 버림받아〉 원망하는 여자가 없었으며 밖에는 홀아비가 없었으니, 王께서 만일 女色을 좋아하시거든 백성과 함께하신다면 왕 노릇 하심에 무슨 어려움이 있겠습니까."

---

111 何有 言不難也:經文의 '何有'는 '何難之有'의 줄임말이다.

··· 厥 그궐 妃 왕비비 亶 믿을단 父 남자이름 보(甫同) 率 따를솔 滸 물가호 于 어조사우 岐 산이름 기 聿 드디어율 胥 볼서 宇 집우 怨 원망할원 曠 빌광

集註ㅣ王又言此者는 好色이면 則心志蠱惑(고혹)하고 用度奢侈하여 而不能行王政也라 大王은 公劉九世孫이라 詩는 大雅緜之篇也라 古公은 大王之本號니 後乃追尊爲大王也라 亶父는 大王名也라 來朝走馬[112]는 避狄人之難也라 率은 循也라 滸는 水厓(涯)也라 岐下는 岐山之下也라 姜女는 大王之妃也라 胥는 相也요 宇는 居也라 曠은 空也니 無怨曠[113]者는 是大王好色而能推己之心하여 以及民也라

王이 또 이것을 말씀한 것은 女色을 좋아하면 心志가 蠱惑되고 用度가 사치해져서 王政을 행할 수 없기 때문이다. 太王은 公劉의 九世孫이다. '詩'는 〈大雅 緜〉篇이다. 古公은 太王의 본래 칭호이니, 뒤에 마침내 追尊하여 太王이라 한 것이다. 亶父는 太王의 이름이다. '來朝走馬'는 狄人의 亂을 피한 것이다. '率'은 따름이다. '滸'는 물가이다. '岐下'는 岐山 아래이다. '姜女'는 太王의 后妃이다. '胥'는 봄이요, '宇'는 집터이다. '曠'은 빔이니, 원망하는 여자와 홀아비가 없었던 것은, 太王이 女色을 좋아하되 능히 자기 마음을 미루어서 백성들에게 미쳤기 때문이다.

章下註ㅣ○楊氏曰 孟子與人君言에 皆所以擴充其善心하여 而格其非心이요 不止就事論事하시니 若使爲人臣者 論事를 每如此면 豈不能堯舜其君乎아
愚謂 此篇은 自首章至此히 大意皆同하니 蓋鍾鼓, 苑囿, 遊觀之樂과 與夫好勇, 好貨, 好色之心은 皆天理之所有요 而人情之所不能無者라 然이나 天理人欲이 同行異情[114]하니 循理而公於天下者는 聖賢之所以盡其性也요 縱欲而私於一己者는 衆人之所以滅其天也라 二者之間이 不能以髮이로되 而其是非得失之歸는 相去遠矣라 故로 孟子因時君之問하사 而剖析於幾微之際하시니 皆所以遏人欲而存天理

---

112 來朝走馬:新安陳氏(陳櫟)는 "'來朝'는 오기를 아침에 한 것이다. 옛사람의 記事에 이러한 例가 있으니, 예컨대 《書經》〈武成〉과 〈召誥〉에 '王이 아침에 周(鎬京)로부터 출발하였다.' 한 것과 '周公이 아침에 洛邑에 이르렀다.' 한 것이다.〔來朝 其來以朝也 古人記事 蓋有此例 如書曰 王朝步自周 周公朝至于洛〕" 하였다.

113 怨曠:壺山은 "怨은 남편에게 사랑을 잃어 원망하는 것이고, 曠은 홀아비이다.〔怨 是失愛於夫者也 曠 是無妻者也〕" 하였다.

114 天理人欲 同行異情:외형적인 행위는 聖賢과 衆人이 똑같으나 그 실제는 서로 다름을 이른다. 사람의 욕망은 食·色보다 더한 것이 없다. 聖賢도 衆人과 같이 음식을 먹고 부부 생활을 하지만 聖賢은 욕심을 부리지 않아 절도에 맞게 하니, 이것이 바로 禮이고 天理이다. 그러나 衆人은 이렇게 하지 못하므로 말한 것이다.

··· 蠱 좀먹을 고 惑 미혹할 혹 奢 사치할 사 侈 사치할 치 緜 이을 면 追 쫓을 추 尊 높일 존 避 피할 피
狄 북쪽오랑캐 적 循 따를 순 厓 물가 애(涯通) 擴 넓힐 확 充 채울 충 格 바로잡을 격 非 그를 비 就 나아갈 취
苑 동산 원 囿 동산 유 縱 방종할 종 滅 멸할 멸 髮 터럭 발 剖 쪼갤 부 析 분석할 석

라 其法似疏而實密하고 其事似易而實難[115]하니 學者以身體之[116]면 則有以識其非曲學阿世[117]之言이요 而知所以克己復禮之端矣리라

○楊氏(楊時)가 말하였다. "孟子께서 人君과 더불어 말씀할 적에 모두 그 善한 마음을 확충하여 나쁜 마음을 바로잡으려 하셨고, 일에 나아가 일을 논함에 그치지 않았으니, 만일 신하된 자가 일을 논하기를 매양 이와 같이 한다면 어찌 그 君主를 堯·舜으로 만들지 못하겠는가."

내(朱子)가 생각하건대 이 篇은 首章으로부터 여기까지 大意가 모두 같으니, 鍾鼓와 苑囿와 遊觀의 즐거움과 勇을 좋아하고 재물을 좋아하고 女色을 좋아하는 마음은 모두 天理에 있는 바이고 人情에 없을 수 없는 것이다. 그러나 天理와 人欲이 행동은 같으나 實情은 다르니, 天理를 따라서 天下에 公正하게 하는 것은 聖賢이 本性을 다하는 것이요, 人欲을 함부로 부려 자신의 한 몸에만 사사롭게 하는 것은 衆人이 天理를 멸하는 것이다. 이 두 가지의 간격은 털끝만한 차이도 못되나 그 是非와 得失의 귀결은 거리가 매우 멀다. 그러므로 孟子께서 당시 君主의 질문으로 인하여 이것을 幾微의 즈음에서 분석하셨으니, 모두 人欲을 막고 天理를 보전하는 것이었다. 그 法이 엉성한 듯하나 실제는 치밀하고 그 일이 쉬운 듯하나 실제는 어려우니, 배우는 자가 몸으로써 체행한다면 曲學阿世한 말씀이 아님을 알 것이요, 克己復禮하는 단서임을 알게 될 것이다.

---

115 其法似疏而實密 其事似易而實難:慶源輔氏(輔廣)는 "勇을 좋아하고 女色을 좋아함을 곧바로 금지하지 않았으니, 이것이 엉성하고 또 쉬운 듯한 것이다. 그러나 반드시 齊王으로 하여금 公劉와 太王의 일을 하게 하여, 자기의 마음을 미루어 백성들에게 이르러서 天理를 따르고 人欲을 부리지 아니하여 천하를 공정하게 하고 자기의 한 몸을 사사롭게 하지 않았으니, 그 실제는 매우 치밀하고 또 어려운 것이다. 法은 孟子의 말씀을 가리킨 것이고, 일(事)은 公劉와 太王의 일을 가리킨 것이니, 이치의 至極함에 근거하고 말의 요체를 아신 孟子가 아니면 어찌 능히 그 精微함을 분별하여 분석하기를 이와 같이 할 수 있었겠는가.〔蓋不直禁其好勇好色 則似若疎且易矣 然必使爲公劉太王之事 推己之心以及民 循理而不縱欲 公天下而不私一己 則其實又甚密而且難矣 法 指孟子之說 事 指公劉太王之事 非孟子據理之極 知言之要 何能辨析其精微如此哉〕"하였다.

116 體之:壺山은 "'體之'는 자신이 그 입장에 처한 것으로 가설하여 생각함을 이른다.〔體之 謂設以身當其地而思之〕"하였다. 《中庸》20장의 九經 가운데 '體群臣'을 《集註》에 "體는 자기 몸을 그 자리에 처한 것으로 가설하여 그 마음을 살피는 것이다.〔體 謂設以身處其地而察其心也〕"라고 보인다.

117 曲學阿世:부정한 학설로 세속에 영합함을 이른다.

··· 疏 성글 소 密 빽빽할 밀 曲 굽을 곡 阿 아첨할 아

6-1. 孟子謂齊宣王曰 王之臣이 有託其妻子於其友而之楚遊者 比其反也하여 則凍餒其妻子어든 則如之何잇고 王曰 棄之니이다

孟子께서 齊 宣王에게 말씀하셨다. "王의 신하 중에 그 妻子를 친구에게 맡기고 楚나라에 가서 놀던 자가 있었는데, 돌아옴에 미쳐서 친구가 그 妻子를 얼고 굶주리게 하였다면 〈임금께서는〉 그를 어떻게 하시겠습니까?"

王이 말씀하였다. "끊어버리겠습니다."

> 集註ㅣ 託은 寄也라 比는 及也라 棄는 絶也라
>
> '託'은 맡김이다. '比'는 미침이다. '棄'는 끊는 것이다.

6-2. 曰 士師不能治士어든 則如之何잇고 王曰 已之니이다

孟子께서 말씀하셨다. "士師가 士를 다스리지 못하면 〈임금께서는〉 어떻게 하시겠습니까?"

王이 말씀하였다. "벼슬을 그만두게 하겠습니다."

> 集註ㅣ 士師는 獄官也니 其屬이 有鄕士遂士之官하여 士師皆當治之[118]라 已는 罷去也라
>
> '士師'는 獄官이니, 그 官屬에 鄕士와 遂士의 관원이 있어서 士師가 이들을 모두 다스려야 한다. '已'는 파면하여 떠나게 하는 것이다.

6-3. 曰 四境之內不治어든 則如之何잇고 王이 顧左右而言他하시다

孟子께서 말씀하셨다. "四境의 안이 다스려지지 않으면 어찌 하여야 합니까?"

---

118 有鄕士遂士之官 士師皆當治之:《周禮》〈秋官司寇〉의 鄭玄의 註에 의하면 鄕士는 六鄕의 獄事를 관장하고 遂士는 六遂의 獄事를 관장한다. 士師는 옛날 刑法을 맡은 장관으로 그 밑에 鄕士와 遂士가 있었는바, 周代에는 王城에서 100리 이내의 지역을 鄕이라 하여 六鄕으로 나누고, 100里 밖 200리 이내의 지역을 遂라 하여 六遂로 나누어 여기에 鄕士와 遂士를 두었다.

··· 託 맡길 탁 比 미칠 비 反 돌아올 반 凍 얼 동 餒 굶주릴 뇌 棄 버릴 기 寄 맡길 기 已 그만둘 이
鄕 행정구역단위 향 遂 행정구역단위 수 罷 그만둘 파 顧 돌아볼 고

이에 王이 좌우를 돌아보고 다른 것을 말씀하였다.

集註 | 孟子將問此而先設上二事하여 以發之러시니 及此而王不能答也라 其憚於自責하고 恥於下問이 如此하니 不足與有爲를 可知矣로다

孟子께서 이것을 물으려고 하시면서 먼저 위의 두 가지 일을 가설하여 말씀하셨는데, 이에 이르러 王이 대답하지 못한 것이다. 王이 자책하기를 꺼리고 아랫사람에게 묻기를 부끄러워함이 이와 같았으니, 그와 더불어 훌륭한 일을 할 수 없음을 알 수 있다.

章下註 | ○趙氏[119]曰 言 君臣上下 各勤其任하고 無墮(휴)其職이라야 乃安其身이니라

○趙氏(趙岐)가 말하였다. "君臣과 上下가 각기 자기 임무를 부지런히 하고 맡은 직책을 실추시키지 말아야 몸을 편안히 할 수 있음을 말씀한 것이다."

|喬木章|

7-1. 孟子-見齊宣王曰 所謂故國者는 非謂有喬木之謂也라 有世臣之謂也니 王無親臣矣로소이다 昔者所進을 今日에 不知其亡也온여

孟子께서 齊 宣王을 만나보고 말씀하셨다. "이른바 故國이란 것은 喬木이 있음을 말함이 아니요 世臣이 있음을 말한 것입니다. 그런데 王은 친한 신하도 없으십니다. 前日에 등용한 사람 중에 오늘 도망한 자가 있는 것을 모르고 계십니다."

集註 | 世臣은 累世勳舊之臣이니 與國同休戚[120]者也요 親臣은 君所親信之臣이니 與君同休戚者也라 此는 言 喬木世臣은 皆故國所宜有라 然이나 所以爲故國者는 則在此而不在彼[121]也라 昨日所進用之人이 今日有亡去而不知者면 則無親臣矣

---

119 趙氏曰:아래 내용은 趙岐의 註가 아니고 孫奭의 疏인 《孟子正義》에 보이는바, 《集註》에 잘못 표기한 것으로 보인다.

120 休戚:壺山은 "'休戚'은 福禍란 말과 같다.〔休戚 猶言福禍〕"하였다.

121 在此而不在彼:《大全》에 "'此'는 世臣을 이르고 '彼'는 喬木을 이른다.〔此謂世臣 彼謂喬木〕"하였다.

··· 答 대답할 답 憚 꺼릴 탄 恥 부끄러울 치 墮 무너뜨릴 휴(隳同) 喬 높을 교 昔 옛 석 累 포갤 루 勳 공훈 舊 옛 구 休 아름다울 휴 戚 슬플 척 昨 어제 작

니 況世臣乎아

'世臣'은 累代 勳舊의 신하이니 국가와 더불어 좋고 나쁨을 함께하는 자요, '親臣'은 君主가 친애하고 신임하는 신하이니 군주와 더불어 좋고 나쁨을 함께하는 자이다.

이것은 "喬木과 世臣은 모두 故國에 마땅히 있어야 할 것이나 故國이 되는 이유는 이 世臣에 있고 저 喬木에 있지 않은 것이다. 어제 등용한 사람 중에 오늘 도망한 자가 있는데도 알지 못한다면 이것은 친한 신하도 없는 것이니, 하물며 世臣에 있어서랴."라고 말씀한 것이다.

7-2. 王曰 吾何以識其不才而舍之리잇고

王이 말씀하였다. "내 어떻게 그의 재주 없음을 알아서 버린단 말입니까?"

集註 | 王意以爲 此亡去者 皆不才之人이어늘 我初不知而誤用之라 故로 今不以其去爲意耳라 因問何以先識其不才而舍之邪아하니라

王의 뜻은 '도망한 자들은 모두 재주 없는 사람인데, 내가 애당초 이들을 알지 못하고 잘못 등용하였다.'고 생각하였다. 그러므로 지금 그들이 떠나간 것을 개의치 않은 것이다. 인하여 묻기를 "어떻게 하면 그의 재주 없음을 미리 알아서 버린단 말입니까?" 한 것이다.

7-3. 曰 國君이 進賢호되 如不得已니 將使卑蹦尊하며 疏蹦戚이니 可不愼與잇가

孟子께서 말씀하셨다. "나라의 君主는 어진이를 등용하되 부득이한 것처럼 해야 합니다. 장차 지위가 낮은 자로 하여금 높은 이를 넘게 하며 소원한 자로 하여금 친한 이를 넘게 하는 것이니, 신중히 하지 않을 수 있겠습니까.

集註 | 如不得已는 言謹之至也라 蓋尊尊, 親親[122]은 禮之常也라 然이나 或尊者親者未必賢이면 則必進疏遠之賢而用之니 是는 使卑者蹦尊하고 疏者蹦戚이니 非禮

---

122 尊尊親親:《大全》에 "世臣을 등용하면 높은 이를 높이고 친한 이를 친히 하는 것이다.〔用世臣 而尊其尊 親其親〕"하였다.

··· 況 하물며 황 舍 버릴 사 誤 그르칠 오 邪 의문할 야 卑 낮을 비 蹦 넘을 유 尊 높을 존 疏 소원할 소
戚 친척 척

之常이라 故로 不可不謹也라

'부득이한 것처럼 한다.'는 것은 삼가기를 지극히 함을 말한다. 높은 이를 높이고 친한 이를 친히 함은 禮의 떳떳함이다. 그러나 혹 높은 자와 친한 자가 반드시 어질지는 못하니, 그렇다면 반드시 소원한 어진 이를 등용하여 써야 한다. 이는 낮은 자로 하여금 높은 이를 넘게 하고 소원한 자로 하여금 친한 이를 넘게 하는 것이니, 禮의 떳떳함이 아니다. 그러므로 삼가지 않을 수 없는 것이다.

7-4. 左右皆曰賢이라도 未可也하며 諸大夫皆曰賢이라도 未可也하고 國人이 皆曰賢然後에 察之하여 見賢焉然後에 用之하며 左右皆曰不可라도 勿聽하며 諸大夫皆曰不可라도 勿聽하고 國人이 皆曰不可然後에 察之하여 見不可焉然後에 去之하며

左右의 신하들이 모두 〈그를〉 어질다고 말하더라도 허락하지 말고 여러 大夫들이 모두 어질다고 말하더라도 허락하지 말고, 國人이 모두 어질다고 말한 뒤에 〈군주가〉 살펴보아서 어짊을 본(발견한) 뒤에 등용하며, 左右의 신하들이 모두 〈그를〉 不可하다고 말하더라도 듣지 말고 여러 大夫들이 모두 不可하다고 말하더라도 듣지 말고, 國人이 모두 不可하다고 말한 뒤에 〈군주가〉 살펴보아서 不可한 점을 본 뒤에 버려야 합니다.

集註 | 左右는 近臣이니 其言이 固未可信이요 諸大夫之言은 宜可信矣라 然이나 猶恐其蔽於私也요 至於國人하여는 則其論이 公矣라 然이나 猶必察之者는 蓋人有同俗而爲衆所悅者[123]하고 亦有特立而爲俗所憎者[124]라 故로 必自察之하여 而親見其賢否之實然後에 從而用舍之면 則於賢者에 知之深하고 任之重이요 而不才者不得以

---

123 人有同俗而爲衆所悅者:新安陳氏(陳櫟)는 《孟子》에 논한 '鄕原을 온 지방 사람들이 모두 謹厚한 사람이라고 이른다.'고 한 것이 이것이다.〔若孟子所論鄕原一鄕皆稱原人 是也〕하였다. 이에 대한 자세한 내용은 〈盡心下〉 37장 참조.

124 亦有特立而爲俗所憎者:新安陳氏(陳櫟)는 '韓子(韓愈)가 논한 '伯夷가 우뚝하게 서고 홀로 행함에 온 세상이 비난했다.'는 것이 이것이다.〔若韓子所論伯夷特立獨行而擧世非之 是也〕하였다. 이 내용은 韓愈의 〈伯夷頌〉에 "士는 우뚝하게 서고 홀로 행함에 義에 맞게 할 뿐이다.……온 세상이 비난하여도 힘써 행하여 미혹되지 않은 자는 천백 년에 한 사람뿐이다.〔士之特立獨行 適於義而已……若至於擧世非之 力行而不惑者 則千百年乃一人而已矣〕"라고 보인다.

••• 聽 들을 청 猶 오히려 유 蔽 가릴 폐 悅 기쁠 열 特 특별할 특 憎 미워할 증 否 아닐 부

幸進矣니 所謂進賢如不得已者 如此니라

'左右'는 가까운 신하이니 그 말이 진실로 믿을 만하지 못하고, 여러 大夫들의 말은 마땅히 믿을 만하나 그 私에 가리울까 두려운 것이요, 國人에 이르러서는 그 議論이 公正하나 그럼에도 반드시 살피는 것은, 사람 중에 세속과 함께하여 사람들로부터 좋아함을 받는 자도 있고, 홀로 우뚝하게 서서 세속으로부터 미움을 받는 자도 있다. 그러므로 반드시 군주가 스스로 살펴보아 그 賢否의 실제를 친히 본 뒤에 따라서 등용하고 버린다면, 어진 자에 대해서 앎이 깊고 맡기는 것이 중하고, 재주가 없는 자들이 요행으로 등용될 수 없을 것이니, 이른바 '어진 이를 등용하되 부득이한 것처럼 한다.'는 것은 이와 같은 것이다.

7-5. 左右皆曰可殺이라도 勿聽하며 諸大夫皆曰可殺이라도 勿聽하고 國人이 皆曰可殺然後에 察之하여 見可殺焉然後에 殺之니 故로 曰國人殺之也라하니이다

左右의 신하들이 모두 〈그의 죄가〉 죽일 만하다고 말하더라도 듣지 말고, 여러 大夫들이 모두 죽일 만하다고 말하더라도 듣지 말고, 國人이 모두 죽일 만하다고 말한 뒤에 〈군주가〉 살펴보아서 죽일 만한 점을 본 뒤에 죽여야 합니다. 그러므로 國人이 죽였다고 말하는 것입니다.

集註 | 此는 言非獨以此進退人才라 至於用刑에도 亦以此道니 蓋所謂天命天討[125]니 皆非人君之所得私也라

이는, 홀로(다만) 이 방법으로 인재를 등용하고 물리칠 뿐만 아니라, 刑을 씀에 있어서도 이 방법을 써야 함을 말씀한 것이다. 이는 이른바 '하늘이 〈벼슬을〉 명해 주고 하늘이 〈죄를〉 토벌한다.'는 것이니, 모두 군주가 사사로이 할 수 있는 것이 아니다.

---

125 天命天討:《書經》〈皐陶謨〉에 "하늘이 덕이 있는 자에게 관작을 명하시면 다섯 가지 복식으로 다섯 가지 등급을 드러내며, 하늘이 죄가 있는 자를 토벌하시면 다섯 가지 형벌로 다섯 가지 등급을 써서 징계한다.〔天命有德 五服五章哉 天討有罪 五刑五用哉〕"라고 한 말을 축약한 것이다.《大全》에는 '天命'에 대하여 "윗글의 '進人才'를 맺은 것이다.〔結上文進人才〕" 하였고, '天討'는 "이 한 節을 맺은 것이다.〔結此一節〕" 하였다.

••• 幸 요행 행 獨 다만 독 討 칠 토 私 사사로이할 사

7-6. 如此然後에 可以爲民父母니이다

이와 같이 한 뒤에야 백성의 父母라 할 수 있습니다."

> 集註 │ 傳曰 民之所好를 好之하고 民之所惡(오)를 惡之 此之謂民之父母라하니라
>
> 傳(《大學》)에 이르기를 "백성이 좋아하는 것을 좋아하고 백성이 미워하는 것을 미워하니,
> 이를 일러 백성의 父母라 한다." 하였다.

│一夫紂章(湯放桀章)│

8-1. 齊宣王이 問曰 湯이 放桀하시고 武王이 伐紂라하니 有諸잇가 孟子對曰 於傳에 有之하니이다

齊 宣王이 물었다. "湯王이 桀王을 留置하고(가두어 두고) 武王이 紂王을 정벌하였
다 하니, 그러한 일이 있습니까?"
孟子께서 대답하셨다. "傳(옛 책)에 있습니다."

> 集註 │ 放은 置也라 書云 成湯이 放桀于南巢라하니라
>
> '放'은 留置함이다. 《書經》〈仲虺之誥〉에 "成湯이 桀王을 南巢에 유치했다." 하였다.

8-2. 曰 臣弑其君이 可乎잇가

王이 말씀하였다. "신하가 그 군주를 시해함이 可합니까?"

> 集註 │ 桀紂는 天子요 湯武는 諸侯라
>
> 桀·紂는 天子였고, 湯·武는 諸侯였다.

8-3. 曰 賊仁者를 謂之賊이요 賊義者를 謂之殘이요 殘賊之人을 謂之一夫니 聞誅一夫紂矣요 未聞弑君也니이다

··· 放 留置할 방 桀 횃대 걸 紂 고삐 주 置 둘 치 巢 둥지 소 弑 시해할 시 賊 해칠 적 殘 해칠 잔 誅 벨 주

孟子께서 말씀하셨다. "仁을 해치는 자를 賊이라 이르고, 義를 해치는 자를 殘이라 이르고, 殘賊한 사람을 一夫라 이르니, 一夫인 紂를 죽였다는 말은 들었고 君主를 시해하였다는 말은 듣지 못하였습니다."

按說 | '一夫紂'에 대하여, 新安陳氏(陳櫟)는

紂王의 죄가 桀王보다 더하였다. 그러므로 아랫글에 오직 紂王을 말한 것이다.〔紂罪浮於桀 故下文單說紂〕

하였다.
'謂之殘'에 대하여, 壺山은

살펴보건대 '賊'은 '殘'을 포함할 수 있기 때문에 '義를 해친다〔殘義〕'고 말하지 않고 또한 '義를 해친다〔賊義〕'고 말한 것이다.〔按賊可以該殘 故不云殘義而亦云賊義〕

하였다.

集註 | 賊은 害也요 殘은 傷也라 害仁者는 凶暴淫虐하여 滅絶天理라 故로 謂之賊이요 害義者는 顚倒錯亂하여 傷敗彝倫[126]이라 故로 謂之殘이라 一夫는 言衆叛親離하여 不復以爲君也라 書曰 獨夫紂라하니 蓋四海歸之면 則爲天子요 天下叛之면 則爲獨夫니 所以深警齊王하여 垂戒後世也시니라

'賊'은 해침이요 '殘'은 상함이다. 仁을 해치는 자는 凶暴하고 淫虐(지나치게 포학함)해서

---

126 害仁者……傷敗彝倫:朱子는《語類》에서, "人倫을 상하고 무너뜨린다는 것은 다만 소소하게 떳떳한 이치를 해치고 무너뜨린 것이니, 예컨대 '禮대로 먹지 않고, 아내를 친히 맞이하지 않은 따위'이고, 만약 '형의 팔뚝을 비틀어 빼앗아 먹고', '동쪽집의 담장을 넘어 處子를 낚아채 오는 것'은 바로 天理를 滅絶하는 것이다.〔傷敗彝倫 只是小小傷敗常理 如不以禮食, 不親迎之類 若紾兄之臂, 踰東家墻底 便是絶滅天理〕" 하였고, 또 "〈丹書〉에 '태만함이 공경을 이기는 자는 멸망한다.'는 것은 바로 '賊仁者 謂之賊'의 뜻이요, '욕심이 義理를 이기는 자는 凶하다.'는 것은 바로 '賊義者 謂之殘'의 뜻이다. 義를 해친다는 것은 한 가지 일에 나아가 말한 것이요, 仁을 해친다는 것은 바로 마음에 나아가 말한 것이니, 그 실제는 義를 해치면 곧 仁을 해치게 되는데, 다만 나누어 말하면 이와 같은 것이다.〔丹書怠勝敬者滅 卽賊仁者謂之賊意 欲勝義者凶 卽賊義者謂之殘意 賊義 是就一事上說 賊仁 是就心上說 其實賊義 便卽是賊那仁底 但分而言之 則如此〕" 하였다. 위의 '禮대로 먹지 않고……처자를 낚아채오는 등'의 내용은 아래 〈告子上〉 첫장에 보인다.

••• 傷 해칠 상 淫 음란할 음 虐 모질 학 顚 엎어질 전 倒 쓰러질 도 錯 어그러질 착 彝 떳떳할 이 叛 배반할 반 警 경계할 경 垂 드리울 수

天理를 끊어버리므로 賊이라 이르고, 義를 해치는 자는 顚倒하고 錯亂해서 떳떳한 人倫을 상하고 무너뜨리므로 殘이라 이른다. '一夫'는 民衆이 배반하고 親戚들이 이반해서 다시는 군주로 여기지 않음을 말한다. 《書經》〈泰誓〉에 '獨夫紂'라 하였으니, 四海가 돌아오면 天子가 되고 天下가 배반하면 獨夫가 되는 것이니, 齊王을 깊이 경계해서 후세에 경계를 남기신 것이다.

章下註 | ○ 王勉曰 斯言也는 惟在下者有湯武之仁하고 而在上者有桀紂之暴면 則可커니와 不然이면 是未免於簒弑之罪也[127]니라

○ 王勉이 말하였다. "이 말씀은 오직 아랫자리에 있는 자에게 湯·武의 仁이 있고 윗자리에 있는 자에게 桀·紂의 포악함이 있는 경우이면 可하지만, 그렇지 않으면 簒弑의 죄를 면치 못한다."

|爲巨室章|

9-1. 孟子見齊宣王曰 爲巨室인댄 則必使工師로 求大木하시리니 工師得大木이면 則王喜하여 以爲能勝其任也라하시고 匠人이 斲而小之면 則王怒하여 以爲不勝其任矣라하시리니 夫人이 幼而學之는 壯而欲行之니 王曰 姑舍女(汝)所學하고 而從我라하시면 則何如하니잇고

孟子께서 齊 宣王을 보고 말씀하셨다. "큰 궁궐을 지으시려면 반드시 工師(도목수)로 하여금 큰 나무를 구하게 하실 것이니, 工師가 큰 나무를 얻으면 王은 기뻐하여 〈이 사람은〉 그 임무를 감당할 수 있다고 여기시고, 匠人이 〈이 나무를〉 깎아서 작게 만들면 王은 노하여 〈이 사람은〉 그 임무를 감당하지 못한다고 여기실 것입니다. 사람이 어려서 배우는 것은 장성해서 배운 것을 행하고자 해서이니, 王께서 우선 네가 배운 것을 버리고 나를 따르라 하신다면 어떻겠습니까?

127 王勉曰……是未免於簒弑之罪也:雲峰胡氏(胡炳文)는 "孟子의 말씀이 없으면 후세에 人君이 된 자를 경계할 수가 없고, 王氏의 말이 없으면 후세에 신하된 자를 경계할 수가 없다. 그러나 孟子가 말씀하시기를 '伊尹의 뜻이 있으면 괜찮지만 伊尹의 뜻이 없으면 찬탈인 것이다.' 하셨으니, 王氏의 말이 일찍이 《孟子》에서 나오지 않은 것이 아니다.〔無孟子之說 無以警後世之爲人君者 無王氏之說 無以警後世之爲人臣者 然孟子曰 有伊尹之志則可 無伊尹之志則簒 王氏之說未嘗不自孟子中來〕"하였다.

… 勉 힘쓸 면 簒 빼앗을 찬 師 우두머리 사 勝 이길 승, 감당할 승 匠 목수 장 斲 깎을 착 壯 장할 장 姑 우선 고 舍 버릴 사

集註 | 巨室은 大宮也라 工師는 匠人之長이요 匠人은 衆工人也라 姑는 且也라 言賢人所學者大어늘 而王欲小之也라

'巨室'은 큰 궁궐이다. '工師'는 匠人의 우두머리요, '匠人'은 여러 工人들이다. '姑'는 우선이다. 賢人이 배운 것이 큰데 王이 이것을 작게 하고자 함을 말씀한 것이다.

9-2. 今有璞玉於此하면 雖萬鎰이라도 必使玉人彫琢之하시리니 至於治國家하여는 則曰 姑舍女所學하고 而從我라하시면 則何以異於敎玉人彫琢玉哉잇고

지금 여기에 璞玉이 있으면 비록 〈그 값어치가 黃金〉 萬鎰이라도 반드시 玉人(玉工)으로 하여금 彫琢(쪼아내어 다듬음)하게 하실 것이니, 국가를 다스림에 있어서는 우선 네가 배운 것을 버리고 나를 따르라 하신다면, 玉人에게 玉을 彫琢하는 방법을 가르치는 것과 무엇이 다르겠습니까."

按説 | '何以異'는 '어찌하여 다르게 하는가.'와 '무엇이 다르겠는가.'로 해석할 수 있으며, '敎' 또한 '하여금'과 '가르치다'로 해석할 수 있는바, 전자에 의하면 '玉人으로 하여금 玉을 彫琢하게 하는 것과 어찌하여 다르게 하는가.'로 해석되며, 후자에 의하면 위의 번역문과 같이 해석된다.

官本諺解와 栗谷諺解에는 후자의 해석을 따라 '玉人에게 玉을 彫琢하는 방법을 가르치는 것과 무엇이 다르겠는가'의 뜻으로 해석하여, 玉을 다룰 줄 모르는 王이 玉工에게 이래라 저래라 훈수하는 것과 다를 것이 없다는 내용으로 보았는바, 이는 〈梁惠王上〉 3장에 '何異於刺人而殺之曰 非我也 兵也'와 文法이 同一하다.

壺山 역시 《語類》의 朱子의 말씀과 '敎'를 '하여금'의 사역형으로 볼 경우 平聲으로 읽어야 하는데, 朱子의 讀音 표시가 없음을 들어 다음과 같이 주장하였다.

··· 且 우선 차 璞 옥덩어리 박 鎰 스물네냥 일 彫 새길 조 琢 쪼을 탁 敎 하여금 교, 가르칠 교

이는 마지막 구절의 말의 뜻을 해석한 것이요 문장의 뜻을 바르게 해석한 것이 아니다. 살펴보건대, 《語類》에 이르기를, "玉人은 본래 玉을 다룰 줄 아니 어찌 그에게 〈옥 다듬는 방법〉을 가르칠 필요가 있으며, 현자는 본디 배운 바가 있으니 어찌 굳이 그를 가르쳐서 그가 이미 배운 것을 버리게 하겠는가." 하였으니, 우선 이에 따라 해석하면, 아마도 前篇의 '無以異' '何以異'의 어세와 諺解의 해석과 어긋나지 않을 것이다. 이 글에서 '何以異'라고 말한 것은 모두 '어찌 다른가'로 '以'字를 虛字로 본 것이니, 여기의 '敎'字는 바로 後篇의 '자신이 가르칠 수 있는 신하를 좋아한다'의 '敎'字와 용법이 같다. 그런데 '何以異'의 뜻으로 해석한다면, 비록 '愛玉'의 글에 가장 걸맞을 듯하나, 만일 이런 뜻이라면, '敎'字는 '하여금 使'의 뜻이 되어야 하고 또 平聲이 되어야 하는데 音訓이 없으니, 이를 통해 朱子의 뜻을 알 수 있다.〔此 釋末句之語意耳 非正釋其文義也 按語類 有曰 玉人自會琢玉 何消敎他 賢者自有所學 何用敎佗 舍其所學 姑依此讀之 庶無悖於前篇無以異何以異之語勢 與諺解之釋矣 此書凡言何以異 猶言是何異也 皆以以字 作虛字用 而此敎字 卽後篇好臣其所敎之敎字也 若讀作何以異之之義 則雖於不如愛玉之文 似爲捷徑 然如此 則敎字當爲使義 且音平聲 而音訓無之 朱子之意 有可知耳〕

楊伯峻 역시 '가르치다'로 해석하였다.

반면 艮齋(田愚)의 懸吐本에는 "'敎字'는 마땅히 去聲으로 읽어야 한다.〔敎字當作去聲讀〕"라고 표기하여 '하여금'으로 해석해야 함을 밝히고 있으며, 本人이 師事했던 瑞巖(金熙鎭) 先生 역시 '敎'를 '하여금'으로 보아 "玉人으로 하여금 玉을 彫琢하게 하는 것과 왜 다르게 하십니까."로 해석하였다. 그리하여 지난번 傳統文化硏究會에서 刊行한 譯本에는 瑞巖 先生의 說을 따라 번역하였음을 밝혀둔다.

集註 | 璞은 玉之在石中者라 鎰은 二十兩[128]也라 玉人은 玉工也라 不敢自治而付之能者는 愛之甚也라 治國家는 則徇私欲而不任賢하니 是는 愛國家不如愛玉也라

'璞'은 玉이 돌 속에 들어 있는 것이다. '鎰'은 20兩이다. '玉人'은 玉工이다. 감히 스스로

---

128 鎰 二十兩:東陽許氏(許謙)는 "萬鎰은 璞玉의 가치가 萬鎰의 金과 같음을 말한 것이다.〔萬鎰 謂璞玉之價直(値) 萬鎰之金也〕" 하였으며, 趙氏(趙順孫)는 《國語》에 '24냥이 鎰이 된다.' 하였으니, 趙岐의 註가 잘못되었는데, 《集註》가 그대로 따른 것이다.〔國語云 二十四兩爲鎰 趙岐誤註 集註因之〕" 하였다. 趙岐와 焦循은 '萬鎰'을 '많음(衆多)'을 뜻하는 것으로 보았으나, 楊伯峻은 "귀중함을 말한 것이지 많음을 말한 것이 아니다." 하였다. 24兩이 정설이며, 萬鎰은 그 값어치가 黃金 萬鎰임을 뜻한다.

··· 付 맡길 부 徇 따를 순

직접 다스리지 못하고 유능한 자에게 맡기는 것은 사랑하기를 심히 하는 것이다. 국가를 다스림에는 사욕을 따르고 어진 이에게 맡기지 않으니, 이는 국가를 사랑함이 玉을 사랑함만 못한 것이다.

章下註 | ○范氏曰 古之賢者는 常患人君不能行其所學하고 而世之庸君은 亦常患賢者不能從其所好라 是以로 君臣相遇를 自古以爲難[129]하니 孔孟이 終身而不遇는 蓋以此耳시니라

○范氏(范祖禹)가 말하였다. "옛날의 賢者들은 항상 人君이 자신의 배운 바를 행하지 못할까 걱정하였고, 세상의 庸君(용렬한 군주)들은 항상 賢者가 자신의 좋아하는 바를 따르지 못할까 걱정하였다. 이 때문에 〈어진〉 군주와 신하가 서로 만나는 것을 예로부터 어렵게 여겼으니, 孔子와 孟子가 종신토록 〈어진 군주를〉 만나지 못한 것은 이 때문이었다."

|齊人伐燕勝之章|

10-1. 齊人이 伐燕勝之어늘

齊나라 사람이 燕나라를 쳐서 승리하였다.

按說 | 《大全》에는 《史記》〈燕召公世家〉의 기록을 다음과 같이 인용하고 있다.

燕王 噲(쾌)가 정승인 子之를 등용하였는데, 蘇代가 齊나라를 위하여 燕나라에 사신 가서 일로써 燕王을 격동시켜 子之를 높이도록 하니, 이에 燕王이 子之를 크게 신임하였다. 鹿毛壽가 燕王에게 이르기를 "나라를 정승 子之에게 사양하는 것만 못합니다. 사람들이 堯임금을 현자라고 이르는 것은 천하를 許由에게 사양하였기 때문이니, 許由가 〈천하를〉 받지 아니하여, 堯임금은 천하를 사양했다는 이름은 있으나 실제는 천하를 잃지 않았습니다. 지금

---

[129] 古之賢者……自古以爲難:新安陳氏(陳櫟)는 "앞에는 王이 賢者를 작게 등용함(써 먹음)을 비유하였고, 뒤에는 왕이 賢者를 오로지 등용하지 않음을 비유하였으니, 賢者를 제대로 등용하지 못함은 모두 자기의 사욕이 해친 것이다. 용렬한 군주는 반드시 賢者의 배운 바를 행하지 못하고, 賢者는 반드시 용렬한 군주의 좋아하는 바를 따르려 하지 않으니, 이 때문에 賢者와 훌륭한 군주가 만나 부합하기가 어려운 것이다.〔前譬王欲小用賢者 後譬王不專用賢者 所以不能用賢 皆己之私欲害之 庸君必不能行賢者之所學 賢者必不肯從庸君之所好 此遇合所以難也〕"하였다.

⋯ 庸 어리석을 용 遇 만날 우 燕 나라 연 勝 이길 승

왕께서 나라를 子之에게 사양하시면 子之가 반드시 감히 받지 못할 것이니, 이는 왕께서 堯
임금과 똑같은 행실을 하시는 것입니다." 하였다. 燕王이 이로 인해 나라를 子之에게 부탁하
였다. 子之는 〈燕王의 사양을 그대로 받아들여〉南面하여 왕의 일을 행하고, 噲는 늙어서
정사를 다스리지 않고 도리어 신하가 되니, 國事가 모두 子之에 의해 결정되었다. 3년 만에
나라가 크게 혼란하여 백성들이 애통해하고 두려워하였다. 將軍 市被가 太子 平과 도모하
여 子之를 공격하려 하였는데, 여러 장수가 齊나라 湣王[130]에게 이르기를 "이틈에 공격하
면 燕나라를 격파할 것이 틀림없습니다." 하였다. 齊王이 사람을 시켜 燕나라 太子에게 알
리자, 太子가 인하여 市被와 함께 公宮을 포위하여 子之를 공격하였으나 이기지 못하였다.
장군 市被는 백성들과 함께 도리어 太子 平을 공격하다가 죽임을 당하여 조리돌려지니, 인
하여 난리가 일어나 몇 달 만에 죽은 자가 수만 명이었다. 사람들이 애통해하고 두려워하였
으며, 백성들이 離叛하고 원망하였다. 孟軻(孟子)가 齊王에게 이르기를 "지금 燕나라를 정
벌하면 이는 文王과 武王의 시기이니, 놓쳐서는 안 됩니다." 하였다. 王이 이 말을 듣고서 章
子로 하여금 五都의 군대를 거느리고 北地의 무리(군대)를 이용하여 燕나라를 정벌하니,
연나라 士卒들이 싸우지도 않고 城門을 닫지도 아니하여, 燕王 噲가 죽고 齊나라가 크게
승리하였다. 연나라 子之가 죽은 지 2년에 연나라 사람들이 함께 太子 平을 세우니, 이분이
燕 昭王이다.[131] 〔燕王噲用其相子之 蘇代爲齊使於燕 以事激燕王 以尊子之 於是燕
王大信子之 鹿毛壽謂燕王 不如以國讓相子之 人之謂堯賢者 以其讓天下於許由 許
由不受 有讓天下之名 而實不失天下 今王以國讓於子之 子之必不敢受 是王與堯同
行也 燕王因屬國於子之 子之南面行王事 而噲老 不聽政 顧爲臣 國事皆決於子之 三
年 國大亂 百姓恫恐 將軍市被 與太子平謀 將攻子之 諸將謂齊湣王曰 因而赴之 破
燕必矣 齊王令人告燕太子 太子因與市被圍公宮 攻子之 不克 將軍市被及百姓 反攻
太子平 市被死以徇 因構難數月 死者數萬 衆人恫恐 百姓離怨 孟軻謂齊王曰 今伐
燕 此文武之時 不可失也 王因令章子 將五都之兵 因北地之衆 以伐燕 士卒不戰 城
門不閉 燕王噲死 齊大勝 燕子之亡二年 而燕人共立太子平 是爲燕昭王〕

---

130 齊나라 湣王:湣王이 아니라 宣王으로 보는 說이 많다. 아래 2절의 각주 참조.

131 이분이 燕 昭王이다:錢穆은 《先秦諸子繫年》에서, 燕 昭王은 公子 職이고 太子 平은 子之의 공격을
받아 將軍 市被와 함께 죽은 것으로 보았다. 〈公孫丑下〉9-1절 按說 참조.

集註 | 按史記에 燕王噲(쾌)讓國於其相子之에 而國大亂이어늘 齊因伐之한대 燕士
卒不戰하고 城門不閉하여 遂大勝燕하니라

《史記》를 살펴보면, 燕王 噲가 정승인 子之에게 나라를 양보하자, 燕나라가 크게 혼란하였
다. 齊나라가 이 틈을 타 정벌하자, 燕나라 士卒들은 싸우지도 않고 城門을 닫지도 않았다.
그리하여 마침내 燕나라를 크게 이겼다.

10-2. 宣王이 問曰 或謂寡人勿取라하며 或謂寡人取之라하나니 以萬乘
之國으로 伐萬乘之國하여 五旬而擧之하니 人力으론 不至於此니 不取하
면 必有天殃이니 取之何如하니잇고

宣王이 물었다. "혹자는 寡人더러 〈燕나라를〉 취하지 말라 하고, 혹자는 寡人더러 취
하라 합니다. 萬乘의 나라(齊)를 가지고 萬乘의 나라(燕)를 정벌하였는데 50일 만에
완전히 점령하였으니, 人力으로는 이에 이르지 못합니다. 취하지 않는다면 반드시 하늘
의 재앙이 있을 것이니, 취하는 것이 어떠합니까?"

按說 | '不取 必有天殃'에 대하여, 楊伯峻은

《國語》〈越語〉에, "좋은 시기를 얻으면 게을리하지 말아야 하니 기회는 두 번 다시 오지 않
고, 하늘이 주는 것을 받지 않으면 도리어 재앙이 된다.〔得時無怠 時不再來 天予不取 反
爲之災〕"하였고, 《春秋左傳》僖公 33년 조에, "하늘이 우리에게 기회를 준 것입니다. 하늘
이 준 기회를 놓쳐서도 안 되고, 적을 놓아주어서도 안 됩니다. 적을 놓아주면 환난이 생기고
하늘의 뜻을 어기면 상서롭지 못합니다.〔天奉我也 奉不可失 敵不可縱 縱敵患生 違天
不祥〕"하였으니, 이를 통해 '하늘이 주는 것을 취하지 않으면 반드시 하늘의 재앙이 있다.'
는 것이 당시 유행하였던 관념임을 알 수 있다.

하였다.
'伐萬乘之國'의 懸吐를, 官本諺解에는 '伐萬乘之國호딕'로 되어 있으나, 栗谷諺解의
'伐萬乘之國ᄒ야'를 따라 '하여'로 수정하였다.

··· 按 살필 안 噲 목구멍 쾌 讓 사양할 양 相 정승 상 閉 닫을 폐 遂 마침내 수 旬 열흘 순 擧 함락할 거
殃 재앙 앙

集註 | 以伐燕爲宣王事는 與史記諸書不同하니 已見序說[132]하니라

燕나라를 정벌한 것을 宣王의 일이라 한 것은 《史記》등 여러 책과 똑같지 않으니, 이미 〈序說〉에 보인다.

10-3. 孟子對曰 取之而燕民悅則取之하소서 古之人이 有行之者하니 武王이 是也니이다 取之而燕民不悅則勿取하소서 古之人이 有行之者하니 文王이 是也니이다

孟子께서 대답하셨다. "취해서 燕나라 백성들이 기뻐하면 취하소서. 옛 사람 중에 이것을 행하신 분이 있으니, 武王이 바로 그 분입니다. 취해서 燕나라 백성들이 기뻐하지 않으면 취하지 마소서. 옛 사람 중에 이것을 행하신 분이 있으니, 文王이 바로 그 분입니다.

集註 | 商紂之世에 文王이 三分天下에 有其二로되 以服事商[133]이러시니 至武王十三年하여 乃伐紂而有天下하시니라

張子曰 此事는 間不容髮이니 一日之間에 天命未絶이면 則是君臣이요 當日命絶이면 則爲獨夫라 然이나 命之絶否를 何以知之오 人情而已라 諸侯不期而會者八百[134]이니 武王이 安得而止之哉시리오

---

132 伐燕爲宣王事……已見序說:《史記》에는 齊 湣王 10년에 燕나라를 친 것으로 되어 있다. 朱子는 앞의 〈序說〉에서 《史記》와 《荀》 등에는 湣王 때의 일이라 하고 《孟子》와 《通鑑》에는 宣王 때의 일이라 하는데 어느 것이 옳은지 알 수 없다고 하였다. 茶山은 《戰國策》에 의거하여 《孟子》의 기록이 옳다고 하였고, 楊伯峻은 齊 宣王 5년(B.C.315)으로 보았고, 楊寬의 《戰國史》에는 齊 宣王 6년으로 보았다.

133 商紂之世……以服事商:《論語》〈泰伯〉에 孔子께서 文王의 덕을 칭송하여 "천하를 三分함에 그 둘을 소유하시고도 복종하여 殷나라를 섬기셨다.〔三分天下 有其二 以服事商〕"하셨는데, 《集註》에 《春秋左傳》에 '文王이 商나라를 배반한 나라들을 거느리고서 紂王을 섬겼다.'하였으니, 天下에서 文王에게 귀속한 州가 여섯이니, 荊州·梁州·雍州·豫州·徐州·揚州이고, 오직 靑州·兗州·冀州만이 아직도 紂王에게 소속해 있었다.〔春秋傳曰 文王 率商之畔國 以事紂 蓋天下 歸文王者六州 荊梁雍豫徐揚也 惟靑兗冀 尙屬紂耳〕"라고 자세히 보인다.

134 諸侯不期而會者八百:《史記》〈秦楚之際月表〉에 "諸侯들이 날짜를 기약하지 않고 孟津에 모인 자가 8백이었는데, 武王은 그런데도 '아직 紂王을 정벌해서는 안 된다.'라고 하였다. 그러다가 그 뒤에서야 비로소 紂王을 放置하여 시해하였다.〔不期而會孟津八百諸侯 猶以爲未可 其後乃放弒〕"라고 보인다.

••• 商 나라상 紂 고삐주 否 아닐부 期 기약할기 安 어찌안

商나라 紂王의 세대에 文王이 天下를 3분함에 그 둘을 소유하셨는데도 商나라를 섬기셨는데, 武王 13년에 이르러서야 비로소 紂王을 정벌하여 天下를 소유하였다.

張子(張載)가 말씀하였다. "이 일은 사이에 털끝 하나도 용납할 수 없으니, 하룻동안이라도 天命이 끊기지 않았으면 君臣間이요, 당일에 天命이 끊기면 獨夫가 되는 것이다. 그러나 命의 끊기고 끊기지 않음을 무엇으로 아는가? 사람의 마음일 뿐이다. 諸侯들이 〈정벌하기를〉 기약하지 않았는데도 모인 자가 8백이나 되었으니, 武王이 어떻게 〈정벌을〉 중지할 수 있었겠는가."

10-4. 以萬乘之國으로 伐萬乘之國이어늘 簞食(사)壺漿으로 以迎王師는 豈有他哉리오 避水火也니 如水益深하며 如火益熱이면 亦運而已矣니이다

萬乘의 나라를 가지고 萬乘의 나라를 정벌하였는데, 〈燕나라 백성들이〉 대바구니에 밥을 담고 병에 장물을 담아서 王의 군대를 환영한 것은 어찌 딴 이유가 있겠습니까. 물과 불을 피한 것이니, 만일 물이 더욱 깊어지며 불이 더욱 뜨거워진다면 또한 딴 곳으로 轉向할 뿐입니다."

按説 | 壺山은 "'漿'은 醋와 醬이다.〔漿 醋醬也〕" 하였다.

'亦運而已矣'에 대하여, 朱子는 '백성들이 장차 전향해서 타인에게 구원을 바랄 것이다.'로 보았으나, 楊伯峻은 '亦'은 '단지(祇)'라 하고 '이는 단지 통치자가 燕나라에서 齊나라로 바뀌는 것 뿐이다.'로 번역하였다. 이는 燕나라 백성들이 齊나라의 구원을 바라 齊나라 군대가 無血入城을 하였는데, 齊나라가 기대에 부응하지 못하고 단지 통치자만 바뀌었을 뿐임을 말한 것이다.

集註 | 簞은 竹器요 食는 飯也라 運은 轉也라 言 齊若更爲暴虐[135]이면 則民將轉而望

---

[135] 齊若更爲暴虐:壺山은 "이 '若'字는 바로 아랫장 '若殺'의 '若(만약)'字와 같으니, 經文의 두 '如'字의 뜻을 해석한 것이다. 諺解에는 '似'의 뜻으로 해석한 듯하니 아마도 잘못된 듯하다." 하였다. '如水益深 如火益熱'을, 官本諺解에는 '水ㅣ 더욱 深툿 ᄒᆞ며 火ㅣ 더욱 熱툿 ᄒᆞ면'으로 되어 있고, 栗谷諺解에는 '水ㅣ 더 깁툿 ᄒᆞ며 火ㅣ 더 덥툿 ᄒᆞ면'으로 되어 있으므로, 壺山이 이렇게 말한 것이다.

··· 簞 대그릇 단 食 밥 사 壺 병 호 漿 장물 장 迎 맞이할 영 熱 더울 열 運 옮길 운 飯 밥 반 轉 옮길 전 更 다시 갱

救於他人矣라

'簞'은 대나무 그릇이요, '食'는 밥이다. '運'은 轉向함이다. 齊나라가 만일 다시 포악한 짓을 한다면 백성들이 장차 전향해서 타인에게 구원을 바랄 것임을 말씀한 것이다.

章下註 | ○ 趙氏曰[136] 征伐之道는 當順民心이니 民心悅이면 則天意得矣니라

○ 趙氏(趙岐)가 말하였다. "정벌하는 방법은 마땅히 民心에 순응해야 하니, 民心이 기뻐하면 하늘의 뜻에 맞는다."

| 齊人伐燕取之章(千里畏人章) |

11-1. 齊人이 伐燕取之한대 諸侯將謀救燕이러니 宣王曰 諸侯多謀伐寡人者하니 何以待之잇고 孟子對曰 臣聞 七十里로 爲政於天下者는 湯이 是也니 未聞以千里畏人者也니이다

齊나라 사람이 燕나라를 정벌하여 취하자(점령하자), 제후들이 장차 燕나라를 구원할 것을 도모하였다. 宣王이 물었다. "제후들이 寡人을 정벌할 것을 도모하는 자가 많으니, 어떻게 이들을 대해야 합니까?"
孟子께서 대답하셨다. "臣이 들으니, 70里로 천하에 정사를 한 자는 湯王이 이 분이니, 千里를 가지고 남을 두려워했다는 자는 듣지 못하였습니다.

集註 | 千里畏人은 指齊王也라

'千里를 가지고 남을 두려워한다.'는 것은 齊王을 가리킨 것이다.

11-2. 書曰 湯이 一征을 自葛始하신대 天下信之하여 東面而征에 西夷怨하며 南面而征에 北狄怨하여 曰 奚爲後我오하여 民이 望之호되 若大旱之望雲霓也하여 歸市者不止하며 耕者不變이어늘 誅其君而弔其民하

---

136 趙氏曰:이 내용 역시 趙岐의 註가 아니고 孫奭의 疏에 보인다.

···

신대 若時雨降이라 民이 大悅하니 書曰 徯我后하다소니 后來하시니 其蘇라
하니이다

《書經》에 이르기를 '湯王이 첫 번째 정벌을 葛나라로부터 시작하시자, 天下 사람들
이 믿어서 동쪽을 향하여 정벌함에 서쪽 오랑캐가 원망하며, 남쪽을 향하여 정벌함에
북쪽 오랑캐가 원망하여 말하기를 「어찌하여 우리나라를 뒤에 정벌하는가.」하여, 백성
들이 湯王이 정벌해 주기를 바라되 마치 큰 가뭄에 구름과 무지개를 바라듯이 하여, 시
장으로 돌아가는 자가 멈추지 않고 밭가는 자가 변동하지 않자, 포악한 군주를 誅罰하고
백성들을 위문하시니, 단비가 내린 듯이 백성들이 크게 기뻐했다.' 하였습니다. 《書經》에
이르기를 '우리 임금님을 기다리니, 임금님이 오시면 소생하게 되겠지.' 하였습니다.

按說 | "后來其蘇'에 대하여 栗谷諺解에는 '后來其蘇ㅣ라 ㅎ니이다'라고 하여 '后
來' 아래 懸吐가 없으나, 해석에는 '님금이 오시면'으로 되어 있다.

集註 | 兩引書는 皆商書仲虺之誥文也니 與今書文으로 亦小異라 一征은 初征也라
天下信之는 信其志在救民이요 不爲暴也라 奚爲後我는 言湯何爲不先來征我之
國也라 蜺는 虹也니 雲合則雨하고 虹見(현)則止라 變은 動也라 徯는 待也라 后는 君也
라 蘇는 復生也라 他國之民이 皆以湯爲我君而待其來하여 使己得蘇息也라 此는 言
湯之所以七十里而爲政於天下也라

두 번 인용한 《書經》은 모두 《商書》 《仲虺之誥》에 있는 글이니, 지금 《書經》의 글과는 약간
다르다. '一征'은 첫 번째 정벌이다. '천하가 믿었다'는 것은 그 뜻이 백성을 구제함에 있고
포악한 짓을 하지 않을 것임을 믿은 것이다. '奚爲後我'는 '湯王이 어찌하여 먼저 와서 우
리나라를 정벌하지 않는가.'라는 말이다. '蜺'는 무지개이니, 구름이 모이면 비가 내리고 무
지개가 나타나면 멈춘다. '變'은 변동함이다. '徯'는 기다림이다. '后'는 군주이다. '蘇'는
다시 살아남이다.
他國의 백성들이 모두 湯王을 우리 군주라 하고, 그가 오기를 기다려서 자신들로 하여금 소
생할 수 있게 하기를 바란 것이다. 이것은 湯王이 70里를 가지고 천하에 정사하게 된 이유
를 말씀한 것이다.

··· 徯 기다릴 혜 后 임금 후 蘇 소생할 소 虺 뱀 훼 誥 가르칠 고 虹 무지개 홍 待 기다릴 대 息 숨쉴 식

11-3. 今에 燕虐其民이어늘 王이 往而征之하시니 民以爲將拯己於水火
之中也라하여 簞食壺漿으로 以迎王師어늘 若殺其父兄하며 係累其子弟
하며 毁其宗廟하며 遷其重器하면 如之何其可也리오 天下固畏齊之彊
也니 今又倍地而不行仁政이면 是는 動天下之兵也니이다

지금 燕나라가 백성들에게 포학하게 하므로 王께서 가서 정벌하시니, 燕나라 백성들은
장차 자신들을 水火(塗炭)의 가운데에서 구원해 줄 것이라고 여겨, 대바구니에 밥을
담고 병에 장물을 담아서 王의 군대를 환영한 것입니다. 그런데 만일 그 父兄을 죽이고
子弟들을 구속하며 宗廟를 부수고 중요한 기물들을 옮겨온다면 어찌 可하겠습니까.
천하가 진실로 齊나라의 강함을 꺼리고 있는데, 지금 또다시 땅을 배로 확장하고 仁政
을 행하지 않는다면 이것은 천하의 군대(전쟁)를 움직이게 하는 것입니다.

集註 | 拯은 救也라 係累는 縶縛也라 重器는 寶器也라 畏는 忌也라 倍地는 幷燕而增
一倍之地也라 齊之取燕을 若能如湯之征葛이면 則燕人悅之하여 而齊可爲政於天
下矣어늘 今乃不行仁政하고 而肆爲殘虐하니 則無以慰燕民之望而服諸侯之心이
라 是以로 不免乎以千里而畏人也라

'拯'은 구원함이다. '係累'는 묶는 것이다. '重器'는 寶器이다. '畏'는 꺼리는 것이다. '倍
地'는 燕나라를 겸병해서 땅을 두 배로 늘린 것이다. 齊나라가 燕나라를 취하기를 만일 湯
王이 葛나라를 정벌한 것과 같이 하였더라면, 燕나라 사람들이 기뻐해서 齊나라가 천하에
정사를 할 수 있었을 것이다. 그런데 지금 마침내 仁政을 행하지 않고 함부로 잔학한 짓을
하였으니, 그렇다면 燕나라 백성들의 소망을 위안하고 제후들의 마음을 복종시킬 수가 없
다. 이 때문에 千里를 가지고도 남을 두려워함을 면치 못하는 것이다.

11-4. 王速出令하사 反其旄倪하시며 止其重器하시고 謀於燕衆하여 置
君而後에 去之하시면 則猶可及止也리이다

王께서 속히 명령을 내리시어 〈포로로 잡은〉 노약자들을 돌려보내시며 중요한 기물들
을 〈수송해오던 것을〉 중지하시고 燕나라 민중들과 상의해서 군주를 세워준 뒤에 떠나
오신다면 오히려 〈전란이 일어나기 전에〉 전란을 중지시킬 수 있을 것입니다."

··· 拯 구원할증 壺 병호 漿 장물장 係 묶을계 累 묶을루 毁 부술훼 廟 사당묘 遷 옮길천 縶 묶을칩
縛 묶을박 肆 방자할사 殘 해칠잔 慰 위로할위 反 돌이킬반 旄 늙은이모(耄同) 倪 어린이예 置 세울치

集註 | 反은 還也라 旄는 老人也요 倪는 小兒也니 謂所虜略之老小也라 猶는 尙也라 及止는 及其未發而止之也라

'反'은 반환이다. '旄'는 노인이요 '倪'는 소아이니, 노략질한 노인과 소아를 이른다. '猶'는 오히려이다. '及止'는 전란이 발발하기 전에 미쳐 중지하는 것이다.

章下註 | ○ 范氏曰 孟子事齊梁之君에 論道德則必稱堯舜하시고 論征伐則必稱湯武하시니 蓋治民을 不法堯舜이면 則是爲暴요 行師를 不法湯武면 則是爲亂이니 豈可謂吾君不能하여 而舍(捨)所學以徇之哉아

○ 范氏(范祖禹)가 말하였다. "孟子께서 齊나라와 梁나라의 군주를 섬기실 적에 道德을 논하면 반드시 堯·舜을 칭하셨고 征伐을 논하면 반드시 湯·武를 칭하셨으니, 백성을 다스림을 堯·舜을 본받지 않는다면 이것은 포악함이 되고, 군대를 출동함을 湯·武를 본받지 않는다면 이것은 亂이 되니, 어찌 우리 君主는 불가능하다 하여 자신의 배운 바를 버리고 군주의 하고자 함을 따르겠는가."

|得反之章(鄒與魯鬨章)|

12-1. 鄒與魯鬨(홍)이러니 穆公이 問曰 吾有司死者 三十三人이로되 而民은 莫之死也하니 誅之則不可勝誅요 不誅則疾視其長上之死而不救하니 如之何則可也잇고

鄒나라가 魯나라와 함께 싸웠는데, 〈鄒나라〉 穆公이 물었다. "내 有司로서 죽은 자가 33명이나 되지만 백성들은 죽은 자가 없으니, 이들을 베려(처벌하려) 한다면 이루 다 벨 수가 없고, 베지 않는다면 長上들이 죽는 것을 疾視하면서 구원하지 않았으니, 어찌하면 좋겠습니까?"

按說 | '莫之死也'에 대하여, 楊伯峻은

'莫之死'는 '莫死之'의 도치이고, '之'는 有司를 가리킨다. '莫之死'의 의미는 '그들을 위

··· 虜 사로잡을로 略 노략질할략 尙 오히려상 舍 버릴사(捨同) 鬨 싸울홍 穆 화목할목 勝 이길승
疾 미워할질

하여 희생한 사람이 아무도 없었다.'는 뜻이다.

하였다.

集註 | 鬨은 鬪聲也라 穆公은 鄒君也라 不可勝誅는 言人衆하여 不可盡誅也라 長上은 謂有司也라 民怨其上이라 故로 疾視其死而不救也라

'鬨'은 싸우는 소리이다. 穆公은 鄒나라 군주이다. '不可勝誅'는 사람이 많아서 다 벨 수 없음을 말한다. '長上'은 有司를 이른다. 백성이 長上을 원망하였으므로 그가 죽는 것을 疾視하여 구원하지 않은 것이다.

12-2. 孟子對曰 凶年饑歲에 君之民이 老弱은 轉乎溝壑하고 壯者는 散而之四方者 幾千人矣요 而君之倉廩實하며 府庫充이어늘 有司莫以告하니 是는 上慢而殘下也라 曾子曰 戒之戒之하라 出乎爾者 反乎爾者也라하시니 夫民이 今而後에 得反之也로소니 君無尤焉하소서

孟子께서 대답하셨다. "凶年과 기근이 든 해에 군주의 백성이 노약자들은 전전하다가 죽어서 시신이 溝壑에 뒹굴고, 장성한 자들은 흩어져서 사방으로 간 자가 몇 천 명이나 됩니다. 그런데도 군주의 倉廩은 곡식이 꽉 차 있으며 府庫에는 재화가 충만하였으나 有司 중에 이것을 아뢴 자가 없었으니, 이것은 윗사람이 태만해서 아랫사람을 殘害한 것입니다. 曾子께서 말씀하시기를 '경계하고 경계하라. 네게서 나온 것이 네게로 돌아간다.' 하셨으니, 백성들이 지금에야 되갚음을 한 것이니, 君主께서는 허물하지 마소서.

集註 | 轉은 飢餓輾轉而死也라 充은 滿也라 上은 謂君及有司也라 尤는 過也라

'轉'은 굶주려 전전하다가 죽는 것이다. '充'은 충만함이다. '上'은 임금과 有司를 이른다. '尤'는 허물함이다.

12-3. 君行仁政하시면 斯民이 親其上하여 死其長矣리이다

君主께서 仁政을 행하시면 이 백성들이 윗사람을 친애해서 어른(官長)을 위해 죽을

··· 鬨 싸울 투 衆 많을 중 饑 흉년 기 轉 구를 전 溝 도랑 구 壑 골짜기 학 廩 창고 름 庫 창고 고 殘 해칠 잔
尤 허물 우 餓 굶주릴 아 滿 찰 만

것입니다.”

集註 | 君不仁而求富라 是以로 有司知重斂而不知恤民이라 故로 君行仁政이면 則
有司皆愛其民하여 而民亦愛之矣리라

君主가 仁하지 못하여 부유하기를 구하였다. 이 때문에 有司가 세금을 무겁게 거둘 줄만
알고 백성을 구휼할 줄을 알지 못하였다. 그러므로 君主가 仁政을 행하면 有司들이 모두
그 백성을 사랑해서 백성 또한 有司를 사랑할 것이다.

章下註 | ○范氏曰 書曰 民惟邦本이니 本固邦寧이라하니 有倉廩府庫는 所以爲民
也니 豐年則斂之하고 凶年則散之하여 恤其飢寒하고 救其疾苦라 是以로 民親愛其
上하여 有危難則赴救之를 如子弟之衛父兄하고 手足之捍頭目也라 穆公이 不能反
己하고 猶欲歸罪於民하니 豈不誤哉아

○范氏(范祖禹)가 말하였다. “《書經》〈五子之歌〉에 이르기를 ‘백성은 나라의 뿌리이니,
뿌리가 튼튼해야 나라가 편안하다.’ 하였다. 倉廩과 府庫를 둔 것은 백성을 위해서이니, 풍
년에는 거둬들이고 흉년에는 흩어주어서 굶주리고 추운 사람을 구휼하며 병들고 고생하는
자들을 구제한다. 이 때문에 백성들이 윗사람을 친애하여 위태로움과 난리가 있으면 달려가
구원하기를, 子弟들이 父兄을 보위하듯이 하고 手足이 頭目을 막듯이 하는 것이다. 穆公
은 자신에게 돌이켜 찾지 못하고 오히려 백성들에게 죄를 돌리고자 하였으니, 어찌 잘못이
아니겠는가.”

|間於齊楚章|

13-1. 滕文公이 問曰 滕은 小國也라 間於齊楚하니 事齊乎잇가 事楚乎
잇가

滕 文公이 물었다. “우리 滕나라는 작은 나라입니다. 齊나라와 楚나라 사이에 끼어 있
으니, 齊나라를 섬겨야 합니까? 楚나라를 섬겨야 합니까?”

集註 | 滕은 國名이라

··· 斂 거둘 렴 恤 구휼할 휼 豐 풍년 풍 赴 달려갈 부 衛 지킬 위 捍 막을 한 豈 어찌 기 誤 그르칠 오
滕 나라이름 등 間 끼일 간

滕은 나라 이름이다.

13-2. 孟子對曰 是謀는 非吾所能及也로소이다 無已則有一焉하니 鑿斯池也하며 築斯城也하여 與民守之하여 效死而民弗去면 則是可爲也니이다

孟子께서 대답하셨다. "이 계책은 내가 미칠 수 있는 바가 아닙니다. 그러나 기어이 말하라고 하신다면 한 가지 방법이 있으니, 못(해자)을 깊이 파고 성을 높이 쌓아 백성들과 더불어 지켜서 백성들이 죽음(목숨)을 바치고 떠나가지 않는다면 이것은 해볼 만한 일입니다."

按說 | '鑿斯池也 築斯城也'에 대하여, 壺山은

'여기에 못을 깊이 파고 여기에 城을 쌓는다'는 말과 같다.〔猶言鑿池於斯 築城於斯也〕

하였다.

集註 | 無已는 見前篇하니라 一은 謂一說也라 效는 猶致也라 國君은 死社稷[137]이라 故로 致死守國이요 至於民亦爲之死守而不去면 則非有以深得其心者면 不能也라

'無已'는 〈해석이〉 前篇(梁惠王上)에 보인다. '一'은 一說을 이른다. '效'는 致(바침)와 같다. 國君은 社稷을 위해서 죽어야 하므로 목숨을 바쳐 나라를 지키는 것이요, 백성들 또한 군주를 위해서 死守하고 떠나지 않음에 이른다면, 이는 그 마음을 깊이 얻은 자가 아니면 불가능하다.

章下註 | ○ 此章은 言有國者 當守義而愛民이요 不可僥倖而苟免이니라

---

137 國君 死社稷:《禮記》〈曲禮下〉에 "國君은 社稷을 위하여 죽고 大夫는 무리〔衆〕를 위하여 죽고 士는 명령〔制〕에 죽는다.〔國君死社稷 大夫死衆 士死制〕" 하였다. 《大全》에 "'衆'은 군대의 무리를 이른다. 大夫가 군대를 거느리고 출전하였다가 패하면 죽는다. '制'는 명령을 이르니, 士가 명령을 받고서 혹 죽음으로써 핍박받게 되면 차라리 죽을지언정 군주의 명령을 버릴 수 없는 것이다.〔衆 謂師衆 大夫率師 敗 則死之 制 謂命令 士受命 或迫以死 寧死而不可棄君命也〕" 하였다.

••• 鑿 팔 착 池 해자 지 築 쌓을 축 效 바칠 효 致 바칠 치 稷 곡신(穀神) 직 僥 바랄 요 倖 요행 행 苟 구차할 구 免 면할 면

○이 章은 국가를 소유한 자는 마땅히 義를 지켜 백성을 사랑해야 할 것이요, 요행을 바라 구차히 면하려고 해서는 안 됨을 말씀한 것이다.

|齊人將築薛章(彊爲善章)|

14-1. 滕文公이 問曰 齊人이 將築薛하니 吾甚恐하노니 如之何則可잇고

滕 文公이 물었다. "齊나라 사람이 장차 薛땅에 축성을 하려고 하니, 내 매우 두렵습니다. 어찌하면 좋습니까?"

集註 | 薛은 國名이니 近滕이러니 齊取其地而城之라 故로 文公이 以其偪己而恐也라

薛은 國名이니 滕나라와 가까웠는데, 齊나라가 그 땅을 점령하고 성을 쌓았다. 그러므로 文公이 자기 나라를 핍박한다고 여겨 두려워한 것이다.

14-2. 孟子對曰 昔者에 大(太)王이 居邠하실새 狄人이 侵之어늘 去하시고 之岐山之下하사 居焉하시니 非擇而取之라 不得已也시니이다

孟子께서 대답하셨다. "옛적에 太王이 邠땅에 거주하실 적에 狄人이 침략하자, 이곳을 떠나시고 岐山의 아래에 가서 거주하셨으니, 이곳을 가려서 취한 것이 아니라 부득이해서였습니다.

按說 | "去之岐山之下 居焉"에 대하여, 壺山은

諺解에 '去'字 하나만 가지고 한 句를 떼었으니, 아마도 다시 헤아려 보아야 할 듯하다.〔諺解 以去字獨爲一句 恐合更商〕

하였다. 官本諺解에는 '之'를 '가다'로 해석하였으며, 栗谷諺解에는 '去之岐山之下居焉호시니'로 이어 懸吐하고 '去호시고 岐山 아래 가 사륫시니(사셨으니)'로 해석하였는바, 현토는 다르지만 모두 '之'를 '가다'로 본 것이다. 반면 壺山은 이를 '去之하시고 岐山之下

··· 薛 나라이름 설 甚 심할 심 恐 두려울 공 偪 핍박할 핍 邠 땅이름 빈 狄 북쪽오랑캐 적 侵 침범할 침
岐 산이름 기 擇 가릴 택

에 '居焉하시니'로 보고 '之'를 대명사로 보아 '이곳을 떠나시고 岐山 아래에 사셨으니'로
해석하여 이렇게 말한 듯하다.

集註 │ 邠은 地名이라 言 大王이 非以岐下爲善하여 擇取而居之也니 詳見下章하니라

邠은 地名이다. 太王이 岐山 아래를 좋게 여겨 선택하여 취해서 거주한 것이 아님을 말씀
한 것이니, 아랫장에 자세히 보인다.

14-3. 苟爲善이면 後世子孫이 必有王者矣리니 君子創業垂統하여 爲 可繼也라 若夫成功則天也니 君如彼何哉리오 彊爲善而已矣니이다

만일 善行을 한다면 후세의 자손 중에 반드시 왕 노릇 하는 자가 있을 것입니다. 君子
는 基業을 창건하고 전통을 드리워서 〈후손들로 하여금〉 계속할 수 있게 할 뿐입니다.
成功으로 말하면 天運이니, 君主께서 저들(齊人)에게 어찌하시겠습니까. 善을 행하
기를 힘쓸 뿐입니다."

按說 │ "君如彼何哉'에 대하여, 諺解에는 모두 '君如彼에 何哉리오'로 현토되어 있
다. 그러나 이는 '如'와 '何' 사이에 '彼'를 넣은 것으로 《集註》 역시 '無如之何'로 해석하
였는바, 굳이 '에' 토를 달 필요가 없다고 사료되어 제거하였다. 《論語》 〈八佾〉의 '人而不
仁 如禮何 人而不仁 如樂何'도 이와 같은 문법이다.

集註 │ 創은 造也라 統은 緒也라 言 能爲善이면 則如大王雖失其地나 而其後世遂有
天下하니 乃天理也라 然이나 君子造基業於前하고 而垂統緒於後하되 但能不失其
正하여 令後世可繼續而行耳라 若夫成功則豈可必乎아 彼齊也를 君之力이 旣無
如之何면 則但彊於爲善하여 使其可繼而俟命於天耳니라

'創'은 창조이다. '統'은 실마리(전통)이다. '능히 善行을 하면 太王과 같이 비록 그 땅을
잃더라도 후세에 마침내 天下를 소유할 것이니, 이것이 바로 天理이다. 그러나 君子가 基
業을 앞에서 만들고 傳統을 뒤에 드리우되 다만 그 올바름을 잃지 아니하여 후세로 하여금
계속하여 행하게 할 뿐이다. 成功으로 말하면 어찌 기필할 수 있겠는가. 저 齊나라를 군주

··· 創 창건할 창   彊 힘쓸 강   緖 실마리 서   繼 이을 계   續 이을 속   俟 기다릴 사

의 힘이 이미 어떻게 할 수 없다면 다만 善을 행하기를 힘써서 계속하게 하고 하늘에 命을 기다릴 뿐이다.'라고 말씀한 것이다.

章下註 | ○ 此章은 言 人君이 但當竭力於其所當爲요 不可徼幸[138]於其所難必이니라

○ 이 章은 人君은 다만 당연히 해야 할 일에 힘을 다할 것이요, 기필하기 어려운 것(운명)에 요행을 바라서는 안 됨을 말씀한 것이다.

|效死勿去章|

15-1. 滕文公이 問曰 滕은 小國也라 竭力以事大國이라도 則不得免焉이로소니 如之何則可잇고 孟子對曰 昔者에 大(太)王이 居邠하실새 狄人이 侵之어늘 事之以皮幣라도 不得免焉하며 事之以犬馬라도 不得免焉하며 事之以珠玉이라도 不得免焉하여 乃屬(촉)其耆老而告之曰 狄人之所欲者는 吾土地也라 吾聞之也호니 君子는 不以其所以養人者로 害人이라하니 二三子는 何患乎無君이리오 我將去之호리라하시고 去邠하시고 踰梁山하사 邑于岐山之下하여 居焉하신대 邠人曰 仁人也라 不可失也라하고 從之者 如歸市하니이다

滕 文公이 물었다. "우리 滕나라는 작은 나라입니다. 힘을 다하여 大國을 섬기더라도 화를 면할 수 없으니, 어찌하면 좋습니까?"
孟子께서 대답하셨다. "옛적에 太王이 邠땅에 거주하실 적에 狄人이 침략하였는데, 그들을 皮幣(모피와 비단)로써 섬겨도 화를 면치 못하였고, 개와 말로써 섬겨도 화를 면치 못하였고, 珠玉으로써 섬겨도 화를 면치 못하였습니다. 이에 耆老들을 모아놓고 말씀하기를 '狄人들이 원하는 것은 우리의 토지이다. 내가 들으니 君子는 사람을 기르는 토지를 가지고 사람을 해치지 않는다 하니, 여러분들은 어찌 군주가 없음을 걱정하겠

---

138 徼幸:《大全》에는 "儌倖과 통한다.〔與儌倖通〕" 하였다.

··· 但 다만 단 竭 다할 갈 徼 바랄 요 幸 요행 행 皮 가죽 피 幣 비단 폐 珠 구슬 주 屬 모을 촉 耆 늙은이 기
養 기를 양 害 해칠 해 踰 넘을 유 梁 다리 량

는가. 내 장차 이 곳을 떠나겠다.' 하고는 邠땅을 버리고 梁山을 넘어서 岐山 아래에 도읍 터를 만들어 거주하시자, 邠땅 사람들이 말하기를 '仁人이다. 놓쳐서는 안 된다.' 하고, 따르는 자가 시장에 돌아가듯 하였습니다.

集註 | 皮는 謂虎豹麋鹿之皮也[139]라 幣는 帛也라 屬은 會集也라 土地는 本生物以養人이어늘 今爭地而殺人이면 是는 以其所以養人者로 害人也라 邑은 作邑也라 歸市는 人衆而爭先也라

'皮'는 호랑이와 표범, 사슴의 가죽을 이른다. '幣'는 비단이다. '屬'은 모음이다. 토지는 본래 물건을 생산하여 사람을 기르는 것인데, 지금 토지를 다투어 사람을 죽인다면 이것은 사람을 기르는 것을 가지고 사람을 해치는 것이다. '邑'은 도읍을 만드는 것이다. '歸市'는 사람이 많아서 앞을 다투는 것이다.

15-2. 或曰 世守也라 非身之所能爲也니 效死勿去라하나니

혹자는 말하기를 '土地는 대대로 지켜오는 것이라서 자신이 마음대로 할 수 있는 것이 아니니, 목숨을 바치고 떠나지 말라.'고 하니,

集註 | 又言 或謂土地는 乃先人所受而世守之者라 非己所能專이니 但當致死守之요 不可舍去라하니 此는 國君死社稷之常法이니 傳所謂國滅君死之正也[140] 正謂此也니라

또 말씀하시기를 "혹자는 '토지(영토)는 바로 先人이 받아서 대대로 지켜오는 것이어서 자신이 마음대로 할 수 있는 것이 아니니, 다만 목숨을 바쳐 지킬 것이요, 버리고 떠나서는 안 된다.'고 말한다." 하셨다. 이는 國君이 社稷을 위해 죽는 떳떳한 법이니, 傳(옛 책)에 이른

---

139 皮 謂虎豹麋鹿之皮也:楊伯峻은 "'皮'는 毛皮로 만든 갖옷이다." 하였다.

140 傳所謂國滅君死之正也:《春秋公羊傳》襄公 6년 조에 "12월에 齊侯가 萊를 멸망시켰다〔十有二月 齊侯滅萊〕."고 한 經文의 傳에 "어찌하여 萊나라 군주가 出奔함을 말하지 않았는가? 나라가 멸망하면 君主가 죽는 올바른 법이기 때문이다. 萊나라 군주를 죽임을 쓰지 않은 것은 나라가 멸망함을 들어 重함을 삼은 것이다.〔曷為不言萊君出奔 國滅君死之正也 不書殺萊君者 舉滅國為重〕" 하였다. 壺山은 "'所謂國滅' 다음에서 句를 떼어야 한다.〔所謂國滅 句〕"라고 하였는데, '國滅君死' 네 글자를 연결시켜 읽을 경우, '나라가 멸망하고 군주가 죽었다.'로 잘못 해석할까 염려해서 말한 것으로 보인다.

··· 虎 범호 豹 표범표 麋 큰사슴미 帛 비단백 效 바칠효 專 마음대로할전 舍 버릴사

바 '國家가 멸망하면 君主가 죽는 올바른 법'이라는 것은 바로 이것을 이른다.

15-3. 君請擇於斯二者하소서

君主께서는 이 두 가지 중에서 선택하소서."

集註ㅣ能如大王則避之요 不能則謹守常法이니 蓋遷國以圖存者는 權也요 守正而俟死者는 義也니 審己量力하여 擇而處之 可也[141]니라

능히 太王과 같이 할 수 있으면 피할 것이요, 그렇지 못하면 떳떳한 법을 삼가 지킬 것이니, 나라를 옮겨 보전하기를 도모하는 것은 權道요, 正道를 지키면서 죽음을 기다리는 것은 義이다. 자신을 헤아리고 능력을 헤아려서 선택하여 처하는 것이 옳다.

章下註ㅣ○楊氏曰 孟子之於文公에 始告之以效死而已하시니 禮之正也요 至其甚恐하여는 則以大王之事告之하시니 非得已也라 然이나 無大王之德而去면 則民或不從하여 而遂至於亡하리니 則又不若效死之爲愈라 故로 又請擇於斯二者하시니라
又曰 孟子所論을 自世俗觀之하면 則可謂無謀矣라 然이나 理之可爲者는 不過如此하니 舍此則必爲儀秦之爲矣라 凡事求可, 功求成하여 取必於智謀之末하고 而

---

141 遷國以圖存者……可也:《禮記》〈禮運〉에 "나라에 患亂이 있을 적에 군주가 社稷을 위해 죽는 것을 義라 이르고, 大夫가 宗廟를 위해 죽는 것을 變이라 한다.〔國有患 君死社稷 謂之義 大夫死宗廟 謂之變〕" 하였다. "여기《集註》의 '義'字는 마땅히 '經'字로 고쳐야 한다.〔義字 當改作經〕"라는 질문에 朱子는 "생각해 보니 참으로 옳다. 義는 곧 權道와 가까워서 혹 이와 같이 할 수 있고 혹 저와 같이 할 수 있는 것이 모두 義이고, 經은 한번 정하여 바꿀 수가 없으니, 이미 '權'字와 상대가 되었다면 모름지기 '經'字를 써야 한다.〔思之誠是 蓋義便近權 如或可如此 或可如彼 皆義也 經則一定而不易 旣對權字 須著用經字〕" 하였다.《語類 易 繫辭下》이에 대하여 壺山은 "살펴보건대 註 가운데 모든 이와 같은 부분은 마땅히 고쳐 바로잡아야 하는데 미처 고쳐 바로잡지 못한 것이니, 讀者가 살펴야 한다.〔按註 中凡如此處 是當釐正 而未及釐正者也 讀者察之〕" 하였다. 慶源輔氏(輔廣)는 "國都를 옮겨 보존하기를 도모하는 것은 太王이 이것이요, 正道를 지키면서 죽음을 기다리는 것은 군주가 社稷에 죽는 것이 이것이다. 文公에게는 오직 이 두 방법이 있을 뿐이다. 그러므로 함께 들어 告하셨다. 그러나 權은 大賢 이상이 아니면 능히 하지 못하고, 經은 사람들이 모두 마땅히 힘써야 한다. 그러므로 文公으로 하여금 자기를 살피고 힘을 헤아려서 그중 한 가지를 선택하여 취하게 한 것이다. 太王의 일은 文公이 능히 할 수 있는 바가 아니니, 그렇다면 孟子의 뜻은 진실로 文公이 떳떳한 法을 힘써 지키기를 바랐을 뿐이다.〔遷國以圖存者 太王是也 守正而俟死者 國君死社稷 是也 在文公 唯有此二法 故倂擧以告之 然權非大賢以上 不能爲 經則人皆當勉也 故使文公審己量力 擇而取其一焉 夫太王之事 非文公所能爲 然則孟子之意 固欲文公勉守其常法耳〕" 하였다.

••• 斯 이 사 避 피할 피 遷 옮길 천 圖 도모할 도 權 저울질할 권, 권도 권 俟 기다릴 사 審 살필 심 處 머물 처 遂 마침내 수 愈 나을 유 謀 꾀할 모 儀 거동 의

不循天理之正者는 非聖賢之道也니라

○楊氏(楊時)가 말하였다. "孟子께서 文公에게 처음에는 목숨을 바칠 뿐임을 말씀하셨으니 이것은 禮의 올바름이요, 심히 두려워함에 이르러서는 太王의 일을 말씀하셨으니 이것은 부득이해서였다. 그러나 太王의 德이 없으면서 떠나간다면 백성들이 혹 따라오지 않아서 마침내 멸망에 이를 것이니, 그렇다면 또 목숨을 바침이 나은 것만 못하다. 그러므로 또 이 두 가지 중에서 선택하라고 청하신 것이다."

또 말하였다. "孟子께서 논하신 것을 세속의 입장에서 본다면 無謀하다고 이를 만하다. 그러나 이치로써 할 수 있는 것은 이와 같음에 지나지 않으니, 이것을 버린다면 반드시 蘇秦·張儀의 행위를 할 것이다. 무릇 일은 가능함을 구하고 功은 이룸을 구하여, 智謀의 지엽적인 것에서 기필함을 취하고 天理의 올바름을 따르지 않는 것은 聖賢의 道가 아니다."

| 魯平公將出章 |

16-1. 魯平公이 將出할새 嬖人 臧倉者請曰 他日에 君出이면 則必命有司所之러시니 今에 乘輿已駕矣로되 有司未知所之하니 敢請하노이다 公曰 將見孟子호리라 曰 何哉잇고 君所爲輕身하여 以先於匹夫者는 以爲賢乎잇가 禮義는 由賢者出이어늘 而孟子之後喪이 踰前喪하니 君無見焉하소서 公曰 諾다

魯 平公이 장차 외출하려 할 적에 嬖人(총애하는 환관)인 臧倉이란 자가 청하였다. "他日에는 君主께서 외출하시게 되면 반드시 有司에게 갈 곳을 명령하시더니, 지금은 乘輿가 이미 말을 멍에하였으나 有司가 갈 곳을 알지 못하니, 감히 청하옵니다."
公이 말하였다. "장차 孟子를 보려고 하노라."
臧倉이 말하였다. "어째서입니까? 군주께서 몸을 가벼이 하여 匹夫에게 먼저 禮를 베푸시는 까닭은 그가 어질다고 여겨서입니까? 禮義는 賢者에게서 나오는데 孟子의 뒷초상이 앞초상보다 더하였으니, 군주께서는 그를 만나보지 마소서."
公이 말하였다. "그렇겠다."

··· 循 따를 순 嬖 총애할 폐 臧 어질 장 輿 수레 여 駕 말멍에할 가 輕 가벼이할 경 匹 짝 필 踰 넘을 유 諾 허락할 낙

按說 | "嬖人'에 대하여, 嬖는 신분이 미천하면서 군주의 총애를 받는 자로, 嬖人은 妾이나 宦官 또는 小人을 가리킨다.

集註 | 乘輿는 君車也라 駕는 駕馬也라 孟子前喪父하고 後喪母하시니라 踰는 過也니 言其厚母薄父也라 諾은 應辭也라

'乘輿'는 군주의 수레이다. '駕'는 말을 멍에하는 것이다. 孟子는 먼저 아버지를 잃고 뒤에 어머니를 잃었다. '踰'는 지남(더함)이니, 어머니에게 후하게 하고 아버지에게 박하게 함을 말한 것이다. '諾'은 응하는 말이다.

16-2. 樂正子入見(현)曰 君이 奚爲不見孟軻也잇고 曰 或이 告寡人曰 孟子之後喪이 踰前喪이라할새 是以로 不往見也호라 曰 何哉잇고 君所謂踰者는 前以士요 後以大夫며 前以三鼎而後以五鼎與잇가 曰 否라 謂棺槨衣衾之美也니라 曰 非所謂踰也라 貧富不同也니이다

樂正子가 들어가 平公을 뵙고 말하였다. "君主께서 어찌하여 孟軻를 만나보지 않으셨습니까?"
公이 말하였다. "혹자가 寡人에게 말하기를 '孟子의 뒷초상이 앞초상보다 더하였다.' 하므로 이 때문에 가서 보지 않았노라."
"무엇입니까? 君主께서 이른바 '더하다.'는 것은 앞에는 士의 禮로써 하고 뒤에는 大夫의 禮로써 하며, 앞에는 三鼎을 쓰고 뒤에는 五鼎을 쓴 것을 말씀하십니까?"
"아니다. 棺槨과 衣衾의 아름다움을 말한 것이다."
"아닙니다. 이것은 이른바 더하다는 것이 아니라 가난하고 부유함이 똑같지 않기 때문입니다."

按說 | '樂正子入見曰'에 대하여, 新安陳氏(陳櫟)는

平公이 장차 孟子를 보려 한 것은 반드시 樂正克에게서 얻은 것이리니, 이 때문에 臧倉에게 저지당한 뒤에 樂正克이 들어가 뵙고서 만나보지 않은 이유를 자세히 물은 것이다.[平公

··· 厚 두터울 후 薄 엷을 박, 야박할 박 應 응할 응 奚 어찌 해 鼎 솥 정 棺 널 관 槨 널 곽 衾 이불 금
貧 가난할 빈

將見孟子 必得之於樂克 所以阻於臧倉後 克入見 審問不見之故〕

하였다.

한편 茶山은 孟子가 아버지를 잃었을 때에 士였으므로 趙岐의 〈孟子題辭〉에 '일찍 아버지를 잃고 어려서 어머니의 三遷之敎를 받았다.〔夙喪其父 幼被慈母三遷之敎〕'한 말과 《列女傳》에서 말한 '孟母三遷'의 說을 믿을 수 없는 것으로 보았다. 그 이유는 孟子가 어려서 아버지를 여의었다면, 아버지의 喪에 衣衾과 棺槨이 아름답지 못함을 비판할 수 없기 때문이다.

集註 | 樂正子는 孟子弟子也니 仕於魯하니라 三鼎은 士祭禮요 五鼎은 大夫祭禮[142]라

樂正子는 孟子의 弟子이니, 魯나라에서 벼슬하였다. '三鼎'은 士의 祭禮요, '五鼎'은 大夫의 祭禮이다.

16-3. 樂正子見(현)孟子曰 克이 告於君호니 君이 爲來見也러시니 嬖人有臧倉者沮君이라 君이 是以不果來也하시니이다 曰 行或使之며 止或尼(닐)之나 行止는 非人所能也라 吾之不遇魯侯는 天也니 臧氏之子 焉能使子로 不遇哉리오

樂正子가 孟子를 뵙고 말하였다. "제가 군주께 아뢰니, 군주께서 와서 뵈려고 하셨는데, 嬖人 중에 臧倉이라는 자가 군주를 저지하였습니다. 군주께서 이 때문에 끝내 오

---

142 三鼎……大夫祭禮:雙峰饒氏(饒魯)는 "五鼎은 大夫의 禮이니 羊과 돼지와 물고기와 말린 들짐승과 살코기〔膚〕요, 三鼎은 士의 禮이니 特豕(돼지 한 마리)와 물고기와 말린 들짐승이다.〔五鼎 是大夫之禮 羊豕魚腊膚 三鼎 是士之禮 特豕魚腊〕"하였다. 朱子가 士와 大夫의 祭禮로 해석한 것은 趙岐의 註를 따른 것이다. 그러나 茶山은 樂正子의 질문은 喪奠과 喪祭에 관한 것인데, 단지 祭禮로써 주석한 趙岐의 註는 소략하다고 비판하고, 《儀禮》〈士喪禮〉에 의하면, 士는 大斂의 奠에 特豚三鼎을 쓰고 朔日의 奠에 特豚三鼎을 쓰고 薦新의 奠에 特豚三鼎을 쓰고 朝祖의 奠에도 特豚三鼎을 쓰며 虞祭, 祔祭, 練祭, 大祥에 모두 特豕三鼎을 쓰는데 반해, 이 모든 奠에 大夫는 모두 少牢五鼎을 쓴다. 오직 遣奠에는 士는 五鼎을 쓰고 大夫는 七鼎을 쓰며, 卒哭과 祔祭에는 太牢에 이르기도 한다. 樂正子가 질문한 것은 喪奠과 喪祭에 鼎의 숫자인데, 祭禮라고만 말하면 어떻게 분별되겠는가.〔據士喪禮 大斂之奠 特豚三鼎 朔日之奠 特豚三鼎 薦新之奠 特豚三鼎 朝祖之奠 特豚三鼎 虞祔練祥 皆用特豕三鼎 凡此諸奠 大夫之禮 皆少牢五鼎 唯遣奠士用五鼎 大夫用七鼎 卒哭祔祭 或至太牢 樂正子所質問者 蓋喪奠喪祭之鼎數也 第言祭禮 何以別矣〕라고 하였다. 楊伯峻은 "고대의 제사에서는 鼎을 사용하여 육류의 제물을 담았다." 하였다.

··· 魯 나라이름 로 克 사람이름 극, 이길 극 沮 막을 저 果 과연 과, 결행할 과 尼 막을 닐(柅通) 焉 어찌 언

지 않으신 것입니다."

孟子께서 말씀하셨다. "길을 감은 누가 혹 시켜서이며 멈춤은 누가 혹 저지해서이다. 그러나 가고 그침은 사람이 시킬 수 있는 것이 아니다. 내가 魯나라 임금을 만나지 못함은 天命이니, 臧氏의 아들이 어찌 나로 하여금 만나지 못하게 할 수 있겠는가."

集註 | 克은 樂正子名이라 沮‧尼는 皆止之之意也라 言 人之行에 必有人使之者하며 其止에 必有人尼之者라 然이나 其所以行‧所以止는 則固有天命이니 而非此人所能使요 亦非此人所能尼也라 然則我之不遇 豈臧倉之所能爲哉아

克은 樂正子의 이름이다. '沮'와 '尼'는 모두 그치게 하는 뜻이다. '사람이 길을 감에는 반드시 그렇게 시키는 사람이 있으며, 그 멈춤에는 반드시 그치게 하는 사람이 있다. 그러나 가게 되는 所以와 멈추게 되는 所以는 진실로 天命에 달려 있는 것이니, 이 사람이 시킬 수 있는 바도 아니요 이 사람이 그치게 할 수 있는 바도 아니다. 그렇다면 내가 魯나라 임금을 만나지 못한 것이 어찌 臧倉이 능히 할 수 있는 바이겠는가.'라고 말씀한 것이다.

章下註 | ○ 此章은 言 聖賢之出處는 關時運之盛衰하니 乃天命之所爲요 非人力之可及[143]이니라

○ 이 章은 聖賢의 出處는 시운의 盛衰에 관계되니, 바로 天命이 하는 것이요 人力으로 미칠 수 있는 것이 아님을 말씀한 것이다.

---

143 聖賢之出處……非人力之可及:龜山楊氏(楊時)는 "孟子가 〈魯平公을〉 만나고 만나지 못함은 治亂과 興衰가 관계된 것이니, 하늘이 실제로 한 것이요 사람이 능히 할 수 있는 바가 아니다. 무슨 원망과 허물함이 있겠는가.〔孟子之遇不遇 治亂興衰之所繫 天實爲之 非人所能也 夫何怨尤之有〕" 하였다.

••• 關 관계할 관 盛 성할 성 衰 쇠할 쇠

公孫丑章句 上

모두 9章이다.

|夫子當路章|

1-1. 公孫丑(추)問曰 夫子當路於齊하시면 管仲, 晏子之功을 可復許乎잇가

公孫丑가 물었다. "夫子께서 〈만일〉 齊나라에서 要路를 담당하신다면 管仲과 晏子의 공적을 다시 기대할 수 있겠습니까?"

集註 | 公孫丑는 孟子弟子니 齊人也라 當路는 居要地也라 管仲은 齊大夫니 名夷吾니 相桓公하여 霸諸侯하니라 許는 猶期也[144]라 孟子未嘗得政하시니 丑蓋設辭以問也[145]라

---

144 許 猶期也:朱子는《集註》에서 '許'를 '期(기대함)'로 본 반면, 楊伯峻은 趙岐의 "'許'는 興(일으키다)과 같다.〔許猶興也〕"라고 한 說을 취하였다.

145 孟子未嘗得政 丑蓋設辭以問也:'夫子當路於齊하시니'로 懸吐할 경우 이미 要路에 거한 것이 되어 '夫子當路於齊'를 기정사실로 받아들일까 염려하여 말한 것이다.

⋯ 丑 이름추 當 맡을당 管 대롱관 晏 늦을안 許 기약할허 相 도울상 期 기약할기 設 베풀설

公孫丑는 孟子의 弟子이니, 齊나라 사람이다. '當路'는 要地(要職)에 거하는 것이다. 管仲은 齊나라 大夫로 이름이 夷吾이니, 桓公을 도와서 諸侯에 霸者가 되게 하였다. '許'는 期(기대함)와 같다. 孟子께서 일찍이 정권을 얻은 적이 없으시니, 公孫丑가 假設하여 물은 것이다.

1-2. 孟子曰 子誠齊人也로다 知管仲, 晏子而已矣온여

孟子께서 말씀하셨다. "그대는 진실로 齊나라 사람이로다. 管仲과 晏子만을 알 뿐이로구나.

集註 | 齊人은 但知其國有二子而已요 不復知有聖賢之事라

齊나라 사람은 단지 그 나라에 두 사람이 있음을 알 뿐이요, 다시 聖賢의 일이 있음을 알지 못하였다.

1-3. 或이 問乎曾西曰 吾子與子路孰賢고 曾西蹴然曰 吾先子之所畏也니라 曰 然則吾子與管仲孰賢고 曾西艴然不悅曰 爾何曾比子於管仲고 管仲得君이 如彼其專也며 行乎國政이 如彼其久也로되 功烈이 如彼其卑也하니 爾何曾比子於是오하니라

或者가 曾西에게 묻기를 '그대와 子路 중에 누가 더 어진가(나은가)?' 하니, 曾西가 불안해하면서 말하기를 '子路는 우리 先子(先親)께서 존경하신 분이다.' 하였다. '그렇다면 그대와 管仲 중에 누가 더 어진가?' 하니, 曾西가 艴然하여(노여운 얼굴빛을 띠며) 기뻐하지 않고 말하기를 '네 어찌 곧 나를 管仲에게 비하는가. 管仲은 군주의 신임을 얻음이 저와 같이 오로지(독차지)하였으며 국정을 시행함이 저와 같이 오래하였는데도 功烈이 저와 같이 낮으니, 네 어찌 곧 나를 이 사람에게 비하는가.' 하였다.

集註 | 孟子引曾西與或人問答如此하시니라 曾西는 曾子之孫[146]이라 蹴은 不安貌라

---

146 曾西 曾子之孫:趙岐의 註에 '曾西는 曾子의 孫子'라고 한 것을 《集註》에서는 그대로 따랐으나, 沙溪

··· 誠 진실로 성 蹴 위축될 축 艴 발끈할 불(勃通) 爾 너 이 曾 일찍증, 곧 증 專 오로지 전 烈 빛날 렬 貌 모양 모

先子는 曾子也라 艴은 怒色也라 曾之言은 則也라 烈은 猶光也라 桓公이 獨任管仲
四十餘年하니 是專且久也라 管仲이 不知王道而行霸術이라 故로 言功烈之卑也라
楊氏曰 孔子言子路之才曰 千乘之國에 可使治其賦也[147]라하시니 使其見(현)於施
爲라도 如是而已니 其於九(糾)合諸侯하여 一匡天下[148]에는 固有所不逮也라 然則
曾西推尊子路如此하고 而羞比管仲者는 何哉오 譬之御者컨대 子路則範我馳驅而
不獲者也요 管仲之功은 詭遇而獲禽[149]耳라 曾西는 仲尼之徒也라 故로 不道管仲
之事하니라

孟子께서 曾西와 혹자의 문답을 인용하기를 이와 같이 하셨다. 曾西는 曾子의 孫子이다.
'蹵'은 불안해 하는 모양이다. '先子'는 曾子이다. '艴'은 성내는 빛이다. '曾'이란 말은 則
(곧)의 뜻이다. '烈'은 光과 같다. 桓公이 管仲에게만 40여 년 맡겼으니, 이것은 오로지하
고 또 오래한 것이다. 그런데도 管仲이 王道를 알지 못하고 霸術을 행하였으므로 功烈이
낮다고 말씀한 것이다.

楊氏(楊時)가 말하였다. "孔子께서 子路의 재주를 말씀하시기를 '千乘의 나라에 賦(兵)
를 다스리게 할 만하다.' 하셨으니, 가령 그가 〈재능을〉 시행함에 드러났다 하더라도 이와
같을 뿐이니, 〈管仲이〉 諸侯들을 규합하여 한번 天下를 바로잡음에는 진실로 미치지 못하
는 바가 있는 것이다. 그렇다면 曾西가 子路를 추존하기를 이와 같이 하고, 管仲에게 비하
기를 부끄럽게 여긴 것은 어째서인가? 이것을 말(수레)을 모는 자에게 비교하면, 子路는 자
신의 수레를 법도대로 몰아서 짐승을 잡지 못한 것이요, 管仲의 공로는 부정한 방법으로 짐
승을 만나게 해서 짐승을 잡은 것일 뿐이다. 曾西는 仲尼의 무리였으므로 管仲의 일을 말
하지 않은 것이다."

(金長生)는 "先君子(先親)께서 '曾西는 曾子의 孫子가 아니고 바로 曾子의 아들 曾申의 字이니, 春
秋 때에 楚나라 子西의 이름 또한 申이다.' 하셨다.〔先君子曰 曾西非曾子孫 乃曾子之子曾申之字也
春秋時子西之名亦申也]" 하였다.《經書辨疑》申은 五行上 西方이기 때문에 子西라는 字가 붙은
것으로 보인다. 淸나라 학자들과 楊伯峻도 曾子의 아들로 보았다.

147 千乘之國 可使治其賦也:'賦'는 토지에 대한 세금으로 兵을 이른다. 옛날 토지의 세금에 따라 군사를
내었기 때문에 이렇게 말한 것으로, 이 내용은《論語》〈公冶長〉 7장에 보인다.

148 九(糾)合諸侯 一匡天下:'九合'은 '糾合'과 같은 말로, 이것은 孔子께서 管仲의 功을 칭찬하신 말씀인
바,《論語》〈憲問〉 17장과 18장에 각각 보인다.

149 譬之御者……詭遇而獲禽:여기에서 비유한 내용은 뒤의 〈滕文公下〉 1장에 보이는바, 王良의 말이다.

··· 術 방법 술 賦 군사 부 九 규합할 규(糾同) 匡 바로잡을 광 逮 미칠 체 羞 부끄러울 수 譬 비유할 비 御 말몰 어
範 법 범 馳 달릴 치 驅 말몰 구 獲 잡을 획 詭 속일 궤 禽 새금, 짐승 금 徒 무리 도 道 말할 도

1-4. 曰 管仲은 曾西之所不爲也어늘 而子爲我願之乎아

管仲은 曾西도 하지 않은 것인데, 그대가 나를 위해서 원한단 말인가."

按說 | '子爲我願之乎'의 '爲'에 대하여 楊伯峻은 '謂'와 같다고 하였다. 이 경우 "그대는 내가 이를 원한다고 생각하느냐."로 해석하여야 한다.

集註 | 曰은 孟子言也라 願은 望也라

'曰'은 孟子의 말씀이다. '願'은 바라는 것이다.

1-5. 曰 管仲은 以其君霸하고 晏子는 以其君顯하니 管仲, 晏子도 猶不足爲與잇가

公孫丑가 말하였다. "管仲은 그 군주를 〈天下에〉 霸者가 되게 하였고 晏子는 그 군주를 이름이 드러나게 하였으니, 管仲과 晏子도 오히려 해볼 만하지 않습니까?"

集註 | 顯은 顯名也라

'顯'은 이름을 드러냄이다.

1-6. 曰 以齊로 王이 由(猶)反手也니라

孟子께서 말씀하셨다. "齊나라를 가지고 왕 노릇 함은 손을 뒤집는 것과 같이 쉬운 것이다."

按說 | '以齊王由(猶)反手也'에 대하여, 沙溪(金長生)는

孟子 때를 이른다.〔謂孟子時也〕《經書辨疑》

하였는데, 壺山은

··· 望 바랄 망 反 뒤집을 반

마땅히 桓公 때와 지금(孟子 때)을 통하여 보아야 할 것이니, 토지와 백성이 앞뒤가 똑같기 때문이다. 이와 같이 본 뒤에야 이 節이 윗절을 잇고 또 아랫글을 내게 된다.〔恐當通桓公時 與今時看 蓋地與民前後同也 如此看然後 此節旣爲承上而又爲生下耳〕

하였다.

集註 | 反手는 言易也라

'反手'는 쉬움을 말한다.

1-7. 曰 若是則弟子之惑이 滋甚케이다 且以文王之德으로 百年而後崩하사되 猶未洽於天下어시늘 武王周公이 繼之然後에 大行하니 今言王若易然하시니 則文王은 不足法與잇가

公孫丑가 말하였다. "그렇다면 弟子(저)의 의혹이 더욱 심해집니다. 또 文王의 덕으로 백년 뒤에 崩하셨는데도 天下에 敎化가 아직 흡족하지 못하였는데, 武王과 周公이 계속한 뒤에야 크게 행해졌습니다. 그런데 지금 왕 노릇 하는 것을 쉬운 것처럼 말씀하시니, 그렇다면 文王은 본받을 만한 것이 못됩니까?"

集註 | 滋는 益也라 文王이 九十七而崩하시니 言百年은 擧成數也[150]라 文王은 三分天下에 才(纔)有其二러시니 武王이 克商하여 乃有天下하시고 周公이 相成王하여 制禮作樂然後에 敎化大行하니라

'滋'는 더함(더욱)이다. 文王이 97歲에 崩하셨는데, 백 년이라 말한 것은 완성된 수를 들어 말한 것이다. 文王은 天下를 3분함에 겨우 그 둘을 소유하셨는데, 武王이 商나라를 이겨 마침내 天下를 소유하였고 周公이 成王을 도와 禮와 樂을 만든 뒤에야 교화가 크게 행해졌다.

---

150 文王……擧成數也:《禮記》〈文王世子〉에 "文王이 97세에 별세했다.〔文王九十七而終〕"라고 보인다. 成數는 작은 수를 들지 않고 큰 수를 듦을 이른다.

··· 惑 의혹할 혹 滋 더욱 자 崩 죽을 붕 洽 무젖을 흡 擧 들 거 才 겨우 재(纔同)

1-8. 曰 文王을 何可當也리오 由湯으로 至於武丁히 賢聖之君이 六七이 作하여 天下歸殷이 久矣니 久則難變也라 武丁이 朝諸侯, 有天下호되 猶運之掌也하시니 紂之去武丁이 未久也라 其故家遺俗과 流風善政이 猶有存者하며 又有微子, 微仲, 王子比干, 箕子, 膠鬲이 皆賢人也니 相與輔相之라 故로 久而後에 失之也하니 尺地도 莫非其有也며 一民도 莫非其臣也어늘 然而文王이 猶方百里起하시니 是以難也니라

孟子께서 말씀하셨다. "文王을 내 어찌 당할 수 있겠는가. 湯王으로부터 武丁에 이르기까지 어질고 성스러운 군주가 6, 7명이 나와서 천하가 殷나라에 돌아간 지가 오래되었으니, 오래면 변하기 어렵다. 武丁이 諸侯들에게 조회 받고 天下를 소유하되 마치 이것을 손바닥에 놓고 움직이듯이 하였으니, 紂王은 武丁과의 거리가 오래지 않다. 그 故家와 남은 풍속과 流風과 善政이 아직도 남은 것이 있었으며, 또 微子·微仲과 王子 比干과 箕子·膠鬲이 있었는데, 이들은 다 賢人이었다. 이들이 서로 더불어 그(紂王)를 보좌하였으므로 오랜 뒤에야 나라를 잃었으니, 한 자 되는 땅도 그의 소유 아님이 없었으며 한 사람의 백성도 그의 신하 아닌 이가 없었는데, 그런데도 文王이 方百里를 가지고 일어나셨으니, 이 때문에 어려웠던 것이다.

按說 | '文王何可當也'에 대하여, 趙岐는

> 文王의 시대에는 功을 세우기 어려웠다. 그러므로 "어찌 당하실 수 있었겠는가."라고 말씀한 것이다.〔文王之時難爲功 故言何可當也〕

하였으니, 즉 文王이 殷나라를 당할 수 없었다는 뜻으로 본 것이다. 茶山은 혹자의 說로

> 殷나라의 德이 저와 같고 文王은 方百里에서 일어나셨으니, 이것이 文王을 당하기 어려운 것이다.〔殷德如彼 文王由方百里起 是文王難當也〕

라고 한 것을 소개하고,

> 〈趙岐의〉註의 說은 '文王이 殷나라의 德을 당할 수 없다.'고 한 것이고, 혹자의 說은 '後人이 文王을 당할 수 없다.'고 한 것이니, 혹자의 說이 나은 듯하다. 文王이 殷나라를 당하지

··· 當 대적할 당 難 어려울 난 朝 조회받을 조 掌 손바닥 장 遺 남을 유 箕 키 기 膠 아교 교 鬲 오지병 격

못한다고 말한다면 '可'字가 온당하지 않다.〔註說 謂文王不可當殷德也 或說 謂後人不可當文王也 或說似長 若云文王不當殷 則可字未安〕

하였다. 沙溪(金長生)는

'文王何可當'을 官本諺解에서는 退溪(李滉)의 說을 따라 '文王이 殷나라를 대적하지 못하신다.'는 뜻으로 해석하였는데, 나의 생각에는 文王의 德을 後人들이 당해내지 못한다고 여긴 것이니, 이는 윗글에 '文王은 본받을 것이 못 된다.'는 물음을 인하여 답하신 것이다.〔諺解從退溪說 以文王不能當殷之意釋之 愚意以爲文王之德 後人不能當也 蓋此因上文文王不足法之問而答之也〕《經書辨疑》

하였다. 한편 尤菴(宋時烈)은

本註(集註)에 이에 대해 해석하지 않았으니, 官本諺解와 沙溪의 《經書辨疑》가 누가 옳은지 알지 못하겠다. 그러나 '然而'라는 글자를 가지고 보면 《經書辨疑》의 말씀이 마땅한 듯하고 '是以難也'를 가지고 보면 官本諺解의 말이 順한 듯하니, 우선 두 가지로 보는 것이 무방할 듯하다.〔本註 於此不爲解釋 未知諺解與辨疑 孰爲得失也 然以然而字見之 則辨疑說似當 以是以難也見之 則諺解說似順 姑爲兩下看 恐無妨〕《宋子大全 答三錫》

하였다. 그러나 壺山은

살펴보건대 沙溪의 說은 栗谷諺解와 부합하니, 마땅히 따라야 함이 의심할 것이 없다. '是以難也' 한 句는 '그 어려움이 이와 같은데도 文王이 능히 하셨으니, 이것이 후인이 당할 수 없는 이유이다.'라고 말한 것이다. 또 '不足法'과 '何可當'은 위아래의 글이 서로 호응되어 굳이 해석하지 않고도 알 수 있으므로 《集註》에서 생략한 것이다.〔按沙溪說 與栗谷諺解合 當從無疑 是以難也一句 其意蓋曰其難如此 而文王能之 此後人所以不可當也 且不足法 何可當 上下之文 相爲呼應 有不待解釋而可曉 故註略之耳〕

하였다. 壺山은 栗谷諺解를 따름과 동시에 '是以難也'를 '이 때문에 文王을 당하기가 어려운 것이다.'로 연관지어 尤菴의 說을 반박한 것이다.

趙岐의 註대로 보면 '文王이 何可當也시리오'로 현토하여야 하고, 栗谷諺解대로 해석하면 '文王을 何可當也리오'로 懸吐해야 한다. 일부 人士들은 官本諺解에 집착하여

'文王은 何可當也시리오'를 고집하나, '文王은'으로 懸吐할 경우 主語가 분명치 않게됨을 밝혀둔다.

楊伯峻은 '文王何可當也'를 '文王에 어찌 비교될 수 있겠는가.〔文王怎麼能够比得上呢〕'로 해석하였다.

'紂之去武丁 未久也'에 대하여, 楊伯峻은

> 《史記》〈殷本紀〉에 의하면 武丁에서 紂王에 이르기까지 祖庚·祖甲·廩辛·庚丁·武乙·太丁·帝乙의 일곱 황제를 거쳤으나, 《書經》〈無逸〉에 "이로부터(祖甲으로부터) 그 뒤로 또한 능히 장수한 이가 없어 혹은 10년, 혹은 7~8년, 혹은 5~6년, 혹은 3~4년이었다.〔自時厥後 亦罔或克壽 或十年 或七八年 或五六年 或四三年〕" 하였으니, 廩辛·庚丁·武乙·太丁·帝乙등의 여러 황제는 재위기간이 매우 짧았음을 알 수 있다.

라고 하였다.

微子와 微仲 등의 인물에 대하여, 楊伯峻은

> 微子는 紂王의 庶兄으로 이름이 啓이고, 微仲은 微子의 아우로 이름이 衍이고, 王子 比干과 箕子는 紂의 숙부이고, 膠鬲은 紂의 신하이다.

라고 하였고, 壺山은

> 微仲은 微子의 아우이다. 比干은 미처 봉지를 받지 않았기 때문에 다만 王子라고 칭했을 것이다. 膠鬲은 또 〈告子下〉에 보이니, 文王이 등용하여 紂王의 신하로 삼았다. '久而後失'은 紂王이 재위한 지 30여 년에 비로소 망함을 이른 것이다. 위의 한 '其'자는 湯王과 武丁을 가리키고 아래의 두 '其'字는 紂王을 가리킨 것이다.〔微仲 微子之弟也 比干 未及受封故止稱王子歟 膠鬲 又見告子下 蓋文王舉之 以爲紂臣耳 久而後失 謂紂在位三十餘年 乃亡也 上一其字 指湯武丁 下二其字 指紂〕

하였다.

集註| 當은 猶敵也라 商은 自成湯으로 至於武丁히 中間에 太甲, 太戊, 祖乙, 盤庚이 皆賢聖之君이라 作은 起也라 自武丁至紂히 凡七世라 故家는 舊臣之家也[151]라

---

151 故家 舊臣之家也:雙峰饒氏(饒魯)는 "故家는 옛 신하이고 遺俗은 옛 백성이니, 이는 아래에 있는 것

••• 敵 대적할 적 盤 소반 반 庚 서방 경

'當'은 敵(맞섬)과 같다. 商나라는 成湯으로부터 武丁에 이르기까지 중간에 太甲·太戊·祖乙·盤庚이 모두 어질고 성스러운 군주였다. '作'은 일어남이다. 武丁으로부터 紂王에 이르기까지는 모두 7世이다. '故家'는 舊臣의 집안이다.

1-9. 齊人이 有言曰 雖有知(智)慧나 不如乘勢며 雖有鎡基나 不如待時라하니 今時則易然也니라

齊나라 사람의 말에 이르기를 '비록 지혜가 있으나 勢를 타는 것만 못하며, 비록 농기구가 있으나 때(철)를 기다리는 것만 못하다.' 하였으니, 지금 때는 그렇게 하기가 쉽다.

按說 | '雖有知(智)慧 不如乘勢'에서 楊伯峻은 '慧'와 '勢'는 押韻을 한 것으로 古音은 모두 '祭'部에 속하고, 또 '基'와 '時'가 押韻을 한 것인데 古音은 모두 '之'部에 속한다고 하였다.

集註 | 鎡基는 田器也라 時는 謂耕種之時라

'鎡基'는 농사짓는 기구(농기구)이다. '時'는 밭을 갈고 씨를 뿌리는 때를 이른다.

1-10. 夏后殷周之盛에 地未有過千里者也러니 而齊有其地矣며 鷄鳴狗吠 相聞而達乎四境하니 而齊有其民矣니 地不改辟(闢)矣며 民不改聚矣라도 行仁政而王이면 莫之能禦也리라

夏后와 殷·周의 전성기에 땅이 千里를 넘은 자가 있지 않았는데 齊나라가 그만한 땅을 소유하고 있으며, 닭 울음과 개 짖는 소리가 서로 들려서 〈國都로부터〉四境에 도달하니 齊나라가 그만한 백성을 가지고 있으니, 땅을 더 다시 개척하지 않고 백성을 더 모으지 않더라도 仁政을 행하고서 왕 노릇 한다면 이것을 막을 자가 없을 것이다.

을 말하였고, 流風의 교화와 善政의 일은 위에 있는 것을 말한 것이다.〔故家舊臣 遺俗舊民 是說在下底 流風之化 善政之事 是說在上底)" 하였다.

··· 慧 슬기로울 혜 鎡 호미 자 鷄 닭 계 狗 개 구 吠 짖을 폐 達 이를 달 境 지경 경 辟 열 벽 聚 모을 취 禦 막을 어

集註 | 此는 言其勢之易也라 三代盛時에 王畿不過千里러니 今齊已有之하니 異於
文王之百里요 又鷄犬之聲이 相聞하여 自國都로 以至於四境하니 言居民稠密也라

이것은 그 勢의 쉬움을 말한 것이다. 三代의 전성기에 王畿가 千里를 넘지 않았는데 지금
齊나라가 이미 이것을 가지고 있으니 文王의 百里와는 다르며, 또 닭 울음과 개 짖는 소리
가 서로 들려서 國都로부터 四境에 이르니 거주하는 백성들이 조밀함을 말한 것이다.

1-11. 且王者之不作이 未有疏於此時者也하며 民之憔悴於虐政이 未
有甚於此時者也하니 飢者에 易爲食이며 渴者에 易爲飮이니라

또 王者가 나오지 않음이 지금보다 더 드문 적이 있지 않으며, 백성들이 虐政에 시달림
이 지금보다 더 심한 적이 있지 않았으니, 굶주린 자에게 밥 되기가 쉽고 목마른 자에게
음료 되기가 쉬운 것이다.

按說 | 飢者易爲食 渴者易爲飮'의 '爲'의 의미를 《集註》에서는 분명히 설명하지 않
고, 다만 전체 의미를 '飢渴이 심할 때에는 달고 아름다운 것을 기다리지 않는 것'으로 해
석하였다. 그리하여 中國本《四書章句集注》에 '爲'를 '하다'의 의미로 보아 '굶주린 자
는 먹기가 쉽고 목마른 자는 마시기가 쉽다.'로 해석한 경우가 있다. 우리나라 官本諺解에
는 '飢者애 易爲食이며 渴者애 易爲飮이니라'으로 懸吐하고 "飢者애 食되옴이 쉬오며
渴者애 飮되옴이 쉬오니라."로 해석하였는바, 이는 뒤의 〈盡心上〉 24장의 "바다를 구경
한 자에게는 큰 물이 되기 어렵고, 聖人의 문하에 종유한 자에게는 훌륭한 말이 되기 어렵
다.〔觀於海者 難爲水 遊於聖人之門者 難爲言〕"는 것과 같은 文法이다. 역자는 〈離婁
上〉 7장의 "仁者 앞에서는 많은 무리가 되기 어렵다.〔仁不可爲衆〕"는 것과 그 註에 인용
한 "형 되기가 어렵고 아우 되기가 어렵다.〔難爲兄 難爲弟〕"는 것 역시 '爲'字를 '되다'로
풀이하고 있음을 감안하여 위와 같이 해석하였다. 《集註》에 '仁不可爲衆'에서 '難爲兄
難爲弟'를 인용한 것은 바로 여기에도 적용되는 것으로 보인다.

集註 | 此는 言其時之易也라 自文武至此 七百餘年이니 異於商之賢聖繼作이요 民
苦虐政之甚하니 異於紂之猶有善政이라 易爲飮食은 言飢渴之甚에 不待甘美也라

··· 畿 경기 기 稠 조밀할 조(주) 密 빽빽할 밀 疏 성글 소 憔 파리할 초 悴 마를 췌 虐 모질 학 渴 목마를 갈

이것은 그 때의 쉬움을 말한 것이다. 文王·武王으로부터 이에 이르기까지 7백여 년이니 商나라의 어질고 성스러운 군주가 이어서 나온 것과는 다르며, 백성들이 虐政에 시달림이 심하니 紂王 때에 오히려 善政이 있었던 것과는 다르다. 밥과 음료 되기가 쉽다는 것은 飢渴이 심할 적에는 달고 아름다움을 기다리지 않음을 말한 것이다.

1-12. 孔子曰 德之流行이 速於置郵而傳命이라하시니

孔子께서 말씀하시기를 '德의 유행이 파발마로 命을 전달하는 것보다 빠르다.' 하셨으니,

按說│ "置郵'에 대하여, 新安陳氏(陳櫟)는

예컨대 漢나라가 5里마다 한 역참을 두었고, 《春秋左傳》에 '楚子가 驛馬를 타고 군대를 만난 것'과 같은 것이다.〔如漢五里一置 左傳楚子乘馹會師〕

하였다. 東陽許氏(許謙)는

字書에 "파발마로 전달하는 것을 '置'라 하고 도보로 전달하는 것을 '郵'라 한다." 하였다. 《漢書》〈西域傳〉에 "騎置를 인하여 보고했다." 하였는데, 顏師古가 말하기를 "바로 지금의 驛馬이다." 하였다. 〈黃霸傳〉의 郵亭을, 顏師古가 말하기를 "書舍이니 문서를 전달할 때 유숙하는 곳으로, 지금의 驛館과 같다." 하였다.〔字書 馬遞曰置 步遞曰郵 漢西域傳 因騎置以聞 師古曰 卽今驛馬也 黃霸傳郵亭 師古曰 書舍 謂傳送文書所止處 如今驛館〕

하였다. 楊伯峻은

'置'와 '郵'는 모두 명사이니, 후대의 명령을 전달하는 驛站에 해당한다. 인하여 고대의 역참을 '置' 또는 '郵'라고 했다.

하였다. '置郵而'의 '而'字에 대하여 壺山은

本文의 '而'字는 마땅히 '以'字의 뜻과 같이 읽어야 하니, 官本諺解의 해석을 참고할 만하다.〔本文而字 當讀如以字義 諺釋可考〕

하였는바, 官本諺解의 解釋은 '置郵로 命 傳홈두곤 速다 ᄒᆞ시니'로 되어 있다.

··· 速 빠를 속 置 역마 치 郵 역마 우

集註 | 置는 驛也요 郵는 馹也니 所以傳命也라 孟子引孔子之言이 如此하시니라

'置'는 驛이요 '郵'는 역마이니, 命을 전달하는 것이다. 孟子께서 孔子의 말씀을 인용한 것이 이와 같다.

1-13. 當今之時하여 萬乘之國이 行仁政이면 民之悅之 猶解倒懸也리니 故로 事半古之人이요 功必倍之는 惟此時爲然하니라

지금의 때를 당하여 萬乘의 나라가 仁政을 행한다면 백성들의 기뻐함이 거꾸로 매달린 것을 풀어준 것과 같이 여길 것이다. 그러므로 일은 옛사람의 반만 하고 功(효과)은 반드시 옛사람의 배가 되는 것은 오직 지금만이 그러하다."

集註 | 倒懸은 諭困苦也라 所施之事 半於古人이요 而功倍於古人은 由時勢易而德行速也라

'倒懸'은 곤궁하고 괴로움을 비유한 것이다. 시행하는 일이 옛사람의 반이요 효과가 옛사람의 배가 되는 것은, 때와 勢가 쉬워서 德의 流行이 빠르기 때문이다.

| 不動心章(浩然章) |

2-1. 公孫丑問曰 夫子加齊之卿相하사 得行道焉하시면 雖由此霸王이라도 不異矣리니 如此則動心가 否乎잇가 孟子曰 否라 我는 四十에 不動心호라

公孫丑가 물었다. "夫子께서 齊나라 卿相의 지위에 오르시어 道를 행할 수 있게 되신다면 비록 이로 말미암아 霸者와 王者가 되게 하더라도 이상할 것이 없겠습니다. 이와 같다면 마음이 동하시겠습니까? 않으시겠습니까?"

孟子께서 말씀하셨다. "아니다. 나는 40歲에 不動心(마음이 동하지 않음)을 하였노라."

··· 驛 역마 역 馹 역마 일 倒 거꾸로 도 懸 매달 현 諭 비유할 유

按說 | 이 章에 대하여 尤菴(宋時烈)은

사람들은《周易》이 읽기 어렵지만《中庸》만큼 어렵지는 않다고 한다. 내 생각에《中庸》은 오
히려《孟子》의 浩然章만큼 심하게 어렵지는 않다.……내가 늙어서야 비로소 그 대강을 알
았다.〔人謂周易難讀 然不如中庸之難 吾意中庸猶不如孟子浩然章之爲尤難也……及
到老來 方得其梗槩矣〕《宋子大全 語錄 李喜朝錄》

하였다.

'加齊之卿相'을 官本諺解에서는 '齊의 卿相에 加하사'로 해석하였는데, 이에 대하여
壺山은

'加以齊之卿相'을 官本諺解의 해석에 '加於'의 뜻으로 해석하였으니, 다시 살펴보아야 한
다.〔加以齊之卿相 諺釋作加於之義 更詳之〕

하였는바, '다시 살펴보아야 한다'고 한 것을 미루어 보면, 壺山은 이를 '齊나라의 卿相을
加하여'로 해석한 듯하다. 그러나 楊伯峻은

趙岐의 註에 '加는 居와 같다.'고 하였다. 살펴보건대 '加'와 '居'는 古音이 서로 같기 때문
에 통용될 수 있다.

하였는바, 趙岐의 註를 따라 官本諺解대로 번역하였다.

'四十 不動心'은 官本諺解에는 '四十이라 不動心호라'로 되어 있어 마치 40세가 되면
누구나 不動心할 수 있는 것처럼 보이므로 栗谷諺解를 따라 '四十에 不動心호라'로 수
정하였다. 壺山 또한

살펴보건대 현행 諺解의 뜻은 '지금 40'으로 되어 있는데 栗谷諺解의 뜻은 '40부터'로 되
어 있으니, 다시 살펴보아야 한다.〔按見行諺解之意 作今四十 而栗谷諺解意 則作自
四十 更詳之〕

하였다.

'動心'에 대하여, 雙峰饒氏(饒魯)는

《集註》의 '恐懼疑惑' 네 글자는 비록 마음이 동하는 것을 말하였으나 '恐懼' 두 글자는
바로 아랫글에 養氣의 張本이 되고, '疑惑' 두 글자는 바로 아랫글에 知言의 張本이 된다.
요컨대 의혹하지 않은 뒤에 두려워하지 않을 수 있다. 그러므로《集註》에 마음의 동함을 논

하면 恐懼를 앞에 놓고, 마음의 동하지 않음을 논하면 또 疑惑하는 바가 없는 것을 앞에 놓은 것이다.〔集註恐懼疑惑四字 雖是說心之所以動 然恐懼字 是爲下文養氣張本 疑惑字 是爲下文知言張本 要之不疑惑 然後能不恐懼 故集註論心之動 則以恐懼居先 論心之所以不動 則又以無所疑惑居先〕

하였는데, 茶山은

만약 나의 喜·怒·憂·哀·恐·懼의 감정이 사물에 따라 어지럽게 움직여 절제하는 바가 없으면 높은 자리에 처하여 사물을 진정시킬 수 없다. 이 때문에 큰 자리에 있고 큰 임무를 맡은 자는 不動心을 가장 귀하게 여기는 것이다.……古人들은 '국가의 大事와 큰 의논을 결정할 적에 띠를 드리우고 홀을 바로잡고는 말소리나 얼굴빛을 조금도 움직이지 않고 천하를 태산처럼 평안한 곳에 두었다.'고 하였으니, 이 장의 〈不動心에 관한〉 一問一答은 마땅히 이것으로 찾아야 한다.〔若吾之喜怒憂哀恐懼之情 隨物亂動 無所節制 則不可以居高鎭物 此所以處大位當大任者 首以不動心爲貴……古人稱定大事決大議 垂紳整笏 不動聲色 而措天下於太山之安 一問一答 當以是求之〕

라고 하여, 不動心을 '감정을 절제하며 태연하게 큰일을 처리하는 德 또는 국량'으로 본 듯하다. 茶山은 또 朱子가 '恐懼하고 疑惑하는 바가 없는 것'으로 不動心을 해석한 것에 대해,

나의 큰 德이 충분히 큰 임무를 받아 大道를 행할 수 있으면 저절로 당연히 두려움이 없을 것이고, 나의 才德이 본래 부족하면 군자는 마땅히 물러나서 賢者에게 기회를 양보해야 한다. 어찌 억지로 두려움이 없기를 구할 수 있겠는가. 하물며 惑과 不惑은 지식에 관계되는 것이니, 지식이 미치지 못하면 어찌 의혹되지 않을 수 있겠는. 孔子는 '40에 不惑'을 말씀하시고, 孟子는 '40에 不動心'을 말씀하셨으므로, 朱子는 마침내 不動心을 '不惑'으로 여겼으나, 經에서 말한 不動心은 이것을 이른 것이 아니다.〔我之大德 有足以受大任行大道 則自當無懼 我之才德 本自不足 君子宜逡巡退縮 以讓賢路 豈可强求其無懼乎 況惑與不惑 繫于知識 知所不及 安得不惑 孔子稱四十不惑 孟子稱四十不動心 故朱子遂以不動心爲不惑 然經所云不動心 非謂是也〕

하였다.

集註┃此는 承上章하여 又設問 孟子若得位而行道면 則雖由此而成霸王之業이라도 亦不足怪어니와 任大責重이 如此면 亦有所恐懼疑惑而動其心乎아하니라 四十은 彊仕[152]니 君子道明德立之時라 孔子四十而不惑도 亦不動心之謂라

이것은 윗장을 이어 또다시 가설하여 묻기를 "孟子께서 만일 지위를 얻어 道를 행하시게 된다면 비록 이로 말미암아 霸者와 王者의 業을 이룩하더라도 괴이하게 여길 것이 없지만 임무가 크고 책임이 중함이 이와 같다면 또한 恐懼하고 疑惑하는 바가 있어서 그 마음을 동하시겠습니까?"라고 한 것이다. 40은 체력이 강하여 벼슬할 때이니, 君子가 道가 밝아지고 德이 확립되는 때이다. 孔子께서 40歲에 의혹하지 않으신 것도 不動心을 이르신 것이다.

2-2. 曰 若是則夫子過孟賁이 遠矣로소이다 曰 是不難하니 告子도 先我 不動心하니라

公孫丑가 말하였다. "이와 같다면 夫子께서는 孟賁보다 더함이 크십니다.(크게 뛰어나십니다.)"
孟子께서 말씀하셨다. "이것은 어렵지 않으니, 告子도 나보다 먼저 마음을 동하지 않았다."

按說┃ '先我不動心'에 대하여, 茶山은 "말의 맥락을 살펴보면 孟賁은 40세 이후에 不動心을 한 것이고, 告子는 40세 이전에 不動心을 한 것이다." 하였다.

集註┃孟賁은 勇士[153]라 告子는 名不害[154]라 孟賁血氣之勇을 丑蓋借之하여 以贊孟

---

152 四十彊仕:《禮記》〈曲禮上〉에 "사람이 태어나 10세가 된 자를 '幼'라 하니 學業을 익힌다. 20세를 '弱'이라 하니 冠禮를 하고, 30세를 '壯'이라 하니 아내를 두며, 40세를 '强'이라 하니 벼슬을 한다.〔人生十年曰幼 學 二十曰弱 冠 三十曰壯 有室 四十曰强 而仕〕"라고 보이는바, 체력이 강하여 막 벼슬길에 오름을 뜻한다.

153 孟賁 勇士:《大全》에 "孟賁은 齊나라 사람이니, 소의 뿔을 맨손으로 뽑을 수 있었는데, 秦나라 武王이 힘이 센 勇士를 좋아하자, 孟賁이 가서 귀의하였다.〔賁齊人 能生拔牛角 秦武好多力士 賁往歸之〕" 하였다.

154 告子 名不害:告子에 대하여 趙岐는 〈告子上〉의 註에서 "儒·墨의 道를 겸하여 배우고 일찍이 孟子에게 수학한 자이다.〔兼治儒墨之道者 嘗學於孟子〕" 하였다. 楊伯峻은 《墨子》〈公孟〉에 "제자들이 墨

••• 怪 괴이할 괴 恐 두려울 공 懼 두려울 구 彊 굳셀 강(强通) 仕 벼슬할 사 過 뛰어날 과 賁 클 분 遠 멀 원
借 빌릴 차 贊 칭찬할 찬

170 · 附 按說 孟子集註

子不動心之難이라 孟子言 告子未爲知道로되 乃能先我不動心하니 則此未足爲難也라

孟賁은 勇士이다. 告子는 이름이 不害이다. 孟賁의 血氣의 勇을 公孫丑가 빌려서 孟子의 不動心의 어려움을 칭찬한 것이다. 孟子께서 "告子는 道를 알지 못하는데도 나보다 먼저 不動心을 하였으니, 이것은 족히 어려울 것이 못된다."라고 말씀하신 것이다.

2-3. 曰 不動心이 有道乎잇가 曰 有하니라

公孫丑가 말하였다. "不動心이 방법이 있습니까?"
孟子께서 말씀하셨다. "있다.

> 集註 | 程子曰 心有主면 則能不動矣니라
>
> 程子(伊川)가 말씀하였다. "마음에 주장이 있으면 동하지 않을 수 있는 것이다."

2-4. 北宮黝之養勇也는 不膚撓하며 不目逃하여 思以一毫挫於人이어든 若撻之於市朝하여 不受於褐寬博하며 亦不受於萬乘之君하여 視刺(자)萬乘之君호되 若刺褐夫하여 無嚴諸侯하여 惡聲이 至커든 必反之하니라

北宮黝가 勇을 기른 것은 피부가 찔려도 움츠리지 않으며 눈동자가 찔려도 피하지 않아서, 생각하기를 털끝만큼이라도 남에게 挫折(侮辱)을 당하면 마치 市朝에서 종아리를 맞는 것처럼 여겨, 褐寬博에게서도 〈모욕을〉 받지 않고 또한 萬乘의 군주에게서도 〈모욕을〉 받지 않아, 萬乘의 군주를 찌르는 것 보기를 마치 褐夫를 찔러 죽이는 것처럼 생각하여, 두려워하는 諸侯가 없어서 험담하는 소리가 이르면 반드시 보복하였다.

子에게 고하기를 '告子는 「선생님이」 義를 말씀하면서 행실은 매우 나쁘다.'라고 훼방하니, 그를 내쫓으십시오.' 하자, 墨子는 '불가하다.……이제 告子가 말재주를 크게 부리지만 〈내가 말한〉 仁義를 말하면서 나를 비방하지는 않는다.〔二三子復於子墨子曰 告子曰 言義而行甚惡 請棄之 子墨子曰 不可……今告子言談甚辯 言仁義而不吾毁〕" 한 것을 인용하여, 告子가 墨子에게 배웠음을 알 수 있다고 하였다.

… 黝 검을 유 膚 살갗 부 撓 흔들 요 逃 달아날 도 毫 터럭 호 挫 꺾일 좌 撻 종아리칠 달 褐 털옷 갈 寬 넓을 관 博 넓을 박 刺 찌를 자(척) 嚴 두려울 엄 反 돌이킬 반, 보복할 반

集註 | 北宮은 姓이요 黝는 名[155]이라 膚撓는 肌膚被刺而撓屈也요 目逃는 目被刺而轉睛逃避也라 挫는 猶辱也라 褐은 毛布요 寬博은 寬大之衣니 賤者之服也라 不受者는 不受其挫也라 刺은 殺也라 嚴은 畏憚也니 言無可畏憚之諸侯也라 黝는 蓋刺客之流니 以必勝爲主而不動心者也라

'北宮'은 姓이요, '黝'는 이름이다. '膚撓'는 肌膚가 찔림을 당하여 흔들리고 움츠러드는 것이요, '目逃'는 눈이 찔림을 당하여 눈동자를 굴려 피하는 것이다. '挫'는 辱(치욕, 모욕)과 같다. '褐'은 毛布요 '寬博'은 헐렁하고 큰 옷이니, 천한 자의 의복이다. '받지 않는다'는 것은 그의 모욕을 받지 않는 것이다. '刺'는 찔러 죽임이다. '嚴'은 두려워하고 꺼리는 것이니, 두려워하고 꺼릴 만한 諸侯가 없음을 말한다. 北宮黝는 아마도 刺客의 부류이니, 반드시 이김을 위주하여 마음을 동하지 않은 자일 것이다.

2-5. 孟施舍之所養勇也는 曰 視不勝호되 猶勝也로니 量敵而後進하며 慮勝而後會하면 是는 畏三軍者也니 舍豈能爲必勝哉리오 能無懼而已矣라하니라

孟施舍가 勇을 기른 것은 '이기지 못함을 보되 이기는 것과 같이 여기노니, 적을 헤아린 뒤에 전진하며 승리를 생각한 뒤에 교전한다면 이것은 적의 三軍을 두려워하는 것이다. 내 어찌 필승을 할 수 있겠는가. 두려움이 없을 뿐이다.' 하였다.

集註 | 孟은 姓이요 施는 發語聲이요 舍는 名也[156]라 會는 合戰也라 舍自言 其戰雖不

---

155 北宮……名 : 《淮南子》〈主術訓〉에 "칼날을 쥐면 北宮子와 司馬蒯蕢라도 적에게 대응하게 하지 못하고, 칼자루를 잡고 그 끝을 휘두르면 보통 사람이라도 적을 제압하여 승리할 수 있다.〔握劍鋒 (以離)〔雖以〕北宮子司馬蒯蕢 不使應敵 操其觚 招其末 則庸人能以制勝〕" 하였는데, 高誘의 註에 "北宮子는 齊나라 사람으로 《孟子》에서 말한 北宮黝이다." 하였다.

156 北宮……名 : 茶山은 "'孟施' 두 글자는 複姓이다. 《禮記》〈雜記〉에 '공자께서 少施氏에게서 밥을 얻어 먹을 적에 배불렀다.'고 하였으니, 孟施氏와 少施氏는 형제의 자손인 듯하다.〔孟施二字複姓也 禮記曰 孔子食於少施氏而飽 孟施氏少施氏 似是兄弟之孫〕" 하였다. 楊伯峻에 의하면, 閻若璩는 《四書釋地又續》에서 '孟施'는 複姓으로 魯나라의 少施氏와 같은 예라고 하였고, 翟灝는 《四書考異》에서 古人은 이름이 두 자이면 때로 한 자만 부르기도 하니, 〈經文에서〉 '舍'로 칭한 것이 의심할 바가 아니라고 하였다. 그러나 朱子는, 孟施舍는 이름이 孟舍인데, 중간에 '施'가 들어간 것은 發語聲으로 보았으니, 뒤의 〈離婁下〉 24장에 보이는 '庾公之斯', '尹公之他'의 '之'와 같은 것이다. 이들 역시 이름이 庾斯와

⋯ 肌 살 기 屈 굽힐 굴 睛 눈동자 정 辱 욕될 욕 憚 꺼릴 탄 流 무리 류 舍 집 사 量 헤아릴 량 慮 생각할 려
懼 두려울 구

勝이나 亦無所懼니 若量敵慮勝而後進戰이면 則是無勇而畏三軍矣라하니라 舍는 蓋
力戰之士니 以無懼爲主而不動心者也라

'孟'은 姓이요 '施'는 發語聲이요 '舍'는 이름이다. '會'는 모여 싸우는 것이다. 孟施舍가
스스로 말하기를 "싸움에 비록 승리하지 못하더라도 두려워하는 바가 없으니, 만일 적을 헤
아리고 승리할 것을 생각한 뒤에 나가서 싸운다면, 이것은 勇이 없어서 적의 三軍을 두려워
하는 것이다." 하였다. 孟施舍는 아마도 힘써 싸우는 용사이니, 두려움이 없음을 위주하여
마음을 동하지 않은 자일 것이다.

2-6. 孟施舍는 似曾子하고 北宮黝는 似子夏하니 夫二子之勇이 未知其
孰賢이어니와 然而孟施舍는 守約也니라

孟施舍는 曾子와 유사하고 北宮黝는 子夏와 유사하니, 이 두 사람의 勇은 누가 나
은지 알지 못하겠으나 孟施舍는 지킴이 요약되었다.

> 集註 | 黝는 務敵人하고 舍는 專守己[157]하며 子夏는 篤信聖人하고 曾子는 反求諸己라
> 故로 二子之與[158] 曾子子夏는 雖非等倫이나 然論其氣象하면 則各有所似라 賢은 猶
> 勝也라 約은 要也라 言 論二子之勇하면 則未知誰勝이어니와 論其所守하면 則舍比於
> 黝에 爲得其要也라

北宮黝는 남을 대적하기를 힘쓰고 孟施舍는 자신을 지키기를 오로지 하였으며, 子夏는 聖
人(孔子)을 독실하게 믿었고 曾子는 자기 몸에 돌이켜서 찾았다. 그러므로 이 두 사람이 曾
子·子夏와 비록 동등한 무리가 아니나, 그 기상을 논하면 각기 유사한 바가 있는 것이다.
'賢'은 勝(나음)과 같다. '約'은 요약이다. 두 사람의 勇을 논한다면 누가 나은지 알지 못하겠
으나 그 지키는 바를 논한다면 孟施舍가 北宮黝에 비하여 요약을 얻었음을 말씀한 것이다.

尹他인데, 이들을 높여 '公'이라 하고 그 아래에 發語聲으로 '之'를 넣은 것이다.

157 黝務敵人 舍專守己:慶源輔氏(輔廣)는 "北宮黝가 남과 대적하기를 힘썼다는 것은 오로지 기필코 남
    을 이기는 것을 위주하여 말한 것이요, 孟施舍가 자신을 지키기를 오로지 하였다는 것은 오로지 자신
    이 두려워하는 바가 없음을 위주하여 말한 것이다.〔黝務敵人 謂專以必勝於人爲主也 舍專守己 謂專
    以我無所懼爲主也〕" 하였다.

158 之與:兩者의 관계를 나타낼 때 사용하는 문투로 '君之於民', '子之於父'와 같은 경우이다.

··· 孰 누구 숙 賢 나을 현 約 요약할 약 敵 대적할 적 篤 두터울 독 倫 무리 륜 勝 나을 승

2-7. 昔者에 曾子謂子襄曰 子好勇乎아 吾嘗聞大勇於夫子矣로니 自反而不縮이면 雖褐寬博이라도 吾不惴焉이리오 自反而縮이면 雖千萬人이라도 吾往矣라하시니라

옛적에 曾子가 子襄에게 이르시기를 '그대는 勇을 좋아하는가? 내 일찍이 大勇을 夫子에게 들었으니, 「스스로 돌이켜서 정직하지 못하면 비록 褐寬博이라도 내 두려워하지 않겠는가. 〈그러나〉 스스로 돌이켜서 정직하다면 비록 천만 명이 있더라도 내가 가서 당당히 대적하겠다.」 하셨다.

按說 | '吾不惴焉'에 대한 해석은 '내가 그들을 두렵게 할 수 없다.'와 '내가 그들을 두려워하지 않겠는가.'의 두 가지 해석이 가능하다. 《集註》에 '惴 恐懼之也'라 하여 '상대방을 두렵게 하다.'로 해석하였으므로 官本諺解와 栗谷諺解에는 '吾不惴焉이어니와'로 懸吐하여 '내가 상대방을 두렵게 할 수 없거니와'로 해석하였다. 壺山은

"〈恐懼에〉 '之'字를 놓은 뒤에 스스로 두려워하지 않는 뜻이 된다.〔下之字然後 不爲自懼之義〕"

하여 官本諺解의 해석을 더욱 증명하였다. 그러나 茶山은

'吾不惴焉'은 '내가 어찌 그를 두려워하지 않겠는가.'이다. 위아래의 節에 두려움이 없는 방법을 논한 것은, 모두 내 마음에 두려움이 없음을 논한 것이니, 대적하는 사람이 두려워하고 두려워하지 않음을 어찌 따지겠는가. 스스로 돌이켜보아 곧지 않으면, 적이 비록 숫자가 적고 약하더라도 군자는 두려워하고 스스로 닦아야 하니, 이것이 큰 용맹은 두려움이 없게 되는 방법이다.〔吾不惴焉者 吾豈不惴焉也 上下節 論無懼之法 皆我心之無懼也 敵人之懼與不懼 豈所問哉 自反而不直 敵雖寡弱 君子當恐懼自修 此大勇無懼之法也〕

하였다. 臺山(金邁淳)은

'吾不惴焉'을 趙岐의 註에 '가볍게 놀래키고 두렵게 하지 못하는 것이다.' 하였는데, 《集註》에 그 뜻을 그대로 사용하여 '惴 恐懼之也'라 하였으니, 이는 온당하지 못한 듯하다. '어찌 두려워하지 않겠는가〔豈不恐懼〕'의 뜻으로 보는 것이 좋을 듯하다.…… 顧亭林(顧炎

··· 襄 멍에양 反 돌이킬반 縮 곧을축 惴 두려워할췌

武)의 《日知錄》에 "‘褐寬博吾不惴焉’은 ‘不’자 위에 한 ‘豈’자가 생략되었다." 하여 바로 나의 뜻과 같다.〔吾不惴焉 趙註以爲不輕驚懼之也 集註仍用其意曰 惴恐懼之也 此似未穩 作豈不恐懼意看 恐好……顧亭林日知錄曰 褐寬博吾不惴焉 不上省一豈字 政同鄙見〕《臺山集 關餘散筆》)

하였다. 艮齋(田愚)는 ‘吾不惴焉이리오’로 懸吐를 수정하였으며, 中國本《四書章句集注》 역시 대부분 ‘내가 그를 두려워하지 않을 수 있겠는가.’로 해석하였으므로 번역에서 이를 따랐다. 한편 楊伯峻은

> ‘惴’는 동사의 使動 용법으로 ‘그를 두렵게 한다.’는 뜻이다. 아래의 ‘焉’字는 ‘之’字의 뜻을 포함하고 있어 목적어로 쓰였다.

하여 官本諺解와 같은 의미로 해석하였다.

集註 | 此는 言曾子之勇也라 子襄은 曾子弟子也라 夫子는 孔子也라 縮은 直也니 檀弓曰 古者에 冠縮縫이러니 今也衡(橫)縫이라하고 又曰 棺束은 縮二衡三[159]이라하니라 惴는 恐懼之也라 往은 往而敵之也라

이것은 曾子의 勇을 말씀한 것이다. 子襄은 曾子의 弟子이다. ‘夫子’는 孔子이다. ‘縮’은 곧음이니, 《禮記》〈檀弓〉에 이르기를 "옛적에는 冠을 곧게 꿰맸는데, 지금은 가로로 꿰맨다." 하였고, 또 이르기를 "棺의 묶음은 세로가 둘이요 가로가 셋이다." 하였다. ‘惴’는 두렵게 함이다. ‘往’은 가서 대적함이다.

2-8. 孟施舍之守는 氣라 又不如曾子之守約也니라

孟施舍의 지킴은 氣이니, 또 曾子의 지킴이 요약함만 못하다."

集註 | 言 孟施舍雖似曾子나 然其所守는 乃一身之氣니 又不如曾子之反身循理하여 所守尤得其要也라 孟子之不動心은 其原이 蓋出於此하니 下文에 詳之하시니라

---

159 縮二衡三:《大全》에 "‘衡’은 ‘橫’과 같으니 두 說을 인용하여 ‘縮’이 ‘直’이 됨을 증명했다.〔衡與橫同 引二說 證縮爲直〕" 하였다.

••• 縫 꿰맬 봉 衡 가로 횡(橫同) 棺 널 관 循 따를 순 詳 자세할 상

孟施舍가 비록 曾子와 유사하나 그가 지킨 것은 바로 한 몸의 氣이니, 또 曾子가 자기 몸에 돌이켜 理를 따라서 지킨 바가 더욱 그 요약함을 얻음만 못함을 말씀한 것이다. 孟子의 不動心은 그 근원이 여기에서 나왔으니, 아랫글에 상세히 말씀하였다.

2-9. 曰 敢問夫子之不動心과 與告子之不動心을 可得聞與잇가 告子曰 不得於言이어든 勿求於心하며 不得於心이어든 勿求於氣라하니 不得於心이어든 勿求於氣는 可커니와 不得於言이어든 勿求於心은 不可하니 夫志는 氣之帥(수)也요 氣는 體之充也니 夫志至焉요 氣次焉이라 故로 曰 持其志오도 無暴其氣라하니라

公孫丑가 말하였다. "감히 묻겠습니다. 夫子의 不動心과 告子의 不動心을 얻어들을 수 있겠습니까?"

〈孟子께서 말씀하셨다.〉 "告子가 말하기를 '말에 이해되지 못하거든 마음에 알려고 구하지 말며, 마음에 〈편안함을〉 얻지 못하거든 기운에 도움을 구하지 말라.' 하였으니, 마음에 〈편안함을〉 얻지 못하거든 기운에 도움을 구하지 말라는 것은 可하지만, 말에 이해되지 못하거든 마음에 알려고 구하지 말라는 것은 不可하다. 意志는 氣의 將帥요 氣는 몸에 꽉 차 있는 것이니, 意志가 최고이고 氣가 그 다음이다. 그러므로 말하기를 '그 意志를 잘 잡고도 또 그 氣를 포악히(무리하게) 하지 말라.'고 한 것이다."

按說 │ 茶山은 "'勿求於氣'의 '氣'와 후세 理氣說의 氣를 혼동하여 말해서는 안 된다." 하고, 氣에 대하여 설명하기를,

우리 인간이 낳고 기르고 움직이고 知覺하도록 하는 원인을 궁구해 보면 오직 血과 氣 두 가지가 있다. 그 形質을 논하면 血은 거칠고 氣는 精하며, 血은 무디고 氣는 예리하다. 무릇 喜·怒·哀·懼가 발하는 것은 모두 마음이 발해서 志가 되고, 志는 마침내 氣를 움직이고 氣는 마침내 血을 움직이니, 이에 얼굴에 나타나고 四體에 도달한다. 志는 氣의 장수요, 氣는 血을 거느리는 것이다. 그러므로 孔子가 여색과 싸움을 좋아하는 이치를 논할 적에 血과 氣를 함께 말씀했는데, 孟子가 不動心의 이치를 논할 적에 氣만을 말씀한 것은, 氣라는

··· 帥 장수 수 充 가득할 충 持 잡을 지 暴 포악할 포

물건이 혈액을 움직이게 하나 그 권력은 志의 다음이기 때문이다. 그러므로 孟子가 스스로 주석하기를 '氣는 몸에 꽉 차 있는 것이다.' 한 것이다. 저 몸에 꽉 차있는 것은 무엇인가? 다른 것이 아니다. 바로 氣이다. 이 氣가 사람의 몸속에 있는 것은 마치 游氣가 天地 속에 있는 것과 같다. 그러므로 저것도 氣라 하고 이것도 氣라 하는 것이니, 총괄하자면 여기의 氣는 理氣의 氣와는 다르다.〔理氣說에서는 모든 形質이 있는 것을 氣라 한다.〕〔原夫吾人之所以生養動覺 惟有血氣二物 論其形質 血粗而氣精 血鈍而氣銳 凡喜怒哀懼之發 皆心發爲志 志乃驅氣 氣乃驅血 於是見於顔色 達於四體 志者氣之帥也 氣者血之領也 故孔子論好色好鬪之理 兼言血氣 而孟子論不動心之理 單言氣 以氣之爲物 驅駕血液 其權力次於志也 故孟子自注曰 氣者體之充 夫充於體者 何物 非他 氣也 是氣之在人體之中 如游氣之在天地之中 故彼曰氣 此亦曰氣 總與理氣之氣不同〔理氣家 凡有形質者謂之氣〕〕

하였다. 楊伯峻은

'勿求於氣'는 趙岐의 註에서 '곧바로 노한다.〔直怒之矣〕'로 '求於氣'를 해석하였으니, 그는 이 '氣'字를 감정과 意氣로 풀이하였음을 알 수 있다. '氣는 몸에 꽉 차 있는 것〔氣 體之充也〕'이라 한 것은 또 體氣를 가리켜 말한 것이다. 대체로 孟子는 體氣와 意氣를 한가지로 본 것이다.

하였다.

'無暴其氣'에 대하여, 茶山은

'暴'는 急(급함)이며 疾(빠름)이다.……程子의 〈四勿箴〉에 "말을 낼 때에 조급함과 경망함을 금하여야 안이 고요하고 專一해진다." 한 것이 바로 '無暴其氣'이다.〔暴者 急也疾也 程子四勿箴曰 發禁躁妄 內斯靜專 此正是無暴其氣〕

하였다. 楊伯峻은 趙岐의 註에 "'暴'는 亂(어지럽히다)이다." 한 것을 취하고, '자신의 감정과 意氣를 지나치게 쓰지〔濫用〕 말아야 한다.'로 意譯하였다. '無暴其氣'는 '氣'를 무리하게 하지 않는 것으로 표현함이 옳을 듯하다.

'故曰 持其志 無暴其氣'에 대하여, 壺山은

살펴보건대 '持其志, 無暴其氣'를 官本諺解에는 古語로 보았으나 《集註》의 뜻은 그대로 孟子가 단정한 말씀으로 보았으니, 孟子가 스스로 말씀하신 것인데도 '故曰'이란 글자를 놓을 수 있는 것이다. 이는 아마도 참고할 만한 것이 있어서 반드시 '我'자를 놓았을 것이다. 아니면 이 章과 '喬木章' 註는 모두 '一洒'의 註를 이어받아 생략한 것인가 보다.〔持其志 無暴其氣 諺讀作古語 而集註意則仍作孟子斷之之言 蓋自言也 而亦可著故曰字 有可考而必著我字耳 抑此及喬木章註 皆蒙一洒註而略之歟〕

하였다. '一洒의 註'란 〈梁惠王上〉 5장의 '故曰 仁者無敵'에 대해 《集註》에 '仁者無敵 蓋古語也'라 한 것을 가리킨다. '喬木章'은 〈梁惠王下〉 7장을 가리킨 것으로 여기에도 '故曰 國人殺之也'라 하여 '故曰'이 보이나, 여기의 '故曰 持其志 無暴其氣'와 함께 '故曰'에 대한 주석이 없으므로 一洒의 註를 이어 받아 생략한 것으로 본 것이다.

集註┃ 此一節은 公孫丑之問에 孟子誦告子之言하시고 又斷以己意而告之也라 告子謂 於言에 有所不達[160]이면 則當舍置其言이요 而不必反求其理於心이며 於心에 有所不安[161]이면 則當力制其心이요 而不必更求其助於氣라하니 此所以固守其心而不動之速也[162]라 孟子旣誦其言而斷之曰 彼謂不得於心而勿求諸氣者는 急於

---

[160] 於言 有所不達:經文의 '不得於言'을 朱子는 '말에 있어 통달하지 못하는 바가 있음'으로 해석하였다. 茶山은 '不得於言'은 '말에 좌절되는 바가 있음'을 이른다.〔不得於言 謂言有所跲〕하였고, 楊伯峻은 "'不得'은 '이길 수 없다.'는 뜻이다. 이 몇 句는 모두 용기를 기르는 일을 논하였기 때문에 이기고 지는 것으로 말씀하였다. 옛 註釋은 모두 이 뜻을 알지 못하였다. '不得於言'이란 남들이 말로는 나를 굴복시킬 수 있어도 내 생각은 굴복시키지 못함을 이른다." 하였다.

[161] 於心 有所不安:經文의 '不得於心'을 朱子는 '마음에 불안한 바가 있음'으로 해석하였으나 茶山은 "'不得於心'은 '마음에 부족하게 여기는 바가 있음'을 이른다.〔不得於心 謂心有不慊〕하였고, 楊伯峻은 "'不得於心'과 〈梁惠王上〉 7장의 '돌이켜 찾았으나 내 마음을 알지 못하였다.〔反而求之 不得吾心〕'는 말과 의미가 서로 같으니, 그 이치를 내 마음에서 얻지 못하였음을 이른다." 하였다.

[162] 此所以固守其心而不動之速也:《大全》에 "速은 나이가 아직 40세가 못됨을 이른다.〔速 謂年未四十〕"하였다. 朱子는 "告子의 생각은 '言語의 잘못은 마땅히 곧바로 말에서 구해야 하고 내 마음을 動하게 할 것이 못되며, 念慮의 잘못은 마땅히 곧바로 마음에서 구해야 하고 굳이 다시 기운에서 구할 필요가 없다.'고 여겼으니, 告子는 타고난 자질이 강하고 굳세어서 남보다 뛰어남이 있었다. 힘이 능히 堅忍하고 固執하여 한 偏見을 지켰으니, 이 때문에 학문은 비록 바르지 못하였으나 孟子보다 먼저 마음을 동하지 않은 것이다. 그가 性을 논한 몇 章을 살펴보면 論理가 굽히고 말이 궁하면 자주 자기 말을 바꾸어 상대방을 이기려 하고, 끝내 조용히 반복해서 자세히 생각하고 밝게 분변하여, 그 말한 바의 잘못을 가지고 마음에 돌이켜 지극히 마땅한 귀결을 구하지 못하였으니, 이것이 바로 말에 이해되지 못하면 마음에 구하지 않는 징험일 것이다.〔告子之意 以爲言語之失 當直求之於言 而不足以動吾之心 念慮之失 當直求之於心 而不必更求之於氣 蓋其天資剛勁 有過人者 力能堅忍固執 以守其一偏之見 所以學雖不正 而能先孟子以不動心也 觀其論性數章 理屈詞窮 則屢變其說以取勝 終不能從容反覆審思明辨 因其所言之失而反之於心 以求至當之歸 其其不得於言而不求諸心之驗也歟〕"하였다.《朱子大全 答張敬夫問目》

⋯ 誦 외울 송 舍 버릴 사(捨同) 置 둘 치

本而緩其末이니 猶之可也어니와 謂不得於言而不求諸心은 則旣失於外而遂遺其
內니 其不可也 必矣라 然이나 凡曰可者는 亦僅可而有所未盡之辭耳라 若論其極
이면 則志固心之所之而爲氣之將帥라 然이나 氣亦人之所以充滿於身而爲志之卒
徒者也라 故로 志固爲至極而氣卽次之니 人固當敬守其志라 然이나 亦不可不致
養其氣라 蓋其內外本末이 交相培養이니 此則孟子之心이 所以未嘗必其不動而
自然不動之大略也니라

이 한 節은 公孫丑가 물음에 孟子께서 告子의 말을 외우시고, 또 자신의 뜻으로 판단하여
말씀하신 것이다. 告子가 이르기를 "말에 있어 통달하지 못하는 바가 있으면 마땅히 그 말
을 버려둘 것이요 굳이 그 이치를 마음속에 돌이켜 찾을 것이 없으며, 마음에 불안한 바가
있으면 마땅히 힘써 그 마음을 제재할 것이요 굳이 다시 기운에 도움을 구할 것이 없다." 하
였으니, 이 때문에 그 마음을 굳게 지켜서 동하지 않기를 속히 한 것이다.

孟子께서 이미 그의 말을 외우시고 단정하시기를 "저가 '마음에 〈편안함을〉 얻지 못하거든
기운에 도움을 구하지 말라.'고 한 것은 근본을 급히 여기고 지엽을 느슨히 한 것이니 그래
도 可하지만 '말에 이해되지 못하거든 마음에 알기를 구하지 말라.'고 한 것은 이미 밖에서
잃고 마침내 안마저 버렸으니 그 不可함이 틀림없다." 하신 것이다.

그러나 무릇 可란 말은 겨우 可해서 미진한 바가 있는 말이다. 만일 그 지극함을 논한다면
意志는 진실로 마음의 가는 바여서 氣의 장수가 된다. 그러나 氣 또한 사람의 몸에 꽉 차 있
어서 意志의 卒徒가 되는 것이다. 그러므로 意志는 진실로 지극함이 되고 氣는 곧 그 다음
이 되니, 사람이 진실로 마땅히 그 意志를 공경히 지켜야 하나 또한 그 氣를 기름을 다하지
않으면 안 되는 것이다. 이는 內와 外, 本과 末이 서로 배양되는 것이니, 이는 孟子의 마음
이 일찍이 不動心하기를 기필하지 않으셨는데도 자연히 동하지 않으신 바의 대략이다.

2-10. 旣曰 志至焉이요 氣次焉이라하시고 又曰 持其志오도 無暴其氣者
는 何也잇고 曰 志壹則動氣하고 氣壹則動志也니 今夫蹶(궐)者趨者 是
氣也而反動其心이니라

〈公孫丑가 말하였다.〉"'이미 意志가 최고이고 氣가 그 다음이다.'고 하시고, 또 '그
意志를 잘 잡고도 그 氣를 포악하게 하지 말라.'고 하심은 무슨 말씀입니까?"

··· 緩 늦을 완 遺 버릴 유 僅 겨우 근 滿 찰 만 培 북돋을 배 壹 전일할 일 蹶 넘어질 궐 趨 달릴 추

孟子께서 말씀하셨다. "意志가 한결같으면 氣를 동하고 氣가 한결같으면 意志를 동하니, 지금 넘어지고 달리는 것은 바로 氣이지만 도리어 그 마음을 동요시킨다."

按說 | '志壹則動氣 氣壹則動志也'에 대하여, 沙溪(金長生)는

〈'志壹則動氣'와 '氣壹則動志'는〉 모두 善과 惡을 겸하여 말하였으니, '氣가 한결같으면 意志가 動한다.'는 것은 음식과 남녀 같은 따위가 또한 이것이다.〔皆兼善惡言之 氣壹動志 如飮食男女之類 亦是也〕《經書辨疑》

하였다. 尤菴(宋時烈)은

《春秋》가 이루어짐에 기린이 이른 것을 先儒들이 意志가 한결같으면 氣를 동한 징험으로 여겼다.……또 聖人도 질병이 오는 것을 면하지 못하여 심하게 아플 때에 마음이 편치 못한 것은 고통스러운 氣가 능히 그 마음을 동한 것이다.〔春秋成而麟至 先儒以爲志壹動氣之 徵……又聖人猶不免疾病之來 而其痛楚之時 心不能寧 是痛楚之氣 能動其心爾〕(《宋子大全 答或人》)

하였다.

集註 | 公孫丑見孟子言志至而氣次라 故로 問 如此則專持其志可矣어늘 又言無暴其氣는 何也오하니라 壹은 專一也라 蹶는 顚躓也[163]요 趨는 走也라 孟子言 志之所向이 專一이면 則氣固從之라 然이나 氣之所在專一이면 則志亦反爲之動이니 如人이 顚躓趨走면 則氣專在是而反動其心焉이니 所以旣持其志而又必無暴其氣也라하시니라

程子曰 志動氣者는 什九요 氣動志者는 什一이니라

公孫丑는 孟子께서 意志가 최고이고 氣가 그 다음이라고 말씀하심을 보았다. 그러므로 묻기를 "이와 같다면 오로지 그 意志만 잡으면 可할 것인데 또 그 氣를 포악히 하지 말라고

---

[163] 蹶 顚躓也:茶山은 "許愼의 《說文解字》에 '蹶는 跳(뛰어 오름)의 뜻이다.' 하였다. 經文의 '蹶者趨者'는 '뛰어 오르는 자와 달리는 자'를 이른다. 막 뛰어 오르고 달리는 자는 그 마음이 안정될 수 없다. 이것은 氣가 마음을 동요시켰기 때문이니, 그러므로 마음 또한 따라서 동요된 것이다.〔許愼說文蹶者 跳也 蹶者趨者 謂躍者走者也 方躍方走者 其心不能寧靜 是以氣動之 故心亦隨動也〕" 하였다.

••• 顚 넘어질 전 躓 넘어질 지 什 열 십

말씀하심은 어째서입니까?" 한 것이다. '壹'은 專一함이다. '蹶'는 넘어짐이요, '趨'는 달림이다. 孟子께서 말씀하시기를 "意志의 향하는 바가 專一하면 氣가 진실로 그 뜻을 따른다. 그러나 氣의 있는 바가 專一하면 意志가 또한 도리어 동요되니, 마치 사람이 넘어지고 달려가면 氣가 오로지 여기에 있어 도리어 그 마음을 동요시키는 것과 같은 것이다. 이 때문에 이미 그 意志를 잡고도 또 반드시 그 氣를 포악하게 하지 말아야 하는 것이다." 하셨다.

程子(明道)가 말씀하였다. "意志가 氣를 동하는 것은 열에 아홉이요, 氣가 意志를 동하는 것은 열에 하나이다."

2-11. 敢問夫子는 惡(오)乎長이시니잇고 曰 我는 知言하며 我는 善養吾의 浩然之氣하노라

〈公孫丑가 말하였다.〉 "감히 묻겠습니다. 夫子께서는 어느 것이 뛰어나십니까?"
孟子께서 말씀하셨다. "나는 말을 알며, 나는 나의 浩然之氣를 잘 기르노라."

按說 | '我知言 我善養吾浩然之氣'의 '知言'에 대하여, 朱子는

'知言'은 다만 이치를 아는 것이다.〔知言 只是知理〕《語類》

하였고, 尤菴(宋時烈)은

'知言'은 바로 格物·致知의 일이고, '養氣'는 바로 誠意·正心의 일이다.〔知言 是格致之事 養氣 是誠正之事〕《宋子大全 雜著 浩然章質疑》

하였는데, 이는 孟子가 告子와 다른 점을 밝힌 것이다. 告子는 말에 이해되지 못함이 있으면 그 말을 버려두고 마음에 알려고 노력하지 않았으나 孟子는 말의 옳고 그름을 알았으며, 告子는 마음에 불안한 바가 있으면 그 마음을 그대로 억제하고 기운에 도움을 구하지 않았으나 孟子는 浩然之氣를 잘 길러 용기를 배양함으로써 義理를 과감하게 행하신 것이다. 위의 '不得於言 勿求於心'과 '不得於心 勿求於氣'에 대한 茶山과 楊伯峻의 說은 이것을 제대로 看破하지 못한 것으로 생각된다. 후세에는 이 내용을 知言과 養氣로 축약하여 知言은 眞理를 아는 知工夫로, 養氣는 心身을 수행하는 行工夫로 분류하였

··· 善 잘할선 浩 넓을 호

다. 그리하여 《大學》의 格物·致知와 誠意·正心·修身, 《中庸》의 擇善과 固執, 明善과 誠身, 《論語》의 博文과 約禮, 《書經》의 惟精과 惟一 등과 함께 知·行을 對擧하는 용어로 사용하였다.

茶山은 不動心과 知言, 養氣의 관계에 대하여

> 마음이 곧지 못하면 氣가 왕성하지 못하고, 氣가 왕성하지 못하면 말이 장엄하지 못하니, 이것이, 講究하는 것은 不動心이나 養氣와 知言이 그 樞紐가 되는 이유이다.〔心不直則氣不旺 氣不旺則辭不壯 此所以所講者不動心 而養氣知言 爲之樞紐也〕

하였다.

集註│公孫丑復問 孟子之不動心이 所以異於告子如此者는 有何所長而能然고 하니 而孟子又詳告之以其故也라 知言者는 盡心知性[164]하여 於凡天下之言에 無不有以究極其理而識其是非得失之所以然也[165]라 浩然은 盛大流行之貌라 氣는 卽所謂體之充者니 本自浩然이로되 失養故로 餒니 惟孟子爲善養之하여 以復其初也라 蓋惟知言이면 則有以明夫道義하여 而於天下之事에 無所疑요 養氣면 則有以配夫道義하여 而於天下之事에 無所懼니 此其所以當大任而不動心也라 告子之學은 與此正相反하니 其不動心은 殆亦冥然無覺하고 悍然不顧而已爾니라

公孫丑가 다시 "孟子의 不動心이 告子와 다름이 이와 같은 것은 어느 것에 所長이 있어서 그렇습니까?" 하고 묻자, 孟子께서 또 그 이유를 상세히 말씀해 주신 것이다. '知言'은 마음을 다하여 性을 알아서 모든 天下의 말에 그 이치를 궁구하고 지극히 하여 그 是非와 得失의 所以然을 알지 못함이 없는 것이다. '浩然'은 성대히 유행하는 모양이다. '氣'는 바로 이른바 '몸에 꽉 차 있다.'는 것이니, 본래 스스로 浩然하나 기름을 잃었기 때문에 굶주리게 (不足하게) 된 것이다.

---

164 盡心知性:뒤의 〈盡心上〉 1장에 "盡其心者 知其性也 知其性則知天矣"라고 보이는데, 朱子는 '盡心'은 知至, '知性'은 物格으로 설명하였다.

165 無不有以究極……所以然也:朱子는 "知言은 바로 이치를 궁구하는 것이니, 먼저 이치를 궁구하여 옳고 그름을 분명하게 보지 못하면 어떻게 浩然之氣를 기를 수 있겠는가. 모름지기 道理를 하나하나 살펴서 대처하기를 옳게 하여야 호연지기가 비로소 충만하여 커지는 것이다.〔知言 便是窮理 不先窮理 見得是非 如何養得氣 須是道理 一一審處得是 其氣方充大〕하였다.《語類》

••• 極 다할 극 餒 굶주릴 뇌 配 배합할 배 殆 거의 태 冥 어두울 명 悍 사나울 한 顧 돌아볼 고

오직 孟子께서 이것(浩然之氣)을 잘 길러 그 本初의 상태를 회복하신 것이다. 말을 알면 道義에 밝아서 天下의 일에 의심스러운 바가 없고, 氣를 기르면 道義에 배합되어서 天下의 일에 두려운 바가 없으니, 이 때문에 큰 책임을 담당하여도 不動心하는 것이다. 告子의 學問은 이와 정반대였으니, 그의 不動心은 거의 또한 무지몽매하여 깨달음이 없고 고집스러워서 돌아보지 않았을 뿐이다.

2-12. 敢問 何謂浩然之氣잇고 曰 難言也니라

〈公孫丑가 말하였다.〉"감히 묻겠습니다. 무엇을 浩然之氣라 합니까?"
孟子께서 말씀하셨다. "말하기 어렵다.

按說 | 朱子는 《語類》에서

孟子가 먼저 知言을 말씀하고 뒤에 養氣를 말씀하였는데 公孫丑가 곧바로 養氣를 물은 것에 대해, 나는 그동안 단지 그가 윗글에 막 氣를 논한 것을 이어받아 질문한 것이라고만 여겼다. 그런데 지금 보니 그렇지 않고 바로 公孫丑가 마땅히 물어야 할 곳이다.(제대로 질문한 부분이다.) 知言을 뒤에 남겨 두었다가 물은 것은 '知言'은 최후에 合尖(마무리)하는 일이기 때문이니, 이는 마치 《大學》에서 正心·修身을 말한 것이 바로 '致知在格物' 한 句에서 끝나는 것과 같으니, 이것이 工夫하는 起頭處이기 때문이다.〔孟子先說知言 後說養氣 而公孫丑便問養氣 某向來只以爲是他承上文方論氣而問 今看得不然 乃是公孫丑 會問處 留得知言在後面問者 蓋知言是末後合尖上事 如大學說正心修身 只合殺在 致知在格物一句 蓋是用工夫起頭處〕

하였다. 南塘(韓元震)은

〈먼저 養氣를 물은 것은〉마땅히 《語類》의 說을 올바름으로 삼아야 하나 《集註》의 '윗글을 이었다.'는 說 또한 완전히 폐해서는 안 될 듯하다.

하였다. 壺山은

살펴보건대 《語類》에 '合尖云云'은 비록 朱子의 晩年의 定論이나 《集註》의 說이 끝내 平易하고 順함을 깨달으니, 朱子께서 《集註》를 개정하지 않은 것이 어쩌면 이 때문이 아니겠는가. 逆으로 미루어 가면 格物·致知가 진실로 끝에 있으나 만약 순히 미루면 格物·致知가 도리어 위에 있으니, 마땅히 《集註》를 바른 뜻으로 삼고 《語類》는 一說로 삼아야 할 듯하다.〔按語類合尖云云 雖是晚年之論 然集註說 終覺平順 其不爲改定 豈非以是耶 蓋逆推 則格致固居末 而若順推 則格致反居上 恐當以集註爲正意 而語類備一說耳〕

하였다. 合尖은 최상의 한 곳으로 모임(큰일을 끝마무리하는 작업)을 이른다.

集註 | 孟子先言知言이어시늘 而丑先問養氣者는 承上文方論志氣而言也라 難言者는 蓋其心所獨得하여 而無形聲之驗하여 有未易(이)以言語形容者라 故로 程子曰 觀此一言이면 則孟子之實有是氣를 可知矣라하시니라

孟子께서 먼저 知言을 말씀하셨는데, 公孫丑가 먼저 養氣를 물은 것은 윗글에서 막 志氣를 논한 것을 이어서 말했기 때문이다. '말하기 어렵다.'는 것은 그 마음에 홀로 터득한 바여서 형상과 소리의 징험이 없어 언어로써 형용하기가 쉽지 않은 점이 있기 때문이다. 그러므로 程子(伊川)가 말씀하기를 "이 한 마디 말씀을 보면 孟子께서 실제로 이 浩然之氣를 가지고 계셨음을 알 수 있다." 한 것이다.

2-13. 其爲氣也 至大至剛하니 以直養而無害면 則塞于天地之間이니라

그 氣됨이 지극히 크고 지극히 강하니, 정직함으로써 기르고 해침이 없으면 〈이 浩然之氣가〉 天地의 사이에 꽉 차게 된다.

按說 | '至大至剛 以直養而無害'에 대하여, 程明道와 程伊川은 趙岐의 說을 따라 '至大至剛以直 養而無害'로 句를 떼었으며, 程伊川은 《周易》〈坤卦 六二〉爻辭의 '곧고 방정하고 커서 익히지 않더라도 이롭지 않음이 없다.〔直方大 不習 无不利〕'를 들어

直方大는 《孟子》에 이른바 '지극히 크고 지극히 강하고 곧다.'는 것이다. 坤卦의 體에 있으므로 方으로 剛과 바꿨으니, 〈坤卦〉卦辭의 貞에 암말을 加한 것과 같다. 氣를 말하면 大를 먼저 말하였으니, 大는 기운의 體이고, 坤卦에 있어서는 直과 方을 먼저 말하였으니, 直

··· 驗 징험할 험 塞 가득할 색

과 方으로 말미암아 커지는 것이다.〔直方大 孟子所謂至大至剛以直也 在坤體 故以方易剛 猶貞加牝馬也 言氣則先大 大 氣之體也 於坤則先直方 由直方而大也〕《易傳》

하였다. 그러나 朱子는 위와 같이 해석한 이유를 《或問》에서 다음과 같이 밝히고 있다.

문기를 "趙氏는 '至大至剛以直'에서 句를 떼었는데, 程子는 이것을 따르고 이에 대한 구체적인 해설이 있었습니다. 그런데 그대가 따르지 않음은 어째서입니까?" 하니, 나는 다음과 같이 대답하였다. "程子 이전에도 진실로 '至大至剛' 네 글자를 한 句로 삼은 자가 있었으니, 이 句讀는 의심컨대 또한 유래가 있었고, 다만 근세의 俗師에게서만 나오지는 않은 듯하다. 이제 直자를 위 句와 연결시키면 剛자와 말뜻이 중복되어 한갓 군더더기가 되어서 다른 (특별한) 발명이 없고, 만일 直자를 아래 句와 연결시키면 이러한 병통이 없고, 윗글의 '스스로 돌이켜보아 정직하다'는 뜻과 首尾가 서로 응하며 맥락이 관통된다. 이 때문에 차라리 趙氏와 程子의 說을 버리고 俗師의 說을 따른 것이니, 이 또한 부득이한 바가 있어서였다. 이 浩然章의 문세는 비록 단절된 것 같으나 뜻은 실로 연관된다. 告子의 '不得於言'의 言과 '勿求於氣'의 氣는 孟子의 知言·養氣(善養吾浩然之氣)와 또한 서로 수십 句가 떨어져 있으면서도 서로 발명되어 이와 서로 유사하다. 만약 趙氏와 程子의 여러 說과 같다면 간단되고 끊겨 首尾가 전혀 상관이 없어서 義理가 어떠함을 논하기 전에 또한 다시 文字(文章)를 이루지 못하게 된다."〔曰 趙氏以至大至剛以直爲句 而程子從之 有成說矣 子之不從何也 曰 程子之前 固有以至大至剛四字爲句者矣 則此讀疑亦有所自來 不獨出於近世之俗師也 今以直字屬之上句 則與剛字語意重複 徒爲贅剩 而無他發明 若以直字屬之下句 則旣無此病 而與上文自反而縮之意 首尾相應 脈絡貫通 是以寧舍趙程而從俗師之說 蓋亦有所不獲已耳 大抵此章文勢雖若斷絶 而意實連貫 如告子之不得於言之言 勿求於氣之氣 與孟子之知言養氣 亦是隔數十句而互相發明 與此相類 若如諸說 則間斷隔絶 都無干涉 未論義理之如何 亦不復成文字矣〕

集註│至大는 初無限量이요 至剛은 不可屈撓라 蓋天地之正氣而人得以生者니 其體段이 本如是也[166]라 惟其自反而縮이면 則得其所養이요 而又無所作爲以害之면

---

166 至大……本如是也:慶源輔氏(輔廣)는 "'애당초 한량이 없다.'는 것은 바로 盛大한 것이고, '굽히거나 흔들림이 없다.'는 것은 바로 流行이니, 이는 곧 이른바 '浩然之氣'라는 것이다. 用을 말하지 않은 것은 體를 들면 충분히 다 포함할 수 있기 때문이다.〔初無限量 便是盛大 不可屈撓 便是流行 卽所謂浩然

··· 限 한계 한 撓 흔들 요 段 조각 단 縮 곧을 축

則其本體不虧하여 而充塞無間矣리라

程子曰 天人이 一也라 更不分別이니 浩然之氣는 乃吾氣也라 養而無害면 則塞于
天地요 一爲私意所蔽면 則欿然而餒하여 知其小也니라

謝氏曰 浩然之氣는 須於心得其正時에 識取[167]니라

又曰 浩然은 是無虧欠時[168]니라

'지극히 크다'는 것은 애당초 한량이 없는 것이요, '지극히 강하다'는 것은 굽히고 흔들릴 수
없는 것이다. 이는 天地의 正氣로서 사람이 얻어 태어난 것이니, 그 體段(體裁 또는 特性)
이 본래 이와 같다. 오직 스스로 돌이켜 보아 정직하면 기르는 바를 얻고, 또 작위하여 이것
을 해침이 없으면 그 본체가 이지러지지 않아서 충만하여 간격이 없을 것이다.

程子(伊川)가 말씀하였다. "하늘과 인간이 똑같다. 다시 분별이 없으니, 浩然之氣는 바로
나의 氣이다. 이것을 잘 기르고 해침이 없으면 天地에 꽉 차고, 조금이라도 私意에 가려지
면 쑥 꺼져 굶주려서 부족함을 느끼게 될 것이다."

謝氏(謝良佐)가 말하였다. "浩然之氣는 모름지기 마음이 그 바름을 얻었을 때에 알 수 있
는 것이다."

또 말하였다. "浩然은 이지러지거나 부족함이 없는 것이다."

2-14. 其爲氣也 配義與道하니 無是면 餒也니라

그 氣됨이 義와 道에 배합되니, 이것(浩然之氣)이 없으면 〈몸이〉 굶주리게 된다.

按說 | '配義與道'에 대하여 官本諺解와 栗谷諺解에 '配義與道하니'로 懸吐하고
'義와 다뭇 道를 配하니'로 해석하였는데, 이에 대하여 壺山은

> 本文의 '配'字 아래에 '乎'字의 뜻이 있으니, 官本諺解의 解釋은 자세하지 못한 듯하
> 다.〔本文配字下 有乎字意 諺釋恐欠詳〕

之氣也 不言用者 擧體則足以該之矣)" 하였다.
167 識取:'取'는 동사 뒤에 붙는 助詞로, 기록하는 것을 '錄取', 듣는 것을 '聽取'라 하는 것과 같다.
168 是無虧欠時:壺山은 "'時'는 어조사이니, '者'와 같다.〔時 語辭 猶者也〕" 하였다. 이 경우 "浩然은 이지
러지거나 부족함이 없는 것이다."로 해석된다. '時'를 해석할 경우 문장이 어색해진다.

••• 蔽 가릴 폐 欿 부족할 감 餒 굶주릴 뇌 虧 이지러질 휴 欠 부족할 흠

하여 '義와 道에 배합되는 것'으로 보았다. 또 壺山은

> 道義는 군주와 같고 氣는 정승과 같고 몸은 나라와 같으니, 군주가 정승이 없으면 나라가 공허하며, 또 道義는 남편과 같고 氣는 아내와 같고 몸은 집과 같으니, 남편이 아내가 없으면 집이 쓸쓸해진다.〔道義如君 氣如相 體如國 君無相則國空虛 又道義如夫 氣如妻 體如家 夫無妻則家索矣〕

하였다.

'無是 餒也'에 있어 '是'가 道義를 가리키는가, 浩然之氣를 가리키는가 하는 것은 중요한 관건이다. 朱子는 呂子約(呂祖儉)에게 답한 편지에서

> 만일 보내주신 편지와 같다면 〈無是 餒也'의〉 '是'가 道義를 가리켜 말한 것이 됩니다. 만일 '이 道義가 없으면 氣가 이 때문에 굶주린다'는 뜻이라면, 孟子께서 여기에 마땅히 따로 몇 마디를 더 했을 것입니다.……그 아래에도 '是集義所生'이란 말씀을 다시 할 필요가 없을 것입니다.〔若如來喩 以是爲指道義而言 若無此道義 卽氣爲之餒 則孟子于此亦當別下數語……其下亦不須更說是集義所生矣〕《朱子大全 答呂子約》

하였다. 朱子가 '無是'의 '是'를 浩然之氣로 본 것은 '配義與道'의 '配'를 '合而有助'의 뜻으로 본 것과 상통한다. 朱子는 不動心의 방법으로 養氣를 제시하고 '氣壹則動志'라 하여 氣와 心 사이의 상호작용을 논한 孟子의 뜻을 따라, 氣와 道義 사이의 연관을 이 단락에서 읽은 것이다. 그래서 浩然之氣가 道義를 행하는 보조라 하고, 有無가 중시되는 대상을 浩然之氣로 본 것이다. 이에 대하여 茶山은

> 朱子의 뜻은 '浩然之氣가 없으면 몸이 굶주린다.'는 것이며, 呂氏의 뜻은 '道義가 없으면 氣가 굶주린다.'는 것이다.……몸이 굶주리는 것은 君子가 근심할 바가 아니고, 오직 義理를 축적하고 積善하는 공부가 지극하지 않은 바가 있으면, 안으로 살펴보아 하자가 있고 밖으로 부끄러워 정신이 피폐해져 氣가 그 때문에 굶주리게 되는 것이니, 이것이 바로 君子가 부끄럽게 여겨야 할 바이다. 孟子는 集義가 氣를 생성하는 근본이라고 여겼고, 朱子는 養氣가 義를 행하는 보조라고 여겼으니, 그 先後와 本末이 전도된 듯하다.〔朱子之意 以爲無浩氣則體餒 呂氏之意 以爲無道義則氣餒……體餒非君子之攸憂也 唯是集義積善之功 有所不至 則內疚外怍 茶然自沮 氣爲之餒 是乃君子之所恥也 孟子以集義爲生

氣之本 而朱子以養氣爲行義之助 其先後本末 似顚倒也〕

하였다. 茶山의 이러한 평은 그가 心과 氣 사이의 상호작용을 心에서 氣로 가는 일방적 작용으로 보는 데에서 연유한다. 浩然之氣는 道義의 축적에서 생기는 것이지, 道義의 실천에 도움을 줄 수 있는 것은 아니라는 말이다. 孟子가 心과 氣를 주종관계로 보는 것은 분명하지만, 心과 氣 사이의 상호작용을 긍정하고 心의 안정에 있어서 氣의 역할을 배제하지 않는 것도 간과할 수 없다. 따라서 이 단락의 해석은 아래의 按說에 보이는 農巖의 說을 참고하기 바란다.

集註 | 配者는 合而有助之意라 義者는 人心之裁制요 道者는 天理之自然이라 餒는 飢乏而氣不充體也라 言 人能養成此氣면 則其氣合乎道義而爲之助하여 使其行之勇決하여 無所疑憚이요 若無此氣면 則其一時所爲 雖未必不出於道義나 然其體有所不充이면 則亦不免於疑憚하여 而不足以有爲矣[169]니라

'配'는 배합되어서 도움이 된다는 뜻이다. '義'는 人心의 裁制요, '道'는 天理의 自然이다. '餒'는 굶주리고 결핍되어 氣가 몸에 충만하지 못한 것이다. 사람이 능히 이 浩然之氣를 양성하면 그 氣가 道義에 배합되어 도움이 되어서 道義를 행하기를 용맹스럽고 결단성 있게 하여 의심하고 꺼리는 바가 없고, 만일 이 浩然之氣가 없으면 한때에 하는 바가 비록 반드시 道義에서 나오지 않는 것은 아니나, 그 몸이 충만하지 못한 바가 있으면 또한 의구심을 면치 못해서 훌륭한 일을 할 수 없음을 말씀한 것이다.

2-15. 是集義所生者라 非義襲而取之也니 行有不慊於心則餒矣라 我故로 曰 告子未嘗知義라하노니 以其外之也일새니라

이 浩然之氣는 義理를 축적하여 생겨나는 것이다. 義로움으로 하루아침에 갑자기 엄습하여 취해지는 것이 아니니, 행할 때 마음에 부족하게 여기는 바가 있으면 〈몸이〉 굶주리게 된다. 내 그러므로 '告子는 일찍이 義를 알지 못했다.'고 말한 것이니, 이는 義를

---

169 無所疑憚……不足以有爲矣:新安陳氏(陳櫟)는 "'疑憚'과 '疑懼' 네 글자는 앞 註의 글에 '疑惑'과 '恐懼' 네 글자의 뜻을 응한 것이니, '憚'은 바로 恐懼이다.〔疑憚疑懼四字 仍應前註文疑惑恐懼字意 憚卽恐懼也〕"하였다.

••• 裁 옷마를 재 飢 굶주릴 기 乏 다할 핍 憚 꺼릴 탄 免 면할 면 襲 엄습할 습 慊 만족할 겸

밖이라고 하기 때문이다.

按説 | '是集義所生者 非義襲而取之也'에 대하여, 官本諺解의 解釋은 '이 義를 集ᄒᆞ야 生ᄒᆞᆫ 배라 義ㅣ 襲ᄒᆞ야 取홈이 아니니'로 되어 있는데, 壺山은

> 살펴보건대 本文의 非와 義의 사이에 '以'字의 뜻이 있으니, 官本諺解의 해석은 자세하지 못한 듯하다. '生'과 '取'를 모두 氣로써 말하였으니, '者'字는 바로 '浩然之氣'를 가리킨 것이다.〔按本文非義之間 有以字意 諺釋恐欠詳 生與取 皆以氣言 者字 正指浩然之氣〕

하였다. 栗谷諺解는 '이ᄂᆞᆫ 義를 集ᄒᆞ야 生ᄒᆞᆫ 배라 義로 襲ᄒᆞ야 取홈이 아니니'로 되어 있어 壺山과 같다.

'餒'에 대하여, 農巖(金昌協)은

> 《集註》의 '氣不充體' 한 句를 잘못보고서 마침내 '그 굶주린 것은 氣이다.'라고 말하니, 朱子의 뜻은 본래 몸이 충만하지 않은 것으로 '餒'字를 해석하였으나 그 충만하지 못한 이유를 근원해보면 모름지기 '氣'字를 놓아 말해야 함을 알지 못한 것이다. 아랫글 《集註》에서 '행할 때 마음에 부족하게 여기는 바가 있으면 굶주리게 된다.'는 한 단락을 해석할 경우에는 다만 '몸이 충만하지 않은 바가 있다.'고 하고 다시 氣를 말씀하지 않았으니, 그렇다면 본래 '餒'자를 氣가 굶주린 것으로 여기지 않았음을 알 수 있다.……程子의 이른바 '欲然히 굶주려서 그 적음을 안다.'는 말씀은 도리어 氣가 굶주림을 말씀한 듯하니, 무슨 說인지 알지 못하겠으나 雙峰饒氏(饒魯)가 논한 두 '餒'字의 구분과 같은 것은 경문의 뜻을 크게 잃은 듯하다.〔由誤看集註氣不充體一句 遂謂其餒者爲氣 而不知朱子之意 本以體不充 釋餒字 而原其所以不充 則須著氣字說耳 至下文集註釋行有不慊於心則餒一段 則只曰體有所不充 而更不說氣 則其本不以餒字爲氣餒者 可見矣……程子所謂欲然而餒 知其小也者 却似言氣之餒 未知其何說 而若雙峰饒氏所論兩餒字之分 恐大失經旨也〕《農巖集 書上尤齋孟子浩然章義問目》

하였다. 程子의 說은 앞 13節의 《集註》에 보이는 "浩然之氣 乃吾氣也 養而無害 則塞于天地 一爲私意所蔽 則欲然而餒 知其小也"를 가리키며, 雙峰饒氏가 논한 두 餒자의 구분이란 원문의 '無是餒也'와 '行有不慊於心 則餒矣'의 餒를 가리킨 것으로, 《大全》에 다음과 같이 보인다.

두 餒자의 구분은, '이것이 없으면 굶주리게 된다[無是餒也]'는 것은 浩然之氣가 없으면 道義가 굶주리는 것이고 '행할 때 마음에 부족하게 여기는 바가 있으면 굶주리게 된다[行有不慊於心 則餒矣]'는 것은 道義가 없으면 浩然之氣가 굶주리게 된다는 것이니, 가리키는 바가 똑같지 않다. 〈浩然之氣와 道義〉 두 가지가 서로서로 도움이 되니, 그 用을 논하면 道義는 浩然之氣가 아니면 행할 수 없고, 그 體를 논하면 浩然之氣는 道義가 아니면 생겨날 수 없는 것이다.〔二餒字之分 無是餒也 是無氣則道義餒 行有不慊則餒 是無道義則氣餒 所指不同 蓋二者相資 論其用 則道義非氣無以行 論其體 則氣非道義無以生〕

集註 | 集義는 猶言積善이니 蓋欲事事皆合於義也라 襲은 掩取也니 如齊侯襲莒之襲[170]이라 言 氣雖可以配乎道義나 而其養之之始에 乃由事皆合義하여 自反常直이라 是以로 無所愧怍하여 而此氣自然發生於中이요 非由只行一事 偶合於義하여 便可掩襲於外而得之也라 慊은 快也며 足也라 言 所行이 一有不合於義而自反不直이면 則不足於心하여 而其體有所不充矣니 然則義豈在外哉리오 告子는 不知此理하고 乃曰仁內義外라하여 而不復以義爲事하니 則必不能集義以生浩然之氣矣라 上文不得於言勿求於心은 卽外義之意니 詳見(현)告子上篇하니라

'集義'는 積善이란 말과 같으니, 일마다 모두 義에 합하고자 하는 것이다. '襲'은 엄습하여 (덮쳐서) 취하는 것이니, 《春秋左傳》襄公 23년 조에 "齊나라 임금이 莒나라를 습격했다."는 襲字와 같다. 氣가 비록 道義에 배합되나 浩然之氣를 기르는 처음에는 마침내 일마다 모두 義에 합하여 스스로 돌이켜봄에 항상 정직함에서 말미암는다. 이 때문에 마음에 부끄러운 바가 없어서 이 浩然之氣가 심중에서 자연히 발생되는 것이요, 다만 한 가지 일을 행한 것이 우연히 義에 합함으로 말미암아 곧 밖에서 엄습하여 얻어지는 것이 아니다. '慊'은 쾌함이며 족함이다. 행하는 바가 조금이라도 義에 합하지 못해서 스스로 돌이켜 봄에 정직하지 못함이 있으면 마음에 부족해서 그 몸이 충만되지 못한 바가 있게 되니, 그렇다면 義가 어찌 밖에 있는 것이겠는가.

告子는 이러한 이치를 알지 못하고서 마침내 말하기를 "仁은 내면에 있고 義는 외면에 있

---

170 齊侯襲莒之襲:《春秋》襄公 23년 가을에 齊侯가 晉나라를 정벌하고 겨울에 "齊侯가 莒나라를 습격했다.〔齊侯襲莒〕" 하였는데, 註에 "경무장하고 가서 덮치는 것을 '襲'이라 한다. 晉나라를 정벌하고 돌아오는 길에 莒나라를 습격한 것이다.〔輕行掩其不備曰襲 因伐晉 還襲莒〕" 하였다.

⋯ 掩 가릴 엄　莒 나라이름 거　愧 부끄러울 괴　怍 부끄러울 작　偶 우연 우

다." 하여 다시는 義를 일삼지 않았으니, 그렇다면 반드시 義로운 일을 축적하여 浩然之氣를 내지 못하였을 것이다. 윗글에 '말에 이해되지 못하거든 마음에 알기를 구하지 말라.'는 것은 바로 義를 밖으로 여긴 뜻이니, 이 내용은 〈告子上〉篇에 자세히 보인다.

2-16. 必有事焉而勿正하여 心勿忘하며 勿助長也하여 無若宋人然이어다 宋人이 有閔其苗之不長而揠之者러니 芒芒然歸하여 謂其人曰 今日에 病矣로라 予助苗長矣로라하여늘 其子趨而往視之하니 苗則槁矣러라 天下之不助苗長者寡矣니 以爲無益而舍之者는 不耘苗者也요 助之長者는 揠苗者也니 非徒無益이라 而又害之니라

반드시 浩然之氣를 기름에 종사하되 효과를 미리 기대하지 말아서 마음에 잊지도 말며 억지로 助長하지도 말아서 宋나라 사람과 같이 하지 말지어다. 宋나라 사람 중에 벼싹이 자라지 않는 것을 안타깝게 여겨 뽑아놓은 자가 있었다. 그는 아무 것도 모르고 돌아와서 집안사람들에게 말하기를 '오늘 〈내가 매우〉 피곤하다. 내가 벼싹이 자라도록 도왔다.' 하므로 그 아들이 달려가서 보았더니, 벼싹이 말라 있었다. 天下에 벼싹이 자라도록 억지로 助長하지 않는 자가 적으니, 유익함이 없다 해서 버려두는 자는 〈비유하면〉 벼싹을 김매지 않는 자요, 억지로 助長하는 자는 〈비유하면〉 벼싹을 뽑아놓는 자이니, 이는 비단 유익함이 없을 뿐만 아니라 도리어 해치는 것이다."

按說 | '病矣'와 '苗則槁矣'에 대하여, 壺山은

'病矣' 두 글자는 어리석은 사람의 모습을 잘 형상(형용)하였으니, '苗則槁矣'는 뒷편의 '此其爲厭足之道也'와 말뜻이 대략 같다. 戰國時代에 어리석은 일 중에 싹을 뽑고 나무의 그루터기를 지킨 것과 같은 것이 모두 宋나라에서 나왔으니, 아마도 山川의 風氣가 그러한 것인가. 아니면 이른바 '下流에 있는 것을 싫어한다는 것'인가.〔病矣二字 善形容痴人情狀 苗則槁矣 與後篇此其爲厭足之道也 語意略同 蓋戰國時痴人之事 如揠苗守株 皆出於宋 豈山川風氣所然歟 抑所謂惡居下流者歟〕

하였다. '此其爲厭足之道也'는 아래《離婁下》33장에 보인다.

··· 正 미리기대할정 閔 근심할 민 苗 벼싹 묘 揠 뽑을 알 芒 아득할 망(茫同) 病 피곤할 병 趨 달릴 추 槁 마를 고 寡 적을 과 耘 김맬 운 徒 한갓 도

'天下之不助苗長者寡矣'라고 하였으나, 실제로 宋나라 사람처럼 벼싹을 뽑아 놓아 억지로 자라게 하는 자는 드물다. 다만 여기서는 浩然之氣를 기르다가 효과가 나지 않으면 人爲的으로 助長하는 자가 많음을 비유하여 말씀했을 뿐이다.

'揠苗'에 대하여, 茶山은

> 만약 일삼음이 있을 때에 스스로 期必하여 浩然之氣를 發生하려고 하면, 이것이 이른바
> '揠苗'이다. 그러므로 孟子가 경계하여 "반드시 浩然之氣를 기름에 종사할 때에 미리 기필
> 하는 바를 설정하지 말고, 다만 마음속으로 바르고 곧은 도리를 잊지 말고, 절대로 助長하
> 여 揠苗의 병을 범하지 말라."고 하셨으니, 이것이 浩然之氣를 기르는 법이다.〔若當有事之
> 時 自期自必 要發浩然之氣 是所謂揠苗也 故孟子戒之曰 必於有事之時 勿先設正
> 但於心內 勿忘正直底道理 切勿助長以犯揠苗之病 此養浩氣之法也〕

하였다.

集註 | 必有事焉而勿正은 趙氏, 程子는 以七字爲句하고 近世에 或幷下文心字讀
之者亦通이라 必有事焉은 有所事也니 如有事於顓臾[171]之有事라 正은 預期也니
春秋傳曰 戰不正勝[172]이 是也라 如作正心이라도 義亦同하니 此與大學之所謂正心
者로 語意自不同也라 此는 言養氣者必以集義爲事요 而勿預期其效하며 其或未
充이면 則但當勿忘其所有事요 而不可作爲以助其長이니 乃集義養氣之節度也라

---

171 有事於顓臾: '顓臾'는 國名으로, '顓臾에 일함이 있다.'는 것은 顓臾를 정벌할 일이 있음을 뜻하는바,
이 내용은 《論語》〈季氏〉 1장에 보인다.

172 春秋傳曰 戰不正勝: 《春秋》 僖公 26년에 "公子 遂가 楚나라에 가서 군대를 청하였다.〔公子遂如楚
乞師〕" 하였는데, 《春秋公羊傳》에 "乞이란 무엇인가? 말을 낮춘 것이다. 어찌하여 국내와 국외의 기사
에 똑같이 '乞師'라고 말하였는가? 군대를 重하게 여긴 것이다. 어찌하여 군대를 중하게 여겼는가? 군
대가 출동하면 돌아옴을 기약하지 못하고 전쟁하면 승리를 기약하지 못하기 때문이다.〔'不正'은 기약하지
못하는 것이다. '反'은 돌아오는 것이고 '勝'은 勝戰하는 것이다.〕〔乞者 何 卑辭也 曷爲以外內同若辭 重師也
曷爲重師 師出不正反 戰不正勝也〔不正者 不期也 反 復也 勝 捷也〕〕" 하였다. 《春秋公羊傳》의 '正'字에
대해 王引之의 《經義述聞》에 "'正'이란 말은 定이며 必이다.〔正之言 定也 必也〕" 하였다. 《春秋穀梁
傳》의 同年條에는 '戰不必勝'이라고 보이는데, 이 역시 전쟁은 싸워보아야 勝敗를 알 수 있지, 승리를
미리 기약할 수 없다는 뜻이다. 楊伯峻은 《春秋公羊傳》의 '正'을 '定' 또는 '必'의 의미로 보면, 朱子가
《春秋公羊傳》을 인용하여 '正'을 '預期'로 해석한 것은 취할 만하지 못하다고 하였다. 楊伯峻은 王夫
之가 '正'을 《儀禮》〈士昏禮〉의 '必有正焉'의 '正'으로 읽어 "'正'은 徵이며 的이니, '사물을 지적하여
징험할 표준으로 삼아 반드시 그러하도록 하는 것'이다.〔正者 徵也 的也 指物以爲徵準使必然也〕" 한
說을 취하여, '勿正'을 "특정한 목표를 두지 말아야 한다."로 번역하였다.

··· 顓 어리석을 전 臾 잠깐유 預 미리 예

閔은 憂也라 揠은 拔也라 芒芒은 無知之貌[173]라 其人은 家人也라 病은 疲倦也라 舍之而不耘者는 忘其所有事요 揠而助之長者는 正之不得而妄有作爲者也라 然이나 不耘則失養而已요 揠則反以害之니 無是二者면 則氣得其養而無所害矣리라 如告子不能集義而欲彊制其心이면 則必不能免於正助之病이니 其於所謂浩然者에 蓋不惟不善養이요 而又反害之矣니라

'必有事焉而勿正'을 趙氏(趙岐)와 程子(明道)는 일곱 字로써 구절을 삼았고, 근세에 혹 아랫글의 心字까지 아울러 읽는 자도 있으니, 또한 통한다. '必有事焉'은 종사하는 바가 있는 것이니, '有事於頊臾'의 有事와 같다. '正'은 미리 기약(기대)함이니, 《春秋公羊傳》에 "싸움은 승리를 미리 기약할 수 없다."는 것이 이것이다. 만일 正心으로 쓴다 하더라도 뜻이 또한 같으니, 이것은 《大學》의 이른바 '正心'이란 것과는 말뜻이 자연 같지 않다. 이것은 浩然之氣를 기르는 자가 반드시 의로운 일을 많이 축적함으로써 일을 삼고 미리 효과를 기대하지 말아야 하며, 혹시라도 충만되지 못하면 다만 마땅히 종사함이 있음을 잊지 말 것이요 억지로 작위하여 자라도록 돕지 말아야 함을 말씀한 것이니, 이것이 바로 의로운 일을 많이 축적하여 浩然之氣를 기르는 節度이다.

'閔'은 근심함이다. '揠'은 뽑는 것이다. '芒芒(茫茫)'은 無知한 모양이다. '其人'은 집안 사람이다. '病'은 피곤함이다. 버려두고 김매지 않는 자는 종사함이 있는 것을 잊는 것이요, 뽑아서 조장하는 자는 효과를 미리 기대하다가 얻지 못함에 함부로 작위하는 자이다. 그러나 김매지 않으면 기름을 잃을 뿐이지만 뽑는다면 도리어 해치게 되니, 이 두 가지(正과 助)가 없으면 氣가 그 기름을 얻어서 해치는 바가 없을 것이다. 告子와 같이 義理를 축적하지 못하고서 억지로 그 마음을 제재하고자 한다면 반드시 正助(미리 기대하거나 억지로 조장)하는 병통을 면치 못할 것이니, 이른바 浩然之氣란 것에 대해서 잘 기르지 못할 뿐만 아니요, 또 도리어 해치게 된다.

2-17. 何謂知言이잇고 曰 詖辭에 知其所蔽하며 淫辭에 知其所陷하며 邪辭에 知其所離하며 遁辭에 知其所窮이니 生於其心하여 害於其政하며 發於其政하여 害於其事하나니 聖人이 復起사도 必從吾言矣시리라

---

173 芒芒 無知之貌: 趙岐는 "'芒芒'은 피곤한 모양〔罷倦之貌〕이다."라고 해석하였다.

••• 揠 뽑을 발 疲 지칠 피 倦 피곤할 권 妄 함부로 망 彊 억지로 강 詖 편벽될 피 蔽 가릴 폐 淫 방탕할 음 陷 빠질 함 邪 간사할 사 離 떠날 리, 어긋날 리 遁 도망할 둔 窮 곤궁할 궁

〈公孫丑가 말하였다.〉"무엇을 知言이라 합니까?"

孟子께서 말씀하셨다. "편벽된 말에 그 가린 바를 알며, 방탕한 말에 빠져 있는 바를 알며, 간사(부정)한 말에 괴리된 바를 알며, 도피하는 말에 〈논리가〉 궁함을 알 수 있으니, 마음에서 생겨나 정사에 해를 끼치며 정사에 발로되어 일에 해를 끼치니, 聖人이 다시 나오셔도 반드시 내 말을 따르실 것이다."

按說 | '詖辭', '淫辭', '邪辭'에 대하여, 茶山은

> 詖辭, 淫辭, 邪辭는 말에 잘못이 있는 것이니, 이른바 '不得於言'이란 것이다. 말이 편벽된 것에 나아가 그 마음에 가리운 바가 있음을 알며, 말이 방탕한 것에 나아가 그 마음에 빠져 있는 바가 있음을 알며, 말이 간사한 것에 나아가 그 마음에 괴리된 바가 있음을 아니, 이른바 '말에서 얻지 못하면 반드시 마음에서 구한다.'는 것이다.〔詖淫邪者 言之有失者 所謂 不得於言也 卽言之詖而知其心之有所蔽 卽言之淫而知其心之有所陷 卽言之邪而 知其心之有所離 所謂不得於言 必求於心也〕

하였다. 《集註》에서는 말의 병통에 대하여 "마음이 正理에 밝아서 가리움이 없은 뒤에야 말이 公平하고 올바르고 통달하여 병통이 없다." 하였는데, 茶山은 이 註에 대하여

> 理에 밝더라도 말을 알 수 없으니, 반드시 마음이 義를 잡아 정직해서 가림이나 빠짐이 없는 뒤에야 비로소 편벽되거나 방탕한 병통이 없게 된다. 이는 浩然之氣가 義를 모으는 데에서 생기는 것과 같으니, 理에 밝은 것으로 설명해서는 안 된다.〔明理不足以知言 必其心秉義 正直 無所蔽陷 然後乃無詖淫之病 如浩然之氣 生於集義 不可作明理說〕

하였다. 이는 '仁義禮智 즉 性이 心에 내재한다'는 朱子의 心性論을 茶山이 부정하는 것과 같은 맥락이다. 茶山에게 仁은 측은지심을 통해 형성해낸 心의 外在的 도리이다. 따라서 여기에서도 心과 言과의 상관관계를 논할 뿐, 理를 언급한 朱子의 說을 부정한 것이다. 茶山에게 있어 가장 근원적인 것은 性 혹은 理가 아니라 心인바, 이러한 心學이 《孟子要義》 전반에 나타난다.

集註 | 此는 公孫丑復問而孟子答之也라 詖는 偏陂也요 淫은 放蕩也[174]요 邪는 邪僻也[175]요 遁은 逃避也라 四者相因하니 言之病也라 蔽는 遮隔也요 陷은 沈溺也요 離는 叛去也요 窮은 困屈也라 四者亦相因하니 則心之失也라 人之有言이 皆出於心하니 其心이 明乎正理而無蔽然後에 其言이 平正通達而無病이니 苟爲不然이면 則必有是四者之病矣라 卽其言之病하여 而知其心之失하고 又知其害於政事之決然而不可易者如此하니 非心通於道而無疑於天下之理면 其孰能之리오 彼告子者는 不得於言이어든 而不肯求之於心하여 至爲義外之說하니 則自不免於四者之病이니 其何以知天下之言而無所疑哉리오

程子曰 心通乎道然後에 能辨是非를 如持權衡하여 以較輕重이니 孟子所謂知言이 是也니라

又曰 孟子知言은 正如人在堂上이라야 方能辨堂下人曲直[176]이니 若猶未免雜於堂下衆人之中이면 則不能辨決矣리라

이는 公孫丑가 다시 물음에 孟子께서 대답하신 것이다. '詖'는 편벽됨이요, '淫'은 방탕함이요, '邪'는 부정함이요, '遁'은 도피함이다. 이 네 가지는 서로 因하니(이어지니), 말의 병통이다. '蔽'는 가리고 막힘이요, '陷'은 빠짐이요, '離'는 배반이요, '窮'은 곤궁함이다. 이 네 가지 또한 서로 因하니, 이것은 마음의 잘못이다.

사람의 말은 모두 마음에서 나오니, 마음이 正理에 밝아서 가리움이 없은 뒤에야 말이 公平하고 올바르고 통달하여 병통이 없으니, 만일 그렇지 못하면 반드시 이 네 가지의 병통이 있게 된다. 말의 병통에 나아가 마음의 잘못을 알고, 또 정사에 해됨이 결정적이어서 바꿀 수 없음을 앎이 이와 같았으니, 마음이 道를 통달하여 天下의 이치에 의심이 없는 자가 아니면 그 누가 이에 능하겠는가. 저 告子는 말에 이해되지 못하면 이것을 마음에 찾으려 하지 않아서 심지어는 義가 외면에 있다는 말을 하기까지 하였으니, 그렇다면 스스로 이 네 가지의 병통을 면치 못한 것이니, 어떻게 天下의 말을 알아 의심하는 바가 없겠는가.

程子(伊川)가 말씀하였다. "마음이 道를 통달한 뒤에야 是非를 분별하기를, 마치 저울추와

---

174 淫 放蕩也:《書經》〈大禹謨〉의 '罔淫于樂'에 대한 孔安國의 傳에 "'淫'은 過다." 하였고, 孔穎達의 疏에 "'淫'은 過度의 뜻이므로 過가 된다." 하였다. 楊伯峻도 이 說을 취하였다.

175 邪 邪僻也:朱子는 "〈'邪'는〉 正路를 떠난 것이다.〔離了正路〕" 하였다.《語類》

176 方能辨堂下人曲直:新安陳氏(陳櫟)는 "이는 반드시 衆人보다 뛰어난 식견이 있은 뒤에야 능히 衆人의 말을 알 수 있음을 말한 것이다.〔此言必有超於衆人之見 然後能知衆人之言也〕" 하였다.

··· 偏 치우칠 편 陂 편벽될 피 放 방탕할 방 蕩 방탕할 탕 僻 간사할 벽 遮 가릴 차 隔 막을 격 沈 빠질 침 溺 빠질 닉 叛 배반할 반 辨 분별할 변 持 잡을 지 權 저울 권 衡 저울대 형 較 비교할 교 雜 섞일 잡

저울대를 잡고 輕重을 비교하는 것과 같이 할 수 있으니, 孟子의 이른바 '知言'이란 것이 이것이다."

〈程子(明道)가〉 또 말씀하였다. "孟子의 知言은 바로 사람이 堂上에 있어야 비로소 堂下 사람의 曲直을 구별할 수 있는 것과 같으니, 만일 자신이 아직도 堂下의 여러 사람 속에 섞여 있음을 면치 못한다면 曲直을 분별할 수 없는 것과 같다."

2-18. 宰我, 子貢은 善爲說辭하고 冉牛, 閔子, 顔淵은 善言德行이러니 孔子兼之하사되 曰 我於辭命則不能也로라하시니 然則夫子는 旣聖矣乎
신저

〈公孫丑가 말하였다.〉"宰我와 子貢은 說辭를 잘 하였고 冉牛·閔子·顔淵은 德行을 잘 말씀하였는데, 孔子께서는 이것을 겸하셨으나 말씀하시기를 '나는 辭命에 있어서는 능하지 못하다.' 하셨으니, 그렇다면 夫子께서는 이미 聖人이십니다."

按說 | 혹자가 朱子에게 묻기를

說辭를 잘하면 德行에 혹 지극하지 못한 바가 있고, 德行을 잘 말하면 말한 바가 모두 자기 분수의 일입니까?'〔善爲說辭 則於德行 或有所未至 善言德行 則所言 皆其自己分上事也〕

하니, 朱子가 '맞다.'고 대답하였다.《朱子大全 答程允夫》沙溪(金長生)는

'說辭'와 '辭命'은 知言에 속하고, '善言德行'은 浩然之氣에 속한다.〔說辭辭命 屬知言 善言德行 屬浩然之氣〕《經書辨疑》

하였다. 茶山은

'說辭'는 賓과 主人이 논설하는 말이니, 《春秋左傳》哀公 7년에 季康子가 子貢을 吳나라에 보내어〉 子貢이 吳나라 太宰 嚭에게 대답한 따위이다. '辭命'은 이웃나라에 朝聘할 때 쓰는 것이니, 大夫가 專對하는 것을 辭라 하고〔그 나라에 가서 묻는 것에 따라 대답하는 것이다.〕임금이 致辭하는 것을 命이라 한다.〔임금이 使臣에게 〈그 내용을〉 命하는 것이다.〕《論語》에 "辭는 뜻이 통하게 할 뿐이다." 하고, "命을 만들 적에 裨諶이 초고를 만들었다." 하

··· 冉 성염 兼 겸할 겸

였으며, 《春秋公羊傳》에 "大夫는 命을 받고 辭를 받지 않는다." 한 것이 모두 이런 것이니, 일상적인 言語를 말한 것이 아니다. 오직 "德行을 잘 말씀하였다." 한 것만이 私室에서 道를 논한 말이다.〔說辭者 賓主論說之辭 子貢對吳太宰嚭之類是也 辭命者 鄰國朝聘之所用 大夫專對曰辭〔到彼國 隨所問而對者〕國君致辭曰命〔所以命使臣〕論語曰辭達而已 曰爲命 裨諶草創之 春秋傳曰 大夫受命不受辭 皆此物 非尋常言語之謂也 惟善言德行 乃私室論道之言〕

하였다. 茶山은 또

浩然之氣가 어찌 德行이겠는가. 하물며 顏淵과 閔子의 '善言德行'도 중점이 善言에 있고 德行에 있지 않다. 지금 〈朱子의〉 '孟子가 德行을 겸하여 소유하셨다.'고 한 것은 군더더기이다.〔浩氣豈德行乎 況顏閔之善言德行 亦重在善言 不在德行 今云孟子兼德行亦贅矣〕

하여, 이 단락을 知言과 養氣, 言語와 德行 모두에 대한 것으로 본 朱子의 견해를 비판하였다. 그러나 正直으로 길러 얻어지는 '浩然之氣'가 德行이 아니고 무엇이란 말인가. 茶山의 說은 이해할 수 없다.

集註 | 此一節은 林氏以爲皆公孫丑之問이라하니 是也라 說辭는 言語也요 德行은 得於心而見(현)於行事者也라 三子善言德行者는 身有之故로 言之親切而有味也라 公孫丑言 數子各有所長而孔子兼之라 然이나 猶自謂不能於辭命이어시늘 今孟子 乃自謂我能知言하고 又善養氣라하시니 則是兼言語德行而有之니 然則豈不旣聖矣乎아하니라 此夫子는 指孟子也라
○程子曰 孔子自謂不能於辭命者는 欲使學者務本而已시니라

이 1節은 林氏(林之奇)가 이르기를 "모두 公孫丑의 질문이다." 하였으니, 그 말이 옳다. '說辭'는 言語요, '德行'은 마음에 얻어서 행하는 일에 나타나는 것이다. 세 분이 德行을 잘 말씀한 것은 자신들이 德行을 가지고 있었기 때문에 이것을 말함에 친절해서 맛이 있었던 것이다. 公孫丑가 말하기를 "몇 분은 각기 所長이 있었고, 孔子는 이것을 겸하셨으면서도 스스로 辭命에는 능하지 못하다고 말씀하셨는데, 지금 孟子께서는 스스로 '나는 능히 知言을 하고, 나는 또 養氣를 잘 한다.'고 말씀하셨으니, 이것은 言語와 德行을 겸하여 소

유하신 것입니다. 그렇다면 어찌 이미 聖人이 아니겠습니까." 한 것이다. 여기의 夫子는 孟子를 가리킨다.

○ 程子(明道)가 말씀하였다. "孔子께서 스스로 辭命에는 능하지 못하다고 말씀한 것은 배우는 자들로 하여금 근본(行實)을 힘쓰게 하고자 하신 것이다."

2-19. 日 惡(오)라 是何言也오 昔者에 子貢이 問於孔子日 夫子는 聖矣乎신저 孔子日 聖則吾不能이어니와 我는 學不厭而教不倦也로라 子貢日 學不厭은 智也요 教不倦은 仁也니 仁且智하시니 夫子는 既聖矣신저하니 夫聖은 孔子도 不居하시니 是何言也오

孟子께서 말씀하셨다. "아, 이것이 웬 말이냐. 옛적에 子貢이 孔子께 묻기를 '夫子는 聖人이십니다.' 하자, 孔子께서 '聖人은 내 능하지 못하지만 나는 배우기를 싫어하지 않고 가르치기를 게을리하지 않노라.' 하시니, 子貢이 말하기를 '배우기를 싫어하지 않음은 智요 가르치기를 게을리하지 않음은 仁이니, 仁하고 또 智하시니 夫子는 이미 聖人이십니다.' 하였다. 聖人은 孔子께서도 자처하지 않으셨으니, 이것이 웬 말이냐."

集註 | 惡는 驚歎辭也라 昔者以下는 孟子不敢當丑之言하여 而引孔子子貢問答之辭以告之也라 此夫子는 指孔子也라 學不厭者는 智之所以自明이요 教不倦者는 仁之所以及物[177]이라 再言是何言也하여 以深拒之하시니라

'惡'는 놀라고 탄식하는 말이다. '昔者' 이하는 孟子께서 감히 公孫丑의 말을 감당하지 못해서 孔子와 子貢이 문답하신 말씀을 인용하여 고해준 것이다. 여기의 '夫子'는 孔子를 가

---

177 學不厭者……仁之所以及物:朱子는 《中庸》의 '자기를 이룸이 仁이란 것'은 體이고, '남을 이루어줌이 智라는 것'은 用이며, 여기의 '배우기를 싫어하지 않는 것이 智라는 것'은 體이고, '가르치기를 게을리하지 않는 것이 仁이란 것'은 用이다.〔成己仁也 是體 成物智也 是用 此學不厭知也 是體 教不倦仁也 是用〕" 하였다.《語類 中庸》 '成己仁也'는 《中庸》 25장에 "誠은 스스로 자신을 이룰 뿐만 아니라 남을 이루어 주니, 자신을 이룸은 仁이요 남을 이루어 줌은 智이다. 이는 性의 德이니, 內外를 합한 道이다. 그러므로 때로 둠에 마땅한 것이다.〔誠者 非自成己而已也 所以成物也 成己 仁也 成物 知(智)也 性之德也 合內外之道也 故時措之宜也〕"라고 보인다. '仁之所以及物'과 '智之所以自明'은 '及物之仁'과 '自明之智'로, 곧 남에게 미침은 仁이요 스스로 밝힘은 智란 뜻인데, 主語인 仁·智를 앞에 놓아 이렇게 표현한 것이다.

··· 惡 탄식할 오 厭 싫어할 염 倦 게으를 권 居 있을 거 驚 놀랄 경 歎 탄식할 탄 物 남 물 拒 막을 거

리킨다. 배우기를 싫어하지 않음은 智로서 스스로 밝히는 것이요, 가르치기를 게을리하지 않음은 仁으로서 남에게 미치는 것이다. '이것이 웬 말이냐.'고 두 번 말씀하여 깊이 거절하신 것이다.

2-20. 昔者에 竊聞之호니 子夏, 子游, 子張은 皆有聖人之一體하고 冉牛, 閔子, 顏淵은 則具體而微라하니 敢問所安하노이다

〈公孫丑가 말하였다.〉"옛적에 제가 들으니, '子夏·子游·子張은 모두 聖人의 一體(일부분)를 가지고 있었고, 冉牛·閔子·顏淵은 전체를 갖추고 있었으나 미약하다.' 하였습니다. 감히 선생님께서 편안히 자처하시는 바를 묻겠습니다."

集註 | 此一節은 林氏亦以爲皆公孫丑之問이라하니 是也라 一體는 猶一肢也라 具體而微는 謂有其全體로되 但未廣大耳[178]라 安은 處也라 公孫丑復問 孟子旣不敢比孔子면 則於此數子에 欲何所處也오하니라

이 한 節은 林氏(林之奇)가 또 이르기를 '모두 公孫丑의 질문이다.'라고 하였으니, 그 말이 옳다. '一體'는 一肢와 같다. '具體而微'는 그(孔子)의 전체를 소유하였으나 다만 廣大하지 못함을 말한 것이다. '安'은 편안히 처하는 것이다. 公孫丑가 다시 묻기를 "孟子께서 이미 감히 孔子에게 비하지 못하신다면 이 몇 분 중에 어느 곳에 자처하시고자 하십니까?" 한 것이다.

2-21. 曰 姑舍是하라

孟子께서 말씀하셨다. "우선 이분들을 버려두라."

集註 | 孟子言且置是者는 不欲以數子所至者로 自處也라

孟子께서 말씀하시기를 '우선 이분들을 버려두라.'고 하신 것은, 이 몇 분이 이른 경지로써 자처하고자 하지 않으신 것이다.

---

178 但未廣大耳:一本에는 '大'字가 빠져 있다.

··· 竊 사사로울 절 具 갖출 구 微 작을 미 肢 사지 지 姑 우선 고 舍 버릴 사, 놓을 사 且 우선 차

2-22. 曰 伯夷, 伊尹은 何如하니잇고 曰 不同道하니 非其君不事하며 非
其民不使하여 治則進하고 亂則退는 伯夷也요 何事非君이며 何使非民
이리오하여 治亦進하며 亂亦進은 伊尹也요 可以仕則仕하며 可以止則止
하며 可以久則久하며 可以速則速은 孔子也시니 皆古聖人也라 吾未能
有行焉이어니와 乃所願則學孔子也로라

公孫丑가 말하였다. "伯夷와 伊尹은 어떻습니까?"

孟子께서 말씀하셨다. "道가 같지 않으니, 섬길 만한 군주가 아니면 섬기지 않으며 부
릴 만한 백성이 아니면 부리지 않아서 세상이 다스려지면 나아가고 어지러워지면 물러
간 분은 伯夷였고, '어느 분을 섬긴들 내 군주가 아니며 어떤 사람을 부린들 내 백성이
아니겠는가.' 하여 다스려져도 나아가고 혼란해도 나아간 분은 伊尹이었고, 벼슬할 만
하면 벼슬하고 그만둘 만하면 그만두며 오래 머무를 만하면 오래 머물고 빨리 떠날 만
하면 빨리 떠난 분은 孔子이시니, 모두 옛 聖人이시다. 내 능히 행함이 있지 못하지만,
원하는 것은 孔子를 배우는 것이다."

按說 | '可以止則止'의 '止'에 대하여, 楊伯峻은

> 여기에서는 '仕'와 상대적으로 말한 것이다. 〈萬章下〉 1장에 '可以處而處'라 하였으니, 뜻
> 은 '물러나 은둔하다.〔退處〕'가 되어야 한다.

하였다. '可以久則久 可以速則速'은 아래 〈萬章下〉 1장에

> 孔子께서 齊나라를 떠나실 적에 〈밥을 지으려고〉 쌀을 담갔다가 건져 가지고 떠나셨고, 魯
> 나라를 떠나실 적에는 말씀하시기를 "더디고 더디다. 내 발걸음이여." 하셨으니, 이는 父母
> 의 나라를 떠나는 도리이다. 속히 떠날 만하면 속히 떠나고 오래 머무를 만하면 오래 머무셨
> 다.〔孔子之去齊 接淅而行 去魯 曰 遲遲 吾行也 去父母國之道也 可以速而速 可以久
> 而久〕

라고 보인다. 楊伯峻은

> 이른바 '久'는 '더디고 더디다. 내 발걸음이여.〔遲遲 吾行〕'를 가리키니 머물고 지체한다는

⋯ 使 부릴 사

뜻이고, '速'은 '쌀을 담갔다가 건져 가지고 떠나는 것(接淅而行)'을 가리키므로 趙岐의 註에 '빨리 가는 것이다.(疾行也)'했다.

하였다.

集註 | 伯夷는 孤竹君之長子니 兄弟遜國하고 避紂隱居라가 聞文王之德而歸之러니 及武王伐紂에 去而餓死하니라 伊尹은 有莘[179]之處士니 湯聘而用之하여 使之就桀한대 桀不能用이어늘 復歸於湯하여 如是者五라 乃相湯而伐桀也하니라 三聖人事는 詳見(현)此篇之末及萬章下篇하니라

伯夷는 孤竹國 군주의 長子이니, 형제가 나라를 양보하고 紂王을 피하여 숨어 살다가 文王의 德을 듣고 文王에게 귀의했었는데, 武王이 紂王을 정벌하자 周나라를 떠나 굶어 죽었다. 伊尹은 有莘(國名)의 處士이니, 湯王이 초빙하여 등용해서 桀王에게 나아가게 하였으나 桀王이 등용하지 못하자, 다시 湯王에게 돌아와 이와 같이 하기를 다섯 번 하다가 마침내 湯王을 도와 桀王을 정벌하였다. 이 세 聖人의 일은 이 편의 끝과 〈萬章下〉篇에 자세히 보인다.

2-23. 伯夷, 伊尹이 於孔子에 若是班乎잇가 曰 否라 自有生民以來로 未有孔子也시니라

〈公孫丑가 말하였다.〉 "伯夷와 伊尹이 孔子에 대해서 이와 같이 동등합니까?"
孟子께서 말씀하셨다. "아니다. 生民이 있은 이래로 孔子 같은 분은 계시지 않다."

集註 | 班은 齊等之貌라 公孫丑問에 而孟子答之以不同也하시니라

'班'은 등급이 똑같은 모양이다. 公孫丑가 물음에 孟子께서 같지 않다고 답하신 것이다.

2-24. 曰 然則有同與잇가 曰 有하니 得百里之地而君之면 皆能以朝諸

---

179 有莘:莘은 나라 이름이며, 有는 옛날 나라를 나타낼 적에 虛字로 많이 사용하였는바, 虞나라를 有虞, 窮나라를 有窮, 宋나라를 有宋, 明나라를 有明이라 칭한 것과 같다.

••• 孤 외로울 고 竹 대 죽 遜 양보할 손 隱 숨을 은 餓 굶주릴 아 莘 나라이름 신 聘 맞이할 빙 就 나아갈 취
相 도울 상 班 같을 반 齊 가지런할 제 等 등급 등 朝 조회받을 조

侯有天下어니와 行一不義하며 殺一不辜而得天下는 皆不爲也시리니 是
則同하니라

公孫丑가 말하였다. "그렇다면 같은 점이 있습니까?"
孟子께서 말씀하셨다. "있으니, 百里되는 땅을 얻어서 人君 노릇을 하시면 모두 諸侯
들을 조회 오게 하여 天下를 소유할 수 있지만, 한 가지 일이라도 不義를 행하고 한 사
람이라도 죄 없는 이를 죽여서 天下를 얻음은 모두 하지 않으실 것이니, 이것은 같다."

> 集註 | 有는 言有同也라 以百里而王天下는 德之盛也요 行一不義, 殺一不辜而得
> 天下를 有所不爲는 心之正也라 聖人之所以爲聖人은 其根本節目之大者 惟在於
> 此하니 於此不同이면 則亦不足以爲聖人矣[180]니라

> '有'는 같은 점이 있음을 말한다. 百里를 가지고 天下에 王 노릇함은 德의 성함이요, 한 가
> 지 일이라도 의롭지 않은 일을 행하고 한 사람이라도 죄 없는 이를 죽이고서 天下를 얻음을
> 하지 않는 바가 있음은 마음의 올바름이다. 聖人이 聖人이 되신 이유는 그 根本과 節目의
> 큰 것이 오직 여기에 있으니, 여기에 같지 않다면 또한 聖人이라 할 수 없는 것이다.

2-25. 曰 敢問其所以異하노이다 曰 宰我, 子貢, 有若은 智足以知聖人 이니 汙(와)不至阿其所好니라

公孫丑가 말하였다. "감히 그 다른 점을 묻습니다."
孟子께서 말씀하셨다. "宰我와 子貢과 有若은 지혜가 충분히 聖人을 알았을 것이
니, 이들이 가령 〈지혜가〉 낮다 하더라도 좋아하는 사람(스승)에게 아첨하는 데에는 이
르지 않았을 것이다.

> 集註 | 汙는 下也[181]라 三子智足以知夫子之道하니 假使汙下라도 必不阿私所好而
> 空譽之니 明其言之可信也라

---

180 不足以爲聖人矣:一本에는 '以'字가 빠져 있다.
181 汙 下也:朱子는 "'汙'는 바로 옴폭하게 패여서 평평하지 못한 곳이다.〔汙 是汙下不平處〕"하였다.《語
類》

··· 辜 죄고 盛 성할성 汙 낮을와(오) 阿 아첨할아 假 가령가 空 헛될공

'汙'는 낮음이다. 세 사람의 지혜가 충분히 夫子의 道를 알았을 것이니, 가령 〈지혜가〉 낮더라도 반드시 자기가 좋아하는 사람에게 아첨하여 헛되이 칭찬하지는 않았을 것이다. 이는 그 말이 믿을 만함을 밝히신 것이다.

2-26. 宰我曰 以予觀於夫子컨대 賢於堯舜이 遠矣샷다

宰我가 말하기를 '나로서(내가) 夫子를 관찰하건대 堯·舜보다 나음이 크시다.' 하였다.

按說 | '以予觀於夫子'에 대하여 官本諺解에서는 '내 夫子를 觀ᄒ욤으로써 ᄒ건댄'으로 해석하였는데, 壺山은

'予'字는 宰我의 이름으로 읽는 것과 '나'라는 뜻으로 읽는 것이 있는데, 두 가지 모두 통한다. 다만 官本諺解에 '以'字를 '夫子'에서 解釋한 것은 마땅히 다시 헤아려 보아야 할 듯하다.(予字 讀作宰我之名 與我吾之義 兩皆通 但諺解 以字釋於夫子者 則恐合更商)

하였으니, 이는 '以'字를 予에 걸어 '나로서'로 해석해야 함을 강조한 것이다. 한편 栗谷諺解는 '뻐 予의 夫子 보오모론'으로 되어 있어 官本諺解와 마찬가지로 '以'를 '予觀於夫子' 전체에 걸어 해석한 것으로 보인다.

集註 | 程子曰 語聖則不異하고 事功則有異하니 夫子賢於堯舜은 語事功也라 蓋堯舜은 治天下하시고 夫子는 又推其道하사 以垂教萬世하시니 堯舜之道 非得孔子면 則後世亦何所據哉리오

程子(伊川)가 말씀하였다. "聖人인 것을 말하면 다르지 않고 事功은 다름이 있으니, 夫子가 堯·舜보다 나음은 事功을 말한 것이다. 堯·舜은 天下를 다스리셨고, 夫子는 또 그 道를 미루어 萬世에 가르침을 남기셨으니, 堯·舜의 道가 孔子를 얻지 않았다면 후세에서 또한 무엇을 근거로 삼았겠는가."

2-27. 子貢曰 見其禮而知其政하며 聞其樂而知其德이니 由百世之後하여 等百世之王컨댄 莫之能違也니 自生民以來로 未有夫子也시니라

··· 賢 나을 현 垂 드리울 수, 전할 수 據 근거할 거 等 차등할 등 違 피할 위

子貢이 말하기를 '禮를 보면 그 나라의 政事를 알 수 있고 音樂을 들으면 그 君主의 德을 알 수 있으니, 百世의 뒤에서 百世의 王들을 차등해 보건대 능히 이것을 도피할 자가 없으니, 生民이 있은 이래로 夫子 같은 분은 계시지 않았다.' 하였다.

按說 | '見其禮而知其政'과 '聞其樂而知其德'을 諺解에 모두 '그 禮를 보고'와 '그 樂을 듣고'로 해석하였으나 《集註》에는 모두 '而'를 則으로 바꿨으므로 '면'으로 번역하였다. 而와 則은 같은 뜻으로 쓰인다.

集註 | 言 大凡見人之禮면 則可以知其政이요 聞人之樂이면 則可以知其德이라 是以로 我從百世之後하여 差等百世之王컨대 無有能遁其情者니 而見其皆莫若夫子之盛也라

대체로 사람(君主)의 禮를 보면 그 政事를 알 수 있고, 사람의 音樂을 들으면 그 德을 알 수 있다. 이 때문에 내가 百世의 뒤에서 百世의 王들을 차등해 보건대 그 實情을 도피할 자가 없었으니, 그 모두 夫子와 같이 성한 분이 없음을 볼 수 있다고 말씀한 것이다.

2-28. 有若曰 豈惟民哉리오 麒麟之於走獸와 鳳凰之於飛鳥와 泰山之於丘垤과 河海之於行潦에 類也며 聖人之於民에 亦類也시니 出於其類하며 拔乎其萃나 自生民以來로 未有盛於孔子也시니라

有若이 말하기를 '어찌 다만 백성(사람) 뿐이겠는가. 기린이 달리는 짐승에 있어서와, 봉황새가 나는 새에 있어서와, 泰山이 언덕과 개밋둑에 있어서와, 河海가 길바닥에 고인 물에 있어서와 똑같다. 聖人이 백성(일반사람)에 있어서도 이와 같으시니, 그 종류 중에서 빼어나며 그 무리 중에서 우뚝 솟아났으나 生民이 있은 이래로 孔子보다 더 훌륭한 분은 계시지 않았다.' 하였다."

集註 | 麒麟은 毛蟲之長이요 鳳凰은 羽蟲之長이라 垤은 蟻封也라 行潦는 道上無源之水也라 出은 高出也요 拔은 特起也라 萃는 聚也라 言 自古聖人이 固皆異於衆人이라 然이나 未有如孔子之尤盛者也라

··· 遁 도망할 둔 麒 기린 기 麟 기린 린 鳳 봉황새 봉 凰 봉황새 황 丘 언덕 구 垤 개미둑 질 潦 장마물 로(료)
拔 뽑을 발, 빼어날 발 萃 모을 췌 蟲 벌레 충, 동물 충 蟻 개미 의 封 둑봉 聚 모을 취

'麒麟'은 毛蟲(털이 있는 짐승)의 으뜸이요 '鳳凰'은 羽蟲(깃이 있는 짐승)의 으뜸이다. '垤'은 개밋둑이다. '行潦'는 길 위의 근원이 없는 물이다. '出'은 빼어남이요, '拔'은 우뚝 솟아남이다. '萃'는 무리이다. 예로부터 聖人은 진실로 모두 衆人보다 특이하였으나 孔子 와 같이 더욱 훌륭한 분은 있지 않음을 말씀한 것이다.

章下註 ┃ ○程子曰 孟子此章은 擴前聖所未發[182]하시니 學者所宜潛心而玩索也 니라

○程子(伊川)가 말씀하였다. "《孟子》의 이 章은 前聖(옛 聖人)들이 미처 發明하지 못하 신 것을 확충하셨으니, 배우는 자들이 마땅히 마음을 잠겨 玩索하여야 할 것이다."

┃以力假仁章┃

3-1. 孟子曰 以力假仁者는 霸니 霸必有大國이요 以德行仁者는 王이니 王不待大라 湯以七十里하시고 文王以百里하시니라

孟子께서 말씀하셨다. "힘으로써 仁을 빌린 자는 霸者가 되니 霸者는 반드시 大國을 소유하여야 하고, 德으로써 仁을 행한 자는 왕 노릇하니(王者가 되니) 王者는 大國 을 기다리지 않는다. 湯王은 70里를 가지고 하셨고, 文王은 百里를 가지고 하셨다.

集註 ┃ 力은 謂土地甲兵之力이라 假仁者는 本無是心而借其事하여 以爲功者也라 霸는 若齊桓, 晉文이 是也라 以德行仁이면 則自吾之得於心者推之하여 無適而非 仁也라

'力'은 土地와 甲兵의 힘을 이른다. '仁을 빌린다'는 것은 본래 仁한 마음이 없으면서 그 일을 빌려 功으로 삼은 것이다. '霸'는 齊 桓公과 晉 文公 같은 이가 이들이다. 德으로써 仁을 행하면 내가 마음에 얻은 것으로부터 미루어서 가는 곳마다 仁이 아님이 없게 된다.

3-2. 以力服人者는 非心服也라 力不贍也요 以德服人者는 中心悅而

---

182 前聖所未發:《大全》에 "養氣와 知言을 가리켜 말한 것이다.〔指養氣與知言而言也〕"하였다.

··· 擴 넓힐 확 潛 잠길 잠 玩 구경할 완 索 찾을 색 適 갈 적 服 복종할 복 贍 넉넉할 섬

誠服也니 如七十子之服孔子也라 詩云 自西自東하며 自南自北이 無思
不服이라하니 此之謂也니라

힘으로써 남을 복종시키는 자는 〈상대방이〉 진심으로 복종하는 것이 아니라 힘이 부족
해서요, 德으로써 남을 복종시키는 자는 〈상대방이〉 中心으로 기뻐하여 진실로 복종
함이니, 70명의 弟子가 孔子에게 심복함과 같은 것이다. 《詩經》에 이르기를 '서쪽에서
동쪽에서 남쪽에서 북쪽에서 복종하지 않는 이가 없다.' 하였으니 이것을 말한 것이다."

按說 | '以力服人'은 內閣本에는 '人'字가 '仁'으로 잘못되어 있다.
'七十子'는 70명의 弟子로,《史記》〈孔子世家〉에 "〈孔子의 門下에〉 몸소 六藝를 통달
한 자가 72명이었다.〔身通六藝者 七十有二人〕" 하였는데, 바로 이들을 가리킨 것이다.
'無思不服'에 대하여 官本諺解와 栗谷諺解에 모두 '思ᄒᆞ야 服디 아니리 업다 ᄒᆞ니'라
고 해석하였는데, 壺山은

　官本諺解에서 '思'字를 해석한 것은 다시 헤아려보아야 한다.〔諺釋思字 合更商〕

하였는바, 이는 思를 助辭로 본 것이다.

集註 | 瞻은 足也라 詩는 大雅文王有聲之篇이라 王霸之心은 誠僞不同이라 故로 人
所以應之者 其不同이 亦如此하니라

'瞻'은 족함이다. 詩는 《詩經》〈大雅 文王有聲〉篇이다. 王者와 霸者의 마음은 진실하고 거
짓됨이 똑같지 않다. 그러므로 사람들이 이에 호응하는 것도 그 똑같지 않음이 이와 같은 것
이다.

章下註 | ○鄒氏曰 以力服人者는 有意於服人하여 而人不敢不服이요 以德服人者
는 無意於服人이로되 而人不能不服이니 從古以來로 論王霸者多矣로되 未有若此
章之深切而著明者也니라

○鄒氏(鄒浩)가 말하였다. "힘으로써 사람을 복종시키는 자는 사람을 복종시킴에 뜻을 두
어서 사람들이 감히 복종하지 않을 수 없는 것이요, 德으로써 사람을 복종시키는 자는 사람

···　自 부터 자　誠 진실로 성　僞 거짓 위　鄒 나라이름 추　著 드러날 저

을 복종시킴에 뜻이 없으나 사람들이 복종하지 않을 수 없는 것이다. 예로부터 王道와 霸道를 논한 자가 많으나 이 章과 같이 깊고 간절하면서 드러나 분명한 것은 있지 않다."

|仁則榮章(陰雨章)|

4-1. 孟子曰 仁則榮하고 不仁則辱하나니 今에 惡(오)辱而居不仁이 是猶惡濕而居下也니라

孟子께서 말씀하셨다. "仁하면 영화롭고 仁하지 않으면 치욕을 받으니, 지금 치욕을 싫어하면서도 不仁에 처하는 것은 마치 습함을 싫어하면서도 낮은 곳에 처함과 같은 것이다.

集註 | 好榮, 惡辱은 人之常情이라 然이나 徒惡之而不去其得之之道면 不能免也니라

영화를 좋아하고 치욕을 싫어함은 사람의 떳떳한 情이다. 그러나 다만 이것(치욕)을 싫어하기만 하고 이것을 얻는 방법을 버리지 않는다면 면할 수 없다.

4-2. 如惡之인댄 莫如貴德而尊士니 賢者在位하며 能者在職하여 國家閒暇어든 及是時하여 明其政刑이면 雖大國이라도 必畏之矣리라

만일 치욕을 싫어한다면 德을 귀하게 여기고 선비를 높이는 것만 한 것이 없으니, 賢者가 지위에 있고 재능이 있는 자가 직책에 있어서 국가가 한가하거든 이때에 미쳐 그 정사와 刑罰을 밝힌다면, 비록 강대국이라도 반드시 그를 두려워할 것이다.

按說 | '刑'에 대하여, 楊伯峻은 《爾雅》〈釋詁〉에 '刑은 常이다.' 하고, '刑은 法이다.' 했다." 하였다.

集註 | 此는 因其惡辱之情하여 而進之以彊仁之事[183]也라 貴德은 猶尙德也니 士는

---

183 彊仁之事:《禮記》〈表記〉에 '죄를 두려워하는 자는 仁을 힘쓴다.[畏罪者彊仁]'라고 하였는데, 新安倪氏(倪士毅)는 "힘써 仁을 행함을 이르니, '貴德' 이하는 모두 仁을 힘쓰는 일의 조목이다.[謂勉彊行仁

••• 猶 같을 유 濕 젖을 습 徒 한갓 도 閒 한가할 한 暇 한가할 가 彊 힘쓸 강

則指其人而言之라 賢은 有德者니 使之在位면 則足以正君而善俗이요 能은 有才者니 使之在職이면 則足以修政而立事라 國家間暇는 可以有爲之時也니 詳味及字하면 則惟日不足[184]之意를 可見矣니라

이것은 치욕을 싫어하는 마음을 인하여 仁을 힘쓰는 일로써 나아가게 한 것이다. '貴德'은 德을 숭상함과 같으니, '士'는 德이 있는 사람을 가리켜 말한 것이다. '賢'은 德이 있는 자이니 그로 하여금 지위에 있게 하면 군주를 바로잡고 풍속을 좋게 할 수 있고, '能'은 재주가 있는 자이니 그로 하여금 직책에 있게 하면 정사를 닦아서 일(업적)을 세울 수 있다. '국가가 한가함'은 훌륭한 일을 할 수 있는 때이니, '及'字를 자세히 음미해 보면 날마다 부족하게 여기는 뜻을 볼 수 있다.

4-3. 詩云 迨天之未陰雨하여 徹彼桑土(두)하여 綢繆牖戶면 今此下民이 或敢侮予아하여늘 孔子曰 爲此詩者 其知道乎인저 能治其國家면 誰敢侮之리오하시니라

《詩經》에 이르기를 '하늘이 陰雨(날씨가 흐려져 비가 내림)하지 않을 때에 미쳐서 저 뽕나무 뿌리의 껍질을 거두어다가 창문을 칭칭 감아 놓는다면 지금 이 아래에 있는 사람들이 혹시라도 감히 나를 업신여기겠는가.' 하였다. 孔子께서 말씀하시기를 '이 詩를 지은 자는 道를 알 것이다. 자기 국가를 잘 다스린다면 누가 감히 업신여기겠는가.' 하셨다.

集註 | 詩는 豳風鴟鴞之篇이니 周公之所作也라 迨는 及也라 徹은 取也라 桑土는 桑根之皮也라 綢繆는 纏綿補葺也라 牖戶는 巢之通氣出入處也라 予는 鳥自謂也라 言 我之備患이 詳密如此면 今此在下[185]之人이 或敢有侮予者乎아하니라 周公이 以

也 貴德以下 皆彊仁之事目)" 하였다.

184 惟日不足:《書經》〈泰誓〉에 "吉한 사람은 善行을 하되 날마다 부족하게 여기는데, 凶한 사람은 不善을 하되 또한 날마다 부족하게 여긴다.(吉人爲善 惟日不足 凶人爲不善 亦惟日不足)"라고 보이는바, 날마다 하여도 부족하게 여김을 이른다.

185 在下:壺山은 "새의 둥지가 나무 위에 있기 때문에 '아래에 있다'라고 말한 것이다.(巢在木上 故言在下)" 하였다.

••• 職 직책 직 迨 미칠 태 徹 거둘 철 桑 뽕나무 상 土 뿌리 두 綢 얽을 주 繆 얽을 무 牖 창문 유 侮 업신여길 모 豳 땅이름 빈 鴟 솔개 치 鴞 올빼미 효 纏 묶을 전 綿 얽을 면 補 기울 보 葺 지붕이을 집 巢 둥지 소 密 빽빽할 밀

鳥之爲巢如此로 比君之爲國이 亦當思患而預防之어시늘 孔子讀而贊之하사 以爲
知道也라하시니라

詩는《詩經》〈豳風 鴟鴞〉篇이니, 周公이 지은 것이다. '迨'는 미침이다. '徹'은 취함이다.
'桑土'는 뽕나무 뿌리의 껍질이다. '綢繆'는 칭칭 감아 집을 완전하게 만드는 것이다. '牖
戶'는 둥지에 공기가 통하고 새가 출입하는 곳이다. '予'는 새가 자신을 말한 것이다. "내가
禍를 대비함에 자세하고 치밀함이 이와 같다면 지금 이 아래에 있는 사람들이 혹시라도 감
히 나를 업신여길 자가 있겠는가."라고 말한 것이다. 周公이 새가 이와 같이 둥지를 만드는
것을 들어서, 군주가 나라를 다스리는 것 또한 마땅히 禍를 생각하여 미리 방비하여야 함을
비유하신 것이다. 孔子는 이 詩를 읽고 칭찬하시어 道를 안다고 말씀하셨다.

4-4. 今國家閒暇어든 及是時하여 般樂怠敖하나니 是는 自求禍也니라

지금 국가가 한가하면 이때에 미쳐 즐기고 태만하고 놀러 다니니, 이것은 스스로 禍를
구하는 것이다.

按說 | '國家閒暇'에 대하여, 趙岐는 '이웃나라의 근심이 없는 것〔無鄰國之虞〕'으로
해석하였고, 楊伯峻은 "《國語》〈晉語〉를 고찰해보면 內亂이 없는 것도 '閒暇'라고 할 수
있다." 하였다.
'般樂怠敖'에 대하여, 《說文解字》에 '敖'를 "나가서 노는 것이다〔出游也〕" 하였고, 雙
峰饒氏(饒魯)는

> 마음껏 놀고 즐기면 정사와 형벌을 밝힐 겨를이 없고, 태만하고 오만하면 德을 귀하게 여기
> 고 선비를 높일 겨를이 없다.〔般樂則不暇明其政刑 怠敖則不暇貴德尊士〕

하였다.

集註 | 言其縱欲偸安을 亦惟日不足也라

욕심을 부리고 구차히 편안하기를 또한 날마다 부족하게 여김을 말씀한 것이다.

··· 贊 칭찬할 찬 般 즐길 반 怠 게으를 태 敖 오만할 오 偸 구차할 투

4-5. 禍福이 無不自己求之者니라

禍와 福은 자기로부터 구하지 않는 자가 없다.

按説 | '禍福'에 대하여, 新安陳氏(陳櫟)는

仁하여 영화로움은 福이고 不仁하여 恥辱을 받음은 禍이니, 모두 자기로부터 구하는 것이다.[仁 榮 福也 不仁之辱 禍也 皆自己求之]

하였다.

集註 | 結上文之意하니라

윗글의 뜻을 맺은 것이다.

4-6. 詩云 永言配命이 自求多福이라하며 太甲曰 天作孼은 猶可違어니와 自作孼은 不可活이라하니 此之謂也니라

《詩經》에 이르기를 '길이 생각하여 天命에 배합함이 스스로 많은 복을 구하는 것이다.' 하였으며, 《書經》〈太甲〉에 이르기를 '하늘이 지은 재앙은 오히려 피할 수 있지만 스스로 지은 재앙은 살 길이 없다.' 하였으니, 이것을 말한 것이다."

按説 | '自求多福'에 대하여, 蔡氏는

때에 미쳐(제때에) 정사와 형벌을 밝힘은 스스로 福을 구하는 것이니 仁을 행하여 영화로운 것이 이와 같고, 때에 미쳐 즐거워하고 놂은 스스로 재앙을 만드는 것이니 不仁의 치욕이 이와 같다.[及時明政刑 自求福也 仁榮者如此 及時而樂敖 自作孼也 不仁之辱 如此]

하였다.

··· 言 생각할언 孼 재앙얼 違 피할위 活 살활

集註ㅣ詩는 大雅文王之篇이라 永은 長也요 言은 猶念也[186]요 配는 合也요 命은 天命也니 此는 言福之自己求者라 太甲은 商書篇名이라 孼은 禍也요 違는 避也요 活은 生也니 書作逭하니 逭은 猶緩也니 此는 言禍之自己求者라

詩는 《詩經》〈大雅 文王〉篇이다. '永'은 깊이요 '言'은 念과 같고 '配'는 합함이요 '命'은 天命이니, 이것은 福이 자기로부터 구해짐을 말한 것이다. 〈太甲〉은 《書經》〈商書〉의 篇名이다. '孼'은 禍요 '違'는 피함이요 '活'은 삶이다. 《書經》에는 '活'이 '逭'字로 되어 있으니, 逭은 緩(늦춤)과 같으니, 이것은 禍가 자기로부터 구해짐을 말한 것이다.

| 尊賢使能章 |

5-1. 孟子曰 尊賢使能하여 俊傑이 在位면 則天下之士 皆悅而願立於其朝矣리라

孟子께서 말씀하셨다. "賢者를 높이고 재능이 있는 자를 부려서 俊傑들이 지위에 있으면 천하의 선비가 모두 기뻐하여 그 조정에서 벼슬하기를 원할 것이다.

集註ㅣ俊傑은 才德之異於衆者라

'俊傑'은 재주와 德이 보통 사람보다 특이한 자이다.

5-2. 市에 廛而不征하며 法而不廛이면 則天下之商이 皆悅而願藏於其市矣리라

시장의 집에 자릿세만 받고 〈貨物에 대한〉 세금을 징수하지 않으며, 법대로 처리하기만 하고 자릿세도 받지 않으면 천하의 장사꾼들이 모두 기뻐하여 그 시장에 화물을 보관하기를 원할 것이다.

---

186 言 猶念也:'永言配命'의 '言'字에 대하여 壺山은 "'言'字는 《詩經》에 본래 助辭였는데 여기의 註에서는 孟子의 인용한 뜻을 따라서 '念'으로 訓하였으니, 뒷편의 '永言孝思'도 이와 같다.〔言字 詩本爲語辭 此註則從孟子引用之意 而訓爲念 後篇永言孝思放此〕"하였다.

••• 逭 도망할환 緩 늦을완 俊 호걸준 傑 호걸걸 廛 자리전 征 세금낼정 藏 보관할장

按說 | '廛'에 대하여 《周禮》〈地官司徒 司市〉에 다음과 같이 보인다.

司市(市官)는 시장의 다스림과 가르침과 정사와 형벌과 斗量과 尺度와 禁令을 관장하여, 次와 敍의 설치에 따라 땅을 나누어 시장을 관리하고, 물건이 다른 가게를 진열하여 물건을 분별해서 시장의 물가를 안정시키고, 政令으로써 물건의 사치함을 금지하여 물가를 고르게 하고, 商賈에게 재물을 모아 金錢을 유통시키게 하고, 斗量과 尺度로써 값을 이루어 사고 팔 사람을 불러오게 하고, 質劑(契券 어음)로써 신용을 맺어 송사를 그치게 하고,〔《爾雅》에 '劑'는 가지런함이니 質劑는 한 장의 札(竹簡이나 木簡)에 두 가지를 써서 분별함을 이른다. 지금의 手書(수표)와 같으니, 물건을 점유하고 돌려줄 것을 요구하는 것이다.〕 장사하는 백성에게는 거짓말과 속임수를 쓰지 못하게 하고, 형벌로써 포악한 자와 도적을 제거하고, 泉府(司徒의 속관)에게는 재화를 모아들이고 세금을 거두게 한다. 大市는 해가 기울 적에 시장을 여니 백성이 主가 되고, 朝市는 아침에 시장을 여니 商賈가 主가 되고, 夕市는 저녁에 시장을 여니 물건을 파는 남녀가 主가 된다.〔司市 掌市之治, 敎, 政, 刑, 量, 度, 禁令 以次敍分地而經市 以陳肆辨物而平市 以政令禁物靡而均市 以商賈阜貨而行布 以量度成賈(價)而徵價(육) 以質劑結信而止訟〔爾雅 劑 齊也 質劑謂兩書一札而別之也 若今手書 言保物要還矣〕 以賈(고)民禁僞而除詐 以刑罰禁虣(暴)而去盜 以泉府同貨而斂賒(사) 大市 日昃而市 百族(百姓)爲主 朝市 朝時而市 商賈爲主 夕市 夕時而市 販夫販婦爲主〕

'次'와 '敍'는 시장을 관리하는 관리들의 집무실이다. 그리고 《周禮》〈地官司徒 廛人〉의 註에

廛은 시장 안에 점포를 가지고 있지 않으면서 貨物을 저장할 수 있는 것을 이른다.〔廛謂市中之地未有肆而可居以畜藏貨物者也〕

하였다. 朱子는 《語類》에서

'市廛而不征'은 시장의 가게에 거주하는 자로 하여금 각각 자리(점포)의 세금을 약간씩 내게 하는 것이다. 지금 사람들이 가게를 임대하는 것과 비슷하니, 쌓아둔 물건(재화)에는 세금을 징수하지 않는 것이다. '法而不廛'은 市官의 법으로 다스릴 뿐이요 가게의 자릿세조차도 취하지 않는 것이다.〔市廛而不征 謂使居市之廛者 各出廛賦若干 如今人賃鋪面相似 更不征稅其所貨之物 法而不廛 則但治之以市官之法而已 雖廛賦 亦不取之也〕

하였다. 또 묻기를

옛날에 시장 상인들이 자기가 소유한 물건을 가지고 없는 것과 바꾸게 되면, 有司는 〈분쟁을〉다스렸을 뿐이니, 이것이 바로 《周禮》市官의 법입니까?〔古之爲市者 以其所有 易其所無者 有司者治之耳 此便是周禮市官之法否〕

하니, 朱子가 대답하기를

그렇다. 漢나라의 獄市, 軍市와 같은 따위가 모두 옛날의 남은 제도이다.〔然 如漢之獄市 軍市之類 皆是古之遺制〕

하였다.

趙岐의 註와 《集註》에서 모두 '廛'을 시장의 집으로 해석하였다. 그러나 여기의 '廛'은 魚物廛 등의 가게로 보이며, 뒤의 '廛無夫里之布'의 '廛'은 도시의 일반 주택으로 보는 것이 타당할 듯하다. 아래 〈滕文公上〉 4장에 許行이 "한 廛을 받아 백성이 되기를 원합니다.〔願受一廛而爲氓〕"라고 한 것도 도시의 일반 주택을 가리킨 것이다.

楊伯峻은 《周禮》의 註를 따라 '廛而不征'은 貨物을 시장 가운데 저장하여도 세금을 징수하지 않는 것이고, '法而不廛'은 貨物이 오랫동안 팔리지 않으면 官에서 법을 정해 물건을 구입해서 貨物을 오래 쌓아두지 않는 것으로 해석하였다. 楊伯峻은 이곳의 '廛'은 '가게(시장)에 貨物을 저장하다.'의 동사로 보고, 뒤의 '廛無夫里之布'의 '廛'은 '백성들이 사는 곳〔民居〕'으로 보았다.

集註 | 廛은 市宅也[187]라

張子曰 或賦其市地之廛而不征其貨하고 或治以市官之法而不賦其廛하니 蓋逐末者多면 則廛而抑之요 少則不必廛也라

'廛'은 시장의 집이다.

張子(張載)가 말씀하였다. "혹은 그 市地의 집에 대한 세금만 거두고 화물에 대한 세금은

---

187 廛 市宅也:壺山은 "아랫절 註에서도 市宅을 말하였는데 里宅이 이 가운데 포함되어 있으니, 모두 이른 바 '五畝之宅'이라는 것이다. 그러므로 아랫편 許行의 註에 다만 백성이 거주하는 것으로 訓으로였으니, 참고하면 좋다.〔下節註 亦以市宅言之 而里宅該其中 皆所謂五畝之宅也 故下篇許行註 只以民所居 訓之 參考可也〕" 하였다. 이는 곧 市宅이 시장의 가게일 수도 있고 일반 마을의 집일 수도 있음을 말한 것이다.

··· 宅 집 택 賦 세금 부 逐 쫓을 축 抑 누를 억

징수하지 않으며, 혹은 市官의 법으로써 〈분쟁을〉 다스리기만 하고 자릿세도 받지 않는 것이니, 末業(商工業)을 따르는 자가 많으면 자릿세를 받아서 이를 억제하고, 적으면 굳이 자릿세를 받지 않는 것이다."

5-3. 關에 譏而不征이면 則天下之旅 皆悅而願出於其路矣리라

關門에 譏察하기만 하고 세금을 징수하지 않으면 천하의 여행자들이 모두 기뻐하여 그 길로 나가기를 원할 것이다.

按說 | '關譏而不征'은 《禮記》〈王制〉에

옛날에 公田은 〈백성의〉 힘을 빌려 경작하고 세금을 받지 않았고, 市場은 자릿세만 받고 파는 물건의 稅를 받지 않았고, 關門은 譏察만 하고 세금을 받지 않았다.〔古者 公田藉而不稅 市廛而不稅 關譏而不征〕

하였다.

集註 | 解見(현)前篇하니라

해석이 前篇(梁惠王下)에 보인다.

5-4. 耕者를 助而不稅면 則天下之農이 皆悅而願耕於其野矣리라

농사짓는 자들을 〈公田을〉 도와서 경작하게만 하고 세금을 내지 않게 하면 천하의 농민들이 모두 기뻐하여 그 들에서 경작하기를 원할 것이다.

按說 | '助而不稅'에 대하여, 趙岐는

'助'는 井田의 10분의 1 稅法으로, 公家를 도와 公田을 다스리는 것이고, 〈'不稅'는〉 함부로 세금을 거두지 않는 것이니 履畝와 같은 종류이다.〔助者 井田什一 助佐公家治公田 不橫稅賦 若履畝之類〕

··· 譏 살필 기 旅 나그네 려

하였다. '履畝'는 농지에 직접 가서 조사하고 세금을 부과하는 것이다. 茶山은

'助而不稅'는, 春秋 때에 魯나라 사람이 처음 畝에 稅를 내게 하였는데, 그 뒤에 마침내 여러 나라에 통용되는 제도가 되었으므로 孟子가 말씀한 것이니, 趙岐의 註를 없애서는 안 된다.〔助而不稅者 春秋魯人初稅畝 其後遂爲列國之通制 故孟子言之 趙註不可沒〕

하였다.《春秋》宣公 15년 조의 '初稅畝'는 公田에 대한 10분의 1의 稅 외에, 또 그 餘畝에 대해 직접 가서 조사하고 다시 稅를 거둔 것이다.

集註｜但使出力하여 以助耕公田하고 而不稅其私田也라

다만〈농민들로〉하여금 노동력을 내어 公田을 도와 경작하게 하고, 私田에는 세금을 부과하지 않는 것이다.

5-5. 廛에 無夫里之布면 則天下之民이 皆悅而願爲之氓矣리라

廛에 夫와 里에서 내는 베를 없애면 천하의 백성들이 모두 기뻐하여 그의 백성이 되기를 원할 것이다.

集註｜周禮에 宅不毛者는 有里布하고 民無職事者는 出夫家之征[188]이라한대 鄭氏謂 宅不種桑麻者를 罰之하여 使出一里二十五家之布하고 民無常業者를 罰之하여 使出一夫百畝之稅와 一家力役之征也라하니라 今戰國時엔 一切取之하여 市宅之民

---

188 周禮……出夫家之征:《周禮》〈地官司徒 載師〉에 載師의 직책은 "집이 不毛인 자는 里布를 내고, 밭을 경작하지 않는 자는 家屋의 곡식을 내고, 백성 중에 일정한 직업이 없는 자는 夫家의 세금을 내도록 하는 것이다.〔宅不毛者 有里布 凡田不耕者 出屋粟 凡民無職事者 出夫家之征〕" 하였는데, 그 註에 鄭司農(鄭衆)은 이르기를 "집이 不毛라는 것은 뽕나무와 삼을 심지 않음을 이른다. 里布는 布參印書로, 넓이가 두 치이고 길이가 두 자여서 幣(화폐)를 만들어 물건을 무역하는 것이니,《詩經》에 '베를 안고 실을 산다.'는 것은 이 베를 안고 온 것이다.〔宅不毛者 謂不樹桑麻也 里布者 布參印書 廣二寸 長二尺 以爲幣 貿易物 詩云 抱布貿絲 抱此布也〕" 하였고, 혹자는 말하기를 "布는 금전이다.〔布 泉也〕" 하였으며, 鄭玄은 말하기를 "집이 不毛인 자는 1里 25家의 돈을 벌금으로 내고, 田地를 묵혀 공한지로 만든 자는 세 家戶의 稅穀을 벌금으로 내어서 吉凶의 두 가지 일과 초상의 器物을 장만하게 하였다. 백성 중에 비록 한가로이 직업이 없는 자라도 夫의 세금과 家의 세금을 내게 하였다. 夫의 稅는 百畝의 세금이고 家의 稅는 士와 徒와 車와 輦을 내게 하여 縣役을 맡기는 것이다.〔宅不毛者 罰以一里二十五家之泉 空田者 罰以三家之稅粟 以共吉凶二服及喪器也 民雖有閒無職事者 猶出夫稅, 家稅也 夫稅者 百畮(畝)之稅 家稅者 出士徒車輦 給縣役〕" 하였다.

••• 氓 백성 맹 毛 풀 모, 작물 모 種 심을 종 桑 뽕나무 상 麻 삼 마

이 已賦其廛하고 又令出此夫里之布하니 非先王之法也라 氓은 民也라

《周禮》에 "廛(주위)이 불모인 자는 里布가 있고 백성 중에 職事가 없는 자는 夫家의 세금을 낸다." 하였는데, 鄭氏(鄭玄)가 해석하기를 "집에 뽕나무와 삼을 심지 않는 자를 罰하여 1里 25家의 베를 내게 하고, 백성 중에 일정한 직업이 없는 자를 罰하여 1夫에 대한 百畝의 세와 1家에 대한 力役의 세금을 내게 한다." 하였다. 지금 戰國時代에는 일체 이것을 취하여, 市宅에 있는 백성들이 이미 자릿세를 내고 있는데 또 이 夫·里의 세금을 내게 하였으니, 先王의 법이 아니다. '氓'은 백성이다.

5-6. 信能行此五者면 則鄰國之民이 仰之若父母矣리니 率其子弟하여 攻其父母는 自生民以來로 未有能濟者也니 如此則無敵於天下하리니 無敵於天下者는 天吏也니 然而不王者 未之有也니라

진실로 이 다섯 가지를 잘 시행한다면 이웃나라 백성들이 그를 우러러보기를 父母처럼 할 것이니, 그 子弟를 거느리고서 그 父母를 공격하는 것은 生民이 있은 이래로 능히 성공한 자가 있지 않으니, 이와 같으면 천하에 대적할 자가 없을 것이다. 천하에 대적할 자가 없으면 天吏이니, 이렇게 하고서도 왕 노릇하지 못한 자는 있지 않다."

按說 | '率其子弟 攻其父母'에서 두 '其'字는 彼·此의 구분이 있으니, '率其子弟'의 '其'는 乙을 가리키며, '攻其父母'의 '其'는 甲을 가리킨다. 예를 들어 甲·乙 두 나라가 있는데, 甲의 군주는 仁政을 행하여 자기 나라는 물론이요 乙의 백성도 모두 자기 부모처럼 우러르는 반면, 乙의 군주는 仁政을 행하지 아니하여 백성들로부터 원한을 산다고 한다면, 乙의 백성은 이미 甲의 백성이 된 것과 같다. 그러므로 乙의 군주가 비록 자기 나라 백성을 거느리고 甲의 군주를 공격한다 하더라도 乙의 백성이 甲의 군주를 제대로 공격할 리가 없다. 이 때문에 뒤에 '성공한 자가 있지 않다.'고 말씀한 것이다.

'自生民以來'를 楊伯峻은 《石經》을 따라 '自有生民以來'로 보아 '有'字를 추가하였다.

'天吏'에 대하여, 雙峰饒氏(饒魯)는

··· 賦 세금 부 信 진실로 신 率 거느릴 솔 濟 이룰 제 敵 대적할 적

吏는 군주가 命한 것이고 天吏는 하늘이 命한 것이니, 군주가 명한 자는 남을 형벌하고 남을 죽일 수 있어서 모든 罪가 있는 자를 형벌하고 죽일 수 있고, 하늘이 命한 자는 남을 정벌하고 남을 공격하여 모든 포학하고 혼란한 나라를 다 征伐할 수 있다.〔吏 君所命 天吏 天所命 君所命者 可以刑人殺人 凡有罪者 得而刑殺之 天所命者 可以征人伐人 凡暴亂之國 皆得而征伐之〕

하였다. 壺山은

이웃 나라가 만약 天吏를 공격하면 이는 자제를 거느리고서 부모를 공격하는 것이다. '子弟'는 아들을 이르니, 〈盡心下〉註에서 참고할 수 있다. '濟'는 이룸이다.〔鄰國若攻天吏 則是 率弟子攻父母也 子弟 謂子也 盡心下註 有可考 濟 成也〕

하였다. 〈盡心下〉 1장에 "梁惠王……驅其所愛子弟以殉之"라고 보이는데, 《集註》에 "子弟는 太子 申을 이른다."라고 보인다.

集註 │ 呂氏曰 奉行天命을 謂之天吏니 廢興存亡을 惟天所命하여 不敢不從이니 若湯武是也라

呂氏(呂大臨)가 말하였다. "天命을 받들어 행하는 자를 天吏라 한다. 폐하고 일으키며 보존시키고 멸망시킴을 오직 하늘의 명령대로 하여 감히 따르지 않을 수 없는 것이니, 湯王과 武王 같은 분들이 바로 天吏이다."

章下註 │ ○ 此章은 言能行王政이면 則寇戎爲父子요 不行王政이면 則赤子爲仇讐니라

○ 이 章은 군주가 王政을 잘 행하면 寇戎(침략하는 오랑캐)이 父子間이 되고, 王政을 행하지 않으면 赤子(人民)가 怨讐가 됨을 말씀하였다.

│四端章(不忍人章)│

6-1. 孟子曰 人皆有不忍人之心하니라

孟子께서 말씀하셨다. "사람들은 모두 사람을 차마 해치지 못하는 마음(仁心)을 가지

⋯ 廢 폐할 폐 寇 도적 구 戎 오랑캐 융 仇 원수 구 讐 원수 수 皆 다 개 忍 차마할 인

고 있다.

> 集註 | 天地以生物爲心하니 而所生之物이 因各得夫天地生物之心하여 以爲心이
> 라 所以人皆有不忍人之心也니라

天地는 萬物을 내는 것을 마음으로 삼으니, 천지가 낸 물건들이 각기 天地의 生物之心을
얻음으로 인하여, 이것을 마음으로 삼았다. 이 때문에 사람들이 모두 사람을 차마 해치지 못
하는 마음을 가지고 있는 것이다.

6-2. 先王이 有不忍人之心하사 斯有不忍人之政矣시니 以不忍人之心으로 行不忍人之政이면 治天下는 可運之掌上이니라

先王이 사람을 차마 해치지 못하는 마음을 두시어 이에 사람을 차마 해치지 못하는 정
사(仁政)를 시행하셨으니, 사람을 차마 해치지 못하는 마음으로 사람을 차마 해치지
못하는 정사를 행한다면, 천하를 다스림은 손바닥 위에 놓고 움직일 수 있을 것이다.

> 按說 | '斯有不忍人之政矣'의 '斯'에 대하여, 雙峰饒氏(饒魯)는
>
>> '斯'는 卽과 같다. 聖人의 마음은 物欲의 가림이 없어서 사람을 차마 해치지 못하는 마음이
>> 조금이라도 있으면 바로(卽) 사람을 차마 해치지 못하는 정사를 하여 굳이 확충하지 않아도
>> 능하고, 衆人으로 말하면 모름지기 확충하여 넓혀야 한다.〔斯 猶卽也 聖人之心 無物欲
>> 之蔽 纔有不忍人之心 卽有不忍人之政 不待充廣而後能也 若衆人則須待充廣〕
>
> 하였다. '不忍人之心'은 仁心이고 '不忍人之政'은 仁政인데, 막연히 仁心, 仁政이라고
> 만 말하면 절실하지 않으므로 '仁心'을 '사람을 차마 해치지 못하는 마음'이라 하고, 또 '仁
> 政'을 '사람을 차마 해치지 못하는 정사'라 한 것이다.

> 集註 | 言 衆人은 雖有不忍人之心이나 然物欲害之하여 存焉者寡라 故로 不能察識

··· 運 옮길 운 掌 손바닥 장 寡 적을 과 察 살필 찰 識 알 식

而推之政事之間이요 惟聖人은 全體此心[189]하여 隨感而應[190]이라 故로 其所行이 無非不忍人之政也라

衆人은 비록 사람을 차마 해치지 못하는 마음을 가지고 있으나 物慾이 해쳐서 보존한 자가 적으므로 이 마음을 살피고 알아서 정사의 사이에 미루지 못한다. 오직 聖人만은 全體가 이 마음이어서 감동함에 따라 응하므로 그 행하는 바가 사람을 차마 해치지 못하는 정사 아님이 없는 것이다.

6-3. 所以謂人皆有不忍人之心者는 今人이 乍見孺子將入於井하고 皆有怵惕惻隱之心하나니 非所以內(納)交於孺子之父母也며 非所以要譽於鄕黨朋友也며 非惡(오)其聲而然也니라

'사람들이 모두 사람을 차마 해치지 못하는 마음을 가지고 있다'고 말하는 까닭은, 지금 사람들이 갑자기 어린아이가 장차 우물에 빠지려는 것을 보고는 모두 깜짝 놀라고 측은해 하는 마음을 가지니, 이는 어린아이의 父母와 교분을 맺으려고 해서도 아니며, 鄕黨과 朋友들에게 〈인자하다는〉 명예를 구해서도 아니며, 〈잔인하다는〉 악명을 싫어해서 그러한 것도 아니다.

> 集註 | 乍는 猶忽也라 怵惕은 驚動貌라 惻은 傷之切也요 隱은 痛之深也니 此卽所謂不忍人之心也라 內은 結이요 要는 求요 聲은 名也라 言 乍見之時에 便有此心이 隨見而發이요 非由此三者而然也라
>
> 程子曰 滿腔子 是惻隱之心[191]이니라

---

189 全體此心:《大全》에 "仁의 體이다.〔仁之體〕" 하였다. '全體此心'을 '이 마음을 온전히 체득하는 것'으로 해석하기도 하나, 이 아래 7章의 '仁 人之安宅'을《集註》에 해석하면서 '在人 則爲本心全體之德'이라 하였고 '如恥之 莫如爲仁'을《集註》에 해석하면서 '仁該全體'라 한 것에 의거하여 위와 같이 해석하였다.

190 隨感而應:《大全》에 "仁의 用이다.〔仁之用〕" 하였다.

191 滿腔子 是惻隱之心:朱子는 "腔子는 몸통이라는 말과 같다.……滿腔子는 다만 가득차고 두루하여 본래 이와 같음을 말한 것이다.〔腔子 猶言軀殼耳……滿腔子 只是言充塞周徧 本來如此〕" 하였다.《朱子大全 答鄧衛老》또 "'腔子에 가득한 것이 惻隱之心이다.'라고 한 것은 사람의 몸에 나아가서 이 이치가 충만한 곳을 가리킨 것이니, 가장 친절하다. 만약 여기에서 제대로 본다면, 萬物이 一體여서 다시 內外의 구별이 없을 것이요, 만약 이것을 제대로 보지 못하고 몸통 밖에서 찾는다면 아득하고

··· 隨 따를 수 感 느낄 감 乍 갑자기 사 孺 어릴 유 怵 두려워할 출 惕 두려워할 척 惻 슬플 측 隱 측은할 은 內 들일 납(納同) 要 구할 요 譽 기릴 예 忽 갑자기 홀 驚 놀랄 경 滿 찰 만 腔 창자 강

謝氏曰 人須是識其眞心이니 方乍見孺子入井之時에 其心怵惕이 乃眞心也라 非思而得이요 非勉而中[192]이니 天理之自然也라 內交, 要譽, 惡其聲而然이면 卽人欲之私矣니라

'乍'는 忽(갑자기)과 같다. '怵惕'은 놀라 움직이는 모양이다. '惻'은 간절하게 서글퍼함이요 '隱'은 깊이 아파함이니, 이것이 곧 이른바 '사람을 차마 해치지 못하는 마음'이란 것이다. '內'은 맺음이요, '要'는 구함이요, '聲'은 이름이다. 갑자기 이것을 보았을 때에 곧 이 마음이 봄에 따라 나오는 것이요, 이 세 가지로 말미암아 그러한 것이 아님을 말씀한 것이다.

程子(明道)가 말씀하였다. "腔子(몸)에 가득한 것이 惻隱之心이다."

謝氏(謝良佐)가 말하였다. "사람은 모름지기 眞心을 알아야 하니, 갑자기 어린아이가 우물에 빠지는 것을 보았을 때에 그 마음이 깜짝 놀라는 것이 바로 眞心이다. 이것은 생각하여 아는 것도 아니요 억지로 힘써서 맞는 것도 아니니, 天理의 自然함이다. 교분을 맺기 위해서, 명예를 구하기 위해서, 잔인하다는 惡名을 싫어해서 그렇게 한다면, 이것은 바로 人慾의 私인 것이다."

6-4. 由是觀之컨댄 無惻隱之心이면 非人也며 無羞惡(오)之心이면 非人也며 無辭讓之心이면 非人也며 無是非之心이면 非人也니라

이로 말미암아 본다면 惻隱之心(측은해 하는 마음)이 없으면 사람이 아니며, 羞惡之心(부끄러워하고 미워하는 마음)이 없으면 사람이 아니며, 辭讓之心(사양하는 마음)이 없으면 사람이 아니며, 是非之心(옳고 그름을 따지는 마음)이 없으면 사람이 아니다.

集註 | 羞는 恥己之不善也요 惡는 憎人之不善也라 辭는 解使去己也요 讓은 推(퇴)

아득하여 더욱 자신과 관련이 없을 것이다.〔如滿腔子是惻隱之心 此是就人身上 指出此理充塞處 最爲親切 若於此見得 卽萬物一體 更無內外之別 若見不得 却去腔子外尋不覓 則莽莽蕩蕩 愈無交涉矣〕"하였다.《朱子大全 答林擇之》

192 非思而得 非勉而中 : '得'은 아는 것이고 '中'은 道에 맞는 것이다. 《中庸》 20장에 "성실히 하는 것은 하늘의 道이고 성실히 하려고 노력하는 것은 사람의 道이다. 성실히 하는 자는 힘쓰지 않아도 맞고 생각하지 않고도 알아서 從容히 道에 맞으니 聖人이요, 성실히 하려고 노력하는 자는 善을 가려 굳게 지키는 자이다.〔誠者 天之道也 誠之者 人之道也 誠者 不勉而中 不思而得 從容中道 聖人也 誠之者 擇善而固執之者也〕"라고 보이는데, 이것을 원용하여 語順을 바꾸고 '不'을 '非'로 바꾼 것이다.

••• 羞 부끄러울 수 惡 미워할 오 辭 사양할 사 讓 사양할 양 恥 부끄러울 치 憎 미워할 증 推 밀칠 퇴

以與人也라 是는 知其善而以爲是也요 非는 知其惡而以爲非也라 人之所以爲心이 不外乎是四者라 故로 因論惻隱而悉數之하사 言 人若無此면 則不得謂之人이라 하시니 所以明其必有也시니라

'羞'는 자신의 不善을 부끄러워하는 것이요, '惡'는 남의 不善을 미워하는 것이다. '辭'는 풀어서 자기에게서 떠나가게 하는 것이요, '讓'은 밀쳐서 남에게 주는 것이다. '是'는 그 善함을 알아서 옳게 여기는 것이요, '非'는 그 惡함을 알아서 그르게 여기는 것이다. 사람이 마음을 삼는 것이 이 네 가지에 벗어나지 않는다. 그러므로 惻隱之心을 논함으로 인하여 이것을 모두 들어서, 사람이 만일 이것이 없으면 사람이라 이를 수 없다고 말씀하셨으니, 사람이 반드시 이 네 가지를 가지고 있음을 밝히신 것이다.

6-5. 惻隱之心은 仁之端也요 羞惡之心은 義之端也요 辭讓之心은 禮之端也요 是非之心은 知(智)之端也니라

惻隱之心은 仁의 단서요, 羞惡之心은 義의 단서요, 辭讓之心은 禮의 단서요, 是非之心은 智의 단서이다.

按說 | '端'에 대하여, 趙岐는

'端'은 首(시발점, 첫머리)이다. 사람은 모두 仁·義·禮·智의 首가 있어 끌어내어 쓸 수 있는 것이다.〔端者 首也 人皆有仁義禮智之首 可引用之〕

하였는바, 이는 惻隱·羞惡·辭讓·是非의 마음을 仁·義·禮·智의 근원으로 본 것이다. 반면 朱子는 '端'을 '가운데에서 밖으로 나온 실마리'라고 해석하였는데, 潛室陳氏(陳埴)는 이를 다음과 같이 부연하였다.

'端'이란 단서이니, 물건의 실마리이다. 누에고치의 실에 비유하면, 밖에 한 가닥의 실마리가 있으면 곧 안에 한 덩어리의 실이 있음을 알 수 있으니, 만약 안에 실이 없다면 실마리가 어떻게 밖에 나올 수 있겠는가.〔端者 端倪也 物之緒也 譬之繭絲 外有一條緒 便知得內有一團絲 若其無絲在內 則緒何由而見於外〕

茶山은 이 가운데 趙岐의 註를 취하여 '惻隱·羞惡·辭讓·是非의 마음이 발현된 것을

··· 與 줄 여 外 벗어날 외 悉 다실 數 셀 수 端 단서 단, 끝 단

끌어내어 확장하는 것이 仁·義·禮·智를 행하는 시작'이라고 보았으며, 또 朱子와 달리 仁·義·禮·智를 性으로 보지 않았는데, 그의 주장은 다음과 같다.

仁·義·禮·智의 명칭은 일을 행한 뒤에 이루어지는 것이다. 그러므로 사람을 사랑한 뒤에 이 것을 仁이라고 하니, 사람을 사랑하기 이전에는 仁이라는 명칭이 성립되지 않는다.……어찌 仁·義·禮·智의 네 덩어리가 분명하게 있어 복숭아와 살구의 씨처럼 사람의 마음속에 잠복 해 있겠는가.……仁·義·禮·智를 행하여 이룰 수 있음을 알면, 열심히 노력하여 그 德을 이 루기를 바라지 않는 사람이 없을 것이다. 그러나 仁·義·禮·智를 本心의 온전한 德으로 알 면, 사람이 할 일은 다만 面壁하여 마음을 바라보고 自我를 성찰하여 이 心體를 虛明하 고 환히 통하게 해서 어렴풋한 仁·義·禮·智 네 덩어리가 있는 것을 마치 본 것처럼 여기고 서, 자신의 涵養을 받아들일 뿐일 것이니, 이것이 어찌 先聖이 힘쓰신 바이겠는가.……有子 는 "孝와 弟는 아마도 仁을 행하는 근본일 것이다." 하였고, 孔子는 "仁을 하는 것은 자신 에게 달려 있다." 하셨고, 曾子는 "당당하구나, 子張이여. 함께 仁을 하기 어렵도다." 하였으 니, 仁이 본래 안에 있는 理라면 어찌 '仁을 한다[爲仁]'라고 말할 수 있겠는가. '爲'는 作과 같으니, 힘을 써서 일을 행하는 것을 爲라 이르고, 착수하여 功業을 도모하는 것을 爲라 이 르니, 마음속에 있는 理에 어찌 착수하여 힘을 쓰겠는가. 총괄하건대, '端'은 '始(시작)'이다. 사물의 본말을 兩端이라고 한다. 그러나 반드시 시작하는 것을 端이라 하였으므로, 《中庸》 에 "君子의 道는 夫婦에서 시작되니[造端], 그 지극함에 이르러서는 天地에 밝게 드러난 다." 하였으니, 端이 시작이 됨이 이미 명백하지 않은가.……惻隱之心이 마음속에서 발현 된 것을 끌어내어 확장하면 仁政을 행할 수 있으니, 惻隱之心이 仁政이 시작되는 바가 아 니겠는가. 辭讓之心이 마음속에서 발현된 것을 끌어내어 확장하면 禮法을 행할 수 있으니, 辭讓之心이 禮法이 시작되는 바가 아니겠는가.……四端의 뜻은 孟子가 직접 스스로 註 를 내어, "마치 불이 처음 타오르며 샘물이 처음 나오는 것과 같다."고 하셨으니, 두 개의 '始' 字가 우뚝하여 '端'이 시작이 됨이 또한 이미 분명하다. 四端은 仁·義·禮·智의 네 가지 일 에 근본이 되므로 聖人이 사람을 가르칠 적에 이로부터 공부를 시작하고 이로부터 기초를 닦아 확충하게 하였다. 만약 四端의 이면에 또다시 이른바 仁·義·禮·智라는 것이 있어 은 연히 잠복하여 주인이 된다면, 이는 孟子의 확충 공부가 근본을 버리고 말단을 잡으며, 머리 를 놓아두고 꼬리를 잡은 것이다.〔仁義禮智之名 成於行事之後 故愛人而後謂之仁 愛人 之先 仁之名未立也……豈有仁義禮智四顆 磊磊落落 如桃仁杏仁 伏於人心之中者

乎……仁義禮智 知可以行事而成之 則人莫不俛焉孶孶 冀成其德 仁義禮智 知以爲
本心之全德 則人之職業 但當向壁觀心 回光反照 使此心體 虛明洞澈 若見有仁義禮
智四顆 依俙彷彿 受我之涵養而已 斯豈先聖之所務乎……有子曰 孝弟也者 其爲仁
之本 孔子曰 爲仁由己 曾子曰 堂堂乎張也 難與並爲仁矣 仁本在內之理 則何以謂
之爲仁 爲猶作也 用力行事之謂爲也 著手圖功之謂爲也 在心之理 何以著手而用力
乎 總之 端也者 始也 物之本末 謂之兩端 然猶必以始起者爲端 故中庸曰 君子之道
造端乎夫婦 及其至也 察乎天地 端之爲始 不旣明乎……惻隱之心 發于內 引而長
之 則可以行仁政 惻隱之心 非仁政之所始乎 辭讓之心 發于內 引而長之 則可以行
禮法 辭讓之心 非禮法之所始乎……四端之義 孟子親自注之曰 若火之始然 泉之始
達 兩箇始字 磊磊落落 端之爲始 亦旣明矣 四端爲四事之本 故聖人敎人 自此起功
自此肇基 使之擴而充之 若於四端裏面 又有所謂仁義禮智者 隱然潛伏 爲之奧主
則是孟子擴充之功 舍其本而操其末 放其頭而捉其尾〕

하였다. 茶山은 仁義禮智를 本性으로 보지 않고 단지 嗜好나 行爲로만 인식하였다. 그
의 이러한 見解는 여러 곳에 자주 보이는바, 이미 《論語》〈學而〉와 〈이 책에 대하여〉에서
옳지 않음을 밝혔으므로 여기에서는 再論하지 않는다.

集註 | 惻隱, 羞惡, 辭讓, 是非는 情也요 仁, 義, 禮, 知(智)는 性也요 心은 統性情者
也[193]라 端은 緖也라 因其情之發하여 而性之本然을 可得而見이니 猶有物在中而緖
見(현)於外也[194]라

---

[193] 心 統性情者也:《大全》에는 《語類》에 나오는 朱子의 말씀을 다음과 같이 인용하고 있다. "性은 마음
의 理이고 情은 마음의 用이고 마음은 性과 情의 주체이다. 性은 靜이고 情은 動이니, 마음은 動과 靜
을 겸하여 말한 것이다. 統은 '統兵'의 '統'과 같으니 마음이 性情을 주재하는 것이니, 動과 靜을 모두
主宰한다.〔性者 心之理 情者 心之用 心者 性情之主 性是靜 情是動 心兼動靜而言 統 如統兵之統
心有以主宰之也 動靜皆主宰〕"

[194] 因其情之發……緖見於外也: 栗谷(李珥)은 "四端은 七情을 겸하지 못하나 七情은 四端을 겸한다.
七情은 마음이 동함에 이 일곱 가지가 있음을 통합하여 말한 것이요, 四端은 七情에 나아가서 그 중
에 善한 한쪽만을 가려서 말한 것이다. 朱子가 말씀한 '發於理', '發於氣'는 그 뜻이 또한 四端은 오로
지 理를 말하였고, 七情은 겸하여 氣를 말했다고 함에 지나지 않는데, 退溪(李滉)는 이것을 인하여 의
논을 세우기를 "四端은 理가 발함에 氣가 따른 것이고, 七情은 氣가 발함에 理가 탄 것이다."라고 하셨
으니, 退溪의 병통은 전적으로 '互發' 두 글자에 있다. 만약 朱子가 참으로 理·氣가 서로 발용해서 상
대하여 각각 나왔다고 하셨다면 朱子도 또한 잘못된 것이다. 發하는 것은 氣이고 발하게 하는 것은 理
이니, 氣가 아니면 발하지 못하고 理가 아니면 발할 수가 없다. 氣는 함이 있고 理는 함이 없으니, 마음

··· 統 통합할통 緖 실마리 서

惻隱·羞惡·辭讓·是非는 情이요, 仁·義·禮·智는 性이요, 心은 性과 情을 통합(통솔)한 것이다. '端'은 실마리이다. 情이 발함으로 인하여 性의 本然함을 볼 수 있으니, 마치 물건이 가운데에 있으면 실마리가 밖에 나타남과 같은 것이다.

6-6. 人之有是四端也 猶其有四體也니 有是四端而自謂不能者는 自賊者也요 謂其君不能者는 賊其君者也니라

사람이 이 四端을 가지고 있는 것은 사람이 四體를 가지고 있는 것과 같으니, 이 四端을 가지고 있으면서도 스스로 仁義를 행할 수 없다고 말하는 자는 자신을 해치는 자요, 자기 군주가 仁義를 행할 수 없다고 말하는 자는 자기 군주를 해치는 자이다.

集註 | 四體는 四肢니 人之所必有者也라 自謂不能者는 物欲蔽之耳라

'四體'는 四肢이니, 사람이 반드시 가지고 있는 것이다. 스스로 仁義를 행할 수 없다고 말하는 자는 物慾이 四端을 가렸기 때문이다.

6-7. 凡有四端於我者를 知皆擴而充之矣면 若火之始然(燃)하며 泉之始達이니 苟能充之면 足以保四海요 苟不充之면 不足以事父母니라

무릇 나에게 있는 四端을 모두 넓혀 채울 줄을 알면, 마치 불이 처음 타오르며 샘물이 처음 나오는 것과 같을 것이니, 만일 능히 이것을 채운다면 충분히 四海를 보전할 수 있고, 만일 채우지 못한다면 父母도 섬길 수 없을 것이다."

按說 | '知皆擴而充之矣'에 대하여, 沙溪(金長生)는

이 발하는 것은 모두 氣가 발함에 理가 타는 것이다.〔四端不能兼七情 而七情則兼四端 七情統言心之動有此七者 四端則就七情中 擇其善一邊而言也 朱子所謂發於理發於氣者 其意亦不過曰四端 專言理 七情兼言氣云耳 退溪因此而立論曰 四端 理發而氣隨之 七情 氣發而理乘之 退溪之病 專在於互發二字 若朱子眞以爲理氣互有發用 相對各出 則是朱子亦誤也 發之者 氣也 所以發者 理也 非氣則不能發 非理則無所發 氣有爲而理無爲 心之發 無非氣發而理乘也〕"하였다.《壺山孟子集註詳說》

··· 賊 해칠 적 蔽 가릴 폐 擴 넓힐 확 然 불탈 연(燃同) 達 통할 달

'知皆擴而充之'를 退溪(李滉)는 '알아서 확충하는 것'으로 해석하였으니, 살펴보건대 '知' 字를 마땅히 '充之'의 아래에서 해석해야 한다. 栗谷(李珥)이 말씀하기를 "退溪의 해석이 잘못된 듯하니, 이는 다만 四端을 알 뿐이요 아직 擴充하지 못한 때이다. 이것을 알기만 하면 불이 처음 타오르는 것과 같고 샘물이 처음 나오는 것과 같을 뿐이요, 이 아래 '진실로 능히 채운다.' 한 것에 이른 뒤에야 비로소 擴充한 때인 것이다. 만약 退溪의 말씀과 같다면 이것은 이미 채운 것이니, 비단 불이 처음 타오르는 것과 같고 샘물이 처음 나오는 것과 같을 뿐만이 아니다." 하였다. 《語類》에 "'知'字는 擴充을 겸하여 말한 것이니, '知皆擴而充之'는 '苟能充之'라는 句와 서로 응한다." 하였고, 또 이르기를 "'知皆擴而充之'는 '於止知其所止'와 말한 뜻이 대략 같다." 하였고, 또 이르기를 "막 이와 같음을 안 것이고 '苟能充之'라고 말함에 이르러서야 '充'字를 말씀했다." 하였다.〔退溪解知而擴充 按知字 當釋於充之下 栗谷云 退溪解恐非 此乃只知之而已 時未擴充也 惟知之 則如火始然 如泉始達 至其下苟能充之 然後始是擴充時也 苟如退溪說 則是旣已充之矣 不但如火始然泉始達也 語類曰 知字只帶擴充說 知皆擴而充之 與苟能充之句相應 又曰 知皆擴而充之 與於止知其所止 語意略同 又曰 方且是知得如此 至說到苟能充之 卽說充字〕(《經書辨疑》)

하였다. '於止知其所止'는 《大學》 傳3장에 보이는 내용이다. 壺山은 沙溪의 이 說을 취하여

살펴보건대 '能知而充之'라는 이 말은 《語類》에도 나온다. 다만 《集註》의 뜻은 '知'字를 '充'字 아래에서 해석하였으니, 그렇다면 《語類》의 '充'字는 마땅히 아래의 '充'字로 보아야 할 것이다.〔按能知而充之此語 亦出於語類 但集註之意 以知字釋於充下 然則語類充字 當以下充字看〕

하였다.

集註 | 擴은 推廣之意요 充은 滿也라 四端在我하여 隨處發見(현)하니 知皆卽此推廣而充滿其本然之量이면 則其日新又新이 將有不能自已者矣리니 能由此而遂充之면 則四海雖遠이나 亦吾度內[195]라 無難保者요 不能充之면 則雖事之至近이나 而不

---

195 度內: '度外'와 상대되는 말로, 四海가 모두 나의 범위 안에 있음을 이른다.

··· 見 나타날 현

能矣리라

'擴'은 미루어 넓히는 뜻이요, '充'은 가득함이다. 四端이 나에게 있어 곳에 따라 발현되니, 모두 이에 나아가 미루어 넓혀서 그 本然의 量을 가득 채울 줄 안다면 날로 새롭고 또 새롭게 함이 장차 스스로 그만두지 못하게 될 것이다. 이로 말미암아 마침내 채운다면 四海가 비록 멀더라도 또한 나의 범위 안이어서 보전하기 어려움이 없을 것이요, 채우지 못한다면 비록 지극히 가까운 일이라도 제대로 하지 못할 것이다.

章下註 | ○此章所論人之性情과 心之體用이 本然全具而各有條理如此하니 學者 於此에 反求默識而擴充之면 則天之所以與我者를 可以無不盡矣리라
○程子曰 人皆有是心이로되 惟君子爲能擴而充之하나니 不能然者는 皆自棄也라 然이나 其充與不充은 亦在我而已矣니라
又曰 四端에 不言信者[196]는 旣有誠心爲四端이면 則信在其中矣니라
愚按 四端之信은 猶五行之土하여 無定位하고 無成名하고 無專氣[197]로되 而水火金木이 無不待是以生者라 故로 土於四行에 無不在하고 於四時則寄王(旺)焉[198]하니 其理亦猶是也니라

○이 章에서 논한 바, 사람의 性·情과 마음의 體·用은 本然이 완전히 갖추어져 있으면서 각기 條理가 있음이 이와 같으니, 배우는 자가 이에 대하여 돌이켜 찾고 묵묵히 알아서 이것을 확충한다면 하늘이 나에게 주신 것(本性)을 다하지 않음이 없을 것이다.

---

196 四端 不言信者:朱子는 "만일 惻隱해하고 부끄러워하고 미워함이 진실로 惻隱해하고 부끄러워하고 미워하면 信은 바로 그 가운데 있다.〔且如惻隱羞惡 實是惻隱羞惡 便信在其中〕" 하였다.《語類》

197 無定位……無專氣:'定位'는 정해진 방위로 木은 東方, 火는 南方, 金은 西方, 水는 北方이다. '成名'은 명확한 주석이 없으나 壺山의 '生長收藏'이라는 주석에 따라 '이루는 이름'으로 해석하였다. '生長收藏'은 春生·夏長·秋收·冬藏으로, 木인 봄에는 만물을 낳고 火인 여름에는 자라게 하고 金인 가을에는 수확하고 水인 겨울에는 갈무리함을 이른다. '專氣'는 專一한 기운으로 봄은 木氣, 여름은 火氣, 가을은 金氣, 겨울은 水氣가 왕성하다. 그러나 土는 그렇지 않으므로 말한 것이다.

198 土於四行……於四時則寄王焉:《大全》에 "土는 四時에 있어 각각 18일씩 붙어 왕성하다. 혹자는 말하기를 '戊己에 왕성하다.' 하나 季夏는 바로 土의 本宮이다. 그러므로 늦여름에 더욱 왕성하니, 月令에 〈6월을〉 中央土로 기재한 것은 이 때문이다.〔土於四時 各寄王十八日 或謂王於戊己 然季夏 乃土之本宮 故尤王於夏末 月令載中央土者 以此〕" 하였다. '王'은 '旺'과 통하는 바, 陰陽五行說에 있어 봄은 木, 여름은 火, 가을은 金, 겨울은 水에 소속되며, 음력으로 4개의 季月 즉 3·6·9·12월은 土氣가 왕성한 계절로 흙비가 내린다 하여 土王用事가 매월 책력에 明示되어 있다. 또한 天干 중에 甲乙은 木, 丙丁은 火, 戊己는 土, 庚辛은 金, 壬癸는 水인데, 이 중 한가운데인 土는 여름 6월에 왕성하다.

··· 條 가지조, 조리조 黙 잠잠할묵 按 살필안 寄 붙일기 王 왕성할왕(旺通)

○程子(伊川)가 말씀하였다. "사람들이 모두 이 마음(仁心)을 가지고 있으나 오직 君子만이 넓혀서 채울 수 있으니, 이렇게 하지 못하는 자는 모두 自棄하는 것이다. 그러나 채우고 채우지 못함은 또한 자신에게 달려있을 뿐이다."

또 말씀하였다. "四端에 信을 말씀하지 않은 것은, 誠心으로 四端을 하면 信이 그 가운데에 있기 때문이다."

내(朱子)가 살펴보건대, 四端의 信은 五行의 土와 같아서 일정한 위치가 없고 이루는 이름(명칭)이 없고 專一한 기운이 없으나 水·火·金·木이 이것(土)을 필요로 하여 생겨나지 않는 것이 없으므로 土가 四行에 있어서는 있지 않은 데가 없고 四時에 있어서는 붙어서 왕성하니, 그 이치가 또한 이와 같다.

| 術不可不愼章(矢人函人章) |

7-1. 孟子曰 矢人이 豈不仁於函人哉리오마는 矢人은 惟恐不傷人하고 函人은 惟恐傷人하나니 巫匠도 亦然하니 故로 術不可不愼也니라

孟子께서 말씀하셨다. "화살 만드는 사람이 어찌 갑옷 만드는 사람보다 仁하지 못하겠는가마는 화살 만드는 사람은 행여 사람을 상하게 하지 못할까 두려워하고 갑옷 만드는 사람은 행여 사람을 상하게 할까 두려워하니, 무당과 관 만드는 목수도 또한 그러하다. 그러므로 기술을 〈선택함에〉 삼가지 않으면 안 되는 것이다.

集註 | 函은 甲也라 惻隱之心을 人皆有之하니 是矢人之心이 本非不如函人之仁也라 巫者는 爲人祈祝하여 利人之生[199]하고 匠者는 作爲棺槨하여 利人之死라

'函'은 갑옷이다. 惻隱之心을 사람마다 모두 가지고 있으니, 이것은 화살 만드는 사람의 마음이 본래 갑옷 만드는 사람의 仁함만 못한 것이 아니다. 무당은 사람들을 위해 기원하여 사람이 사는 것을 이롭게 여기고, 목수는 棺槨을 만들어 사람이 죽는 것을 이롭게 여긴다.

---

199 巫者爲人祈祝 利人之生 : '巫'에 대하여 楊伯峻은 "옛 사람들은 병을 치료할 때에도 무당을 썼다. 그러므로 《論語》에 '巫醫'라는 명칭이 있는 것이다." 하여, 巫와 醫를 둘로 나누지 않고, 古代에 呪術과 醫術로 환자를 치료하던 사람으로 보았다.

••• 矢 화살 시 函 갑옷 함 巫 무당 무 匠 목수 장 術 재주 술 祈 빌 기 祝 빌 축 棺 널 관 槨 널 곽

7-2. 孔子曰 里仁이 爲美하니 擇不處仁이면 焉得智리오하시니 夫仁은 天之尊爵也며 人之安宅也어늘 莫之禦而不仁하니 是는 不智也니라

孔子께서 말씀하시기를 '마을에 仁厚한 풍속이 있는 것이 아름다우니, 사람이 自處할 바를 가리되 仁에 처하지 않는다면 어떻게 지혜로울 수 있겠는가.' 하셨으니, 仁은 하늘의 높은 벼슬이요 사람의 편안한 집인데, 이것을 막는 이가 없는데도 仁하지 못하니, 이는 지혜롭지 못한 것이다.

按說 | '孔子曰……焉得智'에 대하여 《論語集註》에서 朱子는 '擇不處仁'을 '擇里 而不居於是焉'으로 주석하여 '擇'을 '擇里'로 해석하고, 여기에서는 '人擇所以自處 而 不於仁'으로 주석하여 '자처할 바를 가리는 것'으로 해석하였는데, 이는 앞 부분에 '기술 을 선택함'에 관한 孟子의 말씀이 있기 때문이다. 新安陳氏(陳櫟)는

孔子는 본래 마을을 가리는 것을 말씀하셨는데 孟子는 이것을 인용하여 기술을 택함을 증 명하셨으니, 〈뜻이〉 약간 다르다. 《集註》는 孟子의 뜻을 가지고 孔子의 말씀을 해석하였으 므로 《論語集註》와는 조금 다른 것이다.〔孔子本言擇里 孟子引之 以證擇術 微有不同 集註以孟子之意 釋孔子之言 故與語註小異〕

하였다. 茶山은 《論語》의 '里仁爲美 擇不處仁 焉得知'[200]를 《孟子》의 뜻과 서로 통하

---

200 《論語》의……焉得知 : 이에 대한 《附按說 論語集註》의 按說은 다음과 같다. "鄭玄은 '里仁'의 '里'를 '거주하다'의 동사로, '仁'을 '仁者의 마을'로 보아 '里仁'을 '仁者의 마을에 거주하다'의 뜻으로 풀이하 였으며, 楊伯峻도 '里仁'을 '仁德이 있는 마을에 거주하다'로 보았다. 程明道 역시 '里'를 '거하다'의 동 사로 보았으나 '仁'을 '인후한 마을'의 의미로 보지 않고 넓은 의미의 仁으로 보아 '里仁'을 '仁에 거하다' 의 뜻으로 풀이하였다. 이러한 풀이는 《孟子》〈離婁上〉의 '仁은 사람의 편안한 집이다.〔仁 人之安宅也〕' 라는 말과 같은 맥락이다. 茶山은 '里'를 동사로 풀이하는 해석을 반박하고 '里'를 '사람이 거처하는 곳' 으로 보아 里에서 句를 떼었다. 이렇게 보면 '里仁爲美'는 '사람이 거처하는 바는 仁이 아름다움이 된 다.'로 해석되는데, 전체적인 의미는 程明道의 해석과 크게 다르지 않다. '擇不處仁'의 풀이는 '里仁'을 어떻게 해석하는가에 따라 달라진다. '里仁'을 '마을에 인후한 풍속이 있는 것'으로 해석한 朱子와 '仁 者의 마을에 거주하는 것'으로 해석한 鄭玄은 '擇不處仁'의 '仁'을 '인후한 마을' 혹은 '仁者의 마을'로 보았다. 반면 '里仁'의 '仁'을 보편적 의미의 仁으로 본 程明道나 茶山의 경우 '擇不處仁'의 '仁' 역시 보편적 의미의 仁으로 풀이하였다.……朱子는 '擇不處仁'을 '마을을 가리면서 仁厚한 마을에 거하지 않는 것'으로 해석하는 것이 《論語》의 본뜻에 맞다고 생각한 듯하다.……그러나 瑞巖(金熙鎭)선생은 經文을 '좋은 마을을 가려 살더라도 자신이 仁에 처하지 않으면 어찌 지혜롭다 하겠는가.'의 뜻으로 해 석하였다. 아무리 인후한 풍속이 있는 마을에 살더라도 자신이 仁하지 못하면 지혜가 될 수 없으며, 인 후한 마을에 살지 않는 것을 가지고 지혜를 논한다면 智의 의미가 축소되기 때문이다."

··· 爵 벼슬 작 禦 막을 어

게 해석하여,

> 사람이 거처할 바는 仁이 아름다움이 된다. 《孟子》의 이른바 '仁은 사람의 편안한 집'이라는 것이다. 거처할 바를 선택하되 仁에 거처하지 않으면 어찌 지혜롭다 하겠는가.〔人所居 惟仁 爲美 孟子所謂仁者人之安宅也 擇所居而不處仁 何得爲智〕

하여, '里'를 마을이 아니라 '사람이 거처할 바'로, '擇'을 '擇里'가 아니라 '거처할 바를 선택함'으로 해석하였다. 茶山은 또 《孟子》의 주석에는

> 孔子가 마을을 선택하는 것에 대해 말씀한 것을 孟子가 인용하여 기술을 선택함을 증명함은 이런 이치가 없다.……孔子는 본래 기술을 선택하는 것을 말씀한 것이다.〔孔子言擇里 孟子引之以證擇術 無是理也……孔子本言擇術〕

하였다.

集註 | 里有仁厚之俗者를 猶以爲美하니 人擇所以自處호되 而不於仁이면 安得爲 智乎리오 此는 孔子之言也라 仁義禮智는 皆天所與之良貴로되 而仁者는 天地生物 之心으로 得之最先而兼統四者하니 所謂元者善之長也라 故로 曰尊爵이라 在人이면 則爲本心全體之德하여 有天理自然之安이요 無人欲陷溺之危하니 人當常在其中 하여 而不可須臾離者也라 故로 曰安宅이라 此는 又孟子釋孔子之意하사 以爲仁道 之大如此어늘 而自不爲之하니 豈非不智之甚乎리오하시니라

"마을에 仁厚한 풍속이 있는 것도 오히려 아름답게 여기는데, 사람이 자처할 바를 가리되 仁에 처하지 않는다면 어떻게 지혜로울 수 있겠는가." 하셨으니, 이것은 孔子의 말씀이다. 仁·義·禮·智는 모두 하늘이 주신 良貴인데, 仁은 天地가 萬物을 내는 마음으로서 가장 먼저 얻었고 네 가지(仁·義·禮·智)를 겸하여 통솔하니, 《周易》〈乾卦 文言〉에〉 이른바 '元은 善의 으뜸'이란 것이다. 그러므로 尊爵이라 말한 것이다. 사람에 있어서는 本心의 全 體의 德이 되어, 天理自然의 편안함이 있고 人慾에 빠지는 위태로움이 없으니, 사람이 항 상 이 가운데에 있어야 하고, 잠시라도 떠나서는 안 된다. 그러므로 安宅이라 말한 것이다. 이것은 또 孟子께서 孔子의 뜻을 해석하여 "仁道의 위대함이 이와 같은데도 스스로 하지 않으니, 어찌 지혜롭지 못함이 심한 것이 아니겠는가."라고 하신 것이다.

⋯ 與 줄 여 良 진실로 량 陷 빠질 함 溺 빠질 닉 須 잠깐 수 臾 잠깐 유

7-3. 不仁不智라 無禮無義면 人役也니 人役而恥爲役은 由(猶)弓人而恥爲弓하며 矢人而恥爲矢也니라

仁하지 못하여 지혜롭지 못하다. 그리하여 禮가 없고 義가 없으면 사람의 사역(노예)이니, 사람의 사역이 되어 사역하는 것을 부끄러워하는 것은 마치 활 만드는 사람이 활 만드는 것을 부끄러워하며 화살 만드는 사람이 화살 만드는 것을 부끄러워하는 것과 같다.

> 集註 | 以不仁故로 不智요 不智故로 不知禮義之所在라
>
> 仁하지 못하기 때문에 지혜롭지 못하고, 지혜롭지 못하기 때문에 禮·義의 소재를 알지 못하는 것이다.

7-4. 如恥之인댄 莫如爲仁이니라

만일 이것(사역)을 부끄러워한다면 仁을 행하는 것만 못하다.

> 按說 | '莫如爲仁'에 대하여, 茶山은
>
> 經文에 '莫如爲仁'의 '爲'는 作과 같다. '爲'는 '일을 행하는 것'이니, 朱子가 〈윗절에서〉 '仁은 天地가 만물을 내는 마음이며 本心의 全體의 德'이라 하여, '爲仁' 두 글자를 풀이할 수 없었기 때문에 '爲仁'을 '志於仁'으로 해석하였다.〔經曰莫如爲仁 爲猶作也 爲者行事也 朱子以仁爲天地生物之心 本心全體之德 則爲仁二字不可解 故解之曰志於仁〕
>
> 하였다.

> 集註 | 此亦因人愧恥之心而引之[201]하여 使志於仁也라 不言智禮義者는 仁該全體하니 能爲仁이면 則三者在其中矣니라
>
> 이 또한 사람이 부끄러워하는 마음을 인해서 유도하여 仁에 뜻하게 하신 것이다. 智·禮·

---

201 此亦因人愧恥之心而引之: 앞의 4장에 "만일 치욕을 싫어한다면 德을 귀하게 여기고 선비를 높이는 것만 못하다.〔如惡之 莫如貴德而尊士〕"라는 말을 이어서 '亦'이라고 말씀한 것이다.

··· 役 사역할 역 由 같을 유(猶同) 愧 부끄러울 괴 恥 부끄러울 치 引 인도할 인 該 겸할 해

義를 말씀하지 않은 것은, 仁은 전체를 포함하니 능히 仁을 행한다면 세 가지가 그 가운데에 있기 때문이다.

7-5. 仁者는 如射하니 射者는 正己而後發하여 發而不中이라도 不怨勝己者요 反求諸己而已矣니라

仁을 하는 자는 활을 쏘는 것과 같으니, 활을 쏘는 자는 자신을 바로잡은 뒤에야 발사하여, 발사한 것이 맞지 않더라도 자신을 이긴 자를 원망하지 않고 자신에게 돌이켜 찾을 뿐이다.”

按說 | ‘仁者’는 ‘爲仁者’로 보아 ‘仁을 행하는 자’ 또는 ‘仁을 행함’의 뜻이 되어야 할 것이다. 栗谷諺解에도 ‘仁ᄒᆞᄂᆞᆫ 者’로 되어 있다.

集註 | 爲仁由己니 而由人乎哉[202]아

仁을 행하는 것은 자신에게 달려있으니, 남에게 달려있겠는가.

| 告之以有過則喜章(善與人同章) |

8-1. 孟子曰 子路는 人이 告之以有過則喜하니라

孟子께서 말씀하셨다. “子路는 남이 자신에게 허물이 있음을 말해주면 기뻐하였다.

集註 | 喜其得聞而改之하니 其勇於自修如此하니라

周子曰 仲由는 喜聞過라 令名이 無窮焉이러니 今人은 有過에 不喜人規하여 如諱疾而忌醫하여 寧滅其身而無悟也하니 噫라

程子曰 子路는 人告之以有過則喜하니 亦可爲百世之師矣로다

---

202 爲仁由己 而由人乎哉：《論語》〈顏淵〉에 “하루라도 私慾을 이겨 禮에 돌아가면 천하가 仁을 허여한다. 仁을 하는 것은 자신에게 달려있으니 남에게 달려있겠는가.〔一日克己復禮 天下歸仁焉 爲仁由己 而由人乎哉〕”라고 보인다.

••• 喜 기쁠 희 令 좋을 령 規 바르게할 규 諱 숨길 휘 疾 병질 忌 꺼릴 기 醫 의원 의 寧 차라리 녕 悟 깨달을 오 噫 슬플 희

허물을 듣고서 고칠 수 있음을 기뻐한 것이니, 스스로 닦음에 용감함이 이와 같았다.

周子(濂溪)가 말씀하였다. "仲由는 허물을 듣기 좋아하여 훌륭한 명예가 무궁하였는데, 지금 사람들은 허물이 있으면 남이 바로잡아줌을 기뻐하지 아니하여, 마치 병을 숨기고 의원을 꺼려서 차라리 그 몸을 멸망시키면서도 깨달음이 없는 것과 같으니, 아 슬프다."

程子(明道)가 말씀하였다. "子路는 남들이 그에게 허물이 있음을 말해주면 기뻐하였으니, 또한 百世의 스승이라 할 만하다."

8-2. 禹는 聞善言則拜러시다

禹王은 善言을 들으면 절하셨다.

集註 | 書曰 禹拜昌言이라하니 蓋不待有過하고 而能屈己以受天下之善也라

《書經》〈大禹謨〉에 이르기를 "禹王이 昌言(善言)에 절하셨다." 하였으니, 허물이 있음을 기다리지 않고 자신을 굽혀서 천하의 善言을 받아들인 것이다.

8-3. 大舜은 有大焉하시니 善與人同하사 舍(捨)己從人하시며 樂取於人하여 以爲善이러시다

大舜은 이보다도 더 위대한 점이 있었으니, 善을 남과 함께하셔서 자신을 버리고 남을 따르시며 남에게서 취하여 善을 하는 것을 좋아하셨다.

> 按說 | '有大焉'의 '有'에 대하여, 楊伯峻은 '又'와 같다고 하여 '더 위대하시니'로 해석하였다.

集註 | 言 舜之所爲는 又有大於禹與子路者라 善與人同은 公天下之善而不爲私也라 己未善이면 則無所係吝而舍以從人하시고 人有善이면 則不待勉强而取之於己하시니 此善與人同之目也라

舜임금이 하신 바는 禹王과 子路보다 더 위대한 점이 있음을 말씀한 것이다. 善을 남과 함

··· 昌 착하게말할 창 係 매일 계 吝 인색할 린 勉 힘쓸 면 强 힘쓸 강

께하였다는 것은 天下의 善을 公的으로 생각하여 사사롭게 여기지 않은 것이다. 자신이 善하지 못하면 얽매이고 인색해 하는 바가 없이 버리고 남을 따르며, 남에게 善이 있으면 굳이 억지로 힘쓰지 않고 자신에게 취하셨으니, 이것은 善을 남과 함께하신 조목이다.

8-4. 自耕稼陶漁로 以至爲帝히 無非取於人者러시다

밭 갈고 곡식을 심으며 질그릇 굽고 물고기 잡을 때로부터 황제가 되실 때까지 남에게서 취한 것 아님이 없으셨다.

集註 | 舜之側微에 耕于歷山하시고 陶于河濱하시고 漁于雷澤[203]하시니라

舜임금은 미천했을 적에 歷山에서 밭을 갈고 河濱에서 질그릇을 굽고 雷澤에서 물고기를 잡으셨다.

8-5. 取諸人以爲善이 是與人爲善者也라 故로 君子는 莫大乎與人爲善이니라

남에게서 취하여 善을 행하는 것이 곧 남이 善을 하도록 도와주는 것이다. 그러므로 君子는 남이 善을 하도록 도와주는 것보다 더 훌륭함(큰일)이 없는 것이다."

集註 | 與는 猶許也, 助也라 取彼之善而爲之於我면 則彼益勸於爲善矣니 是는 我助其爲善也라 能使天下之人으로 皆勸於爲善이면 君子之善이 孰大於此리오

'與'는 許(허여하다), 助(돕다)와 같다. 저 사람의 善을 취하여 내 몸에 행한다면 저 사람이 善을 하는 데 더욱 힘쓸 것이니, 이것은 〈그가〉善行을 하도록 내가 도와주는 것이다. 능히 천하 사람들로 하여금 모두 善을 하는 데 힘쓰게 한다면, 君子의 善이 무엇이 이보다 크겠는가.

---

203 舜之側微……漁于雷澤:《史記》〈五帝本紀〉에 "舜임금이 歷山에서 밭을 가니 歷山 사람들이 모두 밭 두둑을 양보하였고, 雷澤에서 물고기를 잡으니 雷澤 사람들이 모두 물고기 잡는 자리를 양보하였고, 河濱에서 질그릇을 구우니 河濱의 질그릇에 조잡하거나 비뚤어진 것이 없었다. 1년 만에 거주하는 곳이 부락〔聚〕을 이루고 2년 만에 邑을 이루고 3년 만에 都를 이루었다.〔舜耕歷山 歷山之人皆讓畔 漁雷澤 雷澤上人皆讓居 陶河濱 河濱器 皆不苦窳 一年而所居成聚 二年成邑 三年成都〕" 하였다.

··· 耕 밭갈 경 稼 심을 가 陶 질그릇 도 漁 고기잡을 어 側 미천할 측 微 미천할 미 濱 물가 빈 與 도울 여 勸 권할 권

章下註 | ○ 此章은 言聖賢樂善之誠이 初無彼此之間이라 故로 其在人者有以裕於 己요 在己者有以及於人이니라

○ 이 章은, 聖賢이 善을 좋아하는 정성이 애당초 彼此의 간격이 없으므로 남에게 있는 것을 자신에게 넉넉히 할 수 있고 자신에게 있는 것을 남에게 미칠 수 있음을 말씀한 것이다.

|伯夷非其君不事章(隘與不恭章)|

9-1. 孟子曰 伯夷는 非其君不事하며 非其友不友하며 不立於惡人之 朝하며 不與惡人言하더니 立於惡人之朝와 與惡人言을 如以朝衣朝冠 으로 坐於塗炭하며 推惡惡(오악)之心하여 思與鄕人立에 其冠不正이어든 望望然去之하여 若將浼焉하니 是故로 諸侯雖有善其辭命而至者라도 不受也하니 不受也者는 是亦不屑就已니라

孟子께서 말씀하셨다. "伯夷는 섬길 만한 군주가 아니면 섬기지 않으며, 벗할 만한 사람이 아니면 벗하지 않으며, 악한 사람의 조정에 서지 않으며, 악한 사람과 더불어 말씀하지 않았다. 악한 사람의 조정에 서는 것과 악한 사람과 더불어 말하는 것을 마치 朝衣(朝服)와 朝冠을 입고 진흙과 숯구덩이에 앉은 듯이 여겼으며, 악을 미워하는 마음을 미루어서(확대하여) 생각하기를 鄕人과 함께 서있을 적에 그(鄕人) 冠이 바르지 않으면 望望然히 떠나가서 마치 장차 자신을 더럽힐 듯이 여겼다. 이 때문에 諸侯들 중에 비록 辭命을 잘하여 찾아오는 자가 있더라도 받아주지 않았으니, 받아주지 않은 것은 이 또한 나아감을 좋게 여기지 않은 것이다.

按說 | 朱子는

세상에 이른바 깨끗하다는 자는 악한 사람에게 나아가지 않을 뿐이니, 만일 말을 잘하여 찾아오는 자가 있으면 진실로 때로 찾아가기도 한다. 그러나 오직 伯夷는 그렇지 않았으니, 이것이 聖의 淸이 된 이유이며, 柳下惠가 떠나가는 것을 좋게 여기지 않은 뜻도 또한 그러하다.[世之所謂淸者 不就惡人耳 若善辭令而來者 固有時而就之 惟伯夷不然 此其所以爲聖之淸也 柳下惠不屑之意亦然]《語類》

··· 裕 넉넉할 유 塗 진흙 도 炭 숯불 탄 冠 갓 관 浼 더럽힐 매 屑 깨끗할 설 就 나아갈 취

하였다. 新安陳氏(陳櫟)는

이는 伯夷의 깨끗함이 엄격하게 惡을 미워하여, 사람들과 가벼이 무리 짓지 않았음을 말씀한 것이다.〔此 言伯夷之淸 嚴於惡惡 而不輕與人群也〕

하였다.

'非其友不友'의 '友'에 대하여, 壺山은

여기에서 民을 友라고 바꿔 말한 것은 백성은 범연하고 벗은 간절하기 때문이다. 벗할 사람이 아니라는 것은 道가 같지 않음을 이른다.〔此變民言友者 民汎而友切也 非其友 謂不同道也〕

하였다. 이는 앞의 2장에서 伯夷와 伊尹의 차이점을 말하면서 '非其民不使'라 한 말을 가리킨 것이다.

'不立於惡人之朝 不與惡人言'은 栗谷諺解에는 '惡人의 朝에 立ᄒᆞ디 아니ᄒᆞ며 惡人과 더브러 말ᄒᆞ디 아니ᄒᆞ고'로 되어 있는데, 이에 대하여 壺山은

살펴보건대 악한 사람의 조정에 서는 것과 악한 사람과 더불어 말하는 것을, 栗谷諺解에서는 두 가지 일로 읽었으니, 文勢가 옳은 듯하다.〔按立於惡人之朝 與惡人言 栗谷諺解 作兩事讀 文勢恐是〕

하였다. 官本諺解에는 '不立於惡人之朝ᄒᆞ야 不與惡人言ᄒᆞ더니 立於惡人之朝ᄒᆞ야 與惡人言호ᄃᆡ'로 懸吐하고 '惡人의 朝애 立디 아니ᄒᆞ야 惡人으로 드려 言티 아니ᄒᆞ더니 惡人의 朝애 立ᄒᆞ야 惡人으로 드려 言호ᄃᆡ'라고 하였으므로, '악한 사람의 조정에 서서 惡人과 더불어 말하지 않았다.'로 해석하여 이어진 내용으로 보았으나 栗谷諺解를 따라 '하며'로 현토하고, 별개의 내용으로 풀이하였다.

集註 | 塗는 泥也라 鄕人은 鄕里之常人也라 望望은 去而不顧之貌[204]라 洗는 汚也라 屑은 趙氏曰 潔也라하고 說文曰 動作切切也라하니 不屑就는 言不以就之爲潔而切切於是也라 已는 語助辭라

'塗'는 진흙이다. '鄕人'은 鄕里의 常人(보통사람)이다. '望望'은 떠나가서 뒤돌아보지 않

---

[204] 望望 去而不顧之貌:楊伯峻은 '望望然'을 원망하는 모양이라고 하였다.

··· 泥 진흙 니 顧 돌아볼 고 汚 더러울 오 潔 깨끗할 결

는 모양이다. '浼'는 더럽힘이다. '屑'은 趙氏(趙岐)는 "깨끗함이다." 하였고, 《說文解字》
에는 "동작을 切切(汲汲)히 하는 것이다." 하였으니, '不屑就'는 나아감을 깨끗하게 여기
지 않아서 이에 급급해 하지 않음을 말한 것이다. '已'는 어조사이다.

9-2. 柳下惠는 不羞汚君하며 不卑小官하여 進不隱賢하여 必以其道하며
遺佚而不怨하며 阨窮而不憫하더니 故로 曰 爾爲爾요 我爲我니 雖袒裼
裸裎於我側인들 爾焉能浼我哉리오하니 故로 由由然與之偕而不自失
焉하여 援而止之而止하니 援而止之而止者는 是亦不屑去已니라

柳下惠는 더러운 군주를 섬기는 것을 부끄러워하지 않으며 작은 벼슬을 낮게 여기지
않아, 나아가면 어짊을 숨기지 않아서 반드시 그 도리를 다하였으며, 벼슬길에서 버림받
아도 원망하지 않고 곤액을 당하여도 근심하지 않았다. 그러므로 그는 말하기를 '너는
너이고 나는 나이니, 네가 비록 내 곁에서 옷을 걷고 몸을 드러낸들 네가 어찌 나를 더럽
힐 수 있겠는가.' 하였다. 그러므로 由由(悠悠)하게 그와 함께 있으면서도 스스로 올바
름을 잃지 않아 떠나려고 하다가도 잡아당겨 멈추게(만류) 하면 멈추었으니, 잡아당겨
멈추게 하면 멈춘 것은 이 또한 떠나감을 좋게 여기지 않은 것이다."

按說 | '進不隱賢 必以其道'에 대하여, 朱子는

나아가면 어짊을 숨기지 않았으니, 그렇다면 반드시 바른 道로써 한 것이다. 사람들이 자기
의 소견이 있을 적에 다 드러내려 하지 않고 오히려 숨기는 바가 있으면 바로 道를 굽히는 것
이다.[進不隱賢 便是必以其道 人有所見 不肯盡發出 尙有所藏 便是枉道]《語類》

하였다.
'由由然'에 대하여, 楊伯峻은 《韓詩外傳》에 《孟子》〈萬章下〉 1장의 '由由然不忍去也'
를 인용하여 '愉愉然不去也'로 쓴 것을 들어, '由由然'은 기뻐하는 모양이라고 하였다.

集註 | 柳下惠는 魯大夫展禽이니 居柳下而諡惠也[205]라 不隱賢은 不枉道也라 遺佚

---

205 柳下惠……居柳下而諡惠也:《論語集註》에는 "食邑이 柳下이다." 하였다. 그러나 茶山은 '柳下'를 食

⋯ 遺 버릴 유 佚 빠뜨릴 일 阨 곤궁할 액 窮 곤궁할 궁 憫 근심할 민 袒 벗을 단 裼 벗을 석 裸 벗을 라
裎 벗을 정 側 곁 측 焉 어찌 언 由 넉넉할 유(悠同) 偕 함께 해 援 당길 원 展 펼 전 諡 시호 시

은 放棄也라 阨은 困也라 憫은 憂也라 爾爲爾로 至焉能浼我哉는 惠之言也라 袒裼은
露臂也요 裸裎은 露身也라 由由는 自得之貌라 偕는 並處也라 不自失은 不失其正
也라 援而止之而[206]止者는 言欲去而可留也라

柳下惠는 魯나라 大夫 展禽이니, 柳下에 거주하였고 시호를 惠라 하였다. '어짊을 숨기지
않았다'는 것은 道를 굽히지 않은 것이다. '遺佚'은 추방하여 버림받는 것이다. '阨'은 곤궁
함이다. '憫'은 근심함이다. '爾爲爾'로부터 '焉能浼我哉'까지는 柳下惠의 말이다. '袒裼'
은 팔을 노출시킴이요, '裸裎'은 몸을 노출시킴이다. '由由'는 자득한 모양이다. '偕'는 함
께 거처함이다. '不自失'은 올바름을 잃지 않는 것이다. '잡아당겨 멈추게(만류) 하면 멈추
었다.'는 것은 가고자 하다가도 머물 수 있음을 말한 것이다.

9-3. 孟子曰 伯夷는 隘하고 柳下惠는 不恭하니 隘與不恭은 君子不由 也니라

孟子께서 말씀하셨다. "伯夷는 좁고 柳下惠는 不恭하니, 좁음과 不恭함은 君子가
행하지 않는다."

按說 | 이 구절에 대하여 壺山은,

이미 그 일을 인용하고 장차 論斷하려 하였으므로 다시 '孟子曰'字를 더하였으니, 〈萬章
下〉의 首章의 類가 모두 이와 같다.〔旣引其事 而將爲論斷 故復加孟子曰字 萬章下首
章之類 皆放此云〕

하였다. 이는 〈萬章下〉 1장의 첫머리에 '孟子曰 伯夷'로 시작하고, 끝에 가서 '孟子曰 伯
夷聖之淸者也'라고 하여 다시 '孟子曰'을 加한 예를 든 것이다. 朱子는

伯夷가 깨끗하니 반드시 좁은 곳이 있을 것이고 柳下惠가 和하니 반드시 不恭한 곳이 있
을 것이니, 道理가 본래 이와 같은 것이다. 孟子는 後人들이 좁은 것을 깨끗하다고 생각하
고 不恭을 和라고 여길까 걱정하셨으므로 '좁음과 不恭은 君子가 행하지 않는다'고 하신

邑이 아니고 柳下惠가 거주한 지명으로 보고 東門遂, 西門豹, 東郭賈 등의 사례를 들었다.

206 而: 壺山은 "'則'字의 뜻과 같이 읽는다.〔讀如則字義〕" 하였다.

··· 露 드러낼 로 臂 팔뚝 비 隘 좁을 애 由 행할 유

것이다.〔伯夷旣淸 必有隘處 柳下惠旣和 必有不恭處 道理自是如此 孟子恐後人以隘

爲淸 以不恭爲和 故曰 隘與不恭 君子不由也〕《語類》

하였다.

集註 | 隘는 狹窄也요 不恭은 簡慢也[207]라 夷惠之行이 固皆造乎至極之地라 然이나
旣有所偏이면 則不能無弊라 故로 不可由也니라

'隘'는 狹窄함이요, '不恭'은 간략하고 거만함이다. 伯夷와 柳下惠의 행실이 진실로 모두
지극한 경지에 이르렀으나 이미 편벽된 바가 있으니, 그렇다면 폐단이 없지 못하다. 그러므
로 행할 수 없는 것이다.

---

207 不恭 簡慢也:朱子는 "그 마음이 세상을 우습게 보아서 사람을 없는 것처럼 여기는 것이다.〔其心玩世
視人如無也〕" 하였다.《松陽講義》

···　狹 좁을 협 窄 좁을 착 簡 간략할 간, 소홀할 간 慢 거만할 만 造 나아갈 조 偏 치우칠 편

公孫丑章句 下

集註 | 凡十四章이라 自第二章以下는 記孟子出處行實이 爲詳[208]하니라

모두 14章이다. 제2장으로부터 이하는 孟子의 出處에 대한 행실을 기록함이 상세하다.

| 天時不如地利章 |

1-1. 孟子曰 天時不如地利요 地利不如人和니라

孟子께서 말씀하셨다. "天時가 地利만 못하고, 地利가 人和만 못하다.

按說 | '天時'에 대한 朱子의 '天時謂時日支干孤虛王相之屬'의 註에 대하여, 혹자가 여기서 말한 '時日'이 혹 方所인지 물으니, 雙峰饒氏(饒魯)가 대답하기를

두 가지가 똑같으니, 하나는 橫으로 말하였고 하나는 縱으로 말하였다. 날짜에 天德日이 있고 月德日이 있으며 또한 방소에 天德方이 있고 月德方이 있으니, 大意가 이와 같으며 그 사이에 또 각자 細密한 곳이 있다.〔二者一般 一箇是橫 一箇是直 所以天德月德日 亦有 天德月德方 大意如此 其間 又自有細密處〕

---

208 自第二章以下……爲詳 : 壺山은 "이 편은 《論語》에 〈述而〉, 〈鄉黨〉 두 편이 있는 것과 같다. 그러므로 특별히 篇題를 드러내었다.〔此篇如論語之有述而鄉黨二篇 故特著篇題〕" 하였다.

··· 處 벼슬하지않을 처

하였다. 慶源輔氏(輔廣)는

時는 12時이고 日은 10日이고 支는 12支이고 干은 10干이다.〔時十二時 日十日 支十二支 干十干也〕

하였다. '孤虛·王相'에 대해서는, 蔡氏는

時는 四時이고 日은 日辰이다.《史記》의 注에《六甲孤虛法》에 甲子의 열흘 동안에는 戌亥가 孤가 되고 辰巳가 虛가 되니, 뒤의 五甲도 이와 같다. 예컨대 지금 사람들은 甲子의 열흘 동안에는 戌亥가 없다 하여〈戌亥를〉空亡이라 하니 이는 空亡을 孤라 한 것이요, 辰巳는 戌亥와 상대가 되니 辰巳가 虛가 된다. 王相은 東方木은 卯에 왕성하고 도와주는 類와 같은 것이다.〔時 四時也 日 日辰也 史記注 六甲孤虛法 甲子旬 戌亥爲孤 辰巳爲虛 後五甲倣此 如今人以甲子旬 無戌亥 爲空亡 是以空亡爲孤也 辰巳與戌亥對 辰巳爲虛 王相 如東方木 旺相於卯之類〕

하였고, 雙峰饒氏(饒魯)는

이는 대개 五行의 쇠함과 왕성함을 가지고 말한 것이다. 五行은 孤虛의 때가 있고 旺相의 때가 있다. 봄은 木에 속하는데, 甲乙木이 丙丁火를 낳으니, 바로 木이 왕성하고 火가 도와주는 것이다. '旺'字는 바로 '王'字이고 '相'字는 '王'字의 다음이다. 金이 이때(여름)에 이르면 쇠하는데 이 때문에 孤가 되니 孤는 도와주는 이가 없다는 뜻으로, 지금 四廢라고 말하는 것과 같다. 그러나 水는 어미가 되고 木은 자식이 되니 자식이 實하면 어미가 虛하여, 水가 이때에 이르면 虛가 되는 것이다.〔此大槩以五行衰旺言之 五行有孤虛時 有旺相時 春屬木 甲乙木生丙丁火 便是木旺而火相 旺字 卽是王字 相 王之次也 金到這裏衰 所以孤 孤者 無輔助之意 如今說四廢 然水爲母 木爲子 子實則母虛 水到此 所以虛〕

하였으며, 南塘(韓元震)은

兵法에 '孤를 등지고 虛를 공격하면 승리한다.' 하였으니, 예컨대 甲子旬中(甲子·乙丑·丙寅·丁卯·戊辰·己巳·庚午·辛未·壬申·癸酉의 일진)에는 戌·亥의 방위를 등지고 辰·巳의 방위를 공격하는 것이다.……兵法에 '旺을 타고 衰를 공격하면 승리한다.' 하였으니, 예컨대 봄에 전투할 경우 木氣를 타야 하므로 東을 등지고 西를 공격하고, 여름에 전투할 경우 火氣를 타야 하므로 南을 등지고 北을 공격하는 것이다.〔兵法云 背孤擊虛則勝 如甲子旬

中 則背戌亥方而擊辰巳方 是也……兵法云 乘旺擊衰則勝 如春戰則乘木氣 背東擊
西 夏戰則乘火氣 背南擊北 是也〕《南塘集 書筵說》

하였다. 壺山은 '天時'와 '地利'를 연결하여,

> 살펴보건대 地利는 진실로 兵家에서 폐하지 않는 것이요, 時日의 拘忌로 말하면 다른 일에
> 서도 오히려 불가한데 하물며 공격하고 전투하는 일에 있어서랴.〔按地利 固兵家之所不廢
> 若時日之拘忌 則他事猶不可 況攻戰之事乎〕

하였다. 반면에 茶山은 朱子의 註가 趙岐의 說을 취한 것이라고 하고,

> 《周易》〈乾卦 文言〉에 "〈大人이란〉 하늘보다 먼저 하여도 하늘이 어기지 않고 하늘보다 뒤
> 에 하여 天時를 받든다.〔先天而天弗違 後天而奉天時〕" 하였다. '하늘보다 먼저한다〔先
> 天〕'는 것은 卜筮로 점을 치지 않고 행하는 것이고, '하늘보다 뒤에 한다〔後天〕'는 것은 時
> 日을 卜筮로 점을 치고 행하는 것이다. 聖人이 天時를 받드는 것은 이에 불과하다.……《禮
> 記》〈曲禮上〉에 "卜筮는 선대의 聖王이 사람들로 하여금 時日을 믿게 하고 法令을 두려
> 워하게 한 것이다." 하였다. 卜筮를 하지 않고 다만 甲乙丙丁, 子丑寅卯를 가지고 吉·凶과
> 虛·實을 말하는 것은 후세 讖緯家들의 요사하고 허망한 술법이다. 孟子가 어찌 이런 것을
> 天時라고 했겠는가.……《禮記》〈月令〉에 "孟春에 군대를 일으켜서는 안 되고, 季夏에 군대
> 를 일으켜서는 안 되고, 孟秋에 군사들을 선발하고 兵器를 갈고 닦아 의롭지 못한 자를 정
> 벌한다." 하였으니 이 또한 天時의 說이다. 어찌 굳이 孤虛·旺相이 天時이겠는가.〔易曰 聖
> 人先天而天不違 後天而奉天時 先天者 不卜不筮而行之也 後天者 卜日筮日而行之
> 也 聖人之奉天時 不過如此……禮曰 卜筮者 先聖王之所以使民信時日畏法令也 不
> 卜不筮 但執甲乙丙丁子丑寅卯 曰吉曰凶曰虛曰實 此後世讖緯之家 妖邪罔誕之術
> 孟子豈以是爲天時哉……月令曰 孟春不可以稱兵 季夏不可以起兵 孟秋選士厲兵
> 以征不義 此亦天時之說 豈必孤虛旺相哉〕

하였다. 이에 대해 楊伯峻 역시

> '天時'는 날씨가 흐리고 맑고 춥고 따뜻한 것이 전쟁에 적합한지 아닌지를 가리키는 것인 듯
> 한데, 역대의 주석가들은 陰陽五行家의 '時日의 支干에 대한 旺相과 孤虛'로 해석하였으
> 니, 孟子의 본의가 아닌 듯하다.

하였다. 본인은 茶山과 楊伯峻의 說이 옳다고 생각된다. 전쟁은 彼我가 전개하는 것이어서 陰陽의 拘忌를 따질 수 없는 상황이 얼마든지 벌어진다. 상대방이 공격해 오는데 日辰이 불길하다 하여 대응하지 않고 그대로 있을 수는 없는 것이다.

集註 | 天時는 謂時日支干孤虛王(旺)相之屬也요 地利는 險阻城池之固[209]也요 人和는 得民心之和也라

'天時'는 時日의 支干(干支)에 대한 孤虛와 旺相 같은 등속을 이르고, '地利'는 지형의 險阻함과 城池의 견고함이고, '人'은 民心의 和함을 얻는 것이다.

1-2. 三里之城과 七里之郭을 環而攻之而不勝하나니 夫環而攻之에 必有得天時者矣언마는 然而不勝者는 是天時不如地利也니라

3里 되는 城과 7里 되는 郭(外城)을 포위 공격해도 이기지 못하는 경우가 있다. 포위 공격하면 반드시 天時를 얻을 때가 있으련마는 그런데도 이기지 못하는 것은, 이는 天時가 地利만 못한 것이다.

集註 | 三里, 七里는 城郭之小者라 郭은 外城이라 環은 圍也라 言 四面攻圍하여 曠日持久에 必有值天時之善者라

'3里'와 '7里'는 작은 城郭이다. '郭'은 外城이다. '環'은 포위함이다. 사면으로 포위 공격하여 여러 날 동안 持久戰을 하면 반드시 天時가 좋은 때를 만날 경우가 있음을 말한 것이다.

1-3. 城非不高也며 池非不深也며 兵革이 非不堅利也며 米粟이 非不多也로되 委而去之하나니 是地利不如人和也니라

城이 높지 않은 것이 아니며, 못이 깊지 않은 것이 아니며, 병기와 갑옷이 견고하고 예리

---

209 險阻城池之固: '險阻'는 일반적으로 지형의 險함을 이르나 여기서는 산이 험한 것을 '險', 江河가 막혀 있는 것을 '阻'라 하였으며, '城'은 土城이나 山城이고 '池'는 垓子를 이른다.

••• 支 地支 지 干 天干 간 孤 외로울 고 虛 빌 허 王 왕성할 왕(旺通) 相 도울 상 險 험할 험 阻 막힐 조 池 해자 지 固 견고할 고 郭 성곽 곽 環 포위할 환 勝 이길 승 圍 포위할 위 曠 빌 광, 오랠 광 持 지킬 지 值 만날 치 革 갑옷 혁 粟 곡식 속 委 버릴 위

하지 않은 것이 아니며, 쌀과 곡식이 많지 않은 것이 아니지만 이것을 버리고 떠나가니, 이는 地利가 人和만 못한 것이다.

集註 | 革은 甲也[210]라 粟은 穀也라 委는 棄也라 言 不得民心이면 民不爲守也라

'革'은 갑옷이다. '粟'은 곡식이다. '委'는 버림이다. 民心을 얻지 못하면 백성들이 위하여 지켜주지 않음을 말씀한 것이다.

1-4. 故로 曰 域民호되 不以封疆之界하며 固國호되 不以山谿之險하며 威天下호되 不以兵革之利니 得道者는 多助하고 失道者는 寡助라 寡助之至에는 親戚이 畔之하고 多助之至에는 天下順之니라

그러므로 이르기를 '백성을 한계짓되 국경의 경계로써 하지 않으며, 국가를 견고히 하되 山과 谿谷(江)의 險固함으로써 하지 않으며, 天下를 두렵게 하되 兵革의 예리함으로써 하지 않는다.' 한 것이다. 道를 얻은 자는 도와주는 이가 많고, 道를 잃은 자는 도와주는 이가 적다. 도와주는 이가 적음이 지극한 경우에는 친척이 배반하고, 도와주는 이가 많음이 지극한 경우에는 천하가 순종한다.

按說 | '故曰'에 대하여, 壺山은

'故曰'은 '내가 그러므로 말하기를〔我故曰〕'이라고 한 것과 같다. 혹자는 말하기를 "옛말이다.〔古語也〕"라고 하니, 다시 살펴보아야 한다.〔故曰 猶云我故曰也 或曰 古語也 更詳之〕

하였다.
'得道'에 대하여, 楊伯峻은

---

210 革 甲也:趙氏(趙順孫)는 "옛날에는 갑옷을 가죽으로 만들었다. 그러므로 갑옷 만드는 사람〔函人〕을 가죽을 다스리는 工人이라 하였는데, 後世에 처음으로 금속을 사용하고 鎧(개)라 이름했다.〔古甲 以革 爲之 故函人爲攻皮之工 後世始用金 曰鎧〕" 하였다.

··· 穀 곡식 곡 棄 버릴 기 域 지경 역 封 지경 봉 疆 지경 강 界 경계 계 谿 시내 계 寡 적을 과 畔 배반할 반

治國의 道를 얻은 것이니 즉 仁政을 행하는 것을 가리킨다.

하였다.

集註 | 域은 界限也라

'域'은 한계이다.

1-5. 以天下之所順으로 攻親戚之所畔이라 故로 君子有不戰이언정 戰 必勝矣니라

천하가 순종하는 바로써 친척이 배반하는 바를 공격한다. 그러므로 君子가 싸우지 않음이 있을지언정 싸우면 반드시 승리하는 것이다."

按說 | '君子有不戰'의 '有'에 대하여, 楊伯峻은

'有'는 '有無'의 '有'로 읽을 수도 있으나, 또 '或'으로도 읽을 수 있다. 古書에서는 '有'字와 '或'字를 항상 통용하였다.

하고 '或'의 의미로 번역하였다.

集註 | 言 不戰則已어니와 戰則必勝이라

싸우지 않으면 그만이지만 싸우면 반드시 승리함을 말씀한 것이다.

⊙ 尹氏曰 言得天下者는 凡以得民心而已니라

⊙ 尹氏(尹焞)가 말하였다. "천하를 얻는 자는 모두 民心을 얻기 때문일 뿐임을 말씀한 것이다."

|孟子將朝王章|

2-1. 孟子將朝王이러시니 王이 使人來曰 寡人이 如就見者也러니 有寒

··· 限 한계 한　已 그칠 이　朝 조회할 조　就 나아갈 취

疾이라 不可以風일새 朝將視朝호리니 不識케이다 可使寡人得見乎잇가 對日 不幸而有疾이라 不能造朝로소이다

孟子께서 장차 王에게 조회하려고 하셨는데, 王이 사람을 보내와 말씀하였다. "寡人이 나아가 뵈려고 하였는데, 寒疾(감기)이 있어서 바람을 쐴 수 없습니다. 아침에 장차 조회를 볼 것이니, 알지 못하겠습니다. 寡人으로 하여금 뵈올 수 있게 하실는지요?"
孟子께서 대답하셨다. "불행히도 병이 있어서 조회에 나갈 수 없습니다."

按說ㅣ '如就見者也'를 官本諺解에는 '就ᄒᆞ야 見ᄒᆞ염즉ᄒᆞ다니'로 해석하고, 栗谷諺解에는 '나아 보ᄋᆞ올 ᄃᆞᆺ ᄒᆞ더니'로 해석하여, '如'를 모두 'ᄃᆞᆺ'의 뜻으로 보았으나, 역자는 '將要(장차……하려하다)'의 뜻으로 풀이하였다.

集註ㅣ 王은 齊王也라 孟子本將朝王이러시니 王不知하고 而託疾以召孟子라 故로 孟子亦以疾辭也하시니라

'王'은 齊王이다. 孟子께서 본래 王에게 조회하려고 하셨는데, 王이 이것을 모르고 病을 칭탁하여 孟子를 불렀다. 그러므로 孟子 또한 病으로써 사양하신 것이다.

2-2. 明日에 出弔於東郭氏러시니 公孫丑曰 昔者에 辭以病하시고 今日弔 或者不可乎인저 曰 昔者疾이 今日愈어니 如之何不弔리오

다음 날 밖으로 나가 東郭氏에게 조문하려 하시니, 公孫丑가 말하였다. "어제 病으로 사양하시고 오늘 조문하심은 어쩌면 不可할 듯합니다."
孟子께서 말씀하셨다. "어제 病이 오늘 나았으니, 어찌 조문하지 않겠는가."

集註ㅣ 東郭氏는 齊大夫家也라 昔者는 昨日也라 或者는 疑辭라 辭疾而出弔는 與孔子不見孺悲하시고 取瑟而歌[211]로 同意하니라

---

211 孔子不見孺悲 取瑟而歌: 이 내용은 《論語》〈陽貨〉 20장에 보이는바, 孔子는 잘못을 저지른 孺悲가 찾아와 뵙기를 청하자, 신병이 있어 만날 수 없다고 사절하신 다음, 명령을 전달하는 자가 이 말을 전달하기 위하여 문을 나가자, 瑟을 타서 孺悲로 하여금 이것을 듣게 하여, 자신이 그를 사절한 것은 신병

… 造 나아갈조 託 칭탁할탁 辭 사양할사 愈 병나을유 昨 어제작 孺 어릴유 瑟 비파슬

'東郭氏'는 齊나라 大夫의 집안이다. '昔'은 어제이다. '或'은 의문사이다. 병으로 사양하고 나가 조문하신 것은 孔子가 孺悲를 만나보지 않으시고 瑟을 취하여 노래하신 것과 같은 뜻이다.

2-3. 王이 使人問疾하시고 醫來어늘 孟仲子對曰 昔者에 有王命이어시늘 有采薪之憂라 不能造朝러시니 今病小愈어시늘 趨造於朝하더시니 我는 不識케이다 能至否乎아하고 使數人으로 要於路曰 請必無歸而造於朝하소서

王이 사람을 시켜 病을 묻고 의원을 보내오자, 孟仲子가 대답하기를 "어제 王命이 계셨으나 采薪의 우환이 있어 조회에 나가지 못하셨는데, 오늘 病이 조금 나으셨으므로 조정에 달려 나가셨습니다. 저는 알지 못하겠습니다. 능히 도착하셨는지요?" 하고는 몇 사람으로 하여금 길목에서 지키고 있다가 "반드시 돌아오시지 말고 조정에 나아가소서." 하고 아뢰게 하였다.

按說 | '要於路'의 '要'는 '邀'와 통하는바, 길목에서 지키고 있다가 맞이함을 이른다. 뒤의 〈萬章上〉8장의 '將要而殺之'도 같은 뜻이다.

集註 | 孟仲子는 趙氏以爲孟子之從昆弟로 學於孟子者也라하니라 采薪之憂는 言病不能采薪[212]이니 謙辭也라 仲子權辭以對[213]하고 又使人要孟子하여 令勿歸而造朝하여 以實己言하니라

孟仲子는 趙氏(趙岐)가 이르기를 '孟子의 從兄弟로서 孟子에게 배운 자이다.' 하였다.

때문이 아니요 딴 뜻이 있음을 나타내셨다. 孟子 역시 병으로 사양하고 東郭氏에게 조문을 가서, 자신이 조회하지 않은 것은 신병 때문이 아니요 齊王이 賓師인 자신을 함부로 불렀기 때문임을 알게 하신 것이다.

212 病不能采薪:壺山은 '采薪'에 대하여 "'不能采薪'을 가지고 '采薪'이라 이름하였으니, 이는 반드시 當時의 方言일 것이니, 작은 질병이다.[以不能采薪也 而名之爲采薪 此必當時方言也 蓋疾之小者]" 하였다.

213 權辭以對:'權辭'는 바른 말로 대답하지 않고 말을 둘러대는 것으로, 權은 權變, 權道의 뜻이다.

··· 采 캘채 薪 나무섶신 趨 달릴추 要 맞이할요(邀通) 昆 맏곤 權 권도 권

'采薪의 우환'이란 병들어 나무섶을 채취할 수 없음을 말한 것이니, 謙辭이다. 仲子가 權辭(둘러대는 말)로써 대답하고, 또 사람으로 하여금 길목에서 지키고 있다가 孟子를 맞이하여, 孟子로 하여금 돌아오지 말고 조정에 나아가서 자신의 말을 실증하게 한 것이다.

2-4. 不得已而之景丑(추)氏하여 宿焉이러시니 景子曰 內則父子요 外則君臣이 人之大倫也니 父子는 主恩하고 君臣은 主敬하니 丑見王之敬子也요 未見所以敬王也니이다 曰 惡(오)라 是何言也오 齊人이 無以仁義與王言者는 豈以仁義爲不美也리오 其心에 曰 是何足與言仁義也云爾면 則不敬이 莫大乎是하니 我는 非堯舜之道어든 不敢以陳於王前하노니 故로 齊人이 莫如我敬王也니라

〈孟子께서〉 부득이 景丑氏에게 가서 유숙하셨는데, 景子가 말하였다. "안으로는 父子間이요 밖으로는 君臣間이 인간의 큰 윤리입니다. 父子間에는 은혜를 주장하고 君臣間에는 敬을 주장하니, 저는 王께서 선생을 공경함은 보았고 선생께서 王을 공경하시는 것은 보지 못하였습니다."

孟子께서 말씀하셨다. "아, 이 웬 말인가. 齊나라 사람 중에 王과 더불어 仁義를 말하는 이가 없는 것은 어찌 仁義를 아름답지 않다고 여겨서이겠는가. 그 마음에 '이 어찌 더불어 仁義를 말할 수 있겠는가.'라고 여겨서일 것이니, 그렇다면 不敬함이 이보다 더 큼이 없는 것이다(이보다 큰 不敬이 없는 것이다). 나는 堯·舜의 道가 아니면 감히 王의 앞에서 말씀드리지 않으니, 그러므로 齊나라 사람 중에 나처럼 왕을 공경하는 이가 없는 것이다."

集註 | 景丑氏는 齊大夫家也라 景子는 景丑也라 惡는 歎辭也라 景丑所言은 敬之小者也요 孟子所言은 敬之大者也[214]라

---

[214] 孟子所言 敬之大者也:慶源輔氏(輔廣)는 "景丑가 말한 '무릎 꿇고 몸을 굽히며 奔走하여 군주의 명령을 받들고 순종하는 敬'은 군주를 겉모양으로 공경하는 것으로 세상에서 아는 것이어서 敬의 작은 것이라 하였고, 孟子가 말씀한 '善을 開陳하여 간사함을 막아서 군주를 堯·舜으로 만드는 敬'은 군주를 마음으로써 공경하는 것으로 聖賢이 행하는 바여서 敬의 큰 것이라고 한 것이다.〔丑之說擎跽曲拳 奔走承順之敬 敬君以貌 世俗之所知 故曰敬之小 孟子所言陳善閉邪 致君堯舜之敬 敬君以心 聖賢

··· 宿 묵을 숙 惡 놀랄 오 陳 아뢸 진 丑 이름 추

'景丑氏'는 齊나라 大夫의 집안이다. '景子'는 景丑이다. '惡'는 탄식하는 말이다. 景丑가 말한 것은 敬의 작은 것이요, 孟子가 말씀하신 것은 敬의 큰 것이다.

2-5. 景子曰 否라 非此之謂也라 禮曰 父召어시든 無諾하며 君命召어시든 不俟駕라하니 固將朝也라가 聞王命而遂不果하시니 宜與夫禮로 若不相似然하이다

景子가 말하였다. "아닙니다. 이것을 말한 것이 아닙니다. 禮에 이르기를 '아버지가 부르시면 느리게 대답하지 않으며, 君主가 命하여 부르시면 말을 멍에하기를 기다리지 않는다.' 하였으니, 진실로 장차 조회하시려다가 王命을 듣고서 마침내 결행하지 않으셨으니, 이 禮와 같지 않은 듯합니다."

按說 │ '禮'는 《儀禮》 또는 《禮記》를 가리킨 것으로, 이 내용은 《禮記》〈玉藻〉에,

> 아버지가 명하여 부르시면 빨리 대답하고 느리게 대답하지 않으며, 손에 일을 잡고 있으면 던진다.〔父命呼 唯而不諾 手執業則投之〕

하였고,

> 무릇 君主가 부를 적에는 3節로써 하니 2節을 가지고 부를 적에는 달려가고, 1節을 가지고 부를 적에는 바쁜 걸음으로 가며, 관청에 있을 적에 君主가 부르면 신발을 신기를 기다리지 않고, 밖에 있을 적에 君主가 부르면 수레에 멍에하기를 기다리지 않는다.〔凡君召以三節 二節以走 一節以趨 在官不俟屨 在外不俟車〕

하였다.

'禮曰……不俟駕'에 대하여, 官本諺解의 解釋은 '禮에 글오디 父ㅣ 召ᄒ거시든 諾이 업스며 君이 命ᄒ야 召ᄒ거시든 駕를 俟티 말라 ᄒ니'라 하였는데, 壺山은

> 〈官本諺解에〉 '無諾'의 '無'字는 '勿'字의 뜻을 취하지 않고 '不俟駕'의 '不'字는 도리어 '勿'字의 뜻으로 삼았으니, 諺解의 해석은 다시 살펴 보아야 한다.〔無字不取勿義 而不字

之所行 故曰敬之大〕" 하였다.

… 諾 느리게대답할 낙 俟 기다릴 사 駕 말멍에할 가 果 결행할 과

乃作勿義 諺釋恐合更商〕

하였다. 한편 栗谷諺解에는 '禮예 굴오딕 父ㅣ 召ᄒᆞ거시든 諾을 말며 님금이 命ᄒᆞ야 召
ᄒᆞ거시든 駕를 기드리디 말라 ᄒᆞ니'라 하여 '無'字와 '不'字를 모두 '勿'字로 해석하였다.
'宜與夫禮'의 '宜'는 '마땅히'보다는 '似乎' 또는 '恐怕'와 같은 뜻으로 해석하여 '아
마도…인 듯하다'로 보는 것이 더 합당할 듯하다. 《集註》에도 '似與此禮之意 不同'이
라 하여 疑似의 뜻으로 해석하였다. 王引之의 《經傳釋詞》에는 "宜는 殆와 같다."하
고, 여기의 '宜與夫禮 若不相似然' 외에 〈滕文公下〉 1장의 "諸侯王을 만나보지 않는
것이 작은 일인 것 같습니다.〔不見諸侯 宜若小然〕"와 《春秋左傳》成公 6년 조의 "자
기 자리에 안착하지 못하니, 아마도 오래 살 수 없을 것이다.〔不安其位 宜不能久〕" 등
의 용례를 들었다. '夫'는 其와 같은 뜻이다.

集註 | 禮曰 父命呼어시든 唯而不諾이라하고 又曰 君命召어시든 在官[215]不俟屨하고
在外不俟車라하나니 言 孟子本欲朝王이라가 而聞命中止하시니 似與此禮之意로 不
同也라

禮에 이르기를 "아버지가 命하여 부르시거든 빨리 대답하고 느리게 대답하지 않는다." 하였
고, 또 이르기를 "君主가 命하여 부르시거든 관청에 있을 적에는 신 신기를 기다리지 않고,
밖에 있을 적에는 수레에 멍에하기를 기다리지 않는다." 하였다. 孟子가 본래 王에게 조회하
려고 하시다가 왕명을 듣고 중지하였으니, 이 禮의 뜻과 같지 않은 듯하다고 말한 것이다.

2-6. 曰 豈謂是與리오 曾子曰 晉楚之富는 不可及也나 彼以其富어든
我以吾仁이요 彼以其爵이어든 我以吾義니 吾何慊乎哉리오하시니 夫豈
不義를 而曾子言之시리오 是或一道也니라 天下에 有達尊이 三이니 爵一,
齒一, 德一이니 朝廷엔 莫如爵이요 鄕黨엔 莫如齒요 輔世長民엔 莫如
德이니 惡(오)得有其一하여 以慢其二哉리오

孟子께서 말씀하셨다. "어찌 이것을 말한 것이겠는가. 曾子가 말씀하시기를 '晉나라와

---

215 官:《大全》에 "조정의 안을 이른다.〔謂朝內〕" 하였다.

··· 呼 부를 호 唯 빨리대답할 유 屨 신구 爵 벼슬 작 慊 부족할겸, 만족할겸 齒 연치 치 惡 어찌 오
慢 게으를 만

楚나라의 富함은 내 미칠 수 없지만, 저들이 그 富를 가지고 나를 대하면 나는 내 仁을 가지고 대하며, 저들이 그 官爵을 가지고 나를 대하면 나는 내 義를 가지고 대할 것이니, 내 어찌 부족할 것이 있겠는가.' 하셨으니, 어찌 曾子께서 義롭지 못한 것을 말씀하셨겠는가. 이것도 혹 한 방법인 것이다. 천하에 達尊이 세 가지가 있으니, 관작이 하나요 연치가 하나요 德이 하나이다. 조정에는 관작만한 것이 없고 鄕黨에는 연치만한 것이 없고 세상을 돕고 백성을 기름에는 德만한 것이 없으니, 어찌 이 중에 한 가지를 소유하고서 둘을 가진 사람을 慢忽히 할 수 있겠는가.

按說 | '長民'은 백성을 잘 보호하여 長育(生育)함을 이른다.

集註 | 慊은 恨也며 少也[216]라 或作嗛하니 字書에 以爲口銜物也라하니 然則慊은 亦但爲心有所銜之義니 其爲快爲足, 爲恨爲少는 則因其事而所銜有不同耳라 孟子言 我之意는 非如景子之所言者라하시고 因引曾子之言而云하사되 夫此豈是不義를 而曾子肯以爲言이시리오 是或別有一種道理也라하시니라 達은 通也라 蓋通天下之所尊이 有此三者하니 曾子之說은 蓋以德言之也라 今齊王은 但有爵耳니 安得以此慢於齒德乎리오

'慊'은 恨함이며 부족하게 여김이다. 혹은 嗛으로 쓰니, 字書(字典)에 "입에 물건을 머금은 것이다." 하였다. 그렇다면 慊 또한 단지 마음에 머금은 뜻이 되니, 快함도 되고 만족함도 되며 恨함도 되고 부족하게 여김도 되는 것은 일에 따라 머금은 바가 같지 않음이 있는 것이다. 孟子께서 말씀하시기를 "나의 뜻은 景子가 말한 바와 같지 않다." 하시고는, 이어 曾子의 말씀을 인용하고, 말씀하시기를 "어찌 曾子께서 義롭지 못한 것을 즐겨 말씀하셨겠는가. 이것도 혹 별도로 一種의 도리가 있는 것이다." 하셨다. '達'은 通함이다. 온 천하에 공통으로 높이는 것이 이 세 가지가 있으니, 曾子의 말씀은 德을 가지고 말씀한 것이다. 지금 齊王은 단지 관작이 있을 뿐이니, 어찌 이것을 가지고 연치와 德을 가진 이에게 慢忽히 할 수 있겠는가.

---

216 慊……少也:楊伯峻은 '慊'은 '少(적다)'인데 意動用法으로 쓰여 '적게(부족하게) 여기다[以爲少]'의 뜻이라고 하였다.

··· 少 부족할 소 嗛 머금을 겸 銜 머금을 함

2-7. 故로 將大有爲之君은 必有所不召之臣이라 欲有謀焉이면 則就之하나니 其尊德樂道 不如是면 不足與有爲也니라

그러므로 장차 크게 훌륭한 일을 하려는 군주는 반드시 함부로 부르지 않는 신하가 있었다. 그리하여 謀議(相議)하고자 하는 일이 있으면 찾아갔으니, 德을 높이고 道를 즐거워함이 이와 같지 않으면 더불어 훌륭한 일을 할 수 없다.

集註 | 大有爲之君은 大有作爲非常之君也라
程子曰 古之人이 所以必待人君致敬盡禮而後에 往者는 非欲自爲尊大也라 爲是故耳니라

'大有爲之君'은 크게 作爲함이 있는 非常한 군주이다.
程子(伊川)가 말씀하였다. "옛 사람이 반드시 人君이 敬을 지극히 하고 禮를 다하기를 기다린 뒤에 나아간 까닭은 스스로 자신을 높이고 큰 체하고자 해서가 아니요, 이 때문이었다."

2-8. 故로 湯之於伊尹에 學焉而後에 臣之故로 不勞而王하시고 桓公之於管仲에 學焉而後에 臣之故로 不勞而霸하니라

그러므로 湯王은 伊尹에게 배운 뒤에 그를 신하로 삼으셨기 때문에 수고롭지 않고 왕노릇을 하셨고, 桓公은 管仲에게 배운 뒤에 그를 신하로 삼았기 때문에 수고롭지 않고 霸者가 된 것이다.

集註 | 先從受學은 師之也요 後以爲臣은 任之也라

먼저 따라서 受學함은 스승으로 삼은 것이요, 뒤에 신하로 삼음은 職任을 맡긴 것이다.

2-9. 今天下地醜德齊하여 莫能相尙은 無他라 好臣其所敎而不好臣其所受敎니라

지금 천하가 토지(영토)가 비슷하고 德(정치 상황)도 비슷해서 서로 더 나은 이가 없는

··· 謀 꾀할 모 霸 으뜸 패 醜 같을 추 齊 같을 제 尙 뛰어날 상

것은 딴 이유가 없다. 자기가 가르칠 사람을 신하로 삼기를 좋아하고, 자기가 가르침을
받을 사람을 신하로 삼기를 좋아하지 않기 때문이다.

集註 | 醜는 類也라 尙은 過也라 所敎는 謂聽從於己하여 可役使者也요 所受敎는 謂
己之所從學者也라

'醜'는 같음이다. '尙'은 뛰어남이다. '所敎'는 자기 말을 듣고 따라서 使役시킬 수 있는 사
람을 이르고, '所受敎'는 자기가 따라 배울 사람을 이른다.

2-10. 湯之於伊尹과 桓公之於管仲에 則不敢召하니 管仲도 且猶不可召어든 而況不爲管仲者乎아

湯王이 伊尹에 대해서와 桓公이 管仲에 대해서 감히 부르지 못하였으니, 管仲도 오
히려 부를 수 없었는데, 하물며 管仲을 하지 않는 자(나)에 있어서랴."

集註 | 不爲管仲은 孟子自謂也라

范氏曰 孟子之於齊에 處賓師[217]之位하여 非當仕有官職者라 故로 其言이 如此하시
니라

'管仲을 하지 않는다.'는 것은 孟子께서 자신을 이르신 것이다.
范氏(范祖禹)가 말하였다. "孟子는 齊나라에서 賓師의 지위에 처하시어 벼슬을 담당하여
관직을 가지고 있는 분이 아니었다. 그러므로 그 말씀이 이와 같으셨다."

⊙ 此章은 見賓師는 不以趨走承順爲恭하고 而以責難陳善爲敬[218]하며 人君은 不
以崇高富貴爲重하고 而以貴德尊士爲賢이면 則上下交而德業成矣니라

---

217 賓師:朱子는 "當時에 이른바 客卿이란 것이 이것(賓師)이다. 대개 그를 높이고 예우하나 직책에 있거
나 일을 맡지는 않았고, 군주가 부르면 가지 않았다.〔當時有所謂客卿者 是也 大槪尊禮之 而不居職
任事 召之則不往〕"하였다.《語類》
218 不以趨走承順爲恭 而以責難陳善爲敬:新安陳氏(陳櫟)는 "恭은 외모에 나타나는 것이므로 달려가
받들어 순종함에 말하였고, 敬은 中心에 보존된 것이므로 어려운 일을 책망하고 善을 開陳함에 말한
것이다.〔恭見於外貌者 故於趨走承順 言之 敬存於中心者 故於責難陳善 言之〕"하였다.

··· 類 같을 류 過 넘을 과 役 사역할 역 猶 오히려 유 當 맡을 당 趨 달릴 추 陳 펼 진

⊙이 章에서는, 賓師는 급히 달려가서 군주의 명령을 받들어 순종하는 것을 공손함으로 여기지 않고, 어려운 것을 責하고 善한 말씀을 開陳하는 것을 敬으로 여기며, 人君은 숭고하고 부귀한 것을 중하게 여기지 않고, 德을 귀히 여기고 선비를 높이는 것을 어질게 여긴다면, 上下가 서로 통하여 德業이 이루어질 수 있음을 볼 수 있다.

|予有戒心章(陳臻問章)|

3-1. 陳臻이 問曰 前日於齊에 王이 餽兼金一百而不受하시고 於宋에 餽七十鎰而受하시고 於薛에 餽五十鎰而受하시니 前日之不受是면 則今日之受非也요 今日之受是면 則前日之不受非也니 夫子必居一於此矣시리이다

陳臻이 물었다. "前日에는 齊나라에서 王이 兼金 100鎰을 주자 받지 않으셨고, 이제 宋나라에서 70鎰을 주자 받으셨고, 薛나라에서 50鎰을 주자 받으셨으니, 前日에 받지 않은 것이 옳다면 오늘날 받은 것이 잘못일 것이요, 오늘날 받은 것이 옳다면 前日에 받지 않은 것이 잘못일 것이니, 夫子께서는 반드시 이 중 하나에 處(해당)하실 것입니다."

按説 | '鎰'은 무게 단위로 24兩이다. 16兩이 1斤이다.

集註 | 陳臻은 孟子弟子라 兼金은 好金也니 其價兼倍於常者라 一百은 百鎰也라

陳臻은 孟子의 弟子이다. '兼金'은 좋은 金이니, 그 값이 보통의 금보다 兼倍(갑절)이 된다. '一百'은 100鎰이다.

3-2. 孟子曰 皆是也니라

孟子께서 말씀하셨다. "다 옳다.

集註 | 皆適於義也라

모두 義에 맞는 것이다.

··· 臻 이를 진 餽 줄 궤 兼 겸할 겸, 鎰 스물네냥 일 薛 나라이름 설 好 좋을 호 適 맞을 적

3-3. 當在宋也하여는 子將有遠行이러니 行者는 必以贐이라 辭曰 餽贐
이어니 子何爲不受리오

宋나라에 있을 적에는 내가 장차 遠行을 하려 하였는데, 원행하는 자에게는 반드시
〈金으로〉 노자를 주는 것이다. '노자를 드립니다.'라고 말하니, 내 어찌 받지 않을 수 있
겠는가.

> 集註 | 贐은 送行者之禮也라
>
> '贐'은 여행자를 전송하는 禮이다.

3-4. 當在薛也하여는 子有戒心이러니 辭曰 聞戒故로 爲兵餽之어니 子
何爲不受리오

薛나라에 있을 적에는 내가 경계하는 마음을 품고 있었는데, '〈선생님이〉 경계하고 계시
다는 말씀을 들었기 때문에 兵을 위하여 드립니다.'라고 말하니, 내 어찌 받지 않을 수
있겠는가.

> 集註 | 時人이 有欲害孟子者어늘 孟子設兵以戒備之러시니 薛君이 以金餽孟子하여
> 爲兵備하고 辭曰 聞子之有戒心也라하니라
>
> 當時 사람 중에 孟子를 해치고자 하는 자가 있자, 孟子께서 兵(私兵)을 설치하여 경계하
> 고 대비하셨는데, 薛나라 군주가 孟子에게 金을 주어 兵備를 하게 하고는 "선생님께서 경
> 계하는 마음을 품고 계시다는 말을 들었기 때문에 드리는 것입니다." 하였다.

3-5. 若於齊則未有處也호니 無處而餽之는 是貨之也니 焉有君子而
可以貨取乎리오

齊나라에 있어서는 해당됨이 있지 않았다. 해당됨이 없이 주는 것은 이는 재물로 매수
하는 것이니, 어찌 君子로서 재물에 농락 당할 자가 있겠는가."

··· 贐 노자신 戒 경계할계 備 준비할비 貨 뇌물화 焉 어찌언

按說 | '處'에 대하여,《大全》에는 '사물을 대처함이 義가 된다.〔處物爲義〕'의 '處'字라고 하였으며,《漢語大詞典》에는 趙岐의 註에 '無處'를 '無所處'로 쓴 것을 인용하고 '處置할 이유가 없는 것〔沒有處置的理由〕'으로 해석하였다. 그러나 번역에는 '해당됨'으로 풀이하였다.

集註 | 無遠行戒心之事하니 是未有所處也라 取는 猶致也[219]라

遠行하거나 경계하는 마음을 품은 일이 없으니, 이는 해당되는 바가 있지 않은 것이다. '取'는 致와 같다.

⊙ 尹氏曰 言君子之辭受取予를 唯當於理而已니라

⊙尹氏(尹焞)가 말하였다. "君子는 사양하고 받음과 취하고 줌을 오직 義理에 마땅하게 할 뿐임을 말씀한 것이다."

|孟子之平陸章(孔距心章)|

4-1. 孟子之平陸하사 謂其大夫曰 子之持戟之士 一日而三失伍면 則去之아 否乎아 曰 不待三이니이다

孟子께서 平陸에 가서 그 大夫(邑宰)에게 이르시기를 "그대의 창을 잡은 戰士가 하루에 세 번 대오를 이탈한다면 죽이겠는가? 그대로 두겠는가?" 하셨다.
그러자, "세 번을 기다리지 않겠습니다." 하였다.

按說 | '持戟'에 대하여, 楊伯峻은 "고대에는 통상 戰士를 일컬어 '持戟'이라 했다." 하였다.

---

219 取 猶致也:'取'에 대하여 《大全》에 "朱子는 '取는 그물질하여 가져간다는 뜻이니, 가벼이 남의 뇌물을 받으면 곧 저에게 뇌물로써 농락당하는 것이다.' 했다.〔朱子曰 取 是羅致之意 輕受之 便是被他以貨賄籠絡了〕" 하였다. '致'는 誘致, 招致의 뜻으로 곧 상대방에게 籠絡당함을 이른다. '籠'은 새장이고 '絡'은 발목을 묶어놓는 것으로 상대방에게 유인 당하여 새장에 갇혀있는 새나 발목이 묶여있는 짐승처럼 자유롭게 행동하지 못함을 이른다.

⋯ 致 부를치 辭 사양할사 予 줄여 持 잡을지 戟 창극 伍 항오오

集註 | 平陸은 齊下邑²²⁰也라 大夫는 邑宰也라 戟은 有枝兵也라 士는 戰士也라 伍는
行列也라 去之는 殺之也라

平陸은 齊나라의 下邑이다. '大夫'는 邑宰이다. '戟'은 가지가 있는 兵器이다. '士'는 戰
士이다. '伍'는 行列이다. '去之'는 그를 죽이는 것이다.

4-2. 然則子之失伍也亦多矣로다 凶年饑歲에 子之民이 老羸(리)는 轉
於溝壑하고 壯者는 散而之四方者 幾千人矣오 曰 此는 非距心之所得
爲也니이다

〈孟子께서 말씀하셨다.〉 "그렇다면 그대가 대오를 이탈한 것이 또한 많도다. 凶年에 그
대의 백성 중에 노약자들은 굶어 죽어 시신이 구렁에 뒹굴고, 장성한 자들은 사방으로
흩어져 간 자가 몇 천 명이나 되는가?"
그가 대답하였다. "이것은 제가 할 수 있는 것이 아닙니다."

집註 | 子之失伍는 言其失職이 猶士之失伍也라 距心은 大夫名이라 對言此乃王之
失政使然²²¹이니 非我所得專爲也라

'그대가 대오를 이탈했다.'는 것은 그 직책을 잃음(소홀히 함)이 戰士가 대오를 이탈하
는 것과 같음을 말씀한 것이다. 距心은 大夫의 이름이다. 그가 대답하기를 "이것은 바로
王의 失政이 그렇게 만든 것이니, 제가 마음대로 할 수 있는 것이 아닙니다."라고 말한 것
이다.

4-3. 曰 今有受人之牛羊而爲之牧之者면 則必爲之求牧與芻矣리니
求牧與芻而不得이면 則反諸其人乎아 抑亦立而視其死與아 曰 此則
距心之罪也로소이다

孟子께서 말씀하셨다. "이제 남의 소와 양을 받아서 길러주는 자가 있으면, 반드시 소

---

220 下邑:邑을 칭하는 말로, 國都를 높여 '上'이라 하기 때문에 邑을 낮추어 '下邑'이라 칭한다.
221 此乃王之失政使然:一本에는 '失'字가 '大'字로 표기되어 있다.

⋯ 宰 읍재재 枝 가지지 饑 흉년 기 羸 파리할 리 轉 구를 전 溝 도랑 구 壑 구렁 학 距 막을 거 牧 기를 목
芻 꼴 추

와 양을 위해 목장과 꼴을 구할 것이니, 목장과 꼴을 구하다가 얻지 못하면 그 주인에게 되돌려 주어야 하겠는가? 아니면 (또한) 소와 양이 굶어죽는 것을 서서보고만 있어야 하겠는가?"

그가 말하였다. "이는 저의 잘못입니다."

集註 | 牧之는 養之也라 牧은 牧地也요 芻는 草也라 孟子言 若不得自專이면 何不致 其事而去오하시니라

'牧之'는 이것(牛羊)을 기름이다. '牧'은 牧地이고, '芻'는 풀이다. 孟子께서 '만일 스스로 마음대로 할 수 없다면 어찌하여 그 일을 내놓고 떠나가지 않느냐?'고 말씀하신 것이다.

4-4. 他日에 見(현)於王曰 王之爲都者를 臣知五人焉이로니 知其罪者는 惟孔距心이러이다하시고 爲王誦之하신대 王曰 此則寡人之罪也로소이다

他日에 孟子께서 王을 만나보고 말씀하시기를 "王의 도읍을 다스리는 자들 중에 臣이 다섯 사람을 알고 있는데, 자신의 罪를 아는 자는 오직 孔距心 뿐이었습니다." 하시고, 王을 위해 그 말씀을 외우셨다.

그러자 王이 "이것은 寡人의 罪(책임)입니다." 하였다.

集註 | 爲都는 治邑也라 邑有先君之廟曰都²²²라 孔은 大夫姓也라 爲王誦其語는 欲以風曉王也²²³라

'爲都'는 邑을 다스림이다. 邑에 先君의 사당이 있는 곳을 '都'라 한다. '孔'은 大夫의 姓이다. 王을 위해 그 말씀을 외신 것은 왕을 풍자하여 깨우치려고 하신 것이다.

---

222 先君之廟曰都:《春秋左傳》莊公 28년 조에 "郿땅에 城을 쌓으니 都가 아니기 때문에 '築'이라 한 것이다. 邑에 宗廟와 先君의 神主가 있는 곳을 '都'라 하고 없는 곳을 '邑'이라 하는데, 城을 邑에 쌓는 것을 '築'이라 하고 都에 쌓는 것을 '城'이라 한다.〔築郿 非都也 凡邑有宗廟先君之主曰都 無曰邑 邑曰築 都曰城〕" 하였다. 그 註에 《周禮》에 네 縣이 都가 되고, 네 井이 邑이 된다고 하였다. 그러나 宗廟가 있는 곳은 비록 邑이라도 都라 하니, 그를 높인 것이다.〔周禮 四縣爲都 四井爲邑 然宗廟所在 則雖邑曰都 尊之也〕" 하였다.

223 欲以風曉王也:'風曉'는 '諷曉'와 같은바, 어떤 일을 직설적으로 말하지 않고 다른 일을 빌어 넌지시 말해서 깨우쳐 줌을 이른다.

⋯ 爲 다스릴 위 廟 사당 묘 誦 외울 송 風 풍자할 풍(諷同) 曉 깨우칠 효

⊙ 陳氏曰 孟子一言에 而齊之君臣이 擧知其罪하니 固足以興邦矣²²⁴로되 然而齊卒不得爲善國者는 豈非說而不繹, 從而不改²²⁵故邪(耶)아

⊙ 陳氏(陳暘)가 말하였다. "孟子께서 한 번 말씀함에 齊나라의 군주와 신하가 모두 그 罪를 알았으니, 진실로 충분히 나라를 일으킬 수 있었다. 그러나 齊나라가 끝내 善國이 되지 못했던 것은, 어찌 기뻐하기만 하고 演繹하지 않으며 따르기만 하고 고치지 않았기 때문이 아니겠는가."

|致爲臣而去章(蚳鼃章)|

5-1. 孟子謂蚳鼃(지와)曰 子之辭靈丘而請士師 似也는 爲其可以言也니 今旣數月矣로되 未可以言與아

孟子께서 蚳鼃에게 이르시기를 "그대가 靈丘의 邑宰를 사양하고 士師가 되기를 청한 것이 近似함은 〈士師가〉 말을 할 수 있기 때문이다. 그런데 이제 〈부임한 지〉 이미 몇 개월이 지났는데 아직도 말할 수 없단 말인가?"

集註 | 蚳鼃는 齊大夫也라 靈丘는 齊下邑이라 似也는 言所爲近似有理라 可以言은 謂士師近王하여 得以諫刑罰之不中者라

---

224 孟子一言……固足以興邦矣:《論語》〈子路〉 15장에 "定公이 묻기를 '한 마디 말로 나라를 흥하게 할 수 있다 하니, 그러한 것이 있습니까?' 하자, 孔子께서 대답하셨다. '말은 이와 같이 〈효과를〉 기약할 수 없지만 사람들 말에 「임금 노릇하기가 어려우며 신하 노릇하기가 쉽지 않다.」 하였으니, 군주가 만일 임금 노릇하기가 어려움을 안다면 한 마디 말로 나라를 흥하게 함을 기약할 수 없겠습니까.' 定公이 '한 마디 말로 나라를 망하게 할 수 있다 하니, 그러한 것이 있습니까?' 하자, 孔子께서 대답하셨다. '말은 이와 같이 〈효과를〉 기약할 수 없지만 사람들의 말에 「나는 군주된 것은 즐거울 것이 없고, 오직 내가 말을 하면 어기지 않는 것이 즐겁다.」 합니다. 만일 군주의 말이 善한데 어기는 이가 없다면 좋지 않겠습니까. 만일 군주의 말이 善하지 못한데 어기는 이가 없다면 한 마디 말로 나라를 망하게 함을 기약할 수 없겠습니까.'〔定公問 一言而可以興邦 有諸 孔子對曰 言不可以若是其幾也 人之言曰 爲君難 爲臣不易 如知爲君之難也 不幾乎一言而興邦乎 曰 一言而喪邦 有諸 孔子對曰 言不可以若是其幾也 人之言曰 予無樂乎爲君 唯其言而莫予違也 如其善而莫之違也 不亦善乎 如不善而莫之違也 不幾乎一言而喪邦乎〕"라고 보인다. 齊나라의 군주와 신하가 모두 그 罪를 알았다면 군주는 군주 노릇하기가 어렵고 신하는 신하 노릇하기가 쉽지 않음을 안 것이므로 이렇게 말씀한 것이다.

225 說而不繹 從而不改:아래 〈子罕〉 23장에 보이는 말로, 완곡하게 타이르는 말을 좋아하기만 하고 그 깊은 뜻을 演繹하지 않으며, 법도에 맞는 바른 말을 겉으로 시인하기만 하고 자신의 잘못을 고치지 않음을 이른다.

··· 擧 모두 거 說 기쁠 열 繹 찾을 역 蚳 개미알 지 鼃 개구리 와 諫 간할 간

蚔䵷는 齊나라 大夫이다. 靈丘는 齊나라 下邑이다. '似也'는 〈그의〉 한 바가 거의 이치에 가까움을 말한 것이다. '可以言'은 士師가 王을 가까이 모셔서 형벌이 〈道理에〉 맞지 않음을 간할 수 있음을 말한 것이다.

5-2. 蚔䵷諫於王而不用이어늘 致爲臣而去한대

蚔䵷가 王에게 간했으나 쓰이지 않자, 신하됨(벼슬)을 내놓고 떠나갔다.

集註 | 致는 猶還也라

'致'는 還(되돌려줌)과 같다.

5-3. 齊人曰 所以爲蚔䵷則善矣어니와 所以自爲則吾不知也로라

齊나라 사람들이 말하였다. "〈孟子가〉 蚔䵷를 위해서 한 것은 좋으나 孟子 자신이 하는 것은 내 이해할 수 없다."

集註 | 譏孟子道不行而不能去也라

孟子가 道가 행해지지 않는데도 떠나가지 않음을 비난한 것이다.

5-4. 公都子以告한대

公都子가 이것을 아뢰자,

集註 | 公都子는 孟子弟子也라

公都子는 孟子의 弟子이다.

5-5. 曰 吾聞之也호니 有官守者不得其職則去하고 有言責者不得其言則去라하니 我無官守하며 我無言責也하니 則吾進退 豈不綽綽然有

··· 致 내놓을 치 還 돌려줄 환 譏 기롱할 기 守 맡을 수 綽 넉넉할 작

餘裕哉리오

孟子께서 말씀하셨다. "내가 들으니, '官守(맡은 직책)가 있는 자는 그 직책을 수행할 수 없으면 떠나고, 言責을 지고 있는 자는 그 말을 할 수 없으면 떠난다.' 하였다. 나는 官守가 없으며 나는 言責이 없으니, 그렇다면 나의 進退가 어찌 綽綽하게 여유가 있지 않겠는가."

> 集註 | 官守는 以官爲守者요 言責은 以言爲責者라 綽綽은 寬貌요 裕는 寬意也라 孟子居賓師之位하여 未嘗受祿이라 故로 其進退之際에 寬裕如此하시니라
> 尹氏曰 進退久速을 當於理而已니라
>
> '官守'는 관직을 맡음으로 삼는 것이요, '言'은 말하는 것을 책임으로 삼는 것이다. '綽綽'은 너그러운 모양이요, '裕'는 너그러운 뜻이다. 孟子는 賓師의 지위에 처하여 일찍이 祿을 받지 않으셨으므로 進退의 즈음에 너그럽고 여유 있음이 이와 같으셨던 것이다.
> 尹氏(尹焞)가 말하였다. "나아가고 물러감과 오래 머물고 빨리 떠남을 義理에 마땅하게 할 뿐이다."

|出弔於滕章|

6-1. 孟子爲卿於齊하사 出弔於滕하실새 王이 使蓋(합)大夫王驩으로 爲輔行이러시니 王驩이 朝暮見(현)이어늘 反齊滕之路토록 未嘗與之言行事也하시다

孟子께서 齊나라에서 卿(客卿)이 되시어 나가 滕나라에 조문하실 적에 王이 蓋땅의 大夫인 王驩을 輔行(副使)으로 삼았다. 그리하여 王驩이 아침저녁으로 뵈었는데, 孟子께서는 齊나라와 滕나라의 길을 왕복토록 일찍이 그와 使行의 일을 말씀하지 않으셨다.

> 按說 | '出弔於滕'에 대하여, 楊伯峻은 季本의《孟子事蹟圖譜》을 인용하여, "王驩과 함께 滕나라에 사신 간 것은 滕 文公의 초상 때문이었다.〔其與王驩使滕 爲文公之

··· 裕 넉넉할유 寬 너그러울관 弔 조문할조 滕 등나라등 蓋 땅이름 합(갑) 驩 기쁠환 輔 도울보 反 돌아올반

喪也]" 하였다.

集註 | 蓋는 齊下邑也라 王驩은 王嬖臣也라 輔行은 副使也라 反은 往而還也라 行事
는 使事也라

蓋는 齊나라 下邑이다. 王驩은 王의 총애하는 신하이다. '輔行'은 副使이다. '反'은 갔다
가 돌아옴이다. '行事'는 使行의 일이다.

6-2. 公孫丑曰 齊卿之位 不爲小矣며 齊滕之路 不爲近矣로되 反之
而未嘗與言行事는 何也잇고 曰 夫旣或治之어니 予何言哉리오

公孫丑가 물었다. "齊나라 卿의 지위가 작지(낮지) 않으며 齊나라와 滕나라의 길이
가깝지 않은데, 왕복토록 일찍이 그와 使行의 일을 말씀하지 않으신 것은 어째서입니
까?"
孟子께서 말씀하셨다. "이미 혹자가 그것을 다스렸으니, 내 어찌 말할 것이 있겠는가."

集註 | 王驩이 蓋攝卿以行[226]이라 故로 曰齊卿이라 夫旣或治之는 言有司已治之矣
라 孟子之待小人에 不惡而嚴[227]이 如此하시니라

王驩이 아마도 卿을 대리하여 간 듯하다. 그러므로 齊나라 卿이라고 말한 것이다. '이미 혹
자가 다스렸다.'는 것은 有司가 이미 다스렸음을 말씀한 것이다. 孟子께서 小人을 대함에
나쁘게 하지 않으면서도 엄격함이 이와 같으셨다.

---

226 攝卿以行: '攝'은 임시로 代行함을 이른다. 王驩은 蓋땅의 大夫인데 임시로 卿이 되어 사신 간 것을 이
른다. 옛날 사신은 품격을 높여주기 위하여 품계를 한 등급 높여 주었는바, 조선조에서도 그대로 시행되
었다.
227 不惡而嚴: 《周易》〈遯卦 象〉에 "君子以 遠小人 不惡而嚴"이라고 보이는바, 程伊川은 '小人에게 험악한
말을 하지 않으면서도 엄격함'으로 해석하였으나, 張橫渠는 '惡'를 '오'로 보아 '미워하지 않으면서도 엄
함'으로 해석하였다.

··· 嬖 총애할 폐 攝 대리할 섭

公孫丑章句 下 · 261

| 自齊葬於魯章 |

7-1. 孟子自齊葬於魯하시고 反於齊하실새 止於嬴(영)이러시니 充虞請曰 前日에 不知虞之不肖하사 使虞敦匠事어시늘 嚴하여 虞不敢請호니 今願 竊有請也하오니 木若以美然하더이다

孟子께서 齊나라로부터 魯나라에 〈가시어〉 장례를 지내고 齊나라로 돌아오실 적에 嬴 땅에 머무셨다. 充虞가 청하기를 "지난날에 저의 불초함을 알지 못하시어 저로 하여금 목수 일을 맡게 하셨는데, 하도 급하여 제가 감히 여쭙지 못했습니다. 지금 삼가 여쭙고 자 하니, 棺木이 너무 아름다운 듯하였습니다." 하였다.

> 按說 | '使虞敦匠事'에 대하여, 趙岐는 '敦匠'으로 句讀를 떼어
>
> > '敦匠'은 두텁게 관을 만드는 것이다.〔敦匠 厚作棺也〕
>
> 하였다. 이에 대하여 茶山은
>
> > '敦'은 厚(두텁다)이고 또 '敦'은 迫(독촉하다)이니, 이때는 음이 墩(돈)이다. 또 敦는 治(다 스리다)이니, 이때는 음이 堆(퇴)이다. 趙岐의 舊說을 따르면 음을 '돈'으로 읽어야 하고《集 註》를 따르면 '돈'인 듯도 하고 '퇴'인 듯도 하여 정할 수 없다. '董'은 감독(督迫)이고 '治'는 일을 다스림이니 '董治'라고 하면 두 뜻이 함께 연관되어 음을 정할 수 없다.……〈지난날에 저의 불초함을 알지 못하시어'라고 한〉 윗 句를 자세히 살펴보면 마땅히《集註》를 따라 '퇴' 로 읽어야 한다.〔敦 厚也 又敦 迫也 然則音墩 又敦 治也 然則音堆 從舊說則讀當音墩 而從集註則似墩似堆 未可定也 董者 督迫也 治者 治事也 旣云董治則兩義相牽 未 可定也……然詳玩上句 當從集註 讀當音堆〕
>
> 하였다. 楊伯峻은《詩經》《魯頌 閟宮》의 '敦商之旅(商나라의 무리를 다스리다)'의 敦 (다스릴 퇴)로 본 孔廣森의 說을 취하였다.

集註 | 孟子仕於齊하실새 喪母하시고 歸葬於魯[228]하시니라 嬴은 齊南邑이라 充虞는 孟

---

228 孟子仕於齊……歸葬於魯:《集註》의 '孟子仕於齊 喪母 歸葬於魯'는 趙岐의 註를 취한 것이다. 楊伯 峻은《列女傳》에 "孟子가 齊나라에 있을 적에 근심스러운 안색이 있었는데 孟子의 어머니가 이를 보았

··· 葬 장사지낼 장 嬴 땅이름 영 虞 나라 우 敦 맡을 돈 匠 목수 장 嚴 급할 엄 竊 사사로울 절 以 너무 이 喪 잃을 상

子弟子니 嘗董治作棺之事者也라 嚴은 急也라 木은 棺木也라 以는 已通하니 以美는 太美也라

孟子께서 齊나라에서 벼슬하실 적에 어머니를 여의시고 魯나라로 돌아가 장례하셨다. 嬴은 齊나라 남쪽에 있는 고을이다. 充虞는 孟子의 弟子이니, 일찍이 棺 만드는 일을 감독하여 다스린 자이다. '嚴'은 급함이다. '木'은 棺木이다. '以'는 已와 통하니, '以美'는 너무 아름다운 것이다.

7-2. 曰 古者에 棺椁이 無度하더니 中古에 棺이 七寸이요 椁을 稱之하여 自天子達於庶人하니 非直爲觀美也라 然後에 盡於人心이니라

孟子께서 말씀하셨다.
"옛적에는 棺椁이 일정한 한도가 없었는데, 中古에 棺이 7寸이고 椁도 이에 걸맞게 하여 天子로부터 庶人에게까지 이르렀으니, 이것은 보기에 아름답게 하기 위해서만이 아니라, 이렇게 한 뒤에야 사람(자식)의 마음에 다하기(흡족하기) 때문이었다.

集註ㅣ度는 厚薄尺寸也라 中古는 周公制禮時也[229]라 椁稱之는 與棺相稱也라 欲其堅厚久遠이요 非特爲人觀視之美而已니라

'度'는 厚薄의 尺寸(치수)이다. '中古'는 周公이 禮를 만들 당시이다. '椁稱之'는 棺과 걸맞는 것이다. 견고하고 두꺼워 久遠(長久)하게 하고자 한 것이요, 비단 사람들이 보기에 아름답게 하기 위해서일 뿐만이 아니다.

다.〔孟子處齊而有憂色 孟母見之〕" 한 것을 인용하여, 孟子가 齊나라에 벼슬할 적에 어머니도 함께 간 것이니, 趙岐의 說이 믿을 만하다고 하였다. 茶山도 "孟子는 이때 母子가 齊나라에 거주했다.〔孟子是時 母子居齊〕" 하였다.

229 中古 周公制禮時也: 孔廣森의 《經學卮言》에 "'中古'는 대체로 周公 이전을 가리킨다. 周公이 禮를 제정한 것은 天子로부터 庶人까지 모두 차등이 있어 군주는 大棺이 8촌이고 屬(촉)이 6촌이고 椑(벽)이 4촌이며, 上大夫는 大棺이 8촌이고 屬이 6촌이며, 下大夫는 大棺이 6촌이고 屬이 4촌이며, 士는 棺만 6촌이었다.〔中古尙指周公以前 周公制禮 則自天子至於庶人皆有等 君大棺八寸 屬六寸 椑四寸 上大夫大棺八寸 屬六寸 下大夫大棺六寸 屬四寸 士棺六寸〕" 하였으며, 楊伯峻도 이 說을 취하였다. 陳澔의 《禮記集說》에 "大棺은 가장 밖에 있는 것이고 屬은 大棺의 안에 있으며 椑이 또 屬의 안에 있으니, 이는 國君의 棺이 三重인 것이다.〔大棺最在外 屬在大棺之內 椑又在屬之內 是國君之棺三重也〕" 하였다.

··· 董 감독할동 棺 널관 椁 널곽 稱 걸맞을칭 直 다만직 堅 굳을견 厚 두터울후 特 다만특

7-3. 不得이면 不可以爲悅이며 無財면 不可以爲悅이니 得之爲有財하여
는 古之人이 皆用之하니 吾何爲獨不然이리오

〈法制上〉 할 수 없으면 마음에 기쁠(흡족할) 수 없으며, 財力이 없으면 마음에 기쁠
수 없다. 〈法制上〉 할 수 있고 또 재력이 있으면 옛 사람들이 모두 썼으니, 내 어찌하여
홀로 그렇게 하지 않겠는가.

集註 | 不得은 謂法制所不當得이라 得之爲有財는 言得之而又爲有財也라 或曰
爲는 當作而라

'不得'은 法制上(신분상) 할 수 없는 것을 이른다. '得之爲有財'는 〈法制上〉 할 수 있고
또 재력이 있는 것이다. 或者는 이르기를 "'爲'字는 마땅히 '而'字가 되어야 한다."고 하
였다.

7-4. 且比化者하여 無使土親膚면 於人心에 獨無恔乎아

또 죽은 자를 위하여 흙이 〈시신의〉 살갗에 가까이 닿지 않게 한다면 사람(자식)의 마
음에 홀로 만족하지 않겠는가.

集註 | 比는 猶爲也라 化者는 死者也라 恔는 快也라 言 爲死者하여 不使土親近其肌
膚면 於人子之心에 豈不快然無所恨乎아

'比'는 爲(위함)와 같다. '化者'는 죽은 자이다. '恔'는 쾌함이다. '죽은 자를 위하여 흙으로
하여금 시신의 살갗에 가까이 닿지 않게 한다면 자식의 마음에 어찌 쾌하여 恨되는 바가 없
지 않겠는가.'라고 말씀한 것이다.

7-5. 吾는 聞之也호니 君子는 不以天下儉其親이라하니라

내가 들으니 '君子는 천하 때문에 그 어버이에게 검소하게 하지 않는다.'고 하였다."

··· 悅 기쁠 열 比 위할 비 化 죽을 화 膚 살갗 부 恔 만족할 교 快 쾌할 쾌 肌 살갗 기 恨 한할 한 儉 검소할 검

'以'字는 '爲'字와 같으니, 天下를 위해 棺槨 하나의 비용을 아껴서 그 어버이에게 검소하게 하지 않는 것이다.〔以 猶爲也 不爲天下惜一棺槨之費 而儉於其親也〕《朱子大全 答許順之》

하였고, 또

王氏(王通)의 《中說》에 太原府君의 말을 기록하기를 "한 삼베이불을 30년 동안 바꾸지 않고 말하기를 천하를 위해 허비하지 않는다." 하였으니, 글뜻이 바로 이와 같다.〔王氏中說 記太原府君之言曰 一布被三十年不易 曰無爲費天下也 文意正與此同〕《或問》

하였다.

集註 │ 送終之禮에 所當得爲而不自盡이면 是는 爲天下愛惜此物하여 而薄於吾親也라

죽은 이를 葬送하는 禮에 마땅히 할 수 있는데도 스스로 다하지 않는다면, 이것은 천하를 위해서 이 물건을 아껴 내 어버이에게 박하게 하는 것이다.

│沈同私問章│

8-1. 沈同이 以其私問曰 燕可伐與잇가 孟子曰 可하니라 子噲(쾌)도 不得與人燕이며 子之도 不得受燕於子噲니 有仕於此어든 而子悅之하여 不告於王而私與之吾子之祿爵이어든 夫士也 亦無王命而私受之於子면 則可乎아 何以異於是리오

沈同이 私的(개인적)으로 물었다. "燕나라를 정벌할 수 있습니까?"
孟子께서 말씀하셨다. "可하다. 子噲도 燕나라를 남에게 줄 수 없으며, 子之도 燕나라를 子噲에게 받을 수 없다. 여기에 벼슬하는 자가 있는데, 그대가 그를 좋아하여 王에게 아뢰지 않고 그대의 爵祿을 그에게 사사로이 주거든 그 선비 또한 王命이 없이 사

··· 愛 아낄 애 惜 아낄 석 薄 야박할 박 沈 성 심 噲 목구멍 쾌

사로이 그대에게서 받는다면 可하겠는가. 어찌 이와 다르겠는가."

集註 | 沈同은 齊臣이라 以私問은 非王命也라 子噲, 子之는 事見(현)前篇하니라 諸侯
는 土地人民을 受之天子하고 傳之先君하니 私以與人이면 則與者受者皆有罪也라
仕는 爲官也[230]요 士는 卽從仕之人也라

沈同은 齊나라 신하이다. '사적으로 물었다.'는 것은 王命이 아닌 것이다. 子噲와 子之에
대한 일은 前篇(梁惠王下)에 보인다. 諸侯는 토지와 인민을 天子에게서 받고 先君에게서
물려받았으니, 만일 사사로이 남에게 준다면 주는 자와 받는 자가 모두 죄가 있는 것이다.
'仕'는 벼슬하는 것이요, '士'는 벼슬에 종사하는 사람이다.

8-2. 齊人이 伐燕이어늘 或問曰 勸齊伐燕이라하니 有諸잇가 曰 未也라 沈
同이 問燕可伐與아하여늘 吾應之曰 可라호니 彼然而伐之也로다 彼如曰
孰可以伐之오하면 則將應之曰 爲天吏則可以伐之라호리라 今有殺人者
어든 或이 問之曰 人可殺與아하면 則將應之曰 可라호리니 彼如曰 孰可
以殺之오하면 則將應之曰 爲士師則可以殺之라호리라 今에 以燕伐燕이
어니 何爲勸之哉리오

齊나라 사람이 燕나라를 정벌하자, 或者가 묻기를 "齊나라를 권하여 燕나라를 정벌
하게 하셨다 하니, 그런 일이 있었습니까?" 하였다.
孟子께서 말씀하셨다. "아니다. 沈同이 '燕나라를 정벌할 수 있습니까?' 하고 묻기에
내가 대답하기를 '可하다' 하였더니, 저 사람이 〈내 말을〉 옳게 여겨 정벌한 것이다. 저
사람이 만일 '누가 정벌할 수 있습니까?' 하고 물었더라면 〈나는〉 장차 대답하기를 '天
吏가 되면 정벌할 수 있다.' 하였을 것이다. 지금에 사람을 죽인 자가 있는데, 或者가
'그 사람을 죽일 수 있습니까?' 하고 물으면 〈나는〉 장차 대답하기를 '可하다.' 할 것이
다. 저 사람이 만일 '누가 그를 죽일 수 있습니까?' 하고 물으면 〈나는〉 장차 대답하기를

---

230 仕 爲官也:楊伯峻은 "'士'와 '仕'는 古字에 많이 통용되었다. 여기의 '仕'字는 '士'로 읽어야 한다." 하였
다.

··· 傳 물려줄 전 勸 권할 권

'士師가 되면 죽일 수 있다.' 할 것이다. 지금 燕나라로써 燕나라를 정벌하였으니, 내 어찌하여 권하였겠는가."

按說 | 齊나라 사람이 燕나라를 정벌한 일에 대하여, 朱子는

> 孟子가 燕나라를 정벌할 것을 말씀하신 것이 네 곳이 있으니, 합해서 보아야 한다. 燕나라의 父子와 君臣이 이와 같았으니, 진실로 정벌할 만한 이치가 있었다. 그러나 孟子가 일찍이 齊나라에게 정벌하지 말라고 가르치지도 않으셨고, 또한 일찍이 齊나라에게 반드시 정벌하라고 가르치지도 않으셨고, 다만 말씀하기를 '天吏이면 정벌할 수 있다.' 하신 것이다.〔孟子言伐燕處有四 須合而觀之 燕之父子君臣如此 固有可伐之理 然孟子不曾教齊不伐 亦不曾教齊必伐 但曰爲天吏則可以伐之〕《語類》

하였다.

集註 | 天吏는 解見上篇하니라 言 齊無道與燕無異하니 如以燕伐燕也라 史記에 亦謂孟子勸齊伐燕이라하니 蓋傳聞此說之誤라

天吏는 해석이 上篇(公孫丑上)에 보인다. 齊나라의 無道함이 燕나라와 다름이 없으니, 이는 燕나라로써 燕나라를 정벌하는 것과 같음을 말씀한 것이다. 《史記》에도 "孟子가 齊나라를 권하여 燕나라를 정벌하게 했다." 하였으니, 이 말을 傳聞한 오류(잘못 전해 들음)일 것이다.

⊙ 楊氏曰 燕固可伐矣라 故로 孟子曰 可라하시니 使齊王이 能誅其君, 弔其民이면 何不可之有리오 乃殺其父兄하고 虜其子弟而後에 燕人畔之어늘 乃以是로 歸咎孟子之言이면 則誤矣니라

⊙楊氏(楊時)가 말하였다. "燕나라는 진실로 정벌할 만하였다. 그러므로 孟子께서 '可하다.'고 하신 것이니, 만일 齊王이 燕나라의 군주를 주벌하고 그 백성을 위로하였더라면 어찌 不可할 것이 있겠는가. 그런데 도리어 燕나라의 父兄을 죽이고 子弟들을 포로로 잡은 뒤에 燕나라 사람들이 배반하였는데, 이것을 가지고 孟子의 말씀에 허물을 돌린다면 잘못이다."

··· 誅 벨 주 虜 사로잡을 로 畔 배반할 반 咎 허물 구

|從而爲之辭章(燕人畔章)|

9-1. 燕人이 畔이어늘 王曰 吾甚慚於孟子하노라

燕나라 사람들이 배반하자, 王이 말씀하였다. "나는 孟子에게 매우 부끄럽노라."

按說 | '燕나라 사람들이 배반한 일'에 대하여, 《史記》〈燕召公世家〉에는

> 燕나라 子之가 죽은 지 2년(B.C.312)에 燕나라 사람들이 함께 太子 平을 세우니, 이가 燕
> 昭王이다.〔燕子之亡二年 而燕人共立太子平 是爲燕昭王〕

하였고, 《史記》〈趙世家〉에는

> 趙나라 武靈王 11년(B.C.315)에 武靈王이 韓나라에서 公子 職을 불러 燕王으로 삼으려
> 고 樂池로 하여금 그를 전송하게 했다.〔十一年 王召公子職於韓 立以爲燕王 使樂池送
> 之〕

하였다. 〈趙世家〉에 있는 公子 職의 일이 〈燕召公世家〉에는 보이지 않는데, 이에 대해
《史記集解》에는 '公子 職을 세우려던 일이 끝내 이루어지지 못한 것'이라 하였다. 그러나
錢穆은 《先秦諸子繫年》에서, 燕 昭王은 바로 公子 職이고 太子 平은 子之의 공격을 받
아 죽은 것으로 보았다. 楊寬의 《戰國史》와 《中國歷史大辭典》의 年表에도 公子 職을
昭王으로 보았으며, 趙나라가 公子 職을 불러 燕나라로 전송한 것을 B.C.314년으로 기
록하였다.
또 이 일에 대하여 《集註》에서는 '太子 平의 일'이라 한 반면에, 楊伯峻은 太子 平과
公子 職을 동일인물로 보고, '燕人畔'을 趙나라가 公子 職을 燕나라에 들여보내자 燕
나라 사람들이 함께 왕(昭王)으로 옹립한 것으로 보았다. 齊나라가 燕나라를 정벌하
여 승리하고 公子 職(昭王)이 燕나라에 들어온 것은 B.C.314년이고 燕 昭王의 원년
은 B.C.311년이다. '燕人畔'을 公子 職이 燕나라에 들어온 것으로 보면 孟子가 이 해
(B.C.314)에 齊를 떠났다고 볼 수 있고, 燕 昭王이 즉위한 것을 '燕人畔'으로 보면
B.C.312년에 齊를 떠난 것으로 볼 수 있다. 朱子는 《資治通鑑綱目》에서는 赧王 元年
(B.C.314)에 孟子가 齊를 떠난 것으로 기록하고, 《集註》에서는 太子 平을 王으로 세운
것(B.C.312)을 '燕人畔'으로 보아 두 책이 서로 상충된다. 狄子奇의 《孟子編年》에는

··· 慚 부끄러울 참

孟子가 齊를 떠난 해를 B.C.314년으로 보았고, 楊伯峻,《先秦諸子繫年》,《中國歷史大辭典》은 B.C.312년으로 보았다.

集註 | 齊破燕後二年에 燕人이 共立太子平爲王하니라

齊나라가 燕나라를 격파한 지 2년에 燕나라 사람들이 함께 太子 平을 세워 王으로 삼았다.

9-2. 陳賈曰 王無患焉하소서 王이 自以爲與周公孰仁且智잇고 王曰 惡 (오)라 是何言也오 曰 周公이 使管叔監殷이어시늘 管叔이 以殷畔하니 知而使之면 是不仁也요 不知而使之면 是不智也니 仁智는 周公도 未之盡也시니 而況於王乎잇가 賈請見而解之호리이다

陳賈가 말하였다. "王께서는 염려하지 마소서. 왕께서 스스로 생각하시기에 周公과 비교하여 누가 더 仁하고 또 지혜롭다고 여기십니까?"
王이 말씀하였다. "아, 이것이 웬 말인가."
陳賈가 말하였다. "周公이 管叔으로 하여금 殷나라를 감독하게 하였는데 管叔이 殷나라를 가지고 반란하였으니, 〈周公이 管叔이〉 반란을 일으킬 줄 알고 시켰다면 이는 不仁함이요 알지 못하고 시켰다면 이는 不智함이니, 仁과 智는 周公도 다하지 못하셨는데, 하물며 王에게 있어서이겠습니까. 제(賈)가 孟子를 뵙고 해명해 드리겠습니다."

按說 | '管叔이 殷나라를 가지고 배반한 일'에 대하여,《史記》〈管蔡世家〉에

武王이 죽은 뒤에 成王이 어려 周公 旦이 王室을 마음대로 하였는데, 管叔과 蔡叔이 周公의 하는 일이 成王에게 불리하다고 의심하여 武庚을 끌어들여 반란을 일으켰다. 周公 旦은 成王의 命을 받들어 武庚을 토벌하여 죽이고 管叔을 죽이고 蔡叔을 추방하여 귀양보냈다.〔武王旣崩 成王少 周公旦專王室 管叔蔡叔疑周公爲之不利於成王 乃挾武庚以作亂 周公旦承成王命 伐誅武庚 殺管叔而放蔡叔 遷之〕

하였다.

··· 破 깨뜨릴 파 賈 성 가 管 대롱 관 監 살필 감 殷 나라이름 은

集註 | 陳賈는 齊大夫也라 管叔은 名鮮이니 武王弟요 周公兄也라 武王이 勝商殺紂하시고 立紂子武庚하고 而使管叔으로 與弟蔡叔, 霍叔으로 監其國[231]이러니 武王崩하고 成王幼하여 周公攝政한대 管叔이 與武庚畔이어늘 周公이 討而誅之하시니라

陳賈는 齊나라 大夫이다. 管叔은 이름이 鮮이니, 武王의 아우이고 周公의 형이다. 武王이 商나라를 이기고 紂王을 죽이시고는 紂王의 아들 武庚을 세운 다음, 管叔으로 하여금 아우인 蔡叔·霍叔과 함께 그 나라를 감독하게 하였다. 武王이 죽고 成王이 어려 周公이 섭정하자 管叔이 武庚과 함께 배반하니, 周公이 토벌하여 죽이셨다.

9-3. 見孟子하고 問曰 周公은 何人也잇고 曰 古聖人也시니라 曰 使管叔監殷이어시늘 管叔이 以殷畔也라하니 有諸잇가 曰 然하다 曰 周公이 知其將畔而使之與잇가 曰 不知也시니라 然則聖人도 且有過與잇가 曰 周公은 弟也요 管叔은 兄也니 周公之過 不亦宜乎아

陳賈가 孟子를 뵙고 "周公은 어떤 사람입니까?" 하고 물었다.

孟子께서 "옛 聖人이시다." 라고 대답하셨다.

"管叔으로 하여금 殷나라를 감독하게 하였는데, 管叔이 殷나라를 가지고 반란했다 하니, 그러한 일이 있었습니까?"

"그렇다."

"周公은 〈管叔이〉 장차 반란할 것을 알면서 시키셨습니까?"

"알지 못하셨다."

"그렇다면 聖人도 허물이 있는 것입니까?"

"周公은 아우이고 管叔은 형이니, 周公의 허물이 당연하지 않은가.

---

231 而使管叔⋯⋯監其國:管叔이 아우인 蔡叔·霍叔과 함께 武庚의 殷나라를 감시했다 하여 이들을 '三監'이라 칭한다. 이에 대해 茶山은 管叔·蔡叔·霍叔의 三監이 商나라를 감독하였다는 설에 반대하여, "三監은 官名이다.⋯⋯처음에는 세 사람이기 때문에 이름을 三監이라 하였지만 그 뒤에 관직에 세 사람이 반드시 갖추어지지 않아도 '三監'이라고 호칭하였는데, 先儒들은 굳이 세 사람을 구해서 세 인원을 채우려고 했다.〔三監者 官名也⋯⋯始以三人之故 名曰三監 其後官不必備 猶稱三監 先儒必求三人 以充三額〕" 하였다.

⋯ 紂 고삐주 庚 서방경 蔡 나라이름채 霍 성곽 崩 죽을붕

集註 | 言 周公은 乃管叔之弟요 管叔은 乃周公之兄이니 然則周公이 不知管叔之將
畔而使之하시니 其過有所不免矣라

或曰 周公之處管叔이 不如舜之處象²³²은 何也오 游氏曰 象之惡은 已著하고 而其
志不過富貴而已라 故로 舜得以是而全之어니와 若管叔之惡則未著하고 而其志其
才 皆非象比也니 周公이 詎忍逆探其兄之惡而棄之邪아 周公愛兄이 宜無不盡者
니 管叔之事는 聖人之不幸也라 舜은 誠信而喜象²³³하시고 周公은 誠信而任管叔하
시니 此는 天理人倫之至니 其用心이 一也니라

周公은 管叔의 아우이고 管叔은 周公의 형이니, 그렇다면 周公은 管叔이 장차 반란할 것
을 알지 못하고 시키신 것이니, 그 허물을 면할 수 없음을 말씀한 것이다.

或者가 말하기를 "周公이 管叔을 대처한 것이 舜임금이 象을 대처한 것과 같지 않음은 어
째서입니까?" 하고 묻자, 游氏(游酢)가 말하였다. "象의 惡은 이미 드러났고 그 뜻이 일신
의 富貴에 불과할 뿐이었으므로 舜임금이 이로써 그를 온전히 할 수 있었지만, 管叔의 악
으로 말하면 아직 드러나지 않았고 그 뜻과 재주가 모두 象에 비할 바가 아니었으니, 周公
이 어찌 차마 그 형의 악함을 미리 헤아려 버릴 수 있었겠는가. 周公이 형을 사랑함이 극진
하지 않음이 없었을 터이니, 管叔의 일은 聖人의 불행이다. 舜임금은 진실로 믿고서 象을
기뻐하셨고, 周公은 진실로 믿고서 管叔에게 맡기셨다. 이는 天理와 人倫의 지극함이니,
그 마음 쓰심이 똑같은 것이다."

9-4. 且古之君子는 過則改之러니 今之君子는 過則順之로다 古之君子

---

232 不如舜之處象:象은 舜임금의 이복동생으로 부모와 함께 날마다 舜임금을 죽일 것을 도모하였으나,
舜임금이 天子가 되어 그를 처벌하지 않고 나라를 봉해 주었는바, 이 내용은 아래 〈萬章上〉 3장에 자
세히 보인다.

233 舜誠信而喜象:이 내용은 아래 〈萬章上〉 2장에 보이는데, 程子(伊川)는 "〈舜임금은〉 象이 근심하면
또한 근심하고 象이 기뻐하면 또한 기뻐하셨으니, 天理와 人情이 이에 지극함이 된다. 舜임금이 象에
대해서와 周公이 管叔에 대해서 그 마음 쓰심이 똑같다. 管叔은 일찍이 악함이 있지 않았으니, 만일 周
公이 그가 장차 배반할 줄을 미리 알려고 하셨다면 과연 무슨 마음이셨겠는가. 管叔의 배반은 周公이
알 수 있는 것이 아니니, 그 잘못을 면할 수가 없었으므로 孟子가 '周公의 잘못이 마땅하지 않은가.' 하
신 것이다.〔象憂亦憂 象喜亦喜 蓋天理人情 於是爲至 舜之於象 周公之於管叔 其用心一也 夫管
叔未嘗有惡也 使周公逆知其將畔 果何心哉 惟管叔之畔 非周公所能知也 則其過有所不免矣 故
孟子曰 周公之過不亦宜乎〕"하였다.《精義》

••• 處 대처할 처 游 헤엄칠 유 著 드러날 저 詎 어찌 거 忍 차마할 인 逆 미리 역 探 더듬을 탐
順 따를 순, 이룰 순

는 其過也 如日月之食이라 民皆見之하고 及其更(경)也하여는 民皆仰之러
니 今之君子는 豈徒順之리오 又從而爲之辭로다

또 옛날의 君子(군주와 대신)들은 허물이 있으면 고쳤는데, 지금의 君子들은 허물이
있으면 그것을 이루는구나. 옛날의 君子들은 그 허물이 日食·月食과 같아서 백성들이
다 그것을 보았고 허물을 고침에 미쳐서는 백성들이 다 우러러보았는데, 지금의 君子들
은 어찌 다만 이룰 뿐이겠는가, 또 따라서 변명을 하는구나."

按說 | '君子'에 대하여, 楊伯峻은

> 여기의 '君子'와 '君子는 基業을 창건하고 전통을 드리운다.〔君子創業垂統〕'〈梁惠王下〉
> 14장)의 '君子'는 의미가 서로 비슷하니, 단지 지위에 있는 자를 가리킬 뿐 아니라 높은 지위
> 에 있는 자(군주)를 가리켜 말한 것이다.

하였다.

集註 | 順은 猶遂也라 更은 改也라 辭는 辯也라 更之면 則無損於明이라 故로 民仰之
하고 順而爲之辭면 則其過愈深矣니 責賈不能勉其君以遷善改過하고 而敎之以遂
非文過也시니라

'順'은 遂(이룸)와 같다. '更'은 고침이다. '辭'는 변명함이다. 허물을 고치면 밝음에 減損
됨이 없으므로 백성들이 우러러보고, 허물을 이루고 변명하면 그 허물이 더욱 깊어진다. 陳
賈가 군주에게 遷善改過할 것을 권면하지 못하고, 허물을 문식하여 非行을 이루는 것으로
써 가르침을 꾸짖으신 것이다.

⊙ 林氏曰 齊王이 慚於孟子하니 蓋羞惡之心이 有不能自已者니 使其臣有能因是
心而將順之면 則義不可勝用矣어늘 而陳賈는 鄙夫라 方且爲之曲爲辯說하여 而沮
其遷善改過之心하고 長其飾非拒諫之惡이라 故로 孟子深責之하시니라 然이나 此書

---

234 第二篇十章:《大全》에 "齊나라 사람이 燕나라를 정벌하여 勝利한 章이다.〔齊人伐燕勝之章〕" 하였다.
235 十一章:《大全》에 "齊나라 사람이 燕나라를 정벌하여 점령한 章이다.〔齊人伐燕取之章〕" 하였다.

··· 食 일식·월식식 更 고칠경 仰 우러를앙 遂 이룰수 辯 변론할변 愈 더욱유 遷 옮길천 非 그를비
　　慚 부끄러울참 羞 부끄러울수 將 받들장 鄙 더러울비 曲 굽을곡 沮 막을저 飾 꾸밀식 拒 막을거

記事散出하여 而無先後之次라 故로 其說을 必參考而後에 通이니 若以第二篇十章²³⁴, 十一章²³⁵으로 置之前章之後, 此章之前이면 則孟子之意 不待論說而自明矣리라

⊙林氏(林之奇)가 말하였다. "齊王이 孟子에게 부끄러워하였으니, 이는 羞惡之心이 스스로 그칠 수 없음이 있어서였다. 만약 그 신하 중에 齊王의 이 마음을 인하여 받들어 순히 따르는 자가 있었다면 義를 이루 다 쓸 수 없었을 것이다. 그러나 陳賈는 비루한 사람이어서 장차 군주를 위하여 바르지 못하게 辭說을 늘어놓아 遷善改過하는 마음을 저지하고 非行을 문식하여 諫言을 막는 악을 조장하였다. 그러므로 孟子께서 깊이 꾸짖으신 것이다. 그러나 이 글의 記事가 흩어져 나와서 先後의 순서가 없기 때문에 그 말을 반드시 참고한 뒤에야 통할 수 있으니, 만일 제2편(梁惠王下)의 10장, 11장을 앞 章의 뒤와 이 章의 앞에 놓는다면 孟子의 뜻이 논설을 기다리지 않아도 自明해질 것이다."

|龍斷章(致爲臣而歸章)|

10-1. 孟子致爲臣而歸하실새

孟子께서 신하됨을 내놓고 떠나가실 적에

集註 | 孟子久於齊而道不行이라 故로 去也시니라

孟子께서 齊나라에 오래 계셨으나 道가 행해지지 않으므로 떠나가신 것이다.

10-2. 王이 就見孟子曰 前日에 願見而不可得이라가 得侍하여는 同朝甚喜러니 今又棄寡人而歸하시니 不識케이다 可以繼此而得見乎잇가 對曰 不敢請耳언정 固所願也니이다

王이 孟子를 찾아보고 말씀하였다. "지난날에 뵙기를 원했으나 뵙지 못하다가, 모실 수 있게 되어서는 조정에 함께 있는 사람들이 매우 기뻐했습니다. 그런데 이제 또다시 寡人을 버리고 돌아가시니, 알지 못하겠습니다. 이 뒤로 계속하여 선생님을 뵐 수 있겠습니까?"

··· 散 흩을 산 置 둘 치 喜 기쁠 희

孟子께서 대답하셨다. "감히 청하지는 못하지만 진실로 원하는 바입니다."

> 按說 | '得侍 同朝甚喜'에 대하여, 官本諺解에는 '侍홈을 得ᄒᆞ야ᄂᆞᆫ 同朝ㅣ 甚히 喜
> ᄒᆞ더니'로 되어 있다. 그러나 楊伯峻은 孔廣森의 《經學巵言》에
>
> > '得侍同朝'는 謙辭이니 孟子와 君臣의 관계가 되어 조정에 함께 있는 것을 말한다. '甚喜'
> > 는 왕이 매우 기쁘다고 스스로 말한 것이다.
>
> 한 것을 인용하여, '得侍同朝 甚喜'로 句讀를 떼야 한다고 하였다.

10-3. 他日에 王이 謂時子曰 我欲中國而授孟子室하고 養弟子以萬鍾하여 使諸大夫國人으로 皆有所矜式하노니 子盍爲我言之리오

他日에 王이 時子에게 말씀하였다. "내 國中(도성)에다가 孟子에게 집을 지어주고 弟子들을 萬鍾祿으로 길러, 여러 大夫들과 國人들로 하여금 모두 공경하여 본받을 곳이 있게 하려고 하니, 자네는 어찌 나를 위하여 말하지 않는가."

> 按說 | 國人은 經傳에 특별히 訓한 것이 보이지 않으나, 王의 廢立과 여론에 참여할 수
> 있는 貴族이나 조정의 大臣을 지칭한다.

> 集註 | 時子는 齊臣也라 中國은 當國之中也[236]라 萬鍾은 穀祿之數也라 鍾은 量名이니 受六斛四斗[237]라 矜은 敬也요 式은 法也라 盍은 何不也라

時子는 齊나라 신하이다. '中國'은 나라의 한 가운데(도성)에 해당하는 곳이다. '萬鍾'은 녹봉의 數이다. '鍾'은 量의 이름이니, 6斛 4斗가 들어간다. '矜'은 공경함이요, '式'은 본

---

236 中國 當國之中也:'中國'에 대하여 楊伯峻은 "'中'은 介詞이고 '國'은 都城으로 齊나라의 臨淄城을 이르니, '中國'은 '國都 가운데〔在國都之中〕'이다."라고 하였다.

237 鍾……受六斛四斗:趙氏(趙順孫)는 "4豆를 區라 하니 區는 1斗 6升이 들어가고, 4區를 釜라 하니 釜는 6斗 4升이 들어가고, 10釜를 鍾이라 하니 鍾은 6斛 4斗가 들어간다.〔四豆爲區 區受斗六升 四區爲釜 釜受六斗四升 十釜爲鍾 鍾受六斛四斗〕" 하였다. 斛은 10斗이므로 '萬鍾'은 64,000斛(섬)인데, 楊伯峻은 "고대의 64,000섬은 지금의 13,000섬이 안 된다." 하였다.

⋯ 鍾 量이름 종 矜 공경할 긍 式 법받을 식 盍 어찌아니 합 穀 녹봉 곡 斛 휘(열말) 곡

받음이다. '盍'은 何不(어찌 아니)이다.

10-4. 時子因陳子而以告孟子어늘 陳子以時子之言으로 告孟子한대

時子가 陳子를 통하여 孟子께 아뢰게 하자, 陳子가 時子의 말을 孟子께 아뢰었다.

集註 | 陳子는 卽陳臻也라

陳子는 陳臻이다.

10-5. 孟子曰 然하다 夫時子惡(오)知其不可也리오 如使子欲富인댄 辭十萬而受萬이 是爲欲富乎아

孟子께서 말씀하셨다. "그러하다. 저 時子가 어찌 그 不可함을 알겠는가. 가령 내가 부자가 되고 싶었다면, 十萬鍾을 사양하고 萬鍾을 받는 것이 부자가 되고자 하는 것이겠는가.

按說 | '然'에 대하여, 王引之의《經傳釋詞》에는

여기의 '然'字와《論語》〈陽貨〉 7장의 "그렇다. 이러한 말이 있다.〔然 有是言也〕" 등의 '然'字는 단지 응답하는 말이지 '옳다'로 訓할 수 없다.〔但爲應詞 而不訓爲是〕

하였으며, 楊伯峻도 이 說을 취하였다. '諾' 역시 이와 같이 쓰인다.

集註 | 孟子旣以道不行而去면 則其義不可以復留어늘 而時子不知하니 則又有難顯言者라 故로 但言 設使我欲富인댄 則我前日爲卿에 嘗辭十萬之祿하니 今乃受此萬鍾之饋면 是我雖欲富나 亦不爲此也라

孟子께서 이미 道가 행해지지 않기 때문에 떠나셨다면 의리상 더 이상 머물 수 없었는데 時子가 이것을 알지 못하였으니, 또 드러내놓고 말씀하기 어려운 점이 있었다. 그러므로 다만 "설령 내가 부자가 되고자 한다 할지라도, 내가 지난날 卿이 되었을 적에 일찍이 十萬鍾의 祿을 사양하였는데 지금 이 萬鍾을 주는 것을 받겠는가. 내 비록 부자가 되고자 한다 하더

••• 臻 이를 진 留 머무를 류 顯 나타날 현 饋 줄 궤

라도 이런 짓은 하지 않는다."라고 말씀하신 것이다.

10-6. 季孫曰 異哉라 子叔疑여 使己爲政호되 不用則亦已矣어늘 又使 其子弟爲卿하니 人亦孰不欲富貴리오마는 而獨於富貴之中에 有私龍 (壟)斷焉이라하니라

季孫氏가 말하기를 '괴이하다, 子叔疑여. 자기로 하여금 정사를 하게 하였으나 쓰이 지 않으면 그만두어야 할 터인데, 또 그 자제를 卿이 되게 하였으니, 사람이 누구인들 富貴하고자 하지 않겠는가마는 홀로 富貴의 가운데에도 壟斷(이익)을 독점하듯 함이 있다.' 하였다.

> 按說 | '有私龍斷'의 '私'는 私有物로 여겨 독차지함을 이르며, '壟斷'은 시장 주위에
> 구릉이 끊긴 곳으로 이곳에 올라가면 사방이 잘 보여 값싼 물건을 많이 취할 수 있기 때문
> 에 욕심 많은 장사꾼이 독차지하는 곳이다.

集註 | 此는 孟子引季孫之語也라 季孫, 子叔疑는 不知何時人이라 龍斷은 岡壟之 斷而高也니 義見(현)下文하니라 蓋子叔疑者 嘗不用이어늘 而使其子弟爲卿한대 季 孫이 譏其旣不得於此하고 而又欲求得於彼하니 如下文賤丈夫登龍斷者之所爲也 라 孟子引此하사 以明道旣不行이요 復受其祿이면 則無以異此矣라

이것은 孟子께서 季孫氏의 말을 인용한 것이다. 季孫과 子叔疑는 어느 때 사람인지 알지 못한다. 壟斷은 岡壟(언덕)이 딱 끊겨 높은 곳이니, 뜻이 아랫글에 보인다. 子叔疑란 자가 일찍이 쓰이지 못하자 그 자제를 卿이 되게 하니, 여기에서 얻지 못하자 또 저기에서 얻고자 한 것이 마치 아랫글에 壟斷에 올라간 賤丈夫(졸장부)의 소행과 같다고 季孫氏가 기롱한 것이다. 孟子는 이 글을 인용하여 道가 이미 행해지지 않는데 또다시 그 祿을 받는다면 이 와 다를 것이 없음을 밝히신 것이다.

10-7. 古之爲市者 以其所有로 易其所無者어든 有司者治之耳러니 有

··· 異 괴이할 이 孰 누구 숙 私 사사로이할 사 龍 언덕 롱(壟同) 斷 끊을 단 岡 언덕 강 卿 벼슬 경 譏 기롱할 기
登 오를 등

賤丈夫焉하니 必求龍斷而登之하여 以左右望而罔(網)市利어늘 人皆
以爲賤이라 故로 從而征之하니 征商이 自此賤丈夫始矣니라

옛날에 시장에서 교역하는 자들은 자기가 가지고 있는 물건을 가지고 없는 물건과 바꾸
면, 有司(시장을 맡은 관리)는 〈세금을 거두지 않고 분쟁을〉 다스릴 뿐이었다. 그런데
賤丈夫 한 사람이 반드시 壟斷을 찾아 올라가서 좌우로 바라보아 시장의 이익을 망라
하자, 사람들이 모두 천하게 여겼다. 그러므로 따라서 그에게 세금을 징수하였으니, 상인
에게 세금을 징수한 것은 이 賤丈夫로부터 비롯되었다."

集註 | 孟子釋龍斷之說이 如此하시니라 治之는 謂治其爭訟이라 左右望者는 欲得此
而又取彼也라 罔은 謂罔羅取之也라 從而征之는 謂人惡(오)其專利라 故로 就征其
稅하니 後世緣此하여 遂征商人也라

孟子께서 壟斷의 말씀을 해석하기를 이와 같이 하신 것이다. '治之'는 분쟁을 다스림을 이
른다. '左右望'은 이것을 얻고 또 저것을 얻고자 하는 것이다. '罔'은 망라하여 취함을 이른
다. '따라서 그에게 세금을 징수했.'는 것은, 사람들이 그가 이익을 독점함을 미워하였으
므로 나아가서 그에게 세금을 징수하였으니, 후세에 이로 인하여 마침내 상인에게 세금을
징수하게 되었음을 이른다.

⊙ 程子曰 齊王所以處孟子者 未爲不可요 孟子亦非不肯爲國人矜式者언마는 但
齊王이 實非欲尊孟子요 乃欲以利誘之라 故로 孟子拒而不受하시니라

⊙程子(伊川)가 말씀하였다. "齊王이 孟子에게 대처한 것이 不可하지 않았고, 孟子께서
도 國人들에게 존경받고 본받음이 되는 것을 즐겨하지 않으신 것이 아니었다. 다만 齊王이
실제로 孟子를 높이려고 한 것이 아니요, 바로 이익으로써 유인하고자 하였으므로 孟子께
서 거절하고 받지 않으신 것이다."

| 宿於晝章(爲王留行章) |
11-1. 孟子去齊하실새 宿於晝러시니

··· 罔 그물망 征 세금낼정 訟 송사할송 羅 그물라 緣 인할연 肯 즐길긍 誘 꾈유 拒 막을거 宿 묵을숙
晝 땅이름주

孟子께서 齊나라를 떠나실 적에 晝땅에 유숙하셨는데,

集註 | 晝[238]는 齊西南近邑也라

晝는 齊나라 서남쪽에 있는 도성과 가까운 邑이다.

11-2. 有欲爲王留行者 坐而言이어늘 不應하시고 隱几而臥하신대

王을 위해 〈孟子의〉 발걸음(떠나감)을 만류하고자 하는 자가 앉아서 말하였으나, 〈孟子께서〉 응하지 않으시고 几(안석)에 기대어 누우셨다.

集註 | 隱은 憑也라 客坐而言이어늘 孟子不應而臥也라

'隱'은 기댐이다. 客이 앉아서 말하는데, 孟子께서 응하지 않고 누우신 것이다.

11-3. 客이 不悅曰 弟子齊(재)宿而後에 敢言이어늘 夫子臥而不聽하시니 請勿復敢見矣로리이다 曰 坐하라 我明語子호리라 昔者에 魯繆(목)公이 無人乎子思之側이면 則不能安子思하고 泄柳, 申詳이 無人乎繆公之側이면 則不能安其身이러니라

客이 기뻐하지 않으며 말하였다. "弟子(제)가 齊宿한 뒤에 감히 말씀드렸는데 夫子께서 눕고 듣지 않으시니, 다시는 감히 뵙지 말아야겠습니다."
孟子께서 말씀하셨다. "앉아라. 내 그대에게 분명하게 말해주겠다. 옛날에 魯 繆公은 子思의 곁에 〈자기의 誠意를 전달할〉 사람이 없으면 子思의 마음을 편안하게 할 수 없었고, 泄柳와 申詳은 繆公의 곁에 보좌할 만한 사람이 없으면 그 몸을 편안하게 하지 못하였다.

---

238 晝:《大全》에 "'晝'字는 本字(낮 주)대로 읽는다. 혹자는 말하기를 '마땅히 「畫」字로 읽어야 하니, 音이 「獲」이다.' 하였으니, 아래(12장)도 똑같다.〔晝如字 或曰當作畫 音獲 下同〕" 하였다.

··· 隱 기댈 은 几 안석 궤 臥 누울 와 憑 기댈 빙 齊 공경할 재 繆 나쁜시호 목(穆通) 側 곁 측 泄 샐 설
柳 버들 류

按說 | '無人乎子思之側 則不能安子思'에 대하여, 茶山은

《萬章下》6장에) 孟子가 분명히 말씀하기를 "繆公이 子思를 대우한 것에서, 繆公이 賢者를 좋아하지 못하고 봉양하지 못한다." 하였고, "하인들이 물건을 가져다주지 않았다." 한 글의 趙岐의 註에 "繆公이 怒하여 중단하였다." 하였으니, 繆公과 子思가 끝까지 좋은 관계를 유지하지 못한 것이 분명하다. 《滕文公下》7장에) '泄柳와 申詳이 문을 닫고 받아들이지 않고 담장을 넘어 피한 것'은 또 孟子가 직접 말씀하신 것이니, 子思·申詳·泄柳가 모두 끝내 몸을 편안히 할 수 없었던 것이다. 그런데 지금 《集註》의 내용으로 살펴보면 세 사람이 繆公의 예우 덕분에 끝내 편안하였던 듯하니 어찌 실제와 다르지 않겠는가.……《孟子》〈盡心下〉18장에 "君子(孔子)가 陳·蔡의 사이에서 곤액을 당하신 것은 上下의 사귐이 없었기 때문이었다." 하였으니, 임금이 賢者를 얻어 나라를 함께 다스리려면 반드시 下交가 있어야 하고, 군자가 임금을 얻어서 道를 행하려면 반드시 上交가 있어야 한다.……孟子는 다음과 같이 말씀한 것이리라. "魯 繆公은 下交를 못하여 子思의 곁에 있는 자가 모두 繆公의 사람이 아니었으니, 이와 같았기 때문에 끝내 子思를 편안하게 할 수 없었다. 泄柳·申詳은 上交를 못하여 繆公의 곁에 있는 자가 모두 申詳·泄柳의 사람이 아니었으니, 이와 같았기 때문에 끝내 자신을 편안하게 할 수 없었던 것이다. 내가 지금 외로이 혼자서 齊나라의 빈객이 되어 上下의 사귐이 모두 없으니, 齊王이 어찌 나를 편안하게 할 수 있으며, 나 역시 어떻게 내 몸을 편안하게 할 수 있겠는가. 내가 齊나라를 떠나는 것은 부득이한 일이다. 그대가 나를 위하여 생각하되 子思에 미치지 못하였으니, 어찌 그대가 나에게 후하게 했다고 말할 수 있겠는가."〔孟子明云 繆公於子思 不能悅賢 不能養賢 臺之無餒 趙注以爲繆公慍而絶之 則繆公子思之有始無終 明矣 泄柳申詳之閉門踰垣 又是孟子親口所言 則子思申泄都不能畢竟安身 今以註說觀之 則有若三子賴此而終安者然 豈不違於實乎…… 孟子曰 君子之戹於陳蔡 無上下之交也 人君得賢共國 必有下交 君子得君行道 必有上交……孟子蓋云 魯繆公不能下交 其在子思之側者 皆非繆公之人 如是也 故終不能安子思 泄柳申詳不能上交 其在繆公之側者 皆非申泄之人 如是也 故終不能安其身 我今孑然一身 客於齊國 都無上下之交 齊王何以安我 我亦何以安其身乎 我之去齊 不得已也 子爲我慮 而曾不及子思 其可曰厚於我乎〕

라고 하여, '子思의 곁에 〈繆公의〉 사람이 없어 子思를 편안하게 하지 못하였다.'로 해석하였으며, '無人乎繆公之側 則不能安其身'을 '繆公의 곁에 〈泄柳·申詳의〉 사람이 없

어 자신을 편안하게 할 수 없었다.'로 해석하였다. '不能安子思'에 대해 茶山은 분명하게 해석하지 않았으나, 《集註》에는 '子思가 안심하고 머무는 것'으로 보았다.

楊伯峻은 泄柳는 아래 〈告子下〉 6장의 子柳이고, 申詳은 子張의 아들이자 子游의 사위라고 하였다.

集註 | 齊宿은 齊戒越宿也라 繆公이 尊禮子思하여 常使人候伺하여 道達誠意於其側이라야 乃能安而留之也라 泄柳는 魯人이요 申詳은 子張之子也니 繆公尊之 不如子思라 然이나 二子義不苟容하여 非有賢者在其君之左右하여 維持調護之면 則亦不能安其身矣니라

'齊宿'은 재계하고 하룻밤을 지냄이다. 繆公이 子思를 존경하고 예우하여 항상 사람으로 하여금 모시고 보살피게 해서 자신의 성의를 그 곁에 전달하여야 子思를 편안히 하여 머물게 할 수 있었다. 泄柳는 魯나라 사람이요 申詳은 子張의 아들이니, 繆公이 이들을 높인 것이 子思만 못하였으나 이들 두 사람은 의리상 구차히 용납되려 하지 않았다. 그리하여 군주의 좌우에서 維持하고 調護(보좌)해 주는 賢者가 없으면 또한 그 몸을 편안하게 여기지 못한 것이다.

11-4. 子爲長者慮而不及子思하니 子絕長者乎아 長者絕子乎아

그대가 長者를 위하여 생각하되 子思에게 미치지 못하니, 그대가 長者를 끊은 것인가? 長者가 그대를 끊은 것인가?"

集註 | 長者는 孟子自稱也라 言 齊王이 不使子來어늘 而子自欲爲王留我하니 是는 所以爲我謀者 不及繆公留子思之事하여 而先絕我也라 我之臥而不應이 豈爲先絕子乎아

'長者'는 孟子께서 자신을 칭하신 것이다. '齊王이 그대로 하여금 오게 하지 않았는데 그대가 스스로 王을 위하여 나를 만류하고자 하니, 이것은 〈그대가〉 나를 위하여 도모함이 繆公이 子思를 머물게 한 일에 미치지 못하여 먼저 나를 끊은 것이다. 내가 눕고 응하지 않는 것이 어찌 먼저 그대를 끊음이 되겠는가.'라고 말씀한 것이다.

••• 越 넘을 월 候 살필 후 伺 살필 사 苟 구차할 구 維 동여맬 유 調 고를 조 護 보호할 호 慮 생각할 려
　　謀 꾀할 모

三宿而後出晝章(尹士語人章)

12-1. 孟子去齊하실새 **尹士語人曰 不識王之不可以爲湯武**면 **則是不明也**요 **識其不可**요 **然且至**면 **則是干澤也**니 **千里而見王**하여 **不遇故**로 **去**호되 **三宿而後**에 **出晝**하니 **是何濡滯也**오 **士則玆不悅**하노라

孟子께서 齊나라를 떠나가실 적에 尹士가 사람들에게 말하였다. "王이 湯·武와 같은 聖君이 될 수 없음을 모르고 왔다면 이것은 지혜가 밝지 못한 것이요, 불가능함을 알면서도 왔다면 이것은 은택을 요구한 것이다. 千里 먼 길을 와서 王을 만나 뜻이 맞지 않으므로 떠나가되 사흘을 유숙한 뒤에야 晝땅을 나갔으니, 어찌 이리도 오랫동안 체류한단 말인가. 나(士)는 이것을 기뻐하지 않노라."

集註 | 尹士는 齊人也라 干은 求也라 澤은 恩澤也라 濡滯는 遲留也라

尹士는 齊나라 사람이다. '干'은 요구함이다. '澤'은 恩澤이다. '濡滯'는 오랫동안 체류함이다.

12-2. 高子以告한대

高子가 이 말을 아뢰자,

集註 | 高子는 亦齊人이니 孟子弟子也라

高子 또한 齊나라 사람이니, 孟子의 弟子이다.

12-3. 曰 夫尹士惡(오)**知子哉**리오 **千里而見王**은 **是予所欲也**니 **不遇故**로 **去 豈予所欲哉**리오 **予不得已也**로라

孟子께서 말씀하셨다. "尹士가 어찌 나를 알겠는가. 千里 먼 길을 와서 王을 만나본 것은 내가 하고자 한 것이니, 뜻이 맞지 않아서 떠나가는 것이 어찌 내가 하고자 한 것이겠는가. 내 부득이해서였다.

··· 干 구할 간 澤 은택 택 遇 만날 우, 뜻맞을 우 濡 지체할 유 滯 머무를 체 玆 이 자 遲 더딜 지

集註 | 見王은 欲以行道也니 今道不行이라 故로 不得已而去요 非本欲如此也라

王을 만나봄은 道를 행하고자 해서였으니, 이제 道가 행해지지 않으므로 부득이해서 떠나가는 것이요 본래 이와 같고자 함이 아니었다.

12-4. 予三宿而出晝호되 於予心에 猶以爲速하노니 王庶幾改之니 王如改諸시면 則必反予시리라

내 사흘을 유숙한 뒤에 晝땅을 나갔으나 내 마음에 오히려 빠르다고 여겼다. 王이 행여 고치시기를 바라니, 王이 만일 고치신다면 반드시 나의 발길을 되돌리게 하셨을 것이다.

집註 | 所改는 必指一事而言이라 然이나 今不可考矣라

고친다는 것은 반드시 한 가지의 일을 가리켜서 말씀한 것이나 지금은 상고할 수가 없다.

12-5. 夫出晝而王不予追也하실새 予然後에 浩然有歸志호라 予雖然이나 豈舍王哉리오 王由(猶)足用爲善하시리니 王如用予시면 則豈徒齊民安이리오 天下之民이 擧安하리니 王庶幾改之를 予日望之하노라

晝땅을 나가는데도 王이 나를 〈만류하기 위하여〉 뒤쫓아오지 않으시기에 내가 그런 뒤에야 浩然히 돌아갈 뜻을 두었다. 내 그러나 어찌 왕을 버리겠는가. 王은 오히려 충분히 善을 행하실 수 있을 것이니, 王이 만일 나를 등용하신다면 어찌 다만 齊나라 백성만 편안할 뿐이겠는가. 천하의 백성이 모두 편안할 것이니, 王이 행여 고치시기를 나는 날마다 바라노라.

按說 | '王由(猶)足用爲善'의 '由'는 '猶'와 통용되는바, 〈梁惠王上〉 6장의 '由水之就下'와 같다. 다만 위에서는 '같다'의 뜻이었는데, 여기서는 '오히려'로 사용하였다. '足用'은 '足以'와 같다.

··· 速 빠를 속 追 쫓을 추 浩 넓을 호 舍 버릴 사(捨同) 由 오히려 유(猶通) 徒 한갓 도 擧 모두 거 予 나 여

集註 | 浩然은 如水之流 不可止也라

楊氏曰 齊王은 天資朴實하여 如好勇, 好貨, 好色, 好世俗之樂을 皆以直告而不隱
於孟子라 故로 足以爲善이니 若乃其心不然이요 而謬爲大言以欺人이면 是人은 終
不可與入堯舜之道矣니 何善之能爲리오

'浩然'은 물의 흐름이 그칠 수 없음과 같은 것이다.

楊氏(楊時)가 말하였다. "齊王은 타고난 자질이 질박하고 성실하여, 예컨대 용맹을 좋아하
고 재물을 좋아하고 여색을 좋아하고 세속의 음악을 좋아하는 것 등을 孟子에게 모두 솔직
히 얘기하고 숨기지 않았으므로, 충분히 善을 행할 수 있었다. 만일 그 마음은 그렇지 않으
면서 거짓으로 큰소리를 쳐서 사람을 속인다면 이러한 사람은 끝내 더불어 堯·舜의 道에
들어갈 수 없을 것이니, 어찌 善을 행할 수 있겠는가."

12-6. 予豈若是小丈夫然哉라 諫於其君而不受則怒하여 悻悻然見 (현)於其面하여 去則窮日之力而後에 宿哉리오

내 어찌 이 小丈夫와 같이 君主에게 간하다가 받아주지 않으면 노하여 悻悻하게 그
얼굴빛에 〈노기를〉 나타내어, 떠나면 종일 갈 수 있는 힘을 다한 뒤에 留宿하겠는가."

集註 | 悻悻은 怒意也라 窮은 盡也라

'悻悻'은 노하는 뜻이다. '窮'은 다함이다.

12-7. 尹士聞之하고 曰 士는 誠小人也로다

尹士가 이 말을 듣고 말하였다. "나(士)는 진실로 小人이다."

⊙ 此章[239]은 見[240]聖賢行道濟時汲汲之本心과 愛君澤民悷悷之餘意[241]로다

---

239 此章:內閣本에는 章下註 표시가 되어 있지 않으나 四書集註에 '此章'의 앞에는 모두 章下註 표시가
되어 있으므로, ⊙ 표시를 하여 章下註로 처리하였다.

240 見:一本에는 '見'字가 '言'字로 되어 있다.

241 行道濟時汲汲之本心 愛君澤民悷悷之餘意:慶源輔氏(輔廣)는 《集註》의 '本心'은 처음에 본래 이

··· 朴 질박할박 隱 숨길은 謬 거짓류 悻 성낼행 窮 다할궁 汲 급급할급 悷 연연할권

李氏曰 於此에 見君子憂則違之[242]之情이니 而荷蕢者所以爲果[243]也니라

⊙이 章은 聖賢이 道를 행하고 세상을 구제하려는 급급한 본심과 군주를 사랑하고 백성들에게 은택을 입히려는 惓惓(간절)한 남은 뜻을 볼 수 있다.

李氏(李郁)가 말하였다. "여기에서 君子가 근심스러우면 떠나가는 심정을 볼 수 있으니, 이 때문에 荷蕢한 자가 과단함이 되는 것이다."

|不豫色章(充虞路問章)|

13-1. 孟子去齊하실새 充虞路問曰 夫子若有不豫色然하시니이다 前日에 虞聞諸夫子호니 曰 君子는 不怨天하며 不尤人이라하시니이다

孟子께서 齊나라를 떠나실 적에 充虞가 도중에서 물었다. "夫子께서는 기쁘지 않은 기색이 계신 듯합니다. 지난날 제가 夫子께 듣자오니, '君子는 하늘을 원망하지 않으며 사람을 허물하지(탓하지) 않는다.' 하셨습니다."

集註│路問은 於路中問也라 豫는 悅也요 尤는 過也라 此二句는 實孔子之言[244]이니 蓋孟子嘗稱之以敎人耳시니라

'路問'은 路中에서 물은 것이다. '豫'는 기뻐함이요, '尤'는 허물함이다. 이 두 句는 실로

와 같이 하고자 함을 말한 것이요, 남은 뜻〔餘意〕은 後來에 부득이한 뜻일 뿐이다. 여기의 두 句를 자세히 살펴보면 곧 聖賢의 마음을 볼 수 있으니, '천 리 멀리 王을 만나보아서 王이 만일 나를 등용한다면 어찌 다만 齊나라 백성만 편안할 뿐이겠는가. 천하의 백성이 모두 편안할 것이다.'는 것은 道를 행하여 세상을 구제하려는 급급한 本心이요, '3일 저녁을 유숙하고 晝땅을 나가면서 王이 행여 고치시기를 내 날마다 바란다.'는 것은 군주를 사랑하고 백성들에게 은택을 입히려는 간절〔惓惓〕한 남은 뜻이다.〔集註本心 謂其初本欲如此也 餘意 則後來不得已之意耳 詳玩此兩句 便可見聖賢之心 千里見王 王如用予 豈特齊民安 天下之民擧安 此其行道濟時汲汲之本心 三宿出晝 王庶幾改之 予日望之 此其愛君澤民惓惓之餘意〕" 하였다.

242 憂則違之:《周易》〈乾卦 文言〉에 "즐거우면 행하고 근심스러우면 떠나간다.〔樂則行之 憂則違之〕" 하였는데, 이는 세상이 좋아지면 나와서 벼슬하여 道를 행하고, 세상이 나빠져서 근심스러운 때가 되면 물러가 은둔함을 뜻한다.

243 荷蕢者所以爲果:'荷蕢'는 삼태기를 메는 것으로 荷蕢丈人을 가리키며, '果'는 과단성 있게 세상을 잊고 포기하는 것이다. 孔子가 경쇠를 치자 삼태기를 메고 가던 한 老人이 孔子의 문 앞을 지나다가 그 경쇠소리를 듣고는 세상을 잊지 못한다고 비난하였다. 孔子는 이 말을 듣고 "세상을 잊는데 과단하다." 하시고 비판하셨는바,《論語》〈憲問〉 42장에 자세히 보인다.

244 此二句 實孔子之言:二句는 '不怨天 不尤人'으로,《論語》〈憲問〉 37장에 보인다.

··· 違 떠날 위 荷 멜 하 蕢 삼태기 궤 果 과단할 과 虞 헤아릴 우 豫 기쁠 예 尤 허물 우

孔子의 말씀이니, 孟子께서 일찍이 稱(말씀)하여 사람을 가르치신 듯하다.

13-2. 曰 彼一時며 此一時也니라

孟子께서 말씀하셨다.

"그때는 그때이고 지금은 지금이다.

集註ㅣ 彼는 前日이요 此는 今日이라

'彼'는 지난날이요, '此'는 今日이다.

13-3. 五百年에 必有王者興하나니 其間에 必有名世者니라

5백 년에 반드시 王者가 나오니, 그 사이에 반드시 세상에 유명한 자가 있다.

按說ㅣ '名世'에 대하여, 楊伯峻은 "아마도 후대의 命世인 듯하다. 名과 命은 古本에서는 통용되었다." 하였다. 命世의 뜻도 세상에 유명하거나 재주가 한 세상에 높은 것으로, '名世'와 비슷하다.

集註ㅣ 自堯舜至湯과 自湯至文武히 皆五百餘年而聖人出하니라 名世는 謂其人德業聞望이 可名於一世者 爲之輔佐니 若皋陶, 稷, 契(설), 伊尹, 萊朱, 太公望, 散宜生之屬이라

堯·舜으로부터 湯王에 이르기까지와 湯王으로부터 文王·武王에 이르기까지 모두 5백여 년만에 聖人이 나왔다. '名世'는 그 사람의 덕업과 명성이 한 세대에 이름날 만한 자가 그(王者)를 보좌함을 이르니, 皋陶와 稷과 契, 伊尹과 萊朱, 太公望과 散宜生 같은 등속이다.

13-4. 由周而來로 七百有餘歲矣니 以其數則過矣요 以其時考之則可矣니라

··· 皋 언덕 고 陶 즐길 요 稷 조 직 契 이름 설 萊 쑥 래 散 흩을 산

周나라로부터 이래로 7백여 년이 되었으니, 年數를 가지고 보면 지났고, 시기로 살펴보면 지금이 可하다.

> 集註 | 周는 謂文武之間이라 數는 謂五百年之期라 時는 謂亂極思治하여 可以有爲之日이라 於是而不得一有所爲하니 此孟子所以不能無不豫也시니라

周는 文王·武王의 사이를 이른다. '數'는 5백 년의 시기를 이른다. '時'는 亂이 지극하면 다스려질 것을 생각하여 훌륭한 일을 할 수 있는 때를 이른다. 이러한 때에 한번도(조금도) 훌륭한 일을 할 수 없으니, 이것이 孟子께서 기쁘지 않은 기색이 없지 못하신 까닭이다.

13-5. 夫天이 未欲平治天下也시니 如欲平治天下인댄 當今之世하여 舍我요 其誰也리오 吾何爲不豫哉리오

하늘이 천하를 平治하고자 하지 않으시니, 만일 천하를 平治하고자 하신다면 지금 세상을 당하여 나를 버리고(나 말고) 그 누가 하겠는가. 내 어찌하여 기뻐하지 않겠는가."

> 集註 | 言 當此之時하여 而使我不遇於齊하니 是天未欲平治天下也라 然이나 天意는 未可知요 而其具又在我하니 我何爲不豫哉리오 然則孟子雖若有不豫然者나 而實未嘗不豫也시니 蓋聖賢[245]憂世之志와 樂天之誠이 有並行而不悖者를 於此見矣로다

'이때를 당하여 나로 하여금 齊나라에서 뜻이 합하지 못하게 하니, 이것은 하늘이 천하를 平治하고자 하지 않으시는 것이다. 그러나 하늘의 뜻은 알 수 없고 그 도구는 또 나에게 있으니, 내 어찌하여 기뻐하지 않겠는가.'라고 말씀한 것이다. 그렇다면 孟子께서 비록 기쁘지 않은 기색이 있으신 듯하였으나 실제는 기뻐하지 않으신 것이 아니다. 聖賢의 세상을 걱정하는 마음과 天理를 즐거워하는 정성이 병행하여 모순되지 않음을 여기에서 볼 수 있다.

---

245 聖賢:一本에는 '聖人'으로 되어 있다.

••• 舍 버릴 사(捨同) 具 도구 구 並 나란히 병 悖 어그러질 패

|仕不受祿章(去齊居休章)|

14-1. 孟子去齊居休러시니 公孫丑問曰 仕而不受祿이 古之道乎잇가

孟子께서 齊나라를 떠나 休땅에 머무셨는데, 公孫丑가 물었다. "벼슬하면서 녹봉을 받지 않는 것이 옛 道입니까?"

集註 | 休는 地名이라

休는 地名이다.

14-2. 曰 非也라 於崇에 吾得見王하고 退而有去志호니 不欲變故로 不受也호라

孟子께서 말씀하셨다.
"아니다. 崇땅에서 내 王을 만나뵙고 물러나와 떠날 마음을 두었으니, 이 마음을 바꾸고자 하지 않았으므로 녹봉을 받지 않은 것이다.

集註 | 崇은 亦地名이라 孟子始見齊王에 必有所不合이라 故로 有去志라 變은 謂變其去志라

崇 또한 地名이다. 孟子께서 처음 齊王을 만나보셨을 적에 반드시 합하지 않는 바가 있어서 떠날 마음을 두셨을 것이다. '變'은 떠날 마음을 바꿈을 이른다.

14-3. 繼而有師命이라 不可以請이언정 久於齊는 非我志也니라

뒤이어 군대의 출동명령이 있었기 때문에 청하지 못했을지언정 齊나라에 오랫동안 머문 것은 나의 뜻이 아니었다."

集註 | 師命은 師旅之命也라 國旣被兵하여 難請去也라

'師命'은 군대를 출동하는 명령이다. 나라가 이미 兵亂을 입어 떠나기를 청하기 어려우셨던 것이다.

··· 崇 높일숭 變 변할변 師 군대사 旅 군대려 被 입을피

章下註 | ○孔氏曰 仕而受祿은 禮也요 不受齊祿은 義也니 義之所在엔 禮有時而 變이어늘 公孫丑欲以一端裁之하니 不亦誤乎아

○孔氏(孔文仲)가 말하였다. "벼슬하면서 녹봉을 받는 것은 禮요 齊나라의 녹봉을 받지 않는 것은 義이니, 義가 있는 곳에는 禮가 때로 변할 수 있다. 그런데 公孫丑는 한 가지로써 재단하려 하였으니, 잘못된 것이 아니겠는가."

••• 裁 옷마를 재, 재단할 재

朝鮮朝 內閣本 銅活字 刊行 來歷[246]

國朝屢鑄銅字 而世宗朝甲寅所鑄 集其大成 歲久寖刓矣 英宗朝壬辰 我殿下
在春邸 以甲寅字爲本 使芸閣鑄十五萬字藏之 是爲壬辰字 〖即經書正文等書印本〗
卽位之元年 復以甲寅字本 鑄十五萬字于關西 藏于內閣 是爲丁酉字 〖即八子,
百選等書印本 而今又印經書〗 內外閣所藏 凡三十萬字 〖太宗朝癸未 以經筵古註詩書左傳爲本
命李稷等 鑄十萬字 是爲癸未字 世宗朝庚子 命李蕆(천)等改鑄 是爲庚子字 甲寅以庚子字纖密 出經筵
所藏孝順事實 爲善陰隲等書 爲字本 命金墩等 鑄二十餘萬字 是爲甲寅字 於是癸未, 庚子字 入於重鑄
而惟甲寅字 行三百有餘年 至我聖上 再命開鑄 而悉以甲寅字爲本 宣廟朝 以安平大君書爲本 鑄于訓
局 今之昌黎集諸書印字 是也 實錄, 誌狀, 史, 漢等書印字 及文獻備考印字 各有一本 年條不可攷〗

國朝(朝鮮朝)에서 여러 번 동활자를 주조하였는데, 世宗朝 갑인년(1434)에 주조한 것이
集大成한 것이었으나, 세월이 오래되어 점점 망가졌다. 英宗朝 임진년(1772)에 우리 殿下
(正祖)께서 春宮(東宮)에 계실 적에 甲寅字로 底本을 삼아서 芸閣(校書館)으로 하여금
15만 자를 주조하여 보관하게 하니, 이것이 壬辰字이다. 〖經書의 正文(四書三經正文) 등의 책을 인
쇄한 本이다.〗 卽位하신 元年(1777)에 다시 甲寅字本으로 15만 자를 關西에서 주조하여 內
閣(奎章閣)에 보관하니, 이것이 丁酉字로 〖《八子百選(唐宋八子百選)》 등의 책을 인쇄한 本인데, 지금

---

246 朝鮮朝……來歷:'來歷'은 흔히 '鑄字跋'이라고 하는데 四書·三經의 뒤에 모두 붙어 있는 바, 이 내용
은 內閣本의 편 끝에 실려 있는 것으로 이 책을 銅活字로 인쇄한 내용을 서술한 것인데, 간혹 學生들
중에 이 글의 뜻을 제대로 이해하지 못하여 질문하는 자가 있으므로 번역하여 실은 것이다.

은 또 經書를 인쇄하였다.』 內閣과 外閣에 보관한 것이 모두 30만 자이다.

『太宗朝 계미년(1403)에 經筵에 있는 古註의 《詩經》,《書經》,《春秋左傳》을 底本으로 삼아 李稷 등에게 명하여 10만 자를 주조하니 이것이 癸未字이고, 世宗朝 경자년(1420)에 李藏 등에게 명하여 다시 주조하니 이것이 庚子字이고, 갑인년(1434)에 庚子字가 섬세하고 稠密하다 하여 經筵에 보관된 《孝順事實》과 《爲善陰騭》 등의 책들을 꺼내어 字本으로 삼아 金墩 등에게 명하여 20여만 자를 주조하니 이것이 甲寅字이다. 이에 癸未字와 庚子字가 다시 주조함에 들어갔으나 오직 甲寅字는 3백여 년 동안 그대로 사용되었다. 우리 聖上(正祖)에 이르러 다시 開鑄하도록 명하되 모두 甲寅字를 저본으로 삼았다. 宣祖 때에 安平大君의 글씨를 저본으로 삼아 訓鍊院에서 주조하니 지금의 《昌黎集》 등 여러 책을 인쇄한 글자가 바로 이것이요, 實錄과 誌狀과 《史記》와 《漢書》 등의 책을 인쇄한 글자와 《文獻備考》를 인쇄한 글자는 각각 따로 한 本이 있는데, 연도는 상고할 수 없다.』

跋文

　　지난 1997년에 법학자와 법조인 여럿이 모여 동서학문의 회통에 뜻을 모아 한학자 成百曉 선생을 모시고 동양고전을 공부하기로 하고, 寡尤會를 결성하여 四書三經을 강독한 지가 어언 17년의 긴 세월이 흘렀다. 공부모임에서는 《論語》에서 출발하여 《孟子》,《大學》,《中庸》의 순으로 四書를 끝마친 후에 三經을 계속 강독하였다. 물론 참여자들이 세간의 일에 쫓겨 욕심만큼 하지는 못했으나, 고전을 읽는 재미가 더해가며 강독을 계속하였고, 예전에 번역본을 놓고 보았던 四書에 대한 공부와는 느낌이 달랐다.

　　2008년 海東經史硏究所를 설립하고, 강독에서 선생님으로부터 들은 내용을 문자화해 놓을 필요가 있다고 판단하여 成百曉 선생께 선생의 사유가 담긴 지금의 '附按說' 형태의 《論語》와 《孟子》를 출간할 것을 청하였다. 그 결과 선생은 그 작업을 계속하시어 작년에는 《附按說 論語集註》를 출간하였고, 이번에 《附按說 孟子集註》를 출간하게 되었다. 참으로 감개무량하다. 孟子는 당시 富國强兵을 추구하였는데, 혼란한 戰國時代에 나라를 바로 세우고자 仁義道德을 강조하고 이익을 추구하는 욕심을 버릴 것을 강조하였다. 후세에 《孟子》에 대하여 天理를 보존하고 人慾을 막는〔存天理遏人慾〕내용이라고 평하는 이유도 여기에 있다. 天理는 바로 仁義道德이고 人慾은 利를 뜻한다.

　　司馬遷의 다음의 말이 다시금 떠오른다.

　　내가 《孟子》를 읽다가 梁 惠王이 '어떻게 하면 내 나라를 이롭게 하겠습니까?' 하고 물은 부분에 이르면, 일찍이 읽던 책을 덮어놓고 탄식하지 않은 적이 없었다. 아! 利는 실로

亂의 시초이다. 孔子가 利에 대하여 잘 말씀하지 않은 것은 항상 亂의 근원을 막고자 하셨기 때문이다. 그리하여 孔子는 '利에 따라 행동하면 원망이 많다'고 하였으니, 利를 좋아하여 추구하는 병폐가 天子로부터 庶人에 이르기까지 어찌 다르겠는가."

위 내용은《孟子》첫 장 章下註에 소개되어 있다. 오늘날 우리 사회는 仁과 義 그리고 禮를 내팽개치고 오직 利를 쫓는 함정으로 빠져들고 있다. 정치인이든 공부하는 사람이든 이런저런 명분을 내세우지만, 결국 속셈은 자신의 출세나 이익을 추구하는데 몰두한다. 자신의 욕망에 따라 질주하는 이러한 잘못을 바로잡지 않으면 사회는 더욱 혼란에 빠져들 뿐이다.

이번에 새로 출간된《孟子集註》를 一讀하기 권한다. 2,400여 년 전, 나라를 다스림에 백성이 주인이라는 民本主義를 그토록 강조한 孟子야말로 선각자가 아닐 수 없다. 책을 읽을 때 이러한 이치를 일관성 있게 해석한 朱子의 集註를 간과해서는 안 되며, 우리나라의 丁茶山과 朴壺山, 중국의 楊伯峻의 說까지 함께 읽으면 더욱 좋을 것이다. 이번 작업에 이어《大學》과《中庸》이 계속 출간되어 成百曉 선생의 사유가 담긴 四書集註가 완간되기를 기대해 마지않는다.

2014년 10월

安全行政部長官　鄭宗燮

편집후기

寒松 成百曉 선생님의 按說 총서, 그 두 번째 책이 출간을 앞두고 있다. 총서를 완성하는 일은 선생님 스스로 세우신 誓願이자 이 책을 기다리는 후학들과의 약속이기에, 稀年을 맞이하셨음에도 불구하고 선생님께서는 쉼 없이 작업을 해나가셨다. 한편으로는 감사하고 한편으로는 부끄럽다.

두 번째 책《附按說 孟子集註》의 구성 역시《附按說 論語集註》과 다르지 않다. 按說에서는 經文을 이해하는데 도움이 되는 諸家의 說을 소개하고 해설하였으며, 각주에는 朱子의《集註》를 이해하는데 도움이 되는 내용들을 실었다. 다른 점이 있다면, 이번 책에서는 각 장마다 章名을 붙여주었다는 것이다. 예컨대, 〈梁惠王上〉1장은 '亦有仁義章'으로, 〈告子上〉10장은 '熊魚章'으로 표기하였으며, 〈公孫丑上〉2장처럼 '不動心章'과 '浩然章'의 두 이름이 있는 경우에는 둘 다 표기하였다.《孟子》를 해설하는 여러 문헌들이 대체로 이런 식의 章名을 사용하기 때문에 章名을 소개할 필요가 있다고 판단한 것이다.

《孟子》를 공부할 때에 흔히 겪는 두 가지 어려움이 있다. 하나는 제도나 문물에 대한 지식이 없이는 이해하기 어려운 내용들이 있다는 점이고, 또 하나는 心과 性 등에 대한 孟子의 철학적 논의를 이해하기 어렵다는 점이다.

제도나 문물에 대한 정보는 朱子의《集註》에서 어느 정도 소개하고 있으나, 좀 더 자세한 내용과 철저한 고증을 필요로 하는 독자를 위해,《大全》에 실려 있는 禮書 등 여러 문헌을 발췌하여 기재하였으며, 이에 대한 諸家의 해석도 소개하였다. 諸家說의 채

택에 있어서는 특정한 說에 구애되지 않고 여러 說을 넓게 소개하는 방식을 채용하였는데, 옛 제도나 문물에 대한 해석은 어떤 것이 옳다고 기필하기가 어렵기 때문이다.

물론 선생님께서 시비를 판단하실 수 있는 내용에 있어서는 명쾌한 해설을 덧붙여 주셨다. 예를 들면, 〈梁惠王上〉3장 "狗彘食人食而不知檢"의 '檢'을 朱子는 檢束의 뜻으로 보아 '不知檢'을 "단속할 줄 모른다."로 해석하였고, 趙岐와 茶山은 '檢'을 '斂'의 뜻으로 보아 '不知檢'을 "남은 곡식을 거두어들일 줄 모른다."로 해석하였는데, 어떤 해석이 더 近理한 지에 대하여 선생님께서는 당신이 직접 농사를 지으셨던 경험을 토대로 판단하고 해설해주셨다. 농사에 한 번도 종사해본 적이 없는 사람에게는 참으로 감사한 지남철이 아닐 수 없다.

《論語》와 달리,《孟子》에는 心과 性에 대한 직접적 서술이 많다. 그러나《孟子》가 철학적 논술이 아닌 대화체의 형식이기 때문에, 산발적 내용들을 종합적 체계로 수렴하여 이해하는 것은 쉬운 일이 아니다. 朱子의《集註》는 바로 그 역할을 해주는 주석서이지만, 朱子의 해석이 과연 孟子의 本意에 맞는 것인지, 혹은 朱子의 해석 외에 어떤 다른 해석이 있을지에 대해 의문을 품을 수 있다. 이를테면, 孟子가 "惻隱之心은 仁의 端이다."라고 한 것은 몇 가지 해석이 가능하다. 이 구절을 朱子는 '端'을 '밖으로 나온 실마리'로 해석하여 '仁은 心 안의 본유적 性이고, 측은해 하는 마음은 그 性이 발현한 것이다.'의 의미로 보았으나, 茶山은 '端'을 '처음'으로 해석하여, '측은해 하는 마음을 미루고 확장하여 仁이라는 외재적 德을 이룬다.'는 의미로 보았다. 이러한 해석의 차이는 孟子가 心性을 논한 곳 전체에 나타나는데, 按說에서 거의 빠짐없이 두 해석을 제시하고 비교하였으며 선생님의 평 또한 실려 있으니, 독자는 孟子 뿐만 아니라, 朱子와 茶山을 알고 이해하는 데에도 도움을 받을 수 있을 것이다.

《孟子》는 經學史, 哲學史적으로 매우 중요하게 다루어지는 책이지만, 한문 학습을 위한 교재로도 중시되어 왔다. 이와 관련하여 본인이 고전번역교육원에 있으면서 선생님들께 얻어 들은 이야기를 소개할까 한다.

첫째는《孟子》를 많이 읽어야 한다는 것과 관련된 이야기였다.

어떤 글방 선생님이 학생들에게 "《孟子》를 천 번을 읽으면 '통탕' 하는 소리와 함께 文理

가 通暢해진다." 하였다. 학생은 스승의 말씀을 믿고 열심히 읽어 그 숫자를 채웠지만 文
理가 났다는 느낌이 전혀 없었다. 오히려 모르는 내용이 더 많아진 것 같았다. 그래서 학
생은 스승에게 "선생님께서 《孟子》를 천 번 읽으면 文理가 通暢해져 「퉁탕」 소리가 난
다.' 하셨으므로 지금 이 제자가 이미 천 번을 읽었으나 아직도 '퉁탕' 소리를 듣지 못했으
니, 선생님의 말씀이 틀렸습니까? 제자의 의혹이 더욱 심해집니다.〔先生有言曰 讀孟子
千遍 則文理通暢 有퉁탕之聲 今弟子旣讀千遍 而未聞有퉁탕之聲 先生之言非歟 弟
子之惑滋甚〕"라고 항의성 글월을 올렸다. 그랬더니 선생은 이 글을 보고서 "너는 '퉁탕'
소리가 난 지 이미 오래이다."라고 하였다. 학생이 올린 짧은 이 몇 마디의 글이 이미 行
文의 체제를 얻었기 때문이었다.

둘째는 이렇게 많이 읽는 과정에서 스스로 의미를 깨치게 되는데 그때 懸吐의 역할이
중요하다는 취지의 이야기였다.

《孟子》〈梁惠王上〉 제2장의 《集註》에 "鴻雁之大者 麋鹿之大者"라는 구절이 있다. 經
文의 "鴻雁과 麋鹿을 돌아보고 말하였다.〔顧鴻雁麋鹿曰〕"에 대한 주석이다. 어떤 학생
이 오전에 이 부분을 "鴻雁之大者요 麋鹿之大者라"로 읽었는데, 선생은 그냥 놔두고
나가셨다. 저녁에 돌아와 보니 그 학생이 "鴻은 雁之大者요 麋는 鹿之大者라"로 고쳐
읽고 있었다.

글을 여러 번 반복해서 읽다보면 스스로 의미를 깨칠 수 있게 되는데, 그 과정에 懸
吐가 큰 역할을 한다는 것, 그리고 글의 의미를 알고 모르고가 懸吐에서 드러난다는
것을 말해주는 사례라 하겠다. 懸吐를 해서 읽는다는 것은 원문을 가공하고 의미를 확
정하는 일이다. 그래서 懸吐와 함께 글을 읽으면 의미를 분명하게 파악하며 읽을 수 있
다. 오늘날 우리들이 懸吐도 하지 않은 채 대충 몇 번 읽고는 이미 알았다고 생각하는
습관과는 다르다 할 것이다.

《孟子》〈盡心上〉에 다음과 같은 내용이 보인다.

"바다를 구경한 자에게는 큰 물이 되기가 어렵다.〔觀於海者 難爲水〕"

　너른 바다를 이미 경험한 사람은 어지간한 강물을 보고서 '크다!'는 감흥을 얻기가 어렵다는 말이다. 이는 학문에도 그대로 적용될 수 있다. 大家의 학문을 경험한 사람은 어떤 학문에 대해 '훌륭한 학문이다!'는 감흥을 얻기가 어렵다. '어떤 학문'이란 자신의 학문도 포함한다. 그래서 스스로를 '학문하는 사람'이라고 여기는 이에게 大家를 접하는 일은 중요하다. 스스로의 학문에 만족할 수 없으므로 겸허히 정진하게 되기 때문이다. 按說 총서의 발간은 큰 바다를 볼 수 있는 기회가 생기는 것과 다름없다고 생각하기에, 初學의 한 사람으로서 기쁘고 또 감사하다.

2014년 11월

申相厚